COMENTARIO SWINDOLL *del* NUEVO TESTAMENTO

ROMANOS

CHARLES R. SWINDOLL

COMENTARIO SWINDOLL
del
NUEVO TESTAMENTO

ROMANOS

La misión de Editorial Vida es ser la compañía líder en comunicación cristiana que satisfaga las necesidades de las personas, con recursos cuyo contenido glorifique a Jesucristo y promueva principios bíblicos.

Comentario Swindoll del Nuevo Testamento – Romanos
Edición en español publicada por
Editorial Vida - 2010
Miami, Florida

© 2010 Charles R. Swindoll

Originally published in the USA under the title:
    Swindoll's New Testament Insights: Romans
    Copyright © 2009 by Charles R. Swindoll
Published by permission of Zondervan, Grand Rapids, Michigan 49530

Traducción: *Rojas & Rojas Editores*
Edición: *Rojas & Rojas Editores*
Diseño interior: *Words for the World, Inc.*
Adaptación de cubierta: *Good Idea Productions, Inc.*

RESERVADOS TODOS LOS DERECHOS. A MENOS QUE SE INDIQUE LO CONTRARIO, EL TEXTO BÍBLICO SE TOMÓ DE LA SANTA BIBLIA NUEVA VERSIÓN INTERNACIONAL. © 1999 POR BÍBLICA INTERNACIONAL (anteriormente: Sociedad Bíblica Internacional).

ISBN: 978-0-8297-5775-0

Categoría: Estudios bíblicos / Nuevo Testamento

IMPRESO EN ESTADOS UNIDOS DE AMÉRICA
PRINTED IN THE UNITED STATES OF AMERICA

12   13   14   15   ✱   7   6   5   4   3

CONTENIDO

Prefacio del autor 7
Introducción a Romanos 11
Comentario de Romanos 20
      Saludo. 20
      La ira de Dios 34
      La gracia de Dios. 72
      La fidelidad de Dios. 118
      La majestad de Dios. 171
      La justicia de Dios 224
      La comunidad de Dios 285

Lista de mapas, tablas y cuadros
      Mapa del Imperio Romano oriental. 10
      Temas principales de Romanos. 12–13
      Mapa del territorio transitado por Pablo. 14
      El evangelio de Cristo y la *pax romana* 18
      Referencias al Antiguo Testamento en Romanos. 25–26
      Ruinas de la antigua Corinto 44
      Balanza de la justicia. 51
      Como está escrito 65
      Bema en Corinto. 78
      «En Cristo» en Romanos 135
      La tierra prometida en los tiempos del Antiguo Testamento 184
      El remanente 202
      El injerto 212
      Dones espirituales mencionados en las Escrituras. 233
      Ubicación de Corinto. 263
      Estrategia misionera de Pablo. 294

PREFACIO DEL AUTOR

Por casi sesenta años he amado la Biblia. Fue ese amor por las Escrituras, combinado con un claro llamamiento al ministerio del evangelio durante mi servicio en la Marina de Guerra, que resultó en que yo asistiera al Seminario Teológico de Dallas para prepararme para toda una vida de ministerio. Durante esos cuatro maravillosos años tuve el privilegio de estudiar bajo destacados hombres de Dios, que también amaban la Palabra de Dios. No solo que tenían en alta estima la inerrante Palabra de Dios, sino que la enseñaban meticulosamente, la predicaban con pasión, y la modelaban de manera consistente. Nunca pasó una semana en que yo no diera gracias a Dios por la grandiosa herencia que estaba a mi alcance y de la que podía apropiarme. Estoy para siempre endeudado con esos excelentes teólogos y mentores, que cultivaron en mí una firme dedicación a la comprensión, exposición y aplicación de la verdad de Dios.

Por más de cuarenta y cinco años he estado dedicado a hacer exactamente eso; *¡y cómo lo he disfrutado!* Confieso sin vacilación que soy adicto al examen y proclamación de las Escrituras. Debido a esto, los libros han desempeñado un papel principal en mi vida todo el tiempo que he estado en el ministerio, especialmente los que explican las verdades y mejoran mi comprensión de lo que Dios ha escrito. En todos estos años he acumulado una voluminosa biblioteca personal, la que ha demostrado ser invaluable al tratar de seguir siendo un fiel estudiante de la Biblia. Hasta el fin de mis días, la meta principal de mi vida es comunicar la Palabra de Dios con precisión, comprensión, claridad y en forma práctica. Sin libros buenos y confiables a los cuales acudir, ya me hubiera «secado» hace décadas.

Entre mis volúmenes favoritos y bien gastados están los que me han capacitado para captar mejor el sentido del texto bíblico. Como la mayoría de los expositores, estoy siempre buscando herramientas literarias que pueda usar para aguzar mis dones y afilar mis habilidades. Para mí, eso quiere decir buscar recursos que tomen lo complicado y lo hagan sencillo y fácil de entender, que ofrezcan comentarios penetrantes e imágenes verbales que me capaciten para ver la pertinencia de la verdad sagrada a la luz de mi mundo del siglo XXI, y que hagan penetrar esas verdades en mi corazón de maneras que no las olvide fácilmente. Cuando encuentro tales libros, acaban en mis manos mientras los devoro y los pongo en mi biblioteca para referencia futura… y, créame, vuelvo a ellos a menudo. Qué alivio es tener estas obras de referencia a las cuales acudir cuando me falta una percepción fresca, o cuando simplemente necesito el relato o la ilustración precisa, o cuando me atasco en el texto enredado y no puedo hallar la salida. Para el expositor serio, una biblioteca es esencial. Como un mentor me dijo una vez: *«¿En qué otro lugar puedes hallar 10.000 profesores en la punta de tus dedos?».*

En años recientes he descubierto que no hay suficientes libros de referencia como los que acabo de describir. Fue ese descubrimiento lo que me impulsó a convertirme en parte de la respuesta en lugar de lamentar el problema. Pero la solución resultaría en una gigantesca empresa. Un proyecto de escribir que cubra todos los libros y cartas del Nuevo Testamento parecía abrumador e intimidante.

Un destello de alivio vino cuando me di cuenta de que durante los pasados cuarenta y cinco y más años he enseñado y predicado la mayor parte del Nuevo Testamento. En mis archivos había carpetas llenas de notas de esos mensajes que estaban durmiendo allí, en espera de que las sacara de la oscuridad, les diera un toque fresco y pertinente a la luz de las necesidades de hoy, y las aplicara para que encajaran en la vida de hombres y mujeres que anhelan una palabra fresca del Señor. *¡Eso bastó!* Empecé a buscar a la mejor editorial para convertir mi sueño en realidad.

Gracias al arduo trabajo de mis agentes literarios, Sealy y Matt Yates, ubiqué una editorial interesada en acometer un proyecto de esta extensión. Agradezco a las excelentes personas de Zondervan Publishing House por su respaldo entusiasta para esta aventura de múltiples volúmenes que requerirá más de diez años para completar. Habiendo conocido a muchos de ellos con el correr de los años mediante otras obras que he escrito, sabía que están capacitados para acometer tal empresa y que serían buenos mayordomos de mi material, y que se mantendrían en su empeño hasta verlo todo impreso. Estoy agradecido por la confianza y estímulo de Stan Gundry y de Paul Engle, que han seguido siendo leales y cooperadores desde el principio. Es también un placer trabajar con Verlyn Verbrugge; sinceramente aprecio su sazonada sabiduría y su ojo de águila al ayudar.

También ha sido un deleite especial trabajar, de nuevo, con mi amigo de toda la vida y anterior editor, John Sloan. Él ha provisto invaluable consejo como mi editor general. Lo mejor de todo ha sido el entusiasta respaldo de John. También debo expresar mi gratitud a Mark Gaither y a Mike Svigel por sus incansables y dedicados esfuerzos, al servir como mis editores de manos en la masa de todos los días. Ellos han hecho un excelente trabajo conforme recorríamos los versículos y capítulos de los veintisiete libros del Nuevo Testamento. Ha sido un placer ver cómo han tomado mi material original y me han ayudado a ponerlo en un estilo que es fiel al texto de las Escrituras, y al mismo tiempo interesante y creativo, y a la vez permitir que mi voz surja de una forma natural y fácil de leer.

Debo añadir mis palabras sinceras de agradecimiento a las congregaciones en las que he servido en varias partes de Estados Unidos por casi cinco décadas. Ha sido mi buena suerte ser el receptor de su cariño, respaldo, estímulo, paciencia y frecuentes palabras de respaldo al cumplir mi llamamiento de ponerme de pie y presentar el mensaje de Dios año tras año. Las ovejas de esos rebaños se han hecho queridas para este pastor en más maneras de las que podría expresar en palabras… y ninguna más que las que al presente sirvo con deleite en la iglesia Stonebriar Community Church, en Frisco, Texas.

Finalmente, debo agradecer a mi esposa, Cynthia, por su comprensión a mi adicción a estudiar, predicar y escribir. Nunca se ha desalentado porque yo persista en esto. Nunca ha dejado de instarme a que procure hacer lo mejor posible. Por el contrario, su respaldo afectuoso y personal, y su consagración a la excelencia al dirigir *Insight for Living* por más de tres décadas, se han combinado para mantenerme fiel a mi llamamiento «a tiempo y fuera de tiempo». Sin su devoción para mí y aparte de nuestro compañerismo mutuo en toda una vida de ministerio, *Estudios pastorales del Nuevo Testamento* nunca se hubieran emprendido.

Estoy agradecido porque ahora ha llegado a sus manos y a la postre a los anaqueles de su biblioteca. Mi esperanza y oración continua es que usted halle estos volúmenes útiles en su propio estudio y aplicación personal de la Biblia. Que ellos le ayuden a darse cuenta, como yo lo he hecho en estos muchos años, que la Palabra de Dios es tan eterna como veraz.

La hierba se seca y la flor se marchita,
pero la palabra de nuestro Dios permanece para siempre (Isaías 40:8).

Chuck Swindoll
Frisco, Texas

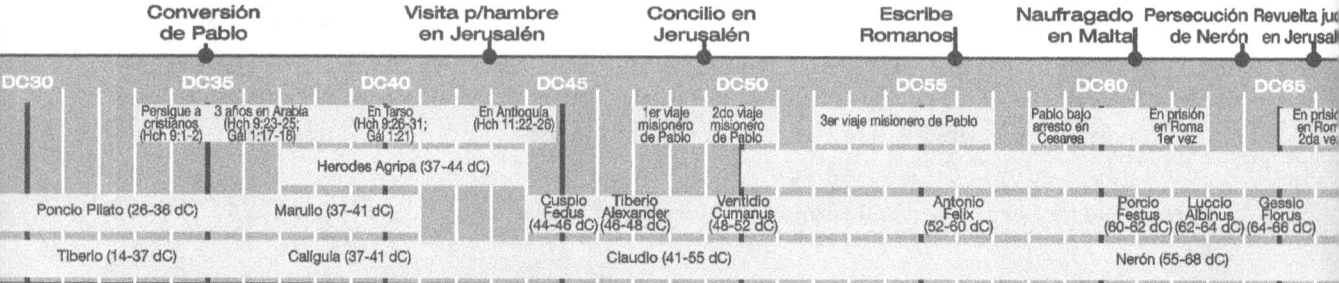

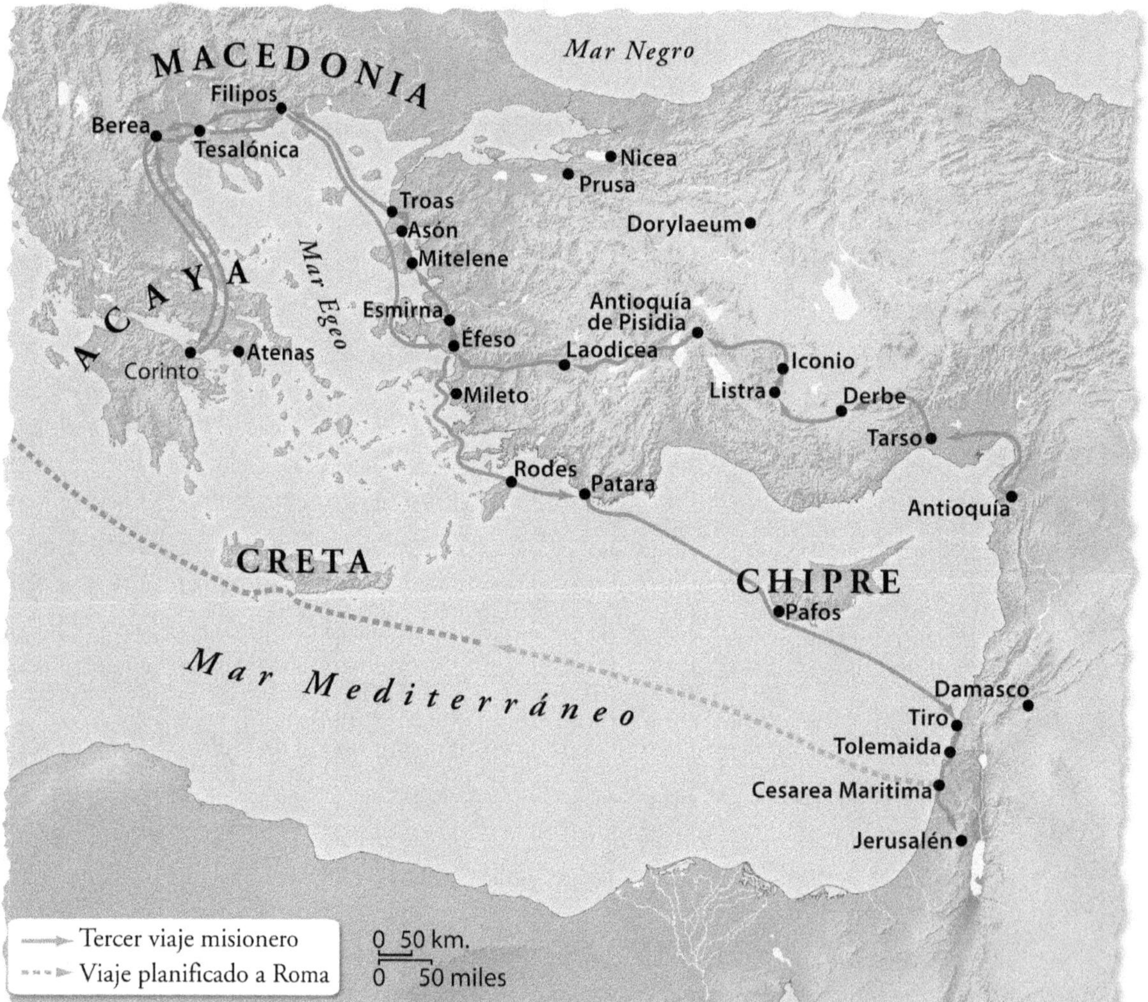

Al volver a Israel después de su tercer viaje misionero, Pablo visitó los líderes de la iglesia en Jerusalén, a fin de compartir los resultados de su ministerio. Luego, quizá después de una breve visita con sus amigos en Antioquía, Pablo pensaba tomar un barco para Roma, donde lanzaría su misión en la frontera occidental de España. Pero, tal como se le avisaron, fue arrestado (Hechos 20:22-23). Finalmente, viajaría a Roma... en cadenas.

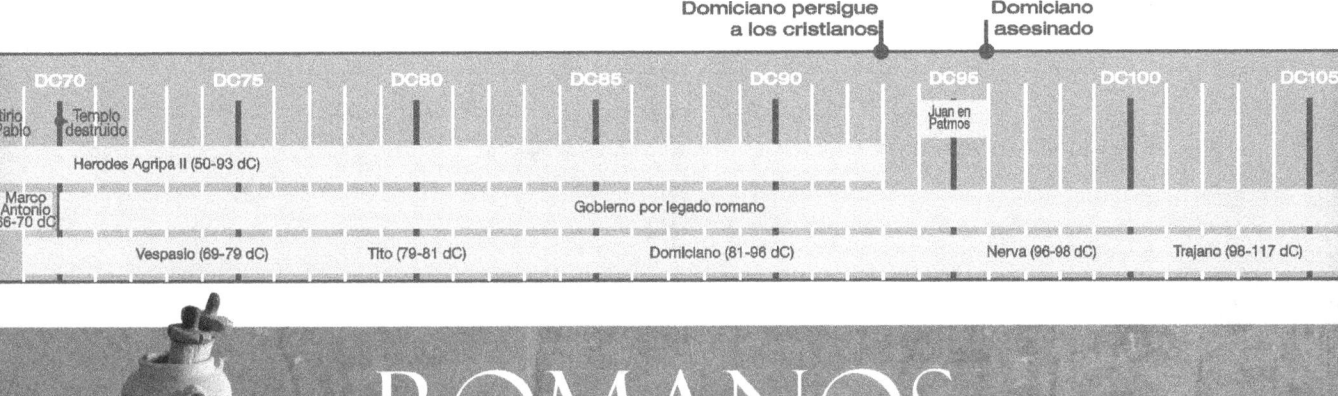

ROMANOS

Introducción

Retroceda conmigo en el tiempo. Volvamos al invierno del año 57 d.C. Nos encontramos en un estrecho puente de tierra entre la Grecia continental y el Peloponeso, en donde una ciudad romana lucra de la fortuna de barcos repletos de carga y turistas repletos de dinero. Fuera de la ciudad, en la casa de un creyente rico y hospitalario llamado Gayo, dos hombres hablan de un rollo de pergamino. Uno camina de aquí para allá por el cuarto, vertiendo sus pensamientos al otro, que está sentado a una mesa grande, tomando copiosas notas.

El que habla da pasos enérgicos, aunque sus hombros están hundidos y un notorio cojeo le interrumpe el paso. Sus brazos y cara llevan las marcas del viento, el sol, la edad y el maltrato. Sus dedos son nudosos, retorcidos y fijos en un ángulo nada natural, señal inequívoca de múltiples apedreamientos. Uno esperaría que un cuerpo así tuviera un espíritu quebrantado, desmoralizado, pero los ojos revelan algo diferente. Destellan energía y brillan con el optimismo de un adolescente a punto de recibir su licencia de conducir.

La ciudad es Corinto. El que anda es Pablo; su amanuense a la mesa, Tercio. El documento que están preparando con el tiempo llegará a conocerse como la carta del apóstol a la iglesia de Roma, la pieza más significativa de literatura que el Señor jamás le comisionó a su evangelista más prolífico que escribiera. Poco se daba cuenta Pablo, ni nadie, del impacto que tendría a través de los siglos. Desde Orígenes de Alejandría en el siglo II, hasta Barnhouse de Filadelfia en el siglo XX, incontables teólogos escribirían innumerables páginas de exposición y meditación del *mágnum opus* del apóstol. Agustín hallaría en esta carta el almácigo de su fe. Este documento desataría una revolución en el corazón de Martín Lutero, que volvería a introducir la verdad de justificación solo por gracia, solo por la fe, solo en Cristo, una doctrina que estaba casi oscurecida por el dogma de hombres que defendían

Sección	Saludo	La ira de Dios	La gracia de Dios
Temas principales de Romanos			
Temas	Llamado y planes de Pablo	La justicia de Dios	La justicia de Dios
	Identidad de Cristo	El fracaso moral de la humanidad	Las obras sin capacidad de arreglo
	El evangelio	El abandono judicial de la humanidad de parte de Dios	Justificación por la fe
	Fe		Gracia / sin méritos
	La justicia de Dios	La humanidad sin esperanza y la perdición eterna	Reconciliación
Términos	Apóstol	Falta de justicia	Justificar
	Evangelio	Juez	Obras / Ley
	Fe	Ley	Circuncisión
	Salvación	Ira	Propiciación
	Justicia	Entregar	Gracia
Pasaje	1:1-17	1:18—3:20	3:21—5:21

La fidelidad de Dios	La majestad de Dios	La justicia de Dios	Conclusión
Justicia	Justicia por la fe	Amor	Gentiles
Esfuerzos humanos son inútiles	Israel en el plan de Dios	Responsabilidad cívica	El evangelio
La necesidad del Espíritu Santo	La justicia de Dios	Unidad	Pasado de Pablo
Hijos / herederos de Dios	La soberanía de Dios	Juicio mutuo	Futuro de Pablo
		Aceptación mutua	
Seguridad de la «gloria» futura	El plan de Dios	Gozo, paz y esperanza	
«Carne» (o naturaleza pecaminosa)	Misericordia	Conformar	Obediencia
Espíritu	Endurecer	Transformar	Mandamiento
Santificación	Remanente	Probar	Disención
Predestinados	Misterio	Aceptar	Traba
Glorificados			
6:1—8:39	9:1—11:36	12:1—15:13	15:14—16:27

de Jonatán Edwards, abrigaría de forma extraña el corazón de Juan Wesley, y atizaría la llama del avivamiento de Jorge Whitefield.

«LLAMADO A SER APÓSTOL, APARTADO PARA ANUNCIAR EL EVANGELIO DE DIOS» (1:1).

El viaje de Pablo a este lugar y tiempo había sido accidentado. Aunque nació en el centro cosmopolita de Tarso, maduró a la sombra del gran templo de Jerusalén. Dentro de sus enormes y relucientes paredes blancas, aprendió a los pies del famoso rabino Gamaliel (Hechos 22:3). Aunque era ciudadano romano (22:25–28), era primero y principalmente «hijo del pacto». Oyó de los grandes privilegios y responsabilidades que Dios les había dado a sus paisanos. Estudió la ley mosaica y se dedicó a cumplir toda letra de tradición. Se sumergió en los ritos arraigados de los fariseos con una meta singular en mente. Quería llegar a ser como el mismo templo: sagrado, fuerte, sin contaminación, un instrumento digno de la justicia de Dios.

En tres viajes misioneros que ocuparon no menos de quince años, Pablo se esforzó para evangelizar el imperio al este de Roma, un ministerio increíblemente arduo y peligroso. Sin embargo, cuando la mayoría de las personas se retiraría, Pablo fijó su visión en la frontera indomada al oeste de Roma: el norte de Italia, el sur de Francia, España y Portugal.

Pero, como sucede a menudo en la vida de los grandes hombres, la celosa búsqueda de justicia de parte de Pablo tomó un giro inesperado. Mientras se hallaba de camino a Damasco con el propósito de silenciar y perseguir a los cristianos, Jesucristo le salió al encuentro, lo reprendió, lo cambió, y luego lo puso en un curso totalmente nuevo (Hechos 9:3–22). La justicia que codiciaba no se podía hallar en las tradiciones de los fariseos, sino en la fe de la misma gente que quería matar. Ellos le mostrarían gracia sobrenatural a su ex perseguidor, primero recibiéndolo, ¡recibiendo al hombre que retrocedió y contempló el apedreamiento de su querido Esteban! (7:58—8:1), y luego mostrándole la fuente de su bondad. Estaban extendiendo a otro la justicia que habían recibido por gracia y por fe en Jesucristo (9:13–19).

El encuentro de Pablo con el Cristo resucitado lo transformó. Su futuro no estaba en Jerusalén y las obras de la ley, sino entre los gentiles, predicando la gracia y la vida por fe. En lugar de exterminar el cristianismo, se volvería su incansable apóstol, y viajaría unos treinta y dos mil kilómetros entre Jerusalén y Roma proclamando el evangelio donde nunca se hubiera oído. Luego, cerca del fin de su tercer viaje misionero, y después de lo que muchos considerarían toda una vida de ministerio, el apóstol miró hacia el occidente, hacia el territorio más allá de Roma que desconocía (Romanos 15:24).

«USTEDES MISMOS REBOSAN DE BONDAD, ABUNDAN EN CONOCIMIENTO Y ESTÁN CAPACITADOS PARA INSTRUIRSE UNOS A OTROS» (15:14).

Pablo había admirado por mucho tiempo la congregación de la capital del imperio. Aunque no había fundado la iglesia de Roma, ni nunca la había visitado, tenía conexiones estrechas con varios miembros destacados (Romanos 16:1–15). Muchos habían sido compañeros suyos en el ministerio, algunos fueron compañeros de prisión en los primeros días de evangelización, y varios fueron fruto de su trabajo en otras regiones. Su obediencia a la Palabra y fidelidad de unos a otros había llegado a ser legendaria entre las demás iglesias (16:19). Esto no debe haber sido fácil, dadas las singulares presiones en Roma.

Durante el reinado del emperador Claudio (41–54 d. C.), el gobierno —normalmente tolerante de otras religiones— empezó a prohibir el proselitismo. Claudio también expulsó de Roma a los judíos (Hechos 18:2), porque los judíos cristianos habían estado evangelizando a sus vecinos. Pero pocos años después Claudio sería envenenado y su heredero adoptivo, Nerón, tomaría su lugar en el trono, lo que les permitió a los judíos y a los cristianos volver. Después de recuperar sus casas y restablecer su distrito, la comunidad judía sin duda presionó a los cristianos para que se mantuvieran sin levantar olas para evitar más problemas. Durante los primeros tres años del reinado de Nerón, todo estuvo en calma. El emperador adolescente estaba demasiado ocupado con amenazas dentro del palacio para notar mucho de lo que pasaba fuera. Fue durante este tiempo que Pablo escribió a sus hermanos y hermanas en la capital. A los pocos meses, sin embargo, Nerón eliminó la fuente del peligro interno envenenando a su madre. Luego dirigió su atención a ganarse el corazón de los ciudadanos de Roma con grandes festivales y gigantescos espectáculos de gladiadores.

Al tiempo en que Pablo escribe, la población de Roma excedía el millón de habitantes, casi la mitad de los cuales eran esclavos o libertos. Y, al igual que los centros metropolitanos modernos, Roma era un maravilloso lugar para vivir para la élite, pero un desafío para todos los demás. La separación entre ricos y pobres constantemente mantenía a los funcionarios de la ciudad en ascuas puesto que las clases más bajas siempre estaban a punto de amotinarse. La mayoría vivía en medio de una criminalidad callejera rampante, en edificios escuálidos, multifamiliares, hasta de cinco o seis pisos, sin desagües ni agua disponible más arriba del primer piso.

La gran diferencia entre las pintorescas villas de los privilegiados y los tugurios plagados de delitos que componían la mayor parte de la ciudad dejaban a los residentes librados a sus propios recursos, lo que hacían congregándose por raza. En otras palabras, la Roma del primer siglo no era muy diferente a la ciudad de Nueva York durante los siglos XIX y XX. Los barrios étnicos se convertían en gobiernos por cuenta propia, y pujaban por dominación mientras mantenían una frágil paz entre ellos para evitar represalias de parte del gobierno (Hechos 18:2).

La vida era difícil para todos, pero ser cristiano en ese ambiente era peor. Para los cristianos tanto judíos como gentiles, el precio del discipulado a menudo significaba la pérdida de la familia y el clan, y la seguridad que estos brindaban. Deben haberse sentido como ardillas entre gigantes furiosos, cualquiera de los cuales podía destrozarlos a capricho. Ya en el 64 d.C., sus preocupaciones demostraron ser legítimas. Nerón enloqueció. Su persecución contra los cristianos se hizo tan chocantemente brutal que los ciudadanos empezaron a tenerles lástima. Algunos dicen que el delito de los cristianos que los envió a su muerte fue el incendio de Roma, pero de acuerdo al historiador romano Tácito, a los cristianos se les castigó «no tanto por el crimen imputado de incendiar Roma, sino por su odio y enemistad a la raza humana».[1]

Esta impresión general de los cristianos —aunque injusta y calumniosa— sería un factor fuerte en el consejo práctico del apóstol cerca del fin de esta carta.

«QUE EL DIOS DE LA ESPERANZA LOS LLENE DE TODA ALEGRÍA Y PAZ A USTEDES QUE CREEN EN ÉL» (15:13).

Los creyentes de Roma desesperadamente necesitaban estímulo, lo que esta carta divinamente inspirada proveyó de tres maneras.

Primero, *la carta confirmaba su comprensión del evangelio y aclaraba lo que podía haber sido confuso*. La persecución combinada con el aislamiento puede hacer que incluso la mente más resistente se desaferrara de la verdad. Es más, el dolor y la reclusión son las herramientas principales que se usan en el cruel arte del control mental. Los prisioneros de guerra informan que después de varias horas de tortura, la mente humana acepta cualquier absurdo como verdad absoluta a fin de poner punto final al sufrimiento.

Con prolijos detalles y contundente claridad, Pablo explicó la verdad del evangelio. Echó mano de su educación formal y el mejor estilo retórico del día para presentar la verdad de Dios en secuencia lógica. Recordó sus años de predicación en las sinagogas y debates en las plazas para responder a toda objeción relevante. Y, por supuesto, el Espíritu Santo inspiró el contenido, supervisó el proceso de redacción, y salvaguardó de error al documento. Los creyentes en Roma recibieron una proclamación completa, amplia y concisa de la verdad cristiana. El efecto debe haber sido increíblemente aquietante.

Segundo, *la carta afirmaba la autenticidad de su fe y los elogiaba por su obediencia.* Las personas que se hallan en un viaje largo y arduo frecuentemente necesitan confirmación de que se hallan en la ruta correcta y que deben continuar como han estado avanzando; si no, se desaniman y reducen sus esfuerzos o se desvían de la ruta. La iglesia de Roma había sido por mucho tiempo un modelo ejemplar de fe firme y comunidad auténtica. Pablo los animó, en efecto: «Sigan haciendo lo que han estado haciendo. ¡Están justo en el blanco!». Todavía más, la congregación de Roma, como toda otra iglesia del primer siglo, era susceptible a las influencias de los falsos maestros. Esta carta los equipó para que reconocieran la verdad y no dejaran lugar para la herejía.

Tercero, *la carta forja una visión para el futuro y los insta a ser compañeros de Pablo para alcanzarla.* Cuando las iglesias apartan los ojos del horizonte, el resultado inevitable es lo que se ha llamado «mentalidad de supervivencia». En lugar de realizar los planes de Dios para redimir y transformar su creación, se olvidan de su razón de existir, lo que da inicio a un resbalón largo, agonizante, hacia la irrelevancia. Las iglesias irrelevantes se vuelven frenéticas por asuntos inconsecuentes, son quisquillosas con su liderazgo, se critican unos a otros, hacen experimentos con estrategias mundanales para el crecimiento, y persiguen vanas filosofías. Mientras tanto, las comunidades que los rodean oyen muy poco de Cristo, y lo que oyen no es atractivo. Pablo presentó a los creyentes de Roma el reto de una enorme empresa: la evangelización del imperio que acababa de extenderse hacia el oeste. Era un gigantesco territorio mayor que lo que el apóstol había cubierto en tres viajes misioneros, aunque no tan subyugado.

«DE HECHO, EN EL EVANGELIO SE REVELA LA JUSTICIA QUE PROVIENE DE DIOS, LA CUAL ES POR FE DE PRINCIPIO A FIN» (1:17).

La carta de Pablo a los creyentes de Roma se puede llamar muchas cosas. Sin duda, esta fue su *Mágnum Opus*. Es la primera teología sistemática de la fe cristiana. Esta carta se podría considerar la constitución del creyente; la carta magna cristiana. Incluso podríamos llamarla un manifiesto del nuevo reino, porque no solo declara nuestras creencias esenciales, sino que establece nuestra agenda como discípulos de Cristo. Pero, más que nada, las palabras de Pablo y su amanuense, Tercio, escritas hace veinte siglos, no son ni más ni menos que la Palabra revelada de Dios. Por medio de seres humanos, el creador todopoderoso ha inspirado y revelado un maravilloso plan.

«El plan de salvación» bosquejado en esta carta a los cristianos que vivían en Roma del primer siglo tiene en mente más que el rescate de individuos. El plan de Dios es más que un mero escape del fuego por el cual unos pocos hallan seguridad de las llamas del castigo eterno. Este plan grandioso —del cual todos estamos invitados a ser parte— no es nada menos que el propósito del creador de llevar a su creación de vuelta al dominio divino, limpiar el mal, redimir, retomar y renovar el universo de modo que, de nuevo, refleje su gloria. El plan de salvación son buenas noticias para todo individuo, pero las mejores noticias son el regreso de la justicia de Dios a su lugar legítimo en el mundo. Algún día en el futuro Cristo romperá el velo entre el cielo y la tierra, y la justicia de Dios sacará al

EL EVANGELIO DE CRISTO Y LA *PAX ROMANA*

Los historiadores llaman a los dos primeros siglos de gobierno romano después del nacimiento de Cristo la *pax romana*, es decir, la «paz romana». Fue pacífico porque Roma se concentró menos en la conquista en el extranjero y más en la estabilización de los territorios que ya gobernaba, pero con todo fue una paz brutal. El imperio podía rápidamente movilizar ejércitos numerosos en cualquier parte entre Roma y Persia, y solía responder a la insurrección con crueldad aterradora. Una vez que se había aplastado la revuelta, no era raro que los supervivientes fueran crucificados a lo largo de las carreteras que llevaban a la región, como una advertencia a los nuevos colonos.

Si bien esta «paz» no fue sin derramamiento de sangre, pavimentó el camino para el ministerio evangelizador de Pablo... literalmente. Para mover rápidamente las tropas y el comercio por su territorio, el gobierno construyó un sistema elaborado de carreteras pavimentadas con piedra y concreto, y regularmente patrullaba esos caminos para evitar los robos. Esto le dio al apóstol y sus compañeros acceso sin precedentes al mundo que conocían. Aprovecharon al máximo esta oportunidad, dándole la vuelta tres veces al imperio oriental en quince años y acumulando más de treinta y dos mil kilómetros, en su mayor parte por caminos pavimentados por el gobierno o rutas mercantes controladas por el gobierno.

Al final, la inmisericorde «paz» de Roma llegó a ser el medio de una misericordiosa «paz con Dios» (5:1) para innumerables gentiles durante la vida de Pablo, y para incontables generaciones posteriores.

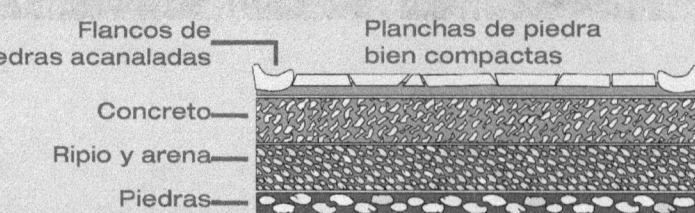

«príncipe de la potestad del aire» (Efesios 2:2) de su trono usurpado y gobernará de nuevo sobre la creación. Este futuro es inevitable porque el plan de Dios es incontenible.

Mientras tanto, la justicia de Dios vive en el corazón de los que han recibido su gracia por fe en su Hijo, Jesucristo. Por consiguiente, todo individuo que lee la Carta de Pablo a los Romanos debe responder a dos preguntas. Primero, ¿Permitirá que la transformación divina del mundo empiece con usted? Como Pablo explicará, esta no es una invitación para esforzarse más, sino un ruego para someterse a la gracia de Dios antes de que sea demasiado tarde. Segunda, si la justicia de Dios vive en usted ahora, ¿La va a retener oculta? Si le falta conocimiento, siga leyendo. El libro a los Romanos le explicará todo lo que necesita saber. Si le falta valentía, esta exhortación de un intrépido apóstol a una iglesia acosada en la Roma del primer siglo revivirá y vigorizará su confianza.

Sea cual sea su situación, dondequiera que se halle en su jornada espiritual, estoy convencido de que el tiempo que usted invierta en un estudio cuidadoso de esta carta lo cambiará para siempre. Esto ha sido verdad en las generaciones pasadas, y el poder de la Palabra de Dios no se ha reducido con el tiempo. Conforme usted lee, el Espíritu Santo ha prometido proveerle lo que le falta. Todo lo que necesita es creer en su promesa. Si usted se somete a estas verdades, también descubrirá, como lo hizo Pablo, que «El justo vivirá por la fe» (1:17).

NOTAS: Introducción

1. Tácito, *The Works of Tacitus,* 2ª ed., Woodward and Peele, Londres, 1737, 2:698.

SALUDO

Misión: El evangelio (Romanos 1:1-17)

¹ Pablo, siervo de Cristo Jesús, llamado a ser apóstol, apartado para anunciar el evangelio de Dios, ² que por medio de sus profetas ya había prometido en las Sagradas Escrituras. ³ Este evangelio habla de su Hijo, que según la naturaleza humana era descendiente de David, ⁴ pero que según el Espíritu de santidad fue designado con poder Hijo de Dios por la resurrección. Él es Jesucristo nuestro Señor. ⁵ Por medio de él, y en honor a su nombre, recibimos el don apostólico para persuadir a todas las naciones que obedezcan a la fe. ⁶ Entre ellas están incluidos también ustedes, a quienes Jesucristo ha llamado. ⁷ Les escribo a todos ustedes, los amados de Dios que están en Roma, que han sido llamados a ser santos. Que Dios nuestro Padre y el Señor Jesucristo les concedan gracia y paz.

⁸ En primer lugar, por medio de Jesucristo doy gracias a mi Dios por todos ustedes, pues en el mundo entero se habla bien de su fe. ⁹ Dios, a quien sirvo de corazón predicando el evangelio de su Hijo, me es testigo de que los recuerdo a ustedes sin cesar. ¹⁰ Siempre pido en mis oraciones que, si es la voluntad de Dios, por fin se me abra ahora el camino para ir a visitarlos. ¹¹ Tengo muchos deseos de verlos para impartirles algún don espiritual que los fortalezca; ¹² mejor dicho, para que unos a otros nos animemos con la fe que compartimos. ¹³ Quiero que sepan, hermanos, que aunque hasta ahora no he podido visitarlos, muchas veces me he propuesto hacerlo, para recoger algún fruto entre ustedes, tal como lo he recogido entre las otras naciones. ¹⁴ Estoy en deuda con todos, sean cultos o incultos, instruidos o ignorantes. ¹⁵ De allí mi gran anhelo de predicarles el evangelio también a ustedes que están en Roma.

¹⁶ A la verdad, no me avergüenzo del evangelio, pues es poder de Dios para la salvación de todos los que creen: de los judíos primeramente, pero también de los gentiles. ¹⁷ De hecho, en el evangelio se revela la justicia que proviene de Dios, la cual es por fe de principio a fin, tal como está escrito: «El justo vivirá por la fe».

Imagínese lo que sería si usted descubriera una cura ciento por ciento natural, ciento por ciento efectiva, completamente gratuita, para todo tipo de cáncer. ¿Cuánto de su tiempo, energía y dinero dedicaría para poner esta cura maravillosa a disposición de tantos como fuera posible en su vida?

Pablo es un hombre con una misión. ¿Su tarea? Distribuir el bien más preciado que el mundo jamás ha recibido: el evangelio, una curación formulada por Dios para que sea ciento por ciento efectiva contra la enfermedad terminal del pecado. El evangelio —el *euangelion* («buenas noticias») en su lengua— llegó a ser la fuerza impulsora de su vida. Y, al estar a punto de llevar esta magnífica obsesión a un nivel completamente diferente, el apóstol busca la ayuda de sus hermanos y hermanas de Roma. Desdichadamente, nunca se habían encontrado.

Misión: El evangelio (Romanos 1:1–17)

— **1:1** —

Los primeros siete versículos de la carta de Pablo forman una oración larga y compleja, con varias frases emparedadas entre «[De] Pablo» (1:1) y «a todos ustedes, los amados de Dios que están en Roma» (1:7). Si bien los griegos antiguos no tenían problema para comprender esta forma de escribir, las

TÉRMINOS CLAVE

ἀπόστολος [*apóstolos*] (652)* «apóstol, enviado oficial, comisionado».
El Nuevo Testamento usa este término prestado del gobierno griego para describir la función y la capacidad oficial de ciertos hombres durante la organización inicial del cristianismo. Para ser llamado «apóstol», uno tenía que haberse encontrado con Jesucristo después de su resurrección y haber recibido su comisión para llevar las buenas nuevas a otros.

εὐαγγέλιον [*euangélion*] (2098) «evangelio, noticias gozosas, buen informe».
El término «evangelio» en español es una transliteración del vocablo griego. El evangelio es el «buen relato». El término griego denota un informe favorable de un mensajero desde el campo de batalla o la proclamación oficial de que ha nacido un heredero del rey.

σωτηρία [*sotería*] (4991) «salvación, liberación, protección, preservación».
La mayoría de versiones traducen este término como «salvación», pero el significado no se debe limitar al mero rescate del peligro. Una vez que el peligro inmediato ha pasado, *sotería* asegura la preservación continua del daño y una oportunidad continua de prosperar.

δίκαιος [*díkaios*] (1342) «justo, moralmente impecable, guardador de la ley».
El concepto secular griego de un «justo» es el de una persona que cumple los requisitos del deber civil, que es un ciudadano virtuoso. Los maestros de la sinagoga por lo general consideraban a alguien justo si hacía más bien que mal. En este sentido, alguien puede ser más justo o menos justo que otro, según se conforme a las normas sociales o legales. Pablo, sin embargo, deliberadamente restringió su significado a una definición judicial en la cual uno merece castigo o no. En este sentido, no hay grados de justicia.

πίστις [*pístis*] (4102) «fe, confianza».
El uso secular de este término griego casi no tiene conexión con la religión, así que los lectores de Pablo habrían conocido la palabra según se la usaba en la Septuaginta (traducción del Antiguo Testamento al griego). Los griegos adoraban y temían a sus dioses, pero no tenía relación alguna con ellos. Para el judío —y por consiguiente el cristiano— *pístis* es el medio por el cual uno se relaciona con Dios.

*Nota: Los números en paréntesis se refieren al código usado por Strong.

frases enrevesadas pueden ser confusas para nosotros. Así que, para simplificar, permítame dividirla de dos maneras. Primero, note la tabla del «Saludo de Pablo», a la que nos referimos más tarde. Segundo, note que su saludo sigue un bosquejo sencillo:

Autor: «Pablo [...]» (1:1).

Tema: Compuesto de varias frases que predicen el contenido de su carta (1:2–6).

Destinatarios: «a todos ustedes, los amados de Dios que están en Roma [...]» (1:7a).

Saludo: «Que Dios nuestro Padre y el Señor Jesucristo les concedan gracia y paz [...]» (1:7b).

Los cristianos de Roma conocían a Pablo solo por reputación. Su ministerio empezó a gran distancia, en Jerusalén (cf. Romanos 15:19) y se extendió por la mayor parte de la región oriental del Imperio Romano, pero todavía no había visitado su capital. Así que pocos lo habían visto en persona.

Saludo de Pablo

¹ Pablo,
    siervo de Cristo Jesús,
    llamado a ser apóstol,
    apartado para anunciar el evangelio de Dios,
        ² que por medio de sus profetas
        ya había prometido
        en las sagradas Escrituras.
    ³ Este evangelio habla de su Hijo,
        que según la naturaleza humana
        era descendiente de David,
    ⁴ pero que según el Espíritu de santidad
        fue designado con poder Hijo de Dios
        por la resurrección.
    Él es Jesucristo nuestro Señor.
        ⁵ Por medio de él,
            y en honor a su nombre,
            recibimos el don apostólico para persuadir a todas las naciones que
        obedezcan a la fe.
            ⁶ Entre ellas están incluidos también ustedes, a quienes Jesucristo ha
    llamado.
    ⁷ Les escribo a todos ustedes,
        los amados de Dios que están en Roma,
        que han sido llamados a ser santos.
            Que Dios nuestro Padre
            y el Señor Jesucristo
                les concedan gracia y paz.

Con todo, su estatura como dirigente cristiano no se le quedaba atrás a nadie, especialmente entre los gentiles. De modo que, al identificarse, Pablo podía haber escogido cualquier cantidad de títulos diferentes. Podía haberse llamado erudito, pues había estudiado bajo un renombrado maestro judío, Gamaliel (Hechos 22:3), y antes de eso, tal vez asistió a la muy respetada universidad de Tarso, que se decía que la superaban solo las de Atenas y Alejandría. Podía haberse llamado ciudadano romano (Hechos 22:28), algo raro y especial entre los maestros religiosos y título de influencia significativa en la capital. Podía haber mencionado su encuentro con el Cristo resucitado (Hechos 22:6–11) o de haber visto con sus propios ojos el esplendor del cielo (2 Corintios 12:2–5). Pero escoge una designación que considera mucho más elevada, mucho más impresionante que cualquier otra: *doulos Cristou Iesou*, «siervo de Cristo Jesús».

Los griegos y romanos menospreciaban la servidumbre por sobre todo lo demás. No habrían objetado el servicio gubernamental, siempre que fuera voluntario, como expresión de buena virtud de un ciudadano leal. El servicio obligatorio, por otro lado, significaba la pérdida de libertad, y la pérdida de la libertad significaba la pérdida de la dignidad[2]. De manera similar, la cultura judía reservaba el término *doulos* para el servicio ilegal o irrazonable, tal como la esclavitud de Israel en Egipto (Éxodo 13:3) y el servicio de Jacob después de la traición de Labán (Génesis 29:18)[3]. A veces, *doulos* se refería a los que estaban sujetos al gobierno de otro, tal como cuando un gobernante tenía que pagarle tributo a otro rey más poderoso.

Nadie quería el título de *doulos*, a menos, por supuesto, que sirviera a Dios. En el servicio del creador, ningún título pudiera haber sido más preciado. Entre los «esclavos de Dios» se encuentran Abraham, Moisés, David, y otros notorios héroes de la fe.

Pablo se presenta añadiendo otras dos designaciones a la de «esclavo». Primero, había sido llamado por Dios a ser su «apóstol». En la cultura secular griega y en la Septuaginta (traducción del Antiguo Testamento al griego), un «apóstol» era referencia a alguien enviado para realizar una tarea a favor del que lo enviaba. Un apóstol era un enviado. Por ejemplo, en 1 Samuel 16, Dios envía a Samuel a Belén para que unja a uno de los hijos de Isaí como el nuevo rey de Israel. De modo similar, Pablo alega autoridad, no en base a su educación o personalidad y ni siquiera a alguna revelación especial —todo lo cual podía haber alegado legítimamente— sino en base al mandato del que lo había enviado. Su autoridad venía nada menos que de Dios mismo.

Segundo, Pablo escribió que había sido «apartado» para enseñar y predicar el evangelio (1:1). La palabra griega aquí es *aforiz*, que quiere decir «separar» o «reservar». Pero, para Pablo, el término llevaba un significado profundísimo que brotaba de su experiencia. Si yo tuviera que transliterar esta palabra griega al español, sonaría como «más allá del horizonte». Y si me concede algo de libertad lingüística, quisiera usar la imagen verbal producida por «más allá del horizonte».

En 1959 me hallaba en la tercera cubierta de un gigantesco buque de transporte de tropas cruzando el Pacífico rumbo a Okinawa. Al mirar en toda dirección, el agua azul negro se extendía hasta donde el ojo podía ver y hasta donde se encontraba con el cielo y formaba una línea imaginaria que llamamos horizonte. Se me ocurrió que ese límite entre la tierra y el cielo formaba un círculo gigantesco que definía mi mundo. Podía ir tras el horizonte por toda la eternidad y viajar a cualquier destino en la esfera de la tierra, pero salir de mi círculo para entrar a otro era imposible, por lo menos en el sentido natural humano.

Pablo dice, en efecto: «Por la mayor parte de mi vida joven como adulto, he vivido dentro de un círculo, limitado por un horizonte que no podía cruzar. Entonces el Señor me salió al encuentro en el camino a Damasco, donde yo tenía la intención de perseguir e incluso matar a sus seguidores, y él me transportó por fe a un mundo más allá de mi antiguo horizonte. He sido movido "más allá del horizonte", de un círculo de existencia a otro». Todavía más, el apóstol declaró que había sido «apartado» con el propósito de llevarle el evangelio al mundo.

— 1:2-5 —

Este «evangelio» no solo impulsó el ministerio y mensaje del apóstol por todo el mundo, sino que es el tema primordial de su mensaje a los romanos, que él indica de antemano en un enmarañado de frases entre «[De] Pablo» (1:1) y «a todos ustedes, los amados de Dios que están en Roma» (1:7). La tabla «Saludo de Pablo» muestra cómo se eslabonan las frases para establecer varias verdades en cuanto a las buenas noticias y su principal personaje, Jesucristo.

Primero, *el origen del evangelio es Dios.* Pablo declaró que el evangelio fue «prometido» (1:2). *¿Cómo?* Mire al versículo 2 en la tabla.

El evangelio «ya había» sido prometido (1:2). El mensaje que Pablo llevaba no era nuevo; había sido el enfoque central del Antiguo Testamento y el ímpetu detrás de la interacción del Señor con la humanidad desde la trágica desobediencia de Adán y Eva en el huerto del Edén.

El evangelio fue prometido «por medio de sus profetas» (1:2). El mensaje que Pablo llevaba cumplía la esperanza de salvación predicha por todo profeta desde Moisés.

El evangelio fue prometido «en las Sagradas Escrituras» (1:2). El mensaje que Pablo llevaba pasó la última prueba de la verdad; nació de la Palabra de Dios. Y el apóstol demostrará la veracidad del evangelio en toda su carta citando y parafraseando las Escrituras del Antiguo Testamento no menos de sesenta veces.

Segundo, *el contenido del evangelio es Jesucristo.* Note que el evangelio que fue prometido «habla de su Hijo» (1:3), respecto al cual Pablo declara varias verdades. El Hijo de Dios «según la naturaleza humana era descendiente [literalmente, «simiente»] de David»; esto quiere decir que Jesús es un varón humano genuino, en lo que tiene que ver con su naturaleza física (1:3).

Jesús demostró innegablemente por su resurrección que era el Hijo de Dios (1:4), en lo que tiene que ver con su identidad eterna. La frase «Espíritu de santidad» se refiere a su naturaleza divina; porque así como Dios es Espíritu, así también el Hijo participa de esta naturaleza.

El Hijo de Dios es «Jesucristo nuestro Señor» (1:3). El «Cristo» no es otro que el Mesías judío, que es nuestro *kyrios*, término griego que se usa en todo el Antiguo Testamento para referirse al Señor Dios.

Referencias al Antiguo Testamento en Romanos

Romanos 1:17	Habacuc 2:4	Cita
Romanos 2:6	Salmo 62:12	Cita
Romanos 2:6	Proverbios 24:12	Cita
Romanos 2:24	Isaías 52:5	Alusión
Romanos 2:24	Ezequiel 36:20	Alusión
Romanos 3:4	Salmo 51:4	Cita
Romanos 3:10-12	Salmo 14:1-3 (Salmo 53:1-3)	Cita
Romanos 3:10-12	Eclesiastés 7:20	Alusión
Romanos 3:13	Salmo 5:9	Cita
Romanos 3:13	Salmo 140:3	Cita
Romanos 3:14	Salmo 10:7	Cita
Romanos 3:15-17	Isaías 59:7-8	Paráfrasis
Romanos 3:18	Salmo 36:1	Cita
Romanos 4:3	Génesis 15:6	Cita
Romanos 4:7-8	Génesis 17:5	Cita
Romanos 4:9	Génesis 15:5	Paráfrasis
Romanos 4:17	Génesis 17:5	Cita
Romanos 4:18	Génesis 15:5	Cita
Romanos 4:22	Génesis 15:6	Cita
Romanos 7:7	Éxodo 20:17	Cita
Romanos 8:36	Salmo 44:22	Cita
Romanos 8:36	Isaías 53:7	Alusión
Romanos 8:36	Zacarías 11:4	Alusión
Romanos 8:36	Zacarías 11:7	Alusión
Romanos 9:7	Génesis 21:12	Cita
Romanos 9:9	Génesis 18:10	Cita
Romanos 9:9	Génesis 18:14	Cita
Romanos 9:12	Génesis 25:23	Cita
Romanos 9:13	Malaquías 1:2-3	Cita
Romanos 9:15	Éxodo 33:19	Cita
Romanos 9:17	Éxodo 9:16	Cita
Romanos 9:25	Oseas 2:23	Paráfrasis
Romanos 9:26	Oseas 1:10	Cita
Romanos 9:27-28	Isaías 10:22-23	Cita
Romanos 9:27-28	Isaías 28:22	Alusión
Romanos 9:27-28	Oseas 1:10	Alusión
Romanos 9:29	Isaías 1:9	Cita
Romanos 9:33	Isaías 8:14	Cita
Romanos 9:33	Isaías 28:16	Cita
Romanos 10:5	Levítico 18:5	Alusión

Romanos 10:6	Deuteronomio 30:12	Alusión
Romanos 10:7	Deuteronomio 30:13	Alusión
Romanos 10:8	Deuteronomio 30:14	Cita
Romanos 10:11	Isaías 28:16	Cita
Romanos 10:13	Joel 2:32	Cita
Romanos 10:15	Isaías 52:7	Cita
Romanos 10:15	Nahúm 1:15	Alusión
Romanos 10:16	Isaías 53:1	Cita
Romanos 10:18	Salmo 19:4	Cita
Romanos 10:19	Deuteronomio 32:21	Cita
Romanos 10:20	Isaías 65:1	Cita
Romanos 10:21	Isaías 65:2	Cita
Romanos 11:3	1 Reyes 19:10	Paráfrasis
Romanos 11:3	1 Reyes 19:14	Paráfrasis
Romanos 11:4	1 Reyes 19:18	Paráfrasis
Romanos 11:8	Deuteronomio 29:4	Cita
Romanos 11:8	Isaías 29:10	Alusión
Romanos 11:9-10	Salmo 69:22-23	Cita
Romanos 11:26-27	Isaías 59:20-21	Cita
Romanos 11:26-27	Jeremías 31:31-34	Paráfrasis
Romanos 11:34-35	Isaías 40:13	Paráfrasis
Romanos 11:34-35	Job 41:11	Cita
Romanos 11:34-35	Jeremías 23:18	Alusión
Romanos 12:19	Deuteronomio 32:35	Cita
Romanos 12:20	Proverbios 25:21-22	Cita
Romanos 13:9	Éxodo 20:13-17	Cita
Romanos 13:9	Deuteronomio 5:17-21	Cita
Romanos 13:9	Levítico 19:18	Cita
Romanos 14:11	Isaías 45:23	Paráfrasis
Romanos 15:3	Salmo 69:9	Cita
Romanos 15:9	2 Samuel 22:50	Cita
Romanos 15:9	Salmo 18:49	Alusión
Romanos 15:10	Deuteronomio 32:43	Cita
Romanos 15:11	Salmo 117:1	Cita
Romanos 15:12	Isaías 11:10	Cita
Romanos 15:21	Isaías 52:15	Cita

51	Citas directas
10	Citas parafraseadas
15	Alusiones claras

Debido a que los creyentes romanos no conocían a Pablo en persona, es importante que él presente un pedigrí inmaculado de la verdad, para demostrar una afinidad teológica con su público desde el comienzo. Y ningún asunto hace división entre los verdaderos creyentes y los apóstatas más definitivamente que la identidad de Cristo.

Hoy, debemos hacer lo mismo. Las etiquetas «metodista», «presbiteriano», «bautista», o incluso «evangélico» significan muy poco para la persona promedio de la calle. Un maestro de auténtica verdad cristiana debe tener una clara comprensión de quién es Jesús en relación a la Trinidad y como figura central del evangelio. Si alguien dice que Jesús no es Dios en carne humana, no se puede confiar en sus enseñanzas. Tal persona puede ser mormona, o Testigo de Jehová o alguna hebra indefinida de escéptico. Esa persona puede ponerse la etiqueta de «cristiana» y llevar una Biblia; con todo, *no* es cristiana.

Esto no quiere decir que debemos evadir o rechazar a tal persona. Solo debemos reconocer que necesita oír el evangelio.

Tercero, *el propósito del evangelio es producir fe obediente* (1:5). Hubo un tiempo en que se decía que el aprendizaje había tenido lugar cuando la conducta del individuo cambiaba como resultado de adquirir nueva información. Dios no nos salvó solo para depositar en nuestras cabezas un conjunto de principios teológicos. Somos salvos a fin de rendirle nuestra vida a Cristo (Romanos 16:26). Cuando piense en obediencia, adjúntele el sinónimo «sumisión». Pablo lo sometió todo a la voluntad de Dios, desde su encuentro con Cristo en el camino a Damasco hasta el mismo fin de su vida.

Pablo les recuerda a los creyentes de Roma que ellos también son «a quienes Jesucristo ha llamado» (1:6). En tanto que el llamado de ellos no tiene la capacidad oficial de su apostolado, ellos con todo participan de su misión. Jesucristo los ha llamado a fe y obediencia, y les ha encargado la responsabilidad de llevar a los gentiles, es decir, a sus conciudadanos de Roma y del Imperio Romano en general, a la misma fe y obediencia.

La responsabilidad de hacer discípulos (Mateo 28:19-20) no descansa por entero en los hombros de los ministros vocacionales, a tiempo completo, del evangelio. Por supuesto, ellos dedican su vida a predicar, enseñar y dirigir, pero no son siervos prestados, ni manos mercenarias que hacen el trabajo de otros. Todos nosotros, cada miembro del cuerpo de Cristo, tiene la misma misión. Debemos buscar a los que no han oído las buenas noticias y ser los medios por los cuales ellos vienen a la fe y a la obediencia.

— 1:7 —

Pablo concluye su saludo identificando a sus destinatarios («los amados de Dios que están en Roma, que han sido llamados a ser santos») y entonces los bendice («les concedan gracia y paz»).

Pablo no usa el término «santos» para sugerir que deben esforzarse arduamente en la vida cristiana a fin de alcanzar un plano espiritual encumbrado. El término «santos» es el sustantivo del adjetivo «santo». Algo se mantiene «santo» cuando se separa para uso dedicado, como cuando el sacerdote reservaba ciertas cosas del templo para los ritos de la adoración. El propósito de «apartar» algo era conservarlo puro, incontaminado por el mundo.

La aplicación personal habría sido tan obvia para ellos como lo es para nosotros. Los creyentes han sido llamados «los apartados». Si bien Dios ha hecho el llamado, ha separado a los suyos, y hará la obra de purificación, Pablo parece sugerir que hay campo para que participemos en el proceso de limpieza.

Es más, los creyentes no solo son los «amados» de Dios, sino también de Pablo. Él no escribe a sus hermanos de Roma para darles un cuaderno nítidamente bosquejado de verdades doctrinales. Quiere que cultiven una vida de gracia tan abundante que la obediencia se les haga tan natural como respirar. Pero esto requiere equilibrio. El mundo del fundamentalismo pulula con personas que dan escasa atención a la belleza de una vida obediente. Por el otro extremo, muchos hacen énfasis en la gracia y el amor aparte de un sólido cimiento doctrinal. Eso es peor que construir una casa en la arena. Una vida sometida al Padre celestial requiere ambas cosas: una genuina comprensión de la verdad del evangelio que resulta en una obediencia siempre creciente.

La doble bendición de «gracia» y «paz» es el saludo característico de Pablo (1 Corintios 1:3; 2 Corintios 1:2; Gálatas 1:3; Efesios 1:2; Filipenses 1:2; Colosenses 1:2; 1 Tesalonicenses 1:1; 2 Tesalonicenses 1:2; 1 Timoteo 1:2; 2 Timoteo 1:2; Tito 1:4; Filemón 3). «Gracia» tiene un énfasis griego, en tanto que los judíos de costumbre se saludaban entre sí con *shalom,* que tiene el significado general de «estar completo, cumplimiento; entrar en un estado de plena salud y unidad, una relación restaurada»[4]. Incorpora todas las bendiciones de la tierra prometida y el cumplimiento del pacto de Dios a Abraham.

«Gracia», por supuesto, no se refiere a la salvación, puesto que sus lectores ya son creyentes. La significación de esta palabra se hará mucho más clara conforme el apóstol desarrolla el concepto en su carta. Está repleta de significado teológico, que sus lectores pronto apreciarán.

— 1:8-13 —

La carta de Pablo no fue escrita a gente que vivía en una comunidad pequeña, rural. En el año 58 d.C. la población de Roma excedía el millón de habitantes, casi la mitad de los cuales eran esclavos o libertos hace poco tiempo. Y, como los centros metropolitanos modernos, Roma era un maravilloso lugar para vivir para la élite, pero un desafío para todos los demás. Las clases más bajas vivían en edificios en ruinas, multifamiliares, sin desagües ni agua disponible más arriba del primer piso. Con frecuencia se hallaban al borde del motín, especialmente si no podían conseguir suficiente comida. El crimen era rampante. Los barrios étnicos se convertían en gobiernos por cuenta propia, manteniendo una frágil paz entre ellos para evitar represalias de parte del gobierno (Hechos 18:2).

Convertirse a Cristo a menudo significaba un desafío a este orden social y la seguridad que les brindaba. Para los cristianos judíos, el precio del discipulado a menudo quería decir la pérdida de la familia y el clan. La vida era difícil para todos, pero ser cristiano en ese medio ambiente era incluso peor. Deben haberse sentido como ardillas entre gigantes furiosos, cualquiera de los cuales podía aplastarlos a capricho.

Si los creyentes de Roma necesitaban algo, era estímulo, y una carta de alguien de la estatura de Pablo los ayudaría a permanecer un poco más firmes. Antes de enseñar nada, Pablo escoge cuatro maneras de animar los espíritus de sus hermanos y hermanas de Roma.

Pablo les muestra aprecio (1:8). Pablo les expresa admiración y gratitud por la reputación de fidelidad que se habían ganado, no solo en la capital, sino por todo el imperio. La mayoría de las personas oyen poco aprecio: muy limitados elogios en el trabajo, menos en casa, y casi nada en la iglesia (para nuestra vergüenza). Las palabras de aprecio y gratitud no cuestan nada y, sin embargo, cuán valiosas son para los desalentados. Los creyentes de Roma que luchaban necesitaban oír que alguien les dijera: «¡Bien hecho! Sigan haciendo lo que están haciendo. Está ejerciendo un impacto duradero en el mundo».

Pablo ora por ellos (1:9). Pablo no conocía a la mayoría de aquellas personas. Todavía no había ido a Roma; y sin embargo, nunca deja de incluirlos en sus oraciones.

Por muchos años he tenido la oportunidad de interactuar con altos funcionarios del gobierno y personal militar mediante una organización llamada «The Christian Embassy» [«Embajada cristiana»]. Los hombres y mujeres de esta comunidad —generales, almirantes, jefes, miembros del Congreso, personal del palacio presidencial, y personal de respaldo— frecuentemente me decían cuánto significaba para ellos el saber que hay algunos que están orando por ellos. Washington, D.C. es un lugar solitario para los poderosos, e incluso más para los creyentes en cargos elevados. El conocimiento de que otros están de rodillas ante Dios les permite sentirse respaldados.

Pablo expresa su deseo de estar con ellos (1:10). Pablo había estado en el ministerio suficiente tiempo para comprender el valor de estar presente cuando alguien necesita aliento.

Recuerdo mis días en el cuerpo de marina, como a trece mil kilómetros de casa, desesperadamente solo, contando los minutos hasta que llegara el correo (¡ni computadoras ni celulares en ese entonces!). No sé de ningún soltero acantonado al otro lado del planeta que no se hubiera saltado unas cuantas comidas si eso significaba recibir una carta de casa o incluso una tarjeta postal de esa «persona especial». Cuando yo recibía una carta de mi esposa, el corazón me latía más de prisa al ver su letra. Inhalaba el aroma de su perfume en el sobre antes de abrirlo… y devoraba cada palabra. La leía vez, tras vez, tras vez, tras vez. ¿Por qué? Porque me decía lo que yo significaba para ella. Me decía lo que yo valía. Me recordaba cuánto me extrañaba y anhelaba estar conmigo. Sin duda, los creyentes de Roma se sintieron de la misma manera al leer las palabras de Pablo.

Debemos tener presente en toda esta carta que no es un simple tratado teológico. Es una carta de amor de Dios a los romanos a través de su enviado especial, Pablo. Necesitaban saber que eran «amados de Dios», escogidos para ser hijos suyos, separados como santos (1:7).

Pablo promete ayudarlos (1:11-13). Los desalentados necesitan estímulo emocional y espiritual, pero también necesitan ayuda tangible. Pablo les da un par de razones de la visita propuesta, cada una de las cuales introduce con la conjunción griega *hiná*, «con el propósito de» o «a fin de».

«Para [a fin de] impartirles algún don espiritual, que [con el resultado de que] los fortalezca» (1:11). La frase griega *pneumatikon carisma* («don espiritual») lleva a algunos a sugerir que Pablo quería fortalecer a los creyentes de Roma con capacidades sobrenaturales del Espíritu Santo. A veces usa la frase de esta manera (Romanos 12:6; 1 Corintios 1:7; 12:4, 31) y a veces la usa en el sentido más ordinario (Romanos 5:15, 16; 6:23). Pero hay que notar como él explica más su significado en el versículo 12. El «don espiritual» que tiene en mente es algo que todo creyente puede adquirir mediante la edificación mutua de la fe.

Esto es liderazgo en el sentido cristiano. Pablo no está planeando darles algún don espiritual que a ellos les falta; lo que planea es compartir con ellos *su* don espiritual, el don de conocimiento, el don de sabiduría, el don del apostolado. Planea darles una parte del conocimiento que Dios le ha dado. Pablo sería fortalecido, a su vez, por los dones espirituales que los creyentes de Roma podían ofrecer.

«Para [a fin de que] unos a otros nos animemos» (1:12). Otra traducción de esta frase dice: «Para recoger algún fruto entre ustedes» (v. 13). El «fruto» que espera obtener se refiere al resultado del ministerio, es decir, más convertidos por creer en Jesucristo y más creyentes viviendo en obediencia como resultado de su fe creciente (Filipenses 1:22; Colosenses 1:6). Pero también usa el término «fruto» en referencia al dinero que, cuando se da con generosidad, es un resultado tangible de la fe genuina y un medio de ministrar a otros (Romanos 15:23–28).

Con toda probabilidad Pablo había oído de la vibrante comunidad cristiana que florecía en Roma a pesar de las muchas razones por las que ni siquiera debería existir. Y debe haber apreciado su ofrenda. Sin duda vio una congregación de espíritus bondadosos que no solo lo ayudaban en su misión, sino que la abrazaban como propia.

— 1:14 —

Jesús explicó así las buenas noticias: «Porque tanto amó Dios al mundo, que dio a su Hijo unigénito, para que todo el que cree en él no se pierda, sino que tenga vida eterna» (Juan 3:16). Muchos nunca han oído estas noticias. El Hijo de Dios entró en el mundo como embrión, luego como feto, después como recién nacido en las afueras de un pequeño pueblo llamado Belén, en las colinas de Judea. Creció para ser un hombre que, aunque completamente sin pecado, pagó por los pecados del mundo entero. Pagó el precio por completo, sin dejar nada para que nosotros paguemos de nuestra propia cosecha, de modo que quienquiera —sin importar su edad, género, raza, nacionalidad, lugar geográfico, clase social, inteligencia, educación o incluso moralidad— que confíe en Dios y reciba su dádiva «tenga vida eterna». Nada de condiciones. Nada de cuotas escondidas. No hay que hacer nada extra. No hay requisitos adicionales. No hay nada a que unirse. Por gracia sola y por fe sola y en Cristo solo. Eso es todo. ¡Y es suficiente!

Juan preservó estas palabras en su relato de la vida de Jesús escritas como a finales del primer siglo. Unas cinco décadas antes, alrededor del año 35 d.C., poco después de que Jesús hubo resucitado de los muertos y ascendido al Padre, los judíos que no creían empezaron a perseguir a los que escogían seguir a Jesús. Un hombre, fariseo, perseguía y encarcelaba a los creyentes con furia religiosa sin par (Hechos 8:3) y en una ocasión presidió la ejecución del primer mártir cristiano (Hechos 7:58). Hallándose de camino a la ciudad de Damasco para buscar y encarcelar creyentes, encontró al Salvador resucitado y creyó en las buenas noticias (Hechos 9:3–6), lo que dejó estupefacto al mundo religioso en Jerusalén y sus alrededores. El principal perseguidor de los cristianos se había unido a las filas de aquellos a quienes anteriormente mataba.

Veinticinco años más tarde, después de estudiar las Escrituras y crecer como cristiano en la iglesia predominantemente gentil de Antioquía, Pablo había llegado a ser el principal embajador de las buenas noticias al mundo entre Jerusalén y Roma. Habiendo logrado todo lo que había esperado en los territorios sometidos al imperio, el apóstol deseaba llevar el evangelio a los que vivían en la región recientemente romanizada y, sin embargo, todavía «bárbara», de España. Pero eso vendría después de Roma. Al ministrar en cada lugar, mantenía la mirada en el horizonte, más allá del cual había más personas que necesitaban oír las buenas noticias.

El apóstol seguía adelante con su misión de propagar el evangelio con más pasión y dedicación de la que había aplicado para apagarla. Y expresó esa pasión con tres afirmaciones: «Estoy en deuda», «mi gran anhelo de predicarles el evangelio», y «no me avergüenzo».

«Estoy en deuda» (1:14). Su declaración completa dice: «Estoy en deuda con todos, sean cultos o incultos, instruidos o ignorantes».

Hay más de una clase de deuda. La más conocida es cuando pedimos a un banco un préstamo. Estamos endeudados con el banco hasta pagar el préstamo. La deuda de Pablo es de otra clase. Si alguien me diera dinero para que se lo entregue a otra persona, estoy en deuda con el que me dio el dinero y, en un sentido real, con el que debe recibirlo. Como intermediario, soy deudor a ambos. Pablo escribe, en efecto: «Se me han dado las buenas noticias del Salvador, y ahora tengo la responsabilidad —una deuda que pagar— de pasar estas buenas noticias a otras personas».

Es importante que recalque que esta no era condición de la salvación de Pablo. Pablo no se consideraba deudor debido a que le debiera al Señor algo a cambio de la vida eterna. La deuda del apóstol era una condición voluntaria de su llamamiento. Era un profundo sentido de responsabilidad por la suerte de sus semejantes, la mayoría de los cuales vivían en la misma oscuridad espiritual que en un tiempo hizo de él un perseguidor y asesino de los que vivían a la luz de la verdad.

La palabra griega que se traduce «incultos» es *bárbaros*. No se refiere a salvajes de ojos desorbitados, brutales e incivilizados, sino a los que todavía no habían adquirido la cultura de Roma, los que vivían tras las fronteras del imperio. La palabra griega significa «tartamudo», y los romanos se la aplicaban a todo el que todavía no estaba romanizado, porque los veían como necesariamente rústicos e ignorantes. El uso de Pablo de este término aquí no sugiere que viera a todos los no romanizados como inferiores, sino que usa el vocabulario de los romanos para recalcar que su deuda se extiende a todo el mundo.

— 1:15 —

«Mi gran anhelo de predicarles el evangelio» (1:15). La pasión de Pablo ardía con la urgencia del que acaba de hallar la ruta de escape de un rascacielos incendiado. Desesperado por salvar a otros, gritaba: «¡Por aquí, por aquí! ¡Bajen por esta escalera! Esta es la salida. ¡Esta es la ruta de escape!» Incluso después de dos décadas de repetidas luchas con el hambre, la sed, la intemperie, naufragios, robos, azotes, prisiones, y varios apedreamientos (Hechos 14:19; 2 Corintios 11:23–27; 2 Timoteo3:11), e incluso después de ver el éxito de sus esfuerzos, y ver al imperio salpicado con comunidades de creyentes que prosperaban, Pablo sigue anhelando cumplir su llamamiento en lugares incluso más distantes.

— 1:16-17 —

«A la verdad, no me avergüenzo» (1:16). El texto griego tiene aquí la palabra conectora «porque», que indica que Pablo no se dejaba amilanar por el temor de lo que otros pudieran pensar por dos razones, ambas de las cuales descansan en el evangelio.

La primera razón es *«pues es poder de Dios para la salvación»*. Volvamos a una ilustración anterior. Si en verdad usted hubiera descubierto una cura completamente efectiva, completamente gratis, para todo tipo de cáncer, cuán poco le importaría lo que la gente dijera si su alegría diaria es ver a enfermos terminales dejar el hospital y disfrutar de una vida larga y saludable. Pablo seguía energizado y no le preocupaban las opiniones de otros porque el evangelio es demasiado maravilloso y contundente para desdeñarlo, especialmente por orgullo.

La segunda razón es que *«en el evangelio se revela la justicia que proviene de Dios»*. La enfermedad es el pecado, la buena salud es la justicia. El pecado no es otra cosa que rebelión contra la misma naturaleza de Dios, que es absolutamente buena, y justicia quiere decir relaciones personales correctas con el único que puede juzgar entre el bien y el mal. La cura de la enfermedad terminal del pecado es el evangelio, que permite que todo el que lo recibe disfrute de una relación personal restaurada con el creador.

Pablo concluye su saludo con un recordatorio de que, si bien las buenas noticias de Jesucristo son el método radicalmente diferente de Dios para lidiar con el problema del pecado, es más antiguo que la creación. Cita al profeta Habacuc, del Antiguo Testamento (Habacuc 2:4) para mostrar que en todo tiempo la salvación es una dádiva provista por gracia y que se recibe por fe. Por tanto, en las buenas noticias, la justicia de Dios se revela «por fe en fe» (traducida literalmente). «El justo vivirá por la fe». Uno recibe una posición correcta ante Dios al *creer*, no por obras.

Ese es un vislumbre de las buenas noticias que Pablo anhela proclamar y que con gran prolijidad explica en esta carta. Pero, primero, para apreciar plenamente la cura, uno debe entender la enfermedad y sus consecuencias.

Aplicación

Lo que es bueno para Pablo es bueno para todos

Después de saludar a los creyentes de Roma, Pablo explica lo que le impulsa a predicar el evangelio con tal pasión y dedicación:

«Estoy en deuda» (1:14). Pablo se consideraba en deuda con toda la humanidad porque se le había confiado una dádiva invaluable: la única cura para la enfermedad mortal del pecado. Como Pablo, los que han recibido la dádiva de la vida eterna tienen la obligación de hacer saber a otros que Dios ha extendido la oferta de salvación a toda persona, sea privilegiada o pobre, sofisticada o sencilla, religiosa o rebelde.

«Mi gran anhelo» (1:15). La gracia que Pablo recibió y su sentido de obligación lo motivan a actuar. Todo el que genuinamente capta la magnitud de la dádiva que se le ha dado no podrá permanecer ocioso. Si usted no está participando activamente en hacer *algo* en el servicio del evangelio, algo falta en su vida espiritual.

«No me avergüenzo» (1:16). Digámoslo tal como es: el evangelio les parece necedad a los que no entienden. En el pasado, la ignorancia dio lugar al ridículo y después a la persecución. Los que han apostado su vida eterna a la verdad de la gracia de Dios deben permanecer firmes, aunque eso exija el sacrificio de nuestra vida terrenal.

De acuerdo a la tradición cristiana, Pablo nunca perdió su energía. Siguió con vigor y no se avergonzaba en la proclamación de las buenas noticias. Su jornada evangelizadora de toda la vida finalmente terminó con su martirio nada menos que en Roma.

Notas: Saludo (Romanos 1:1–17)

2. Gerhard Kittel y Gerhard Friedrich, eds., *Theological Dictionary of the New Testament: Abridged in One Volume*, trad. Geoffrey W. Bromiley, Eerdmans, Grand Rapids, 1985, 183.
3. Ibíd.
4. Robert Laird Harris, Gleason L. Archer, y Bruce K. Waltke, *Theological Wordbook of the Old Testament*, ed. electrónica, Moody Press, Chicago, 1999 [orig.1980], 930.

LA IRA DE DIOS (ROMANOS 1:18 – 3:20)

Si tuviera que hacer mi propio dios, se parecería al que Hollywood muestra en las películas. Sería un encantador cascarrabias ingenioso, que mastica tabaco, y que siempre me hace reír. O, mejor aun, sería un personaje sereno, como un mayordomo que me guarda de problemas con una sabiduría mayor que la mía, a la vez que me sirve. El dios que me haría sería bondadoso y firme, pero adoptaría una posición de «los muchachos serán muchachos» cuando peco. Después de todo, las consecuencias negativas de mis malas decisiones son castigo suficiente, ¿verdad?

¿Qué clase de dios adora usted? ¿Es él (o ella) un dios de marca? ¿Es él (o ella) meramente un imaginario «poder superior» que posee todas las cualidades admirables que faltan en sus relaciones personales más estrechas? O ¿es él (o ella) una retrato vívido de los rasgos de carácter que usted teme más, como los de un ser celoso, colérico, quisquillo, o dado a sentido de culpa agresivo-pasiva? ¿Adora usted al dios de su imaginación, o al Dios que en realidad existe?

Dios, según se revela en la Biblia, no se parece en nada a los ídolos que llevamos en la imaginación. Pero con demasiada facilidad vemos en las páginas de las Escrituras al Dios de nuestra preferencia como vemos figuras en las nubes. Para evitar esta idolatría involuntaria, debemos leer la Palabra de Dios a fin de conocer al Dios que está allí (como el gran filósofo cristiano Francis Schaeffer solía llamarlo). Al leer la Carta de Pablo a los Romanos nos vemos frente a un hecho perturbador en cuanto al Dios que está allí. Su ira arde contra la humanidad con finalidad aterradora e inminente. Sí, de acuerdo a la Biblia, este Dios de amor en efecto enviará a algunos al tormento eterno.

Si esto hace que se sienta algo incómodo, tal vez esté listo para dejar a un lado el ídolo de su imaginación para ver al único Dios verdadero, el Dios que esta allí.

La primera sección de la Carta de Pablo a los Romanos es una acusación contra la humanidad. Dios está enfadado, y todos y cada uno de nosotros estamos sujetos a la separación eterna de él en un lugar de sufrimiento indescriptible. El apóstol explica el peligro de la humanidad de esta manera: la humanidad está sujeta a la ira de Dios porque, de manera colectiva e individual, nos hemos rebelado contra él con nuestra mente y por nuestras obras (1:18). Nadie está exento del juicio; ni el gentil (1:18–32), ni el moralista (2:1–16), ni siquiera el judío (2:17—3:8). Es más, todos estamos sujetos a la ira de Dios porque somos corruptos, hasta la médula (3:9–20).

Para probar su argumentación, Pablo echa mano a la sabiduría adquirida durante su experiencia en el ministerio, lo que sin duda incluyó una serie de acalorados debates con filósofos gentiles y judíos. Algunos, como hoy, objetaban el concepto de que los que no han oído de Dios pudieran ser justamente condenados por transgredir una ley de la que no saben nada. Pablo responde a estas objeciones con dos acusaciones, una referente a la naturaleza y la otra a la conciencia. Los judíos aducían exención del castigo en virtud del pacto que habían heredado de su padre Abraham. Pablo responde a sus objeciones corrigiendo su teología errónea, orientada a las obras, y luego lanza una punzante acusación basada en la misma ley que ellos aducen atesorar.

TÉRMINOS CLAVE

ὀργή [*orge*] (3709) «ira, indignación, ira retributiva».

El Antiguo y Nuevo Testamentos usan dos términos griegos para «ira»: *tumos* (arder) y *orge*. En la literatura griega secular, *tumos* suele referirse a la emoción de la cólera, en tanto que *orge* describe su conducta, pero la Biblia no mantiene esta distinción. *Orge*, en sí, no indica si la cólera es justa o pecaminosa. Puede ser lo uno o lo otro, según las circunstancias y el carácter del individuo.

ἀδικία [*adikía*] (93) «injusticia, violación de la ley, injusticia legal, iniquidad».

El prefijo «a» niega lo que sea que sigue, así que *adikía* es lo opuesto de lo que es justo, correcto, o legal. El término puede tener una connotación religiosa, pero su uso primario es legal. Describe cualquier conducta que es contraria a un estándar establecido. La persona convicta de un crimen es culpable de «iniquidad»; un gobernante corrupto es culpable de «injusticia».

παραδίδωμι [*paradídomi*] (3860) «entregar, rendir, transferir posesión».

Basado en el verbo «dar», este término lleva la idea de entregar la posesión de algo al control de otro. Basado en el contexto, algunos traductores traducen el término con «traicionar», pero la palabra griega no sugiere si la motivación es buena o mala. La vemos que se usa en forma extensa en las narraciones de la pasión, en las cuales Judas «traiciona» o «entrega» a Jesús al sanedrín (Marcos 14:10), el sanedrín a Pilato (Marcos 15:1), Pilato a los soldados (Marcos 15:15), y finalmente Jesús «entregó» su espíritu a la muerte (Juan 19:30).

κρίνω [*krino*] (2919) «juzgar, dividir, evaluar, decidir».

El significado literal es «cribar» o «separar» a fin de aislar los componentes de una mezcla. El uso primario es metafórico en el sentido de «cribar los detalles para llegar a una conclusión». En términos de una persona, la idea es cernir los detalles de la vida de uno a fin de examinarlos y llegar a una decisión en cuanto al carácter de uno. El «juicio», entonces, es el resultado de esa acción de cernir.

νόμος [*nomos*] (3551) «ley, lo que es asignado, lo que es propio, estándar de conducta correcta».

Nomos, sustantivo, está estrechamente relacionado al verbo *nemo*, «dividir y distribuir». Opuesto a *etos*, que es una costumbre no escrita, este término se refiere a leyes escritas de conducta definidas para la administración de justicia. El uso de Pablo de *nomos* casi siempre se refiere al código de conducta que Moisés recibió de Dios, la «ley mosaica».

LA IRA DE DIOS (ROMANOS 1:18 — 3:20)

Al final de esta sección Pablo ha demostrado de manera conclusiva que Dios tiene razón de estar enojado con la humanidad y que todo ser humano está condenado bajo sus leyes. Esta no es una porción de las Escrituras particularmente agradable. Es más, si al final de la acusación que Pablo hace de la humanidad siente deseos de huir y esconderse de Dios, apenas está empezando a ver a Dios como es, y apenas está empezando a entender la gravedad del pecado.

Dios está enojado (1:18–23)

> [18] Ciertamente, la ira de Dios viene revelándose desde el cielo contra toda impiedad e injusticia de los seres humanos, que con su maldad obstruyen la verdad. [19] Me explico: lo que se puede conocer acerca de Dios es evidente para ellos, pues él mismo se lo ha revelado. [20] Porque desde la creación del mundo las cualidades invisibles de Dios, es decir, su eterno poder y su naturaleza divina, se perciben claramente a través de lo que él creó, de modo que nadie tiene excusa. [21] A pesar de haber conocido a Dios, no lo glorificaron como a Dios ni le dieron gracias, sino que se extraviaron en sus inútiles razonamientos, y se les oscureció su insensato corazón. [22] Aunque afirmaban ser sabios, se volvieron necios [23] y cambiaron la gloria del Dios inmortal por imágenes que eran réplicas del hombre mortal, de las aves, de los cuadrúpedos y de los reptiles.

Las personas de hoy son más ilustradas que sus antepasados. No son presa de supersticiones; no entonan encantamientos para alejar a los espíritus malos; no temen malos augurios. Las personas modernas se han elevado por encima de estas creencias primitivas, animistas, para abrazar el mundo tal como es, un mundo gobernado por las fuerzas impersonales de la naturaleza y las leyes de la física. Todavía más, el dios de su preferencia ha evolucionado junto con ellas. Ya no es una deidad brutal cuyo enojo hay que apaciguar. Es un dios bondadoso, gentil, un dios tipo abuelo que se aflige cuando hacemos cosas malas, pero debido a que entiende lo difícil que es ser humano y que las maldades en realidad no son culpa nuestra, no castiga el pecado. Más bien, con ternura trata de corregir a sus hijos.

El dios de fabricación actual se parece más a un padre intimidado, patéticamente pasivo, en lugar del creador todopoderoso quien genuinamente se interesa por su creación. Las personas de hoy no quieren un dios al que hay que temer, suponiendo que será más cariñoso que el que se enfada cuando la gente no le agrada. Pero un dios pasivo, que se retuerce las manos, que no puede enfurecerse, es un dios que no se caracterizaría como un Dios amoroso. Un Dios de amor debe detestar lo que le hace daño a los que él ama. Un Dios de amor debe actuar para proteger al inocente contra el malvado. Un Dios de amor debe hablar en serio cuando declara que una acción determinada está «prohibida». Después de todo, una ley sin consecuencias no es ley del todo.

Un Dios de amor también debe tener la capacidad de airarse. Sin embargo, la ira de Dios no es la cólera estridente que hemos llegado a asociar con personas abusivas. Pablo describe la respuesta del Creador al pecado usando la palabra griega *orgé,* que quiere decir «rebosar». Cuando se usa para describir la ira, es la expresión apasionada de enojo contra el mal, y, en este contexto, describe la ira justa y apasionada de Dios que se desborda de las murallas del cielo y se derrama sobre la tierra. Y en tanto que es en verdad una respuesta apasionada, desbordante, es también completamente acorde con el carácter de Dios, que también es amor. Su ira es, sin cuestionamiento, temible y, sin embargo, también bajo control, deliberada, medida, y absolutamente justa. Su ira no es nada menos que una expresión razonable de su carácter justo y su amor indeclinable al enfrentarse al mal.

— 1:18-19 —

Dios es amor (1 Juan 4:8), y es por eso que no se queda sin hacer nada mientras el mal consume a su creación. Note contra qué se dirige su ira. El arde contra la «impiedad» y la «injusticia», dos términos que necesitan ser definidos.

«Impiedad» viene de la palabra griega *asebeia.* La raíz es *sebomai,* que originalmente quería decir «retirarse», o «echarse atrás», como lo haría uno en presencia de la deidad. Ya en el tiempo de Pablo, la connotación común era de «mostrar reverencia» o «adorar». El prefijo griego *a* niega lo que se le une, así que el término se refiere a actitudes y acciones de «no-reverencia». Este estilo de vida irreverente inevitablemente conduce al desacato.

«Injusticia» se deriva de *adikía,* término que se toma directamente de la Septuaginta (traducción del Antiguo Testamento al griego), que quiere decir «violación de la ley divina». Esta ley divina, por supuesto, se refiere a los estándares de conducta dados por medio de Moisés, que la nación hebrea de Israel debía modelar.

Estos estándares de conducta, que Pablo llama «la ley», no son arbitrarios. Dios no se sentó un día y decidió hacer una lista de todas las cosas que estropearían nuestra diversión. Estas reglas para la vida son la expresión de su carácter. Su naturaleza como Poder supremo del universo define lo que es bueno. En otras palabras, si Dios fuera un mentiroso, entonces mentir sería justo. Pero Dios es verdad (Romanos 3:4); por consiguiente mentir, acción contraria a su carácter, es «pecado».

«Impiedad» e «injusticia», entonces, no representan solo una violación de ciertas reglas de conducta, sino el total rechazo de Dios mismo: su deidad, su autoridad, su misma naturaleza. Pablo declaró que la ira de Dios se revela contra toda impiedad e injusticia, es decir, contra el pecado. Cuando decidimos pecar, expresamos desprecio por el carácter de Dios, pues estamos llamando «buenas» las cosas malas. Por eso Pablo dijo que esta impiedad e injusticia la perpetúan «los seres humanos, que con su maldad obstruyen la verdad». Los que se proponen el mal, «obstruyen» o suprimen la verdad de Dios mediante la cual hizo que el universo existiera con su palabra y le da orden.

La imagen verbal del término griego que se traduce «obstruyen» es la de un individuo que lucha por mantener cerrada la tapa de un recipiente de modo que lo que sea que está adentro no pueda escapar. El pecado de la humanidad detiene la voluntad de Dios; el pecado impide que el mundo funcione como Dios quería que funcionara. Sí, la enfermedad y los desastres producen calamidad, pero la gran mayoría de los males del mundo lo instigan y perpetúan los que pecan unos contra otros con asesinatos, robos, hostilidad entre las naciones, y violencia en el hogar. El pecado de las personas impide que el mundo sea mejor, como lo pudiera ser.

Pablo entonces explica el porqué de esta rebelión desenfrenada contra Dios y su ley. Las personas suprimen su conocimiento innato del Creador, una conciencia que es parte integral de su composición como el ADN. Dios creó a los seres humanos con el propósito de que tengan una relación estrecha y significativa con él, y esta necesidad hace que los hombres de toda raza, en todo tiempo, instintivamente busquen a su creador; a menos, claro, que a propósito obstruyan ese deseo y expresamente ignoren ese conocimiento innato de él.

— 1:20-21 —

Algunos tal vez objetarían que esta evidencia innata, instintiva, de un creador es demasiado intangible. Pero Pablo señala la evidencia de la creación misma. Dios nos ha envuelto en evidencia de su obra. Atisbe el espacio profundo por un telescopio y usted ve evidencia del tamaño y poder de Dios. Atisbe por un microscopio y ve evidencia del intelecto comprehensivo de Dios. Juan Calvino escribió: «Al decir que Dios se lo manifestó, quiere decir que el hombre fue creado para que sea un espectador de este mundo formado, y que le fueron dados ojos, para que él pueda, al mirar un cuadro tan hermoso, ser guiado al mismo Autor»[5]. La misma naturaleza es el mejor argumento a favor del diseño inteligente, por lo que «nadie tiene excusa»; sin embargo, con insolencia las personas obstruyen la verdad de Dios… y con resultados trágicos: «Aunque afirmaban ser sabios, se volvieron necios».

— 1:22-23 —

Para nosotros, un necio es alguien algo travieso o que toma decisiones tontas. Sin embargo, las culturas griega y hebrea tomaban el término «necio» con mucha mayor seriedad. El lenguaje hebreo usa no menos de cuatro términos para cuantificar el nivel de necedad en una persona. Cada término sucesivo incluye y se edifica sobre las cualidades del anterior. De acuerdo a los hebreos, el mayor necio de todos ¡es la persona desobediente que tiene la mayor inteligencia!

- *kesil*: falta de conocimiento o experiencia práctica; mentalmente perezoso.
- *euil*: encallecido a las implicaciones morales de las decisiones necias.
- *nabal*: a propósito cerrado a la sabiduría y brutalmente destructivo de sí mismo y de otros.
- *letz*: incorregible y a propósito rebelde contra Dios.

El griego también usa cuatro términos primarios:

- *afron*: carente de percepción de sentido común, del mundo físico y espiritual.
- *anoetos*: irracional, insensato, incapaz de gobernar la lujuria.

De mi diario

La inocencia perdida

Cuando uno ya es abuelo no puede dejar de ver las cosas de manera diferente. Nuestro primer paso en el camino a la madurez es un despertar repentino al hecho de que el mundo no siempre es un lugar bueno. Luego, después de décadas de tratar de hacerle frente a la presencia del mal en un universo sobre el cual Dios es soberano, un nieto le trae al punto de partida otra vez. Al tomar al pequeño en los brazos, repentinos vislumbres de algo que se perdió hace mucho centellean de nuevo en el rabillo del ojo mental de uno. Y si no lo analizamos demasiado, descubrimos que es el precioso y fugaz candor infantil.

¿Recuerda el candor infantil? Los títeres de veras hablan. El papá Noel que ve en el almacén de juguetes viaja desde el mismo Polo Norte para visitar la ciudad donde uno vive. El tío Roberto de verdad puede sacar una moneda de la oreja de alguien, y papá es más grande que la vida. Y Dios realmente creó el universo y continúa cuidándolo con interés paternal. Pero algo triste y, sin embargo, necesario sucedió. Crecimos para ver el mundo como es en realidad. Aprendimos la verdad desdichada detrás de los títeres y de los disfraces baratos de papá Noel. Los trucos de prestidigitación ya no nos asombran y papá se redujo de tamaño demasiado rápido. Y, entonces... ¿qué de Dios? En el proceso de crecimiento, ¿acaso hemos abandonado la misma cualidad que Jesús dijo que debemos tener a fin de abrazar su reino (Mateo 18:4; Marcos 10:15; Lucas 18:17)?

A principios de la década de la década de 1920, la humanidad disfrutó de unos momentos de asombro infantil cuando Edwin Hubble apuntó el telescopio más grande del mundo hacia una porción oscura del espacio e hizo un descubrimiento asombroso. Hasta entonces, todo el mundo pensaba que el universo estaba limitado a nuestra propia galaxia, la Vía Láctea. La investigación de Hubble demostró lo contrario. Lo que en un tiempo se pensaba que eran estrellas distantes resultaron ser galaxias, muchos miles de ellas. De repente, el universo fue muchísimo más grande, y la humanidad pareció mucho menos conocedora y, por un momento, un momento fugaz y precioso, la humanidad contempló con asombro infantil la magnificencia de la creación de Dios.

Desdichadamente, nuestro roce con la inicial inocencia no duró. Como la humanidad ha hecho por milenios incontables, canjeamos el candor infantil por algo más fácil de manejar: lo visible por lo invisible. Y, de repente, nuestro fugaz encuentro con la verdad dio paso a una larga serie de teorías de gran explosión y especulaciones de algo que surge de la nada.

- *asunetos*: desprovisto de entendimiento, incapaz de razonar.
- *moros*: mentalmente perezoso al punto de ser moralmente despreciable en cuanto a sentimiento y carácter.

Pablo usó el término *moros*. En las sociedades griegas, solo un *moros* merecía censura.

La futilidad del necio no solo distrae al ser humano en su búsqueda del Creador, sino que lo lleva a convertir la creación en algo grotesco. Note el descenso en espiral. Ignorar voluntariamente a Dios (1:21) lleva a una astuta imitación de Dios (1:21–22) y acaba como un reemplazo total de Dios (1:23–25). Se adora a la criatura en lugar de adorar al Creador. Lo corruptible se pone en lugar de lo incorruptible, lo temporal en lugar de lo eterno, lo terrenal, animal y carnal, en lugar del Hacedor celestial, espiritual.

La humanidad tiene el hábito obstinado de buscar satisfacción en el don antes que en el Dador. Por ejemplo, los antiguos egipcios prosperaron en la fértil región del delta del Nilo debido a que el río se desbordaba de sus orillas cada año y revitalizaba el suelo. También entendieron el papel vital del sol para los cultivos. Pero en lugar de darle gracias al creador del suelo, del río y del sol, adoraron al sol y al río. Inventaron mitos elaborados para explicar los orígenes del río y del sol, y les otorgaron personalidades para explicar sus ciclos. Luego trataron de sobornar con sacrificios a aquellos objetos creados, suponiendo que tenían el poder de dar o quitar la vida.

Los seres humanos modernos miran esa superstición con desdén divertido, pero también con mucha frecuencia confunden el don con el Dador. Toman sus cheques de paga como el proveedor, obligadamente procuran ganar su sustento, e incluso sacrifican su matrimonio e hijos en el altar de la carrera. Se olvidan que no es el pan lo que los mantiene vivos, sino el Dios que lo provee.

Por mucho tiempo ha sido el hábito de la humanidad canjear al único Dios verdadero por otro de su propia cosecha. Nuestra naturaleza caída prefiere un creador que no nos exige cuentas por hacer el mal y pasivamente espera que reiniciemos nuestra relación personal con él cuando nos hayamos cansado del pecado. Pero Dios no es un padre pasivo. Él nos exige cuentas por el pecado, sea que reconozcamos su presencia o no. Y las consecuencias de rechazarlo por el pecado son mucho más graves de lo que podemos imaginar.

Aplicación

La fe es una decisión

El Siglo de las Luces, el siglo XVIII, adujo haber llevado a la humanidad a salir de la superstición y a la luz de la razón. El Siglo de las Luces también puso una pared de separación entre la filosofía y la ciencia, la religión y la realidad, la fe y la razón. Así nació la llamada Edad de la Razón, durante la cual se colocó lo sobrenatural en la categoría de «irrazonable». En breve, fue una decisión de rechazar lo invisible a favor de lo visible, por lo menos hasta que se pudiera demostrar lo invisible mediante la experimentación o haciendo que encaje en una teoría factible.

Los que han adoptado esta manera estrictamente moderna de pensar prefieren formar sus creencias solo después de analizar objetivamente la información y realizar evaluaciones imparciales de las teorías. Sin embargo, su preferencia empieza con una presuposición. Bien sea consciente o inconscientemente, han adoptado la presuposición del iluminismo de que todo lo que no se puede probar u observar científicamente hay que colocarlo en la categoría de «irreal» en lugar de la categoría de «real». Su preferencia de formar sus creencias de esta manera refleja que ya han empezado a mirar el mundo desde el punto de vista del iluminismo.

El aceptar la *no*-realidad de Dios —presumiblemente porque su existencia no se puede demostrar y él no se somete a un examen científico— no es el resultado de un análisis objetivo de la información y una evaluación imparcial de las teorías. Es una decisión, una opción que se basa en la presuposición de ver al mundo de cierta manera. La naturaleza de su presuposición hace de su rechazo de la existencia de Dios una conclusión previa y, por consiguiente, no menos «irrazonable».

La verdad es que la cosmovisión de toda persona es una decisión. Los creyentes no tienen problemas en admitir esto (Salmo 111:10; Proverbios 1:7; 9:10), en tanto que los que no creen trabajan tiempo extra para demostrar que su cosmovisión es una decisión objetiva y no una presuposición.

El Creador ha provisto evidencia de su existencia. El orden que subyace en el universo, aunque estropeado por la caída, apunta a un Diseñador inteligente. Además, el mero hecho de que la humanidad anhela significado sugiere que el universo no es un venturoso accidente. En raras ocasiones este Diseñador ha irrumpido en el mundo natural con evidencia sobrenatural de su poder, y tenemos el testimonio de los que lo han presenciado. Por consiguiente, la creencia en Dios no es irrazonable. Es más, no es menos científica que la supuesta incredulidad de algunos científicos.

Por tanto, si la creencia o la incredulidad empieza con una decisión, lo lógico es que el aceptar la realidad de Dios es una decisión moral antes que una conclusión intelectual. Si la creencia no exige que uno sea irrazonable, los que deciden no aceptar la realidad de Dios no tendrán excusa cuando a la larga se vean frente a él.

Permítame presentarle un reto con unas pocas preguntas. ¿Cómo ha escogido usted ver al universo? ¿Está dispuesto a someter su decisión a una prueba real? Tal vez haya escogido a ser escéptico en cuanto al diseño inteligente del mundo. O tal vez inconscientemente haya decidido cómo es Dios. Sus creencias tal vez sean correctas o tal vez no. ¿Está dispuesto a dejarlas a un lado?

Permítame sugerirle un enfoque más razonable a sus creencias. Estamos empezando una jornada, guiados por el apóstol Pablo, en la cual tendremos la oportunidad de descubrir el carácter de Dios, la naturaleza de la humanidad, el propósito de la creación, la verdad en cuanto al bien y al mal, y la razón por la que el mundo es como es. Escoja hoy, aunque sea para examen, aceptar dos proposiciones. Primera, Dios existe. Segunda, Dios no se parece en nada a lo que usted se imagina que Él es.

Abandonada, pero no olvidada (1:24-32)

²⁴ Por eso Dios los entregó a los malos deseos de sus corazones, que conducen a la impureza sexual, de modo que degradaron sus cuerpos los unos con los otros. ²⁵ Cambiaron la verdad de Dios por la mentira, adorando y sirviendo a los seres creados antes que al Creador, quien es bendito por siempre. Amén.
²⁶ Por tanto, Dios los entregó a pasiones vergonzosas. En efecto, las mujeres cambiaron las relaciones naturales por las que van contra la naturaleza. ²⁷ Así mismo los hombres dejaron las relaciones naturales con la mujer y se encendieron en pasiones lujuriosas los unos con los otros. Hombres con hombres cometieron actos indecentes, y en sí mismos recibieron el castigo que merecía su perversión.
²⁸ Además, como estimaron que no valía la pena tomar en cuenta el conocimiento de Dios, él a su vez los entregó a la depravación mental, para que hicieran lo que no debían hacer. ²⁹ Se han llenado de toda clase de maldad, perversidad, avaricia y depravación. Están repletos de envidia, homicidios, disensiones, engaño y malicia. Son chismosos, ³⁰ calumniadores, enemigos de Dios, insolentes, soberbios y arrogantes; se ingenian maldades; se rebelan contra sus padres; ³¹ son insensatos, desleales, insensibles, despiadados. ³² Saben bien que, según el justo decreto de Dios, quienes practican tales cosas merecen la muerte; sin embargo, no solo siguen practicándolas sino que incluso aprueban a quienes las practican.

El amor firme les cuesta a todos. Los buenos padres no disfrutan al disciplinar a sus hijos; a decir verdad, lo detestan. Las iglesias a veces deben adoptar una posición firme cuando un miembro rehúsa dejar alguna conducta que es autodestructiva, hace daño a la familia o deshonra a Dios. Sin embargo, si de veras amamos a alguien, no podemos permanecer pasivos mientras el pecado destruye al pecador y a toda persona a quien sus malas obras afectan. Aunque no somos responsables por las decisiones de otra persona, podemos negarnos a permitir la conducta destructiva en nuestra presencia. Ese es, en verdad, el enfoque que el Creador ha tomado en cuanto a su creación llena de pecado.

El completo rechazo que le ha hecho la humanidad no le ha dejado a Dios otra alternativa que pronunciar sentencia, que empezó cuando él «entregó» a la humanidad a su propio pecado. Los teólogos llaman a esto un «abandono judicial», que algunos han descrito en una de dos maneras. Unos ven el abandono judicial como un abandono pasivo de la humanidad a las consecuencias de sus intenciones perversas. En otras palabras, en respuesta al esfuerzo por librarse del límite, Dios afloja su agarre y permite que la humanidad se dirija de cabeza al pecado y sus consecuencias, permitiéndoles así satisfacer sus lujurias. Pero este abandono es judicial solo en parte. No hay nada pasivo en cuanto a que Dios «entregó» a la humanidad al pecado.

— 1:24-25 —

Para describir esta decisión de amor firme, Pablo escoge el mismo verbo griego que se usó en los Evangelios para describir la odisea que Jesús atravesó. Judas lo entregó al sanedrín (Marcos 14:10), el sanedrín a Pilato (Marcos 15:1), Pilato a sus enemigos sedientos de sangre (Lucas 23:25), y a los soldados para que lo azotaran y crucificaran (Marcos 15:15). Por último, Jesús «entregó» su espíritu a la muerte (Juan 19:30). «Entregar» denota una decisión activa, y no descuido pasivo. Dios entrega a los seres humanos a su lujuria, no por frustración ni resignación, sino con un propósito específico. Tal vez la ilustración más útil de este abandono judicial la hallamos en el Antiguo Testamento.

Cuando los israelitas deambularon por el desierto cuarenta años como resultado de su incredulidad, Dios milagrosamente los sostuvo proveyendo maná (Números 11:7–9). Pero ellos suspiraban por la comida de sus amos egipcios, y se quejaban: «¡Quién nos diera carne!» (11:4–6). El Señor respondió:

«No la comerán un solo día, ni dos, ni cinco, ni diez, ni veinte, sino todo un mes, hasta que les salga por las narices y les provoque náuseas. Y esto, por haber despreciado al Señor, que está en medio de ustedes, y por haberle llorado, diciendo: "¿Por qué tuvimos que salir de Egipto?"» (Números 11:19–20).

De manera similar, Dios le dice a la humanidad, en efecto: «El pecado por el que suspiran lo tendrán hasta que les salga por las narices y se vuelva aborrecible para ustedes».

Como para ilustrar el resbaloso descenso al pecado, Pablo usó la frase «Dios los entregó» tres veces al describir implicaciones cada vez más graves. Note el pecado específico en cada ejemplo, y cómo un pecado lleva al siguiente.

Dios los entregó a los malos deseos de sus corazones (1:24). El término griego que se traduce «malos deseos de sus corazones» se usaba primordialmente en sentido religioso para describir la calidad que convertía algo o alguien en inservible para el servicio de un dios en particular. Hoy tal vez usaríamos las palabras «contaminado» o «infectado». Un instrumento que ha quedado contaminado ya no es estéril y no le sirve al cirujano. Por consiguiente, lo desecha.

El propósito de Dios al entregar a las personas a la inmundicia es redentor. En lugar de ayudar al drogadicto proveyéndole una ducha caliente y una cama blanda, el Señor lo deja en la alcantarilla para que se acueste sobre su propia inmundicia hasta que decida recuperarse. No le es posible cumplir su propósito como ser humano mientras no quiera dejar la inmundicia de su adicción.

Los idólatras se contaminan adorando «a los seres creados antes que al Creador». Los tiempos y culturas han cambiado, pero no el corazón del ser humano. Pocos en la cultura occidental se arrodillan ante figuras talladas de madera o piedra; sin embargo, los consultorios de asesores están repletos de personas que derivan seguridad o importancia de otra cosa que no es Dios. Su conducta puede llegar a ser bastante estrafalaria. Confían en sus posesiones antes que en el Proveedor. Se postran ante empleos, o relaciones personales, o cargos importantes, o cuentas bancarias. Se arrodillan ante las drogas, el licor, las relaciones sexuales, el trabajo, ir de compras, la pornografía, comida, y toda una multitud de otras conductas de escape en lugar de buscar a su Creador. Diariamente cambian la verdad por una mentira y en el proceso se vuelven inmundos.

LA IRA DE DIOS (ROMANOS 1:18 — 3:20)

— 1:26-27 —

Dios los entregó a pasiones vergonzosas (1:26). Pablo escribe esta carta desde Corinto, ciudad que se levanta a la sombra del templo de Afrodita, la diosa del amor, la belleza y el placer sexual. Su templo dominaba la región desde la cumbre de Acrocorinto, una meseta de unos trescientos metros de altura, desde donde las prostitutas del templo seducían a adoradores de los puntos más distantes del imperio romano. Tan infame era la reputación de la ciudad que Aristófanes acuñó la palabra *corintizar* como

Pablo escribió su carta a los romanos desde la ciudad de Corinto, a la sombra del Acrocorinto, que se ve en esta foto, cerca de la cima de un monolito a la vista de la ciudad. El Acrocorinto contaba con un templo dedicado a Afrodita, diosa del amor, en donde prostitutas del templo entretenían a benefactores de visita de distintas partes del imperio.

sinónimo de «practicar inmoralidad»[6]. Con todo, a estas «mujeres hospitalarias»[7] las valoraban en alto grado como sacerdotisas y eran invitadas de honor en los festivales públicos.

Este estrambótico doble estándar, llevado a extremos en Corinto, meramente refleja la actitud general de los griegos y los romanos hacia el sexo. Ambas culturas valoraban la virtud en alto grado y, sin embargo, hacían ojos ciegos al adulterio y abiertamente consentían la homosexualidad. En la cultura griega, se esperaba que un varón de alcurnia tuviera un enredo amoroso con alguien del mismo sexo mucho más joven. O, para decirlo con menos delicadeza, los griegos y romanos, en su «sabiduría», no solo consentían la pedofilia, sino que la consideraban parte necesaria de la educación.

La *lujuria* (emoción intensa) de los que buscaban la impureza se describe como «degradante» o vergonzosa. De la misma manera cuando nuestros dirigentes y los que están en autoridad manchan cargos honorables haciendo algo repulsivo, aquellos hombres y mujeres contaminaban la dignidad de la humanidad con sus lujurias. Dios creó al cuerpo humano con la capacidad de disfrutar intenso placer sexual dentro del contexto de un pacto vitalicio entre un hombre y una mujer. Lejos de ser algo vergonzoso o degradante, el sexo según Dios lo propuso honra el don y al Dador. Pero la humanidad ha convertido este maravilloso don en algo subhumano.

— 1:28 —

Dios los entregó a la depravación mental (1:28). El término griego que se traduce «depravación» quiere decir «sin valor, según lo demuestra la prueba». Desdichadamente, la cuestión de la depravación humana se ha confundida por algunos como algo que es «tan malo como pudiera ser». Pero no es así como Pablo habría entendido el término «depravación». El verbo griego que se halla en la raíz de «depravación» es *dokimaz*, que se basa en una raíz que quiere decir «observar». Quiere decir «probar que es digno o genuino por observación o prueba». Pablo escogió este verbo para describir cómo la humanidad rechaza a Dios, y la Nueva Versión Internacional lo traduce: «como estimaron que no valía la pena tomar en cuenta». La humanidad puso a Dios a prueba, lo juzgaron, y decidieron no reconocerlo. En respuesta, Dios puso a la humanidad a prueba entregándola a su propia lujuria, demostrando que eran *adokimos,* «indignos y falsos».

¿Ve usted la ironía? En su intento de poner a Dios a prueba, la humanidad demostró ser indigna. Cuando se les permitió expresar su pleno potencial, demostraron ser lo opuesto de Dios, que es la definición misma de «bueno». El Señor los entregó a sus deseos internos y el resultado de la prueba habla por sí mismo. En su carácter los seres humanos «se han llenado de toda clase de maldad, perversidad, avaricia y depravación. Están repletos de envidia, homicidios, disensiones, engaño y malicia» (1:29). Por sus obras demostraron que son «chismosos, calumniadores, enemigos de Dios, insolentes, soberbios y arrogantes; se ingenian maldades; se rebelan contra sus padres; son insensatos, desleales, insensibles, despiadados» (1:29–31).

El resultado de esta prueba mutua es que la humanidad rechazó a Dios. Lo rechazaron como Creador, rechazaron su carácter como estándar del bien, rechazaron su autoridad para determinar el bien y el mal, y rechazaron su derecho judicial a exigirles cuentas. En consecuencia, se han separado en absoluto de Dios y, en respuesta, Dios ha formalizado la división con un amor firme, un decreto de misericordia severa del cielo llamado «abandono judicial».

«Reprobados» o «depravados» no quiere decir «ser tan malos como pudieran ser» sino «estar tan mal como pudieran estar». El Creador y sus criaturas están en lados opuestos de un abismo infinitamente profundo, infinitamente ancho, llamado «pecado». Los seres humanos están separados judicialmente de Dios, impotentemente enajenados y expresamente ignorantes del peligro que enfrentan.

— 1:29-32 —

En tanto que el término «depravación» tiene que ver sobre todo con la posición de la humanidad —es decir, la separación judicial de Dios— lleva consigo graves implicaciones respecto a la cualidad de la naturaleza humana. Habiendo sido «entregados» a la depravación, sus obras revelan su total indignidad moral, que Pablo ilustra anotando no menos de veintiún vicios. Y, como lo explicó antes, «nadie tiene excusa» (1:20). Han ignorado a su Creador, su conocimiento del bien y del mal, y la pena del pecado, incluso al punto de elogiar a los que hacen el mal.

Algunos piensan que Pablo tenía a los gentiles primordialmente en mente al escribir esta sección en particular, pero esta acusación de la creación se aplica a todos: los que vivieron antes de que la Ley fuera dada por medio de Moisés, y los que vivieron en expresa ignorancia después de que fue otorgada. Esta acusación no dejó a Dios otra alternativa que separarse de la humanidad. En efecto: «El que me rechacen voluntariamente no me deja otra alternativa; debo separarlos de mi presencia». Y sea que nos demos cuenta o no, no puede haber condición más aterradora que esta.

Aplicación

Gentiles, cobradores de impuestos y otros que necesitan amor firme

«Abandono judicial» no es lo mismo que rechazo. Es, más bien, el primer paso en el plan divino de redención. En la parábola de la oveja perdida Jesús enseñó a sus discípulos respecto al implacable amor redentor de su Padre. «Si un hombre tiene cien ovejas y se le extravía una de ellas, ¿no dejará las noventa y nueve en las colinas para ir en busca de la extraviada?» (Mateo 18:12). Luego, les enseñó cómo el creyente puede buscar la restauración de relaciones personales después del pecado. Debemos imitar al Padre, cuyo amor a veces es riguroso. Note los pasos que debemos seguir.

Primero, debemos llamar la atención de la otra persona a la ofensa (Mateo 18:15). ¿Quién sabe? A lo mejor el asunto fue un desdichado malentendido. Qué trágico sería que acaben unas relaciones por algo que en efecto no ocurrió. Otras veces, una persona tal vez ofendió a otra sin darse cuenta, o la parte ofendida tal vez tiene miedo de hacerle frente al pecado por miedo a la reprimenda. En cualquier caso, la brecha en las relaciones personales se agrandará si uno no se arriesga a hablar sobre el desagradable incidente.

Segundo, si la persona niega la verdad o se niega a aceptar la responsabilidad, hay que buscar respaldo (Mateo 18:16). Con frecuencia, las relaciones personales rotas se deben a perspectivas divergentes. La parte ofendida por lo general exagera el pecado, en tanto que el ofensor por lo general trata de minimizarlo. La ayuda de una o dos personas más en quienes ambas partes confían puede resultar en suficiente objetividad para que sea más fácil resolver el caso.

Tercero, si otros no pueden ayudar, hay que apelar a la autoridad de los dirigentes de la iglesia (Mateo 18:17). Aunque los dos primeros pasos se recomiendan en cuanto a cualquier persona, es claro que el tercero solo es apropiado si el ofensor es creyente. Si los esfuerzos privados para resolver el pecado han fallado, la autoridad de la iglesia puede ser efectiva. Se debe decir la verdad *en amor*. Es más, estos dirigentes hablan con autoridad divina (dando por sentado que permanecen calificados); ignorarlos es asunto serio.

Finalmente, si la persona obstinadamente rehúsa arrepentirse, debemos entregarlo al pecado (Mateo 18:17). Esto no es diferente al abandono judicial de parte de Dios a la humanidad. Él le prometió a Israel que la desobediencia lo obligaría a retirarles su bendición y protección (Deuteronomio 28:15–68). Les advirtió de nuevo por medio de sus profetas (Jeremías 3:8–10; Oseas 2:5–7), y lo cumplió mediante la destrucción de Israel y el exilio de Judá (2 Reyes 17:6; Jeremías 39:1–10). Pablo nos dice que Dios hizo lo mismo con los seres humanos a fin de que nos hartáramos del pecado y volviéramos a él. De modo similar, Pablo aconsejó a la iglesia de Corinto que confrontara el pecado impenitente del hombre que había tenido relaciones sexuales con la esposa de su padre y les dijo: «Expulsen al malvado de entre ustedes» (1 Corintios 5:13). El objetivo, por supuesto, es que al arrepentimiento siga la restauración (Gálatas 6:1–2).

El Señor no prescribió esta medida final para ser cruel. Su abandono judicial es solo un medio de amor riguroso para redimir alguien e impedirle la autodestrucción del pecado. «Entreguen a este hombre a Satanás para destrucción de su naturaleza pecaminosa a fin de que su espíritu sea salvo en el día del Señor» (1 Corintios 5:5). El Señor no ordenó a los discípulos: «Trátalo como si fuera un incrédulo o un renegado» (Mateo 18:17) para ser cruel. Recuerden que Jesús vino para redimir a *todos* los seres humanos, empezando por los más inmorales. Aunque rechazaba el pecado de las prostitutas y los cobradores de impuestos, decidió cenar con ellos para redimirlos. En otras palabras, si bien que rehusó llamar «hermano» o «hermana» a los que persistían en su pecado, procuró su redención mediante la bondad.

Si alguien rehúsa con obstinación arrepentirse del pecado, tal vez sea porque no es creyente. Al descubrir eso, sería apropiado hacer todo esfuerzo para conducir a Cristo a ese individuo. Luego, cuando se arrepienta y crea en Jesucristo, hay que abrazarlo como miembro de la familia de Dios. Pero si continuamos abrazando como creyente a alguien que ha cometido pecado sin arrepentirse, le negamos a la persona la oportunidad de oír las buenas nuevas y acudir al Salvador para liberación. Y que tal cosa nunca suceda (cf. Romanos 3:4, 6, 31).

La acusación de la conciencia (2:1-16)

¹ Por tanto, no tienes excusa tú, quienquiera que seas, cuando juzgas a los demás, pues al juzgar a otros te condenas a ti mismo, ya que practicas las mismas cosas. ² Ahora bien, sabemos que el juicio de Dios contra los que practican tales cosas se basa en la verdad. ³ ¿Piensas entonces que vas a escapar del juicio de Dios, tú que juzgas a otros y sin embargo haces lo mismo que ellos? ⁴ ¿No ves que desprecias las riquezas de la bondad de Dios, de su tolerancia y de su paciencia, al no reconocer que su bondad quiere llevarte al arrepentimiento?
⁵ Pero por tu obstinación y por tu corazón empedernido sigues acumulando castigo contra ti mismo para el día de la ira, cuando Dios revelará su justo juicio. ⁶ Porque Dios «pagará a cada uno según lo que merezcan sus obras». ⁷ Él dará vida eterna a los que, perseverando en las buenas obras, buscan gloria, honor e inmortalidad. ⁸ Pero los que por egoísmo rechazan la verdad para aferrarse a la maldad, recibirán el gran castigo de Dios. ⁹ Habrá sufrimiento y angustia para todos los que hacen el mal, los judíos primeramente, y también los gentiles; ¹⁰ pero gloria, honor y paz para todos los que hacen el bien, los judíos primeramente, y también los gentiles. ¹¹ Porque con Dios no hay favoritismos.
¹² Todos los que han pecado sin conocer la ley, también perecerán sin la ley; y todos los que han pecado conociendo la ley, por la ley serán juzgados. ¹³ Porque Dios no considera justos a los que oyen la ley sino a los que la cumplen. ¹⁴ De hecho, cuando los gentiles, que no tienen la ley, cumplen por naturaleza lo que la ley exige, ellos son ley para sí mismos, aunque no tengan la ley. ¹⁵ Estos muestran que llevan escrito en el corazón lo que la ley exige, como lo atestigua su conciencia, pues sus propios pensamientos algunas veces los acusan y otras veces los excusan. ¹⁶ Así sucederá el día en que, por medio de Jesucristo, Dios juzgará los secretos de toda persona, como lo declara mi evangelio.

En todo el capítulo 1 de Romanos, Pablo constantemente se refirió a los seres humanos pecadores como «ellos» y «a ellos», usando implícitamente el bueno y seguro pronombre de tercera persona plural que impide que el dedo acusador apunte a alguna otra parte. *Ellos* «no tienen excusa» (1:20). *Ellos,* «a pesar de haber conocido a Dios», *ellos* «no le glorificaron» (1:21). *Ellos* «se extraviaron» (1:21). *Ellos* «se volvieron necios» (1:22). «Dios los entregó» *a ellos* (1:24). *Ellos* «cambiaron la verdad de Dios por la mentira» (1:25). Dios los entregó *a ellos* (1:26, 28). Entonces, habiendo catalogado la depravación de la humanidad con detalles agonizantes, Pablo de repente hace que el pronombre dé un giro de 180 grados de la tercera persona plural externa al de segunda persona singular que señala hacia adentro: *tú*.

Algunos han sugerido que Pablo pasa aquí su atención del gentil al judío. Los creyentes hebreos de la congregación sin duda se sentirían respaldados por el diagnóstico de su hermano judío en cuanto a la depravación de los gentiles. Dios creó a todos los seres humanos para que le adoraran y, sin embargo, intencional y específicamente llamó a la descendencia de Abraham, Isaac, y Jacob —el pueblo hebreo— para que fueran su instrumento de justicia en el mundo. Y en tanto que Dios entregó a los gentiles a pasiones degradantes, consideró a los hebreos responsables y los castigó como a hijos. De todas las razas de la humanidad, los hebreos recibieron la bendición de la Ley para que la administraran para el bien de todos, lo que les daba no solo un sentido de alto llamamiento, sino un sentido exaltado de valía. Y muchos engreídamente pensaban que su herencia como «pueblo escogido de Dios» los eximía del castigo.

En tanto que la tensión entre judíos y gentiles que caracterizaba a otras iglesias pudiera haber sido problema en la iglesia de Roma, nada en el vocabulario de Pablo sugiere que específicamente la tuviera en mente. Lo más probable es que el cambio de «ellos» a «tú» no fue de gentil a judío, sino de la humanidad en general a «Oh hombre, tú que juzgas» (traducido literalmente del griego). Habiendo condenado al mundo, Pablo coloca a *su lector* en el banquillo.

En este segmento tres verdades surgen con claridad: el castigo de Dios es ineludible (2:1–4), el castigo de Dios es imparcial (2:5–11) y el castigo de Dios es universal (2:12–16).

— 2:1-4 —

Al principio, el lector pudiera objetar la acusación abierta que Pablo hace de su carácter. *¿Quién? ¿Yo? ¿Practicar las mismas cosas? ¡Yo no soy culpable de la lista de crímenes que da Pablo!* Pero, permítame hacerle una pregunta. Tómese su tiempo y sea franco; esto es entre usted y el Señor en este momento. ¿Cómo determina usted quién es «bueno» y quién es «malo»?

Si usted es como la mayoría de personas, incluyéndome a mí, tiene en su mente inconsciente por lo menos tres categorías morales en las que coloca a las personas. Algunos son, sin duda alguna, innegablemente «malos». Adolfo Hitler, José Stalin, Charles Manson, Judas Iscariote, Nerón. Casi toda persona concordaría, me parece, en que estos individuos claramente eran malos.

Luego, hay unas cuantas personas innegablemente «buenas», como la finada Madre Teresa de Calcuta. Muchos la consideran como el estándar moderno de «buena». Otra persona sería Billy Graham. Algunos tal vez dirían: «Pues bien, yo no soy como la Madre Teresa ni como Billy Graham, pero soy un individuo bastante decente».

Luego, hay una amplia categoría en medio que contiene a las masas de personas a veces buenas y a veces malas, y otras todavía están por clasificarse. Allí es donde por lo general nos colocamos, ¿verdad? Y, dentro de esa categoría, mentalmente catalogamos a las personas en orden de bondad observable. Algunas son mejores… claro. Ahora bien, ¿quién piensa usted que es la vara de medir? (Sea sincero. Recuerde, esto ahora es entre usted y Dios). Acertó: *uno mismo*.

Al conducir por la autopista, los que van más despacio son mentecatos y papanatas, ¡y el que va más rápido es una amenaza a la seguridad! Cuando a la gente se le pregunta si van al cielo o al infierno, muchos responden: «Bueno, no soy perfecto, pero nunca he *matado* a nadie, así que pienso que soy bastante decente». Los alcohólicos a menudo miran con desdén a los drogadictos en tanto que los drogadictos ridiculizan a los «borrachos». Incluso en la cárcel los asesinos, violadores y ladrones no toleran a los que han abusado sexualmente de niños y no tienen ningún resquemor para maltratarlos o incluso matarlos. ¡Vaya honor entre criminales!

Con Pablo, todos estamos de acuerdo en que «el juicio de Dios contra los que practican tales cosas se basa en la verdad» (Romanos 2:2). Pero nos recuerda que el mismo castigo que invocamos que caiga sobre otros también caerá sobre nosotros. Esta es la parte que nos hace retorcer. Todos queremos justicia para el mundo, pero cada uno llevamos dentro un estándar de justicia basado en nuestra bondad. Es más, toleramos solo tanto mal en el mundo como el que podemos aceptar en nosotros mismos. Cuando sentimos resentimiento contra Dios por no erradicar el mal en el mundo, nos olvidamos que la eliminación de *todo* el mal del mundo ¡significaría el fin de nosotros también! Así que, de aquí en adelante tendremos que decir que lo que queremos decir es: «Señor, elimina todo el mal *¡que es peor de lo que yo tengo dentro!*».

El castigo de Dios cae sobre todos porque el estándar de justicia es la perfección. ¿Por qué seguimos con vida? ¿Por qué no hemos sido reducidos a cenizas por la ira de Dios? Por «las riquezas de la bondad de Dios, de su tolerancia y de su paciencia» (2:4). En otras palabras, por la gracia.

— 2:5-11 —

En el fin de los tiempos, habrá una aterradora escena de un tribunal que incluirá a todo ser humano que ha respirado en la tierra. Las obras de todo hombre y mujer serán colocadas en una balanza y pesadas contra el carácter santo de Dios, la misma definición de justicia (2:5–6). Riqueza, poder, posición, raza, color, nacionalidad, herencia y filosofía no contarán para nada. La religión no contará para nada. El estándar será el mismo para todos: los que han tenido acceso a la ley mosaica y los que no. Dios «pagará a cada uno según lo que merezcan sus obras» (2:6), una promesa del Antiguo Testamento (Salmo 62:12; Proverbios 24:12) repetida por Jesús (Mateo 16:27) y descrita en detalle en el Apocalipsis de Juan. La recompensa de la justicia es vida eterna (Romanos 2:7), pero el castigo de la injusticia es la ira (2:8).

Pablo no se contradice. Anteriormente, escribió que el evangelio «es poder de Dios para la salvación de todos los que creen» (1:16), y citó la declaración del profeta del Antiguo Testamento de que «el justo vivirá por la fe» (Hab 2:4). Quiso aclarar que cada persona será *juzgada* por sus obras, y no *salvada* por ellas. Al fin de los días, cada uno pondrá sus obras en la balanza y será hallado falto. Ninguna cantidad de buenas obras equivaldrá a la justicia de Dios en el otro platillo… ni en sueños.

El punto del apóstol es sencillo: «con Dios no hay favoritismos» (2:11). Todos tienen igual oportunidad de comparecer ante el Juez para presentar evidencia de su propia justicia. El estándar será el mismo para todos. Pero, Pablo advierte, «por tu obstinación y por tu corazón empedernido sigues acumulando castigo contra ti mismo para el día de la ira» (2:5). Todo el que se atreve a presumir que sus obras son suficientemente buenas para merecer la vida eterna, o que Dios, que lo ve todo, se hará de la vista gorda en cuanto a su pecado ha escogido un futuro tétrico.

— 2:12-16 —

Hay un refrán que dice: «El camino al infierno está empedrado con buenas intenciones», y parece muy apropiado a la luz de las palabras de Pablo. Todos queremos hacer el bien. La pregun-

La acusación de la conciencia (2:1-16)

Según Pablo, el carácter santo de Dios es la verdadera norma de justicia. En el juicio final, nuestra bondad será evaluada por la del Señor, no por la justicia de otras personas ni por nuestra propia conciencia. Si el peso de nuestra justicia no lleva la balanza a nuestro favor, seremos hallados culpables.

ta es: ¿Actuamos según ese conocimiento? Y cuando en efecto actuamos, ¿son justas nuestras acciones?

Algunos quieren cuestionar la afirmación de Pablo «Todos los que han pecado sin conocer [sin haber oído] la ley, también perecerán sin [haber oído] la ley» (2:12). No parece muy justo. ¿Cómo puede castigarse a alguien por romper reglas de las que no sabe nada? Pero ese es el punto de Pablo por entero. Los gentiles que vivían en lugares muy distantes a la Tierra Prometida tal vez nunca conocieron a ningún hebreo ni ley que guardar, pero todo hombre y mujer lleva la imagen de Dios. Es una imagen estropeada por el pecado, pero con todo es una imagen de Dios. Parte de esa imagen incluye un sentido innato de que algunas acciones son buenas y otras son malas. Los detalles tal vez no sean precisos. Lo que uno entiende como «bueno» puede ser defectuoso. Con todo, incluso según este estándar imperfecto, nadie vive con justicia. Nadie jamás ha obedecido a la perfección su propia conciencia. La culpa es una reacción universal por hacer algo que la ética personal de uno lo prohíbe.

En el fin de los tiempos, cuando se dicte el veredicto final, se habrán pesado las obras de toda persona y se habrán hallado faltas. La ignorancia de la Ley no es excusa. Toda persona será juzgada de acuerdo a su conocimiento del bien y del mal. Y por cualquier estándar, sea la ley mosaica o la propia conciencia del gentil, toda persona será hallada culpable.

Aplicación

Empiece donde está

En este segmento, Pablo voltea su dedo acusador para señalar hacia adentro y luego hace una declaración audaz: «Por tanto, no tienes excusa tú, quienquiera que seas, cuando juzgas a los demás, pues al juzgar a otros te condenas a ti mismo» (Romanos 2:1). El verbo griego que aquí se traduce «juzgar» es el mismo término que usó Mateo al relatar la enseñanza de Jesús: «No juzguen a nadie, para que nadie los juzgue a ustedes» (Mateo 7:1). Pero, ¿quiso Pablo o Jesús decir que debemos «no ver el mal» o permitir que el pecado de otro siga sin estorbo? ¡Ciertamente que no!

Ni Jesús ni Pablo sugiere que debemos descartar el discernimiento. Pablo le escribió a la iglesia de Corinto respecto a un hombre que había tenido relaciones sexuales con la esposa de su padre: «Yo, por mi parte, aunque no estoy físicamente entre ustedes, sí estoy presente en espíritu, y ya he juzgado, como si estuviera presente, al que cometió este pecado» (1 Corintios 5:3). Luego ordenó que se expulsara al hombre de la congregación con la esperanza de que el castigo lo llevaría al arrepentimiento (1 Corintios 5:5). Jesús presentó a sus oyentes un reto: «¿Por qué no juzgan por ustedes mismos lo que es justo?» (Lucas 12:57). El Señor nos dio una conciencia y espera que la usemos para defender al indefenso y para que aboguemos por la justicia. Después de todo, la salud y seguridad de toda comunidad se mide por sus leyes y cuánto las aplica. La tolerancia sin límites es inaceptable.

Al advertir a las personas que «no juzguen», Jesús y Pablo advierten contra el insidioso pecado de la hipocresía. Cuando discernimos entre el bien y el mal y nos exigimos cuentas unos a otros, debemos estar agudamente conscientes de nuestros propios motivos. ¿Hemos adoptado una actitud santurrona a la que no le importa nada el alma del otro? ¿Pregonamos los pecados de otro y luego (como fariseos del día moderno) no mostramos misericordia? ¿Hemos cultivado una actitud superior que condena a otros por ganancia egoísta? ¿Estamos en efecto desviando la atención para alejarla de nuestra propia culpa y señalando con dedo acusador lo que otro ha hecho mal? Las respuestas a esas preguntas son de grave importancia. Jesús advirtió: «Porque tal como juzguen se les juzgará, y con la medida que midan a otros, se les medirá a ustedes» (Mateo 7:2).

El Señor quiere que nos interesemos en lo que está bien o mal. Quiere que la justicia de la tierra refleje la del cielo, que seamos sus agentes del bien y que nos levantemos contra el mal. El mejor lugar para empezar no está más lejos de donde usted está sentado en este momento. El examen propio es la forma de empezar. Si de veras quiere erradicar el mal del mundo, acepte el reto de Jesús:

«¿Por qué te fijas en la astilla que tiene tu hermano en el ojo, y no le das importancia a la viga que está en el tuyo?¿Cómo puedes decirle a tu hermano: "Déjame sacarte la astilla del ojo", cuando ahí tienes una viga en el tuyo? ¡Hipócrita! Saca primero la viga de tu propio ojo, y entonces verás con claridad para sacar la astilla del ojo de tu hermano» (Mateo 7:3–5).

Esto nos lleva de regreso al propósito de Pablo al decir: «al juzgar a otros te condenas a ti mismo» (Romanos 2:1). Si de veras nos interesamos por la justicia de Dios, si de veras deseamos condenar el pecado y abogar por la justicia, si de veras queremos ser paladines del bien, debemos empezar examinándonos nosotros mismos. Luego, si nos sobra algo de tiempo, podemos pedir cuentas del pecado de otro. Al percatarnos de nuestras propias faltas, con mayor probabilidad «juzgaremos» a otros con una actitud humilde y un espíritu de gracia.

El lado oscuro de la religión (2:17–29)

¹⁷ Ahora bien, tú que llevas el nombre de judío; que dependes de la ley y te jactas de tu relación con Dios; ¹⁸ que conoces su voluntad y sabes discernir lo que es mejor porque eres instruido por la ley; ¹⁹ que estás convencido de ser guía de los ciegos y luz de los que están en la oscuridad, ²⁰ instructor de los ignorantes, maestro de los sencillos, pues tienes en la ley la esencia misma del conocimiento y de la verdad; ²¹ en fin, tú que enseñas a otros, ¿no te enseñas a ti mismo? Tú que predicas contra el robo, ¿robas? ²² Tú que dices que no se debe cometer adulterio, ¿adulteras? Tú que aborreces a los ídolos, ¿robas de sus templos? ²³ Tú que te jactas de la ley, ¿deshonras a Dios quebrantando la ley? ²⁴ Así está escrito: «Por causa de ustedes se blasfema el nombre de Dios entre los gentiles».
²⁵ La circuncisión tiene valor si observas la ley; pero si la quebrantas, vienes a ser como un incircunciso. ²⁶ Por lo tanto, si los gentiles cumplen los requisitos de la ley, ¿no se les considerará como si estuvieran circuncidados? ²⁷ El que no está físicamente circuncidado, pero obedece la ley, te condenará a ti que, a pesar de tener el mandamiento escrito y la circuncisión, quebrantas la ley.
²⁸ Lo exterior no hace a nadie judío, ni consiste la circuncisión en una señal en el cuerpo. ²⁹ El verdadero judío lo es interiormente; y la circuncisión es la del corazón, la que realiza el Espíritu, no el mandamiento escrito. Al que es judío así, lo alaba Dios y no la gente.

Dependiendo de cómo uno la vea, la religión puede ser buena o mala. Por lo general, miramos de manera favorable a los religiosos, aunque no estemos de acuerdo con su religión. Mahatma Gandhi, sin duda, cambió su parte del mundo a algo mejor. Martin Luther King se mantuvo en la cresta de una gran oleada de resentimiento racial y, a diferencia de muchos de sus contemporáneos violentos, dio una voz pacífica y visionaria. Muchos que no saben casi nada del cristianismo respetan a Billy Graham como un hombre preeminente de Dios. Es más, muchos estadistas han entendido desde hace mucho tiempo el papel crucial de la religión para mantener una sociedad pacífica y ordenada. Cuando las personas creen en algo superior a ellas mismas, por lo general se comportan mejor.

Pero la religión tiene un lado oscuro. Ha causado disensión, promovido guerras e inspirado atrocidades. El genocidio, o sea la destrucción masiva de toda una raza, casi siempre es motivada por odio religioso. En consecuencia, algunos ateos han declarado la guerra intelectual y política a toda creencia en lo sobrenatural, esperando que esto libere al mundo de su mal más prolífico, la religión. Claro, no comparto su razonamiento, pero aprecio el motivo. De hecho, si se me diera solo una única oportunidad para predicar un mensaje a un grupo de cristianos, sería: «Cómo ser cristiano sin ser religioso»[8].

Eso suena como una contradicción, ¿verdad? ¿No es lo mismo ser cristiano que ser religioso? Según como la mayoría entendería el término «cristiano», sí. Pero al leer la Carta de Pablo a los Romanos, no.

La idea que algunos tienen del cristianismo me recuerda a una máquina para trotar. Todos los días veo cristianos decididos a subirse a las demandas religiosas de sus dirigentes y amigos, y empezar a correr. Más rápido y más rápido, trabajando, esforzándose, esperando, suplicando y orando en un esfuerzo por agradar a Dios, o ganarse su favor, o simplemente hacerlo sonreírles por un momento o dos. Con tanta distancia entre la perfección que Dios demanda y la posición donde estamos, tenemos que esforzarnos mucho para cerrar la brecha.

Eso es religión. Todo dolor, nada de valor.

Felizmente, la práctica cristiana genuina no tiene nada que ver con religión. Para que alguien se convierta en cristiano, primero debe aceptar que ninguna cantidad de esfuerzo en la máquina de trotar pondrá distancia entre nosotros y nuestro pecado, ni tampoco ningún esfuerzo religioso nos llevará un ápice más cerca de Dios. Solo la gracia de Dios hará eso. La gracia de Dios provee una salvación que no podemos ganar, un favor que no merecemos, una bondad que no podemos pagar.

Pero para la mente natural, la gracia no tiene sentido. En este mundo, «nada es gratis». «Uno recibe lo que paga». La justicia exige restitución a cambio del pecado. Así que, atrapadas entre una horrible visión de condenación y las demandas imposibles de la religión, la gente se engaña pensando que «algo», de alguna manera, los transformará desde adentro. En vano buscan el ritual preciso, el talismán correcto, la tradición apropiada, la herencia debida. Sin embargo, todo es vano. ¡La religión está totalmente equivocada!

Ya al final del capítulo 1, Pablo ha demostrado que los gentiles se habían condenado al ir tras dioses falsos. En la primera sección del capítulo 2, demuestra que buscar al único Dios verdadero en los términos propios de uno mismo tampoco es mejor. No podemos satisfacer nuestro propio estándar de justicia, definido por nosotros mismos, y menos el estándar de Dios. El apóstol dirige su atención a los más religiosos de todos: los judíos.

Al leer la acusación de Pablo en cuanto al pueblo del pacto de Dios, debemos tener en mente que esto brota de la pluma de un judío. Sin embargo, todo lo que les escribe a sus compatriotas también se aplica a los cristianos del día presente. Como Donald Grey Barnhouse escribió:

> Hay quienes se apegan a formas, ceremonias, liturgia, preceptos y prácticas religiosas, y todas las actitudes que van con tales apegos, y aun así, siguen ajenos a la gracia de Dios. Tienen ritos sin redención, obras sin adoración, forma de servicio sin el temor de Dios en el sentido apropiado y, por consiguiente, están bajo la condenación de Dios.

No importa el nombre que adopten, el principio es el mismo. En los días en que se escribió el Nuevo Testamento, el argumento era en contra de los judíos religiosos. Hoy sería contra los católicos romanos fanáticos, o los ferviente protestantes fundamentalistas, tanto como lo fue contra el judío en los días de Pablo. La profesión de religión, aunque sea una religión divinamente revelada, no basta si el que la profesa no es transformado por esta[9].

— 2:17-20 —

Pablo empieza identificando varias fuentes de arrogancia religiosa de los judíos:

Su título: El término «judío» se deriva de «Judá», que quiere decir «Jehová sea alabado». Este maravilloso recordatorio del pacto podría también convertirse en fuente de engreimiento religioso. Incluso se podría aducir el título como una especie de apellido, tal como «Chuck Swindoll, Judío».

Su posesión de la ley: Dios escogió al pueblo hebreo para que llevara su palabra al resto del mundo. Muchos pensaban que esta responsabilidad los eximía del juicio de Dios.

Su relación personal singular con Dios: «Jactarse de la relación con Dios» quiere decir aducir posición superior debido a alguien o algo, y expresar un alto grado de confianza debido a eso. El griego secular usaba el término casi de manera negativa, como lo hace Pablo.

Su conocimiento de la voluntad de Dios: Como receptores de instrucción divina, podían discernir el plan de Dios para los siglos. Además de la ley, cuidadosamente preservaron los escritos de los profetas, conocimiento del futuro que sin duda fomentaba su orgullo nacional elitista.

Su responsabilidad de instruir a las naciones: Dios encargó a los judíos la tarea de enseñarle al mundo respecto a él, deber que era tan antiguo como el pacto con Abraham. Debían ser «guía de los ciegos y luz de los que están en la oscuridad, instructor de los ignorantes, maestro de los sencillos» (2:19–20). Muchos judíos pensaban que la mera posesión de la verdad les daba automáticamente capacidad superior para realizar la tarea.

El lado oscuro de todas estas bendiciones fue el orgullo, una arrogancia tal que muchos judíos se referían a los gentiles como «perros».

El propósito de Pablo no es ensañarse con sus compatriotas judíos ni sugerir que su privilegio singular como pueblo escogido de Dios fuera malo, sino ayudar a sus lectores judíos a entender que su religión no sirve para transformarlos. Comportarse correctamente por fuera no limpia por dentro. Esa es la definición de religión, después de todo: hacer cosas externas que hicieran a la persona interna digna de la salvación. Invariablemente, la disparidad entre la justicia interna y la externa conduce a la hipocresía.

— 2:21-24 —

El apóstol entonces se pone la toga del abogado para hacer un careo al santurrón, primero examinando su integridad y después trayendo evidencia irrefutable de culpa contra las fuentes del orgullo religioso del judío: su linaje. Pablo hace cinco preguntas incisivas:

De mi diario

Vergüenza para la iglesia

El estridente timbre del teléfono rompió el silencio de mi estudio, pero el mensaje del que llamaba me partió el corazón. Otro colega ministro había caído moralmente. Otro soldado de la cruz —que en un tiempo se irguió con firmeza, que había armado a su congregación con la verdad y los había estimulado para que fueran firmes contra el adversario— en desgracia había abandonado las filas y con su pecado le había dado la victoria al enemigo. Incluso antes de colgar el auricular, las lágrimas nublaban mis ojos.

Una antigua escena relampagueó en mi mente, una escena que enferma: un campo de batalla en Israel llamado monte Gilboa, salpicado de cadáveres de soldados hebreos después de un trágico día de combate contra los filisteos. Entre los muertos se halla un rey de estatura, experimentado, guerrero, llamado Saúl. ¡Cómo deben haberse jactado los paganos de Filistea en su victoria contra el ejército de Dios! Y aunque Saúl había convertido la vida de David en una pesadilla por más de una docena de años, David se lamentó por la muerte del rey con las palabras: «¡Cómo han caído los valientes!» en batalla (2 Samuel 1:20, 27).

Sentado en mi estudio, pensé en la caída de David, que empezó con un tropezón por la terraza desde donde alcanzó a ver a la hermosa Betsabé. Su tropiezo le llevó a una caída que todavía me hace temblar. Me pregunto si las mismas palabras acosaron al rey después de que Natán le puso su dedo huesudo frente a su nariz y declaró: «¡Tú eres ese hombre!» (2 Samuel 12:7). El más valiente guerrero de Dios, el hombre que había expulsado a los enemigos del Señor y había derribado los ídolos de las deidades falsas, había denigrado el nombre del Altísimo con su adulterio y asesinato para tapar el asunto. ¡Cómo deben haberse jactado los enemigos de Dios! Incluso después del arrepentimiento, nada volvió a ser lo mismo para David, ni para su casa, ni su reino.

Cuando cae alguno de la familia de Dios, afecta a todos, pero el fracaso moral de un dirigente hace estremecer a la iglesia hasta sus mismos cimientos. A veces, una congregación no logra recuperarse. Así que allí, en mi estudio, temblé al imaginar a mi colega guerrero sentado solo en su estudio, tal vez con la cara entre las manos y preguntándose: ¿Cómo pude acarrear esta vergüenza para mí mismo, mi familia, mi esposa, mi iglesia y, más triste que cualquier otra cosa, cómo pude haber deshonrado así el nombre de mi Señor?

Sabiendo que soy un hombre como otros, cuya vieja naturaleza no morirá sino cuando esté con mi Salvador en la eternidad, le rogué a mi Señor: «Protégeme del maligno. Si tropiezo, aplícame rigor si debes hacerlo. ¡Detenme, Señor, antes de que caiga! Que nunca se diga de mí: "Cómo ha caído el valiente" en batalla. No solo por mí, sino por tu nombre».

- Tú que enseñas a otros, ¿no te enseñas a ti mismo (2:21).
- Tú que predicas contra el robo, ¿robas? (2:21).
- Tú que dices que no se debe cometer adulterio, ¿adulteras? (2:22).
- Tú que aborreces a los ídolos, ¿robas de sus templos? (2:22).
- Tú que te jactas de la ley, ¿deshonras a Dios quebrantando la ley? (2:23).

Si por casualidad alguien pudiera responder que no a las primeras cuatro o se atreviera a negar la quinta, no puede escapar de la acusación de los profetas Isaías y Ezequiel (Isaías 52:5; Ezequiel 36:20–22). El judío no puede, como tampoco el gentil, aducir exención del castigo de Dios en base a santidad personal o linaje religioso. «Así está escrito: Por causa de ustedes se blasfema el nombre de Dios entre los gentiles» (2:24).

— 2:25-29 —

Por si sus lectores seguían sin convencerse, Pablo habla ahora del aspecto más personal e íntimo de la herencia religiosa judía. La circuncisión representaba la participación del judío en el pacto de Dios con Abraham desde los días de su más antiguo antepasado (Génesis 17). Esta iniciación, que se realizaba al octavo día de su vida, era un recordatorio visible de que Dios había dicho que el niño era suyo, y que debía ser un «hijo del pacto». Muchos judíos pensaban que la participación en el pacto de Dios con Abraham los eximía de la ira divina.

De acuerdo con Pablo, nada está más lejos de la verdad. Echando mano de los profetas del Antiguo Testamento, recuerda a sus compatriotas que la circuncisión es solo un símbolo externo de lo que debía ser verdad por dentro. Dios se preocupa más por la «circuncisión del corazón» (Deuteronomio 10:16; 30:6; Jeremías 4:4), en la cual los seguidores honran el carácter de Dios siendo como él es, y obedeciendo su ley.

Una señal clásica de la religión —la de la máquina de trotar— es el énfasis exagerado en cosas secundarias y el descuido de las cosas primarias. Podemos lograr la circuncisión física por cuenta propia. Ese es un requisito religioso que podemos hacer sin la ayuda de Dios. Pero la circuncisión del corazón requiere un tipo de cirugía que supera nuestras capacidades. Es una operación sobrenatural. Y el símbolo externo de esta verdadera circuncisión es la obediencia. Pablo dice con énfasis que el Señor prefiere un gentil con corazón circuncidado a un judío desobediente que lleve el símbolo externo de un pacto roto.

Permítame poner esto en términos que tal vez lleguen más cerca. ¿Qué preferiría? Un cónyuge infiel que con orgullo lleva su anillo de bodas, o un cónyuge que guarda su intimidad compartida con su propia vida pero que no lleva anillo? El anillo de bodas es un símbolo circular, de oro, de fidelidad eterna. Debe ser un símbolo externo de lo que es cierto en el corazón del que lo lleva. Qué tonto es pensar que el anillo es el elemento más importante de la unión matrimonial. Es más, qué necio pensar que un anillo puede mantener a una persona fiel a su cónyuge.

La circuncisión y un anillo de bodas tienen mucho en común. Ambos deben ser símbolos externos de una convicción interna. Desdichadamente, la religión pone énfasis indebido en el símbolo a la vez que ignora lo que Dios considera más importante.

En mi experiencia, la religión se revela por lo menos de tres maneras.

Primero, *la religión hace más énfasis en lo físico que en lo espiritual.* Subraya actividades santas y *la apariencia* de labor sacrificial. La religión mantiene a la persona atareada al punto del agotamiento y recalca el hacer bien a fin de ser visto y admirado.

Segundo, *la religión pone énfasis en asuntos secundarios en tanto que ignora asuntos de importancia primordial.* Los símbolos, tradiciones y ritos llegan a ser más importantes que la misión real de la iglesia o la verdadera madurez de su gente. Las apariencias externas se vuelven el enfoque de la atención y no la creencia sincera y la obediencia genuina.

Tercero, *la religión promueve el interés propio por sobre todo lo demás.* No se equivoque. El zelote religioso piensa solo en sí mismo. Haga lo que haga, su motivación sigue siendo el deseo de que se le vea y se le conozca. Quedarse en la oscuridad y no buscar los reflectores es ajeno a su manera de pensar. La religión estimula el orgullo para que busque cargos cada vez más prominentes de poder y notoriedad.

Como si todo esto no fuera ya lo suficiente malo, la religión también ciega al devoto en cuanto a su necesidad de la gracia de Dios. ¡Qué irónico, qué trágico que la religión conduzca tan directamente a la condenación!

Aplicación

Una cuestión de privilegio

De la misma manera en que Pablo examinó las cinco fuentes de la arrogancia judía (2:17–21), siento el impulso de dar un vistazo más atento a mis actitudes, y también al espíritu de la iglesia donde sirvo. Los privilegios que disfrutaba la nación hebrea ahora son los privilegios del cristiano, por lo menos por esta temporada en el plan redentor de Dios. Cada uno de estos privilegios exige una pregunta de examen propio. Si usted es un dirigente cristiano —pastor, anciano, diácono, maestro, líder del grupo pequeño, coordinador de voluntarios, o cabeza de familia— permítame exhortarlo a que lea cada uno de los privilegios y contemple con todo cuidado su respuesta a cada pregunta.

- *Nuestro título*: Debemos llevar la etiqueta de «cristiano» con honor. Declararse uno mismo cristiano es afirmar públicamente un código de conducta en que otros pueden confiar e invita a sus amigos a exigirle cuentas. *Cuando nos aplicamos el título «cristiano», ¿quién recibe la gloria: Dios o uno mismo?*
- *Posesión de la verdad*: La responsabilidad de proteger y administrar la palabra escrita de Dios, los sesenta y seis libros que comprenden la Biblia, no le pertenece a ninguna institución oficial, sino a todos los creyentes y comunidades de creyentes. Dios nos ha escogido

para llevar su mensaje al resto del mundo. Este enorme privilegio viene con una inmensa responsabilidad. *¿Nos comportamos como si la verdad de Dios no se aplicara a nosotros, o que de alguna manera nos hemos elevado por sobre la necesidad de la gracia?*

- *Nuestra singular relación con Dios*. Como creyentes, ahora tenemos «paz con Dios» (Romanos 5:1) por gracia, y mediante la fe en Jesucristo. Es más, tenemos el Espíritu del Creador Todopoderoso que vive en nosotros, privilegio más maravilloso que lo que los santos del Antiguo Testamento pudieran haber imaginado. *¿En qué nos «jactamos», es decir, «a qué asignamos crédito»: a la gracia de Dios o a nuestros propios méritos?*
- *Nuestro conocimiento de la voluntad de Dios*: Las Escrituras han revelado que la voluntad de Dios es recuperar del mal a su creación y llenarla con su justicia. Las Escrituras también han declarado cómo lo hará esto y qué eventos específicos serán señal de su venida. *¿Estamos solo marcando tiempo hasta que los acontecimientos del tiempo del fin den paso a la próxima edad, o estamos tomando parte activamente en el plan de Dios para alcanzar a nuestro mundo con las buenas noticias y llenarlo con su justicia?*
- *Nuestra responsabilidad de instruir a las naciones*: Jesús ordenó a sus seguidores: «Vayan y hagan discípulos de todas las naciones» (Mateo 28:19–20), continuación del mandato de Dios a Israel (Romanos 2:19–20). Imprimir, distribuir y llevar ejemplares de las Escrituras es una empresa honrosa, pero no puede ser sustituto de permitir que la palabra de Dios se vea en nuestras acciones. *Al enseñar, aprender de memoria y citar las Escrituras, ¿practicamos la verdad que predicamos para que se pueda ganar al mundo, prácticamente sin una palabra?*

Los modelos actuales de crecimiento de la iglesia en nuestra cultura enfatizan mucho las declaraciones de visión. Al reflexionar en estos cinco privilegios y sus correspondientes responsabilidades, ¿cómo cambiaría usted la declaración de visión de su iglesia? Si se le pidiera que redactara una declaración personal de visión para su propia vida en una sola frase, ¿podría hacerlo? Inténtelo.

«Objeción denegada» (3:1–8)

¹ Entonces, ¿qué se gana con ser judío, o qué valor tiene la circuncisión? ² Mucho, desde cualquier punto de vista. En primer lugar, a los judíos se les confiaron las palabras mismas de Dios.
³ Pero entonces, si a algunos les faltó la fe, ¿acaso su falta de fe anula la fidelidad de Dios? ⁴ ¡De ninguna manera! Dios es siempre veraz, aunque el hombre sea mentiroso. Así está escrito:
«Por eso, eres justo en tu sentencia,
y triunfarás cuando te juzguen.»
⁵ Pero si nuestra injusticia pone de relieve la justicia de Dios, ¿qué diremos? ¿Que Dios es injusto al descargar sobre nosotros su ira? (Hablo en términos humanos.) ⁶ ¡De ninguna manera! Si así fuera, ¿cómo podría Dios juzgar al mundo? ⁷ Alguien podría objetar: «Si mi mentira destaca la verdad de Dios y así aumenta su gloria, ¿por qué todavía se me juzga como pecador?

⁸ ¿Por qué no decir: Hagamos lo malo para que venga lo bueno?» Así nos calumnian algunos, asegurando que eso es lo que enseñamos. ¡Pero bien merecida se tienen la condenación!

En 1886, el autor escocés Roberto Louis Stevenson escribió una novela que reflejaba una verdad perturbadora en cuanto a toda persona. La tituló *El extraño caso del Doctor Jekyll y Mister Hyde*. Es la experiencia de un respetado médico e investigador que incorporaba los mejores ideales victorianos de moralidad y decencia. Sin embargo, los experimentos sobre sí mismo liberaron a un salvaje asesino que había estado agazapado en las sombras de su presencia pública bondadosa.

En la médula de la literatura grandiosa suele hallarse buena teología. El estrafalario relato de Stevenson continua cautivando y fascinando a públicos más de un siglo después porque, en cierto nivel, nos vemos a nosotros en el Dr. Jekyll y tememos al Mr. Hyde que hemos tratado a brazo partido de mantener oculto. Mark Twain, tal vez influido por el relato de Stevenson, anotó: «Toda persona es una luna y tiene un lado oscuro que nunca le muestra a nadie».

El tema central de la Carta de Pablo a los Romanos es el evangelio, las buenas noticias. Empieza, sin embargo, con las malas noticias, el lado oscuro de la luna, el problema universal de la depravación humana. Porque, ¿cómo puede alguien entender la necesidad de un Salvador si no reconoce primero el mal que se agazapa en las sombras de su ser público?

Ahora bien, no malentienda. Como ya vimos, el término «depravado» no quiere decir que somos lo peor que se puede ser. Las personas con una naturaleza de Mr. Hyde a menudo hacen cosas buenas, como grandes obras de bondad para otros. Es más, pudiéramos ser peores de lo que somos. Sin embargo, no merecemos ningún crédito por el bien que pudiéramos haber hecho. Tenemos una naturaleza esclava del mal y, si no fuera por el temor de que nos pillen y las consecuencias inevitables del mal, nada podría evitar que caigamos de cabeza en la corrupción más abyecta. Probablemente usted ha oído la expresión: «El poder corrompe, y el poder absoluto corrompe absolutamente». Es verdad. El poder absoluto quiere decir ausencia de restricción. Algunos con poder absoluto pueden hacer lo que se les antoje sin consecuencias. Y en la ausencia de cualquier restricción externa, la naturaleza humana depravada agazapada dentro de cada uno de nosotros se expresará con actos insólitos de egoísmo, crueldad, lujuria y asesinato.

El término «depravación» tiene más que ver con el plano vertical de la existencia: nuestra relación con Dios, que con nuestros tratos horizontales en la tierra. No somos tan malos como pudiéramos ser; sin embargo, nuestros pecados demuestran que estamos tan inclinados al mal como es posible estar. Nuestras buenas obras no hacen nada para superar nuestra separación de Dios, sea en lo legal o en lo relacional. Estamos condenados, no solo por lo que hemos hecho, sino debido a lo que *somos*.

Para demostrar que la regla se aplica a todos, Pablo sistemáticamente pasa de una persona a la siguiente, destapando cualquier máscara que pudiera estar llevando. Ha despojado al recto gentil intelectual de su disfraz para revelar un necio agazapado, que solo profesa ser sabio, adora a la creación por sobre el Creador, y cambia lo natural por lo que no es natural (1:18–32). Por eso, Dios ha entregado a tales personas a la «inmundicia», y a «pasiones degradantes» y a «una mente reprobada»; es decir, una mente que resulta ser indigna por sus obras.

Luego corta la armadura del cruzado auto satisfecho, el moralista santurrón que presume estar por encima del juicio en virtud de sus ritos y tradiciones. Sin que sea sorpresa para nadie, hallamos debajo del reluciente peto de la religión un corazón corrupto que tiembla bajo la acusación de su propia conciencia, incapaz de satisfacer su código moral, y menos el de Dios (2:1–16).

Por último, el apóstol apartó a sus propios hermanos hijos del pacto. Claro, Dios escogió a los hebreos para que recibieran su Palabra y la proclamaran al mundo, pero a pesar de su relación singular con el Creador, no estaban exentos del juicio divino. Es más, merecían una porción mayor. Los gentiles pecaban por ignorancia, y debían cosechar la paga del pecado, pero los judíos se rebelaban contra Dios con mayor conocimiento de lo que están rechazando, sabiendo a plenitud a quién están ofendiendo y las consecuencias de su pecado.

A estas alturas de su carta Pablo ha demostrado con suficiencia que toda persona es culpable: el obstinado ignorante (1:18–32), el santurrón (2:1–16), y el superreligioso (2:17–19). Todos merecen la ira de Dios. Cuando Pablo enseñaba esta verdad en las sinagogas, sin duda encontraba una serie de objeciones. Anticipándose a refutaciones de sus lectores, el apóstol vuelve a decir cada una de las cuatro objeciones más comunes en forma de una pregunta:

- La pregunta de la *ventaja racial*.
- La pregunta de la *fidelidad divina*.
- La pregunta de la *justicia confusa*.
- La pregunta de la *lógica torcida*.

— 3:1-2 —

La pregunta de la *ventaja racial*. «Entonces, ¿qué se gana con ser judío, o qué valor tiene la circuncisión?» (3:1). En otras palabras, si el pacto de Dios con los descendientes de Abraham (y los gentiles que entraron en el mismo pacto por decisión personal [Génesis 17:12–13; Éxodo 12:48–49]), no los hace justos, ¿cuál es el punto?

Pablo explica que el pacto de Dios no exime a nadie del juicio; sin embargo, es un privilegio sin par. Los descendientes de Abraham, Isaac y Jacob recibieron más verdad que cualquier otro pueblo de la tierra. A ellos les fueron dadas las Escrituras. Por medio de ellos se proclamaron las Escrituras. De ellos todo el mundo recibiría la invitación de Dios a recibir gracia.

— 3:3-4 —

La cuestión de la *fidelidad divina*. «Pero entonces, si a algunos les faltó la fe, ¿acaso su falta de fe anula la fidelidad de Dios?» (3:3). En otras palabras, ¿acaso el hecho de que el pueblo hebreo no cumplió su parte del trato impide que Dios realice su plan de salvar al mundo?

La respuesta es obvia. La incredulidad de toda la raza judía jamás evitará en manera alguna que Dios realice su voluntad. Él cumple sus promesas y seguirá fiel a pesar del fracaso de la humanidad. Es más, su luz brilla con más intensidad sobre el telón negro de la oscuridad de la humanidad. Para ilustrar, Pablo echa mano a la oración de arrepentimiento del rey David del Salmo 51:

> Contra ti he pecado, solo contra ti,
> y he hecho lo que es malo ante tus ojos;
> por eso, tu sentencia es justa,
> y tu juicio, irreprochable (Salmo 51:4).

— 3:5-6 —

La pregunta de la *justicia confusa*. «Pero si nuestra injusticia pone de relieve la justicia de Dios, ¿qué diremos? ¿Que Dios es injusto al descargar sobre nosotros su ira?» (3:5). En otras palabras, debido a que Dios hizo estas demandas morales sabiendo que la humanidad fracasaría, ¿no hace eso injustificada su ira? ¿Acaso no estábamos condenados al fracaso desde el principio?

Como Pablo lo explica más adelante, el otorgamiento de la Ley no hizo a la humanidad de repente culpable de hacer el mal. Dios no pintó arbitrariamente un blanco en algún punto distinto al que nosotros ya habíamos disparado una flecha, y entonces lo llamó un error. El blanco siempre había estado presente. El carácter totalmente justo de Dios es, y siempre lo ha sido, el estándar. la Ley solo ilumina y magnifica el blanco, y deja a la humanidad con menor excusa por errarlo. Pablo explica esto con mayor detalle en la próxima sección principal de su carta (4:15—5:13).

El Señor no nos dio la Ley a fin de justificar su ira. Por el contrario, estableció líneas claras entre el bien y el mal como medio de gracia, para confrontar a la humanidad con sus ofensas. El otorgamiento de la Ley fue el primer paso en su plan para redimirnos.

— 3:7-8 —

La pregunta de la *lógica torcida*. «Alguien podría objetar: «Si mi mentira destaca la verdad de Dios y así aumenta su gloria, ¿por qué todavía se me juzga como pecador? ¿Por qué no decir: Hagamos lo malo para que venga lo bueno?» (3:7-8). En otras palabras, si la luz de Dios brilla más debido a nuestra oscuridad, ¿no hemos glorificado más a Dios al hacer el mal? ¡Pequemos como locos a fin de conocer la gracia como nunca antes!

¡Qué pensamiento más estrafalario! No alcanza a entender la naturaleza destructiva del pecado. Esa clase de lógica no es mejor que decir: «Si los incendios y los desastres dan a los rescatadores una oportunidad de exhibir su destreza y valentía, ¿por qué no iniciar más incendios y producir más desastres para que ellos tengan una mejor oportunidad de mostrar su valor?» Suena magnífico hasta que se considera a las víctimas.

Pero no hay pecados sin víctimas. Toda decisión de hacer el mal le hace daño a alguien; si no de inmediato, entonces con el tiempo; y si no directa, luego indirectamente. En cierto nivel, toda la humanidad sufre. Y lejos de glorificar a Dios, el pecado la aflige; es como una afrenta a su carácter, a todo lo que es y todo lo que desea. El pecado separa al Creador de la creación que tanto ama.

Note el comentario final de Pablo. Refiriéndose a los que justifican su pecado con semejante lógica retorcida, declara: «¡Pero bien merecida se tienen la condenación!»

Aplicación

Religión versus gracia

Los lectores judíos de Pablo objetaban la doctrina de la justificación por gracia y mediante la fe por las mismas razones que la objetan todas las religiones de fabricación humana. Primero, el favor inmerecido de Dios libera al individuo del control de la religión. Segundo, la gracia elimina a la religión como el medio por el cual una persona mantiene una relación personal con Dios. Y tercero, la gracia cambia por completo el propósito de las buenas obras en la vida del creyente. En consecuencia, la gracia hace a la religión obsoleta e ineficaz, lo que son malas noticias para los que derivan su poder, propósito y lucro de los seguidores religiosos.

Debido a que la gracia afecta profundamente la forma en que nos relacionamos con Dios, la gracia también cambia la forma en que vivimos y pensamos. Específicamente, el hecho de recibir la gracia de Dios determina cómo manejamos nuestras posesiones, cómo conducimos nuestra vida, y cómo nos consideramos nosotros mismos (para mencionar apenas unas pocas cosas). La religión y la gracia envían los siguientes mensajes conflictivos:

Nuestras posesiones

La religión dice: «Guárdalas, enorgullécete de ellas; es tu recompensa por buena conducta».
La gracia dice: «Compártelas, agradécelas, son de Dios para que las administres con sabiduría».

Nuestras acciones

La religión dice: «Siempre procura ganarte el favor de Dios, porque lo suficiente nunca es en verdad suficiente».
La gracia dice: «Ya tienes el favor de Dios, porque su gracia es suficiente».

Nuestra autoestima

La religión dice: «Soy una buena persona debido a lo que he logrado. ¡Mírenme!»
La gracia dice: «Soy un pecador al que le ha sido dada la justicia de Dios. ¡Miren a Cristo!»

Al examinar su vida —la forma en que maneja sus posesiones, lo que impulsa sus actividades, y su autoestima— ¿Qué voz oye? ¿A cuál le presta atención? ¿Responde al llamado diario de la religión y luego se esfuerza para buscar aceptación, o se somete a la invitación de Dios y luego todos los días descansa en sus relaciones con él?

LA IRA DE DIOS (ROMANOS 1:18 — 3:20)

El recibir la gracia de Dios empieza con una decisión de lo más innatural para la humanidad natural: debemos reconocer nuestra impotencia y someternos a la intervención sobrenatural. Diariamente.

Una autopsia de la depravación (3:9–20)

⁹ ¿A qué conclusión llegamos? ¿Acaso los judíos somos mejores? ¡De ninguna manera! Ya hemos demostrado que tanto los judíos como los gentiles están bajo el pecado. ¹⁰ Así está escrito:

«No hay un solo justo, ni siquiera uno;
¹¹ no hay nadie que entienda,
nadie que busque a Dios.
¹² Todos se han descarriado,
a una se han corrompido.
No hay nadie que haga lo bueno;
¡no hay uno solo!».
¹³ «Su garganta es un sepulcro abierto;
con su lengua profieren engaños».
«¡Veneno de víbora hay en sus labios!»
¹⁴ «Llena está su boca de maldiciones y de amargura».
¹⁵ «Veloces son sus pies para ir a derramar sangre;
¹⁶ dejan ruina y miseria en sus caminos,
¹⁷ y no conocen la senda de la paz».
¹⁸ «No hay temor de Dios delante de sus ojos».

¹⁹ Ahora bien, sabemos que todo lo que dice la ley, lo dice a quienes están sujetos a ella, para que todo el mundo se calle la boca y quede convicto delante de Dios. ²⁰ Por tanto, nadie será justificado en presencia de Dios por hacer las obras que exige la ley; más bien, mediante la Ley cobramos conciencia del pecado.

La pregunta retórica que la NVI traduce «¿Acaso los judíos somos mejores?» es una sola palabra griega, cuya forma pudiera significar «¿Estamos esforzándonos por sobresalir?» o «¿Nos están ellos superando?» La mayoría de traductores optan por la primera forma porque está en forma paralela a la pregunta que Pablo presentó en 3:1. Para vincular las dos preguntas como sinónimas, Pablo introduce cada una con la expresión griega *ti oun*, o, literalmente, «¿qué, entonces?» Pero luego procede a responder a la misma pregunta de manera diferente.

«¿Qué se gana con ser judío?» «Mucho, en todo respecto» (3:1–2).

«¿Acaso los judíos somos mejores?» «Ni en sueños» (3:9).

Como está escrito...

3:10-12	«No hay un solo justo, ni siquiera uno; no hay nadie que entienda, nadie que busque a Dios. Todos se han descarriado, a una se han corrompido. No hay nadie que haga lo bueno; ¡no hay uno solo!»	Sal 14:1-3 (Sal 53:1-3)	Dice el necio en su corazón: «No hay Dios». Están corrompidos, sus obras son detestables; ¡no hay uno solo que haga lo bueno! Desde el cielo el Señor contempla a los mortales, para ver si hay alguien que sea sensato y busque a Dios. Pero todos se han descarriado, a una se han corrompido. No hay nadie que haga lo bueno; ¡no hay uno solo!
3:10-12		Ec 7:20	No hay en la tierra nadie tan justo que haga el bien y nunca peque.
3:13	«Su garganta es un sepulcro abierto; con su lengua profieren engaños». «¡Veneno de víbora hay en sus labios!»	Sal 5:9	En sus palabras no hay sinceridad; en su interior solo hay corrupción. Su garganta es un sepulcro abierto; con su lengua profieren engaños.
3:13		Sal 140:3	Afilan su lengua cual lengua de serpiente; ¡veneno de víbora hay en sus labios!
3:14	«Llena está su boca de maldiciones y de amargura».	Sal 10:7	Llena está su boca de maldiciones, de mentiras y amenazas; bajo su lengua esconde maldad y violencia.
3:15-17	«Veloces son sus pies para ir a derramar sangre; dejan ruina y miseria en sus caminos, y no conocen la senda de la paz».	Is 59:7-8	Sus pies corren hacia el mal; se apresuran a derramar sangre inocente. Sus pensamientos son perversos; dejan ruina y destrucción en sus caminos. No conocen la senda de la paz; no hay justicia alguna en su camino. Abren senderos tortuosos, y el que anda por ellos no conoce la paz.
3:18	«No hay temor de Dios delante de sus ojos».	Sal 36:1	Dice el pecador: «Ser impío lo llevo en el corazón». No hay temor de Dios delante de sus ojos.

— 3:9 —

Así que, ¿cuál vale? ¿Tenían los judíos una ventaja sobre los gentiles? La respuesta es sí… y no, según uno lo mire.

Supóngase que un multimillonario llegara a su casa con una proposición: «Quiero dar mi dinero a los más necesitados del mundo y quiero canalizar esos fondos a través de su cuenta bancaria. Conforme yo hago los depósitos, usted gira los cheques». Imagínese que pasan diez años, y nadie está en mejor condición que antes. Ninguno de los destinatarios ha cobrado ni un solo cheque; e incluso usted no ha hecho ningún retiro para usted mismo. ¿Tenía usted una ventaja? ¡Por supuesto! Usted disfrutaba de completo acceso a la riqueza del multimillonario. Sin embargo, en un sentido práctico, usted no ganó nada. Como usted no retiró fondos para usted mismo, no está en mejor condición que los que insensatamente rompieron sus cheques.

A los hebreos les fue dado acceso directo a la verdad de Dios como agentes de su Palabra, por la cual él bendecía al mundo (Génesis 12:3; 22:18). Sin embargo, al igual que los gentiles, «cambiaron la verdad de Dios por la mentira, adorando y sirviendo a los seres creados antes que al Creador» (1:25). Los descendientes de Abraham, Isaac y Jacob se alejaron de Dios, y por eso «se blasfema el nombre de Dios entre los gentiles» (2:24). El judío y el pagano no son diferentes. Dentro de cada uno late el mismo corazón enfermo de pecado.

— 3:10-18 —

Un buen amigo mío ha tenido una agencia funeraria por más de treinta y cinco años. Cierta conversación con él dejó en mí una impresión duradera. Me dijo en tono pensativo: «He visto lo que la mayoría de personas nunca ve. En mi carrera, he visto a casi toda edad, raza, nacionalidad, estatura y religión representada en mi mesa de forense. Cuando uno los corta y los abre, y mira adentro, todos se ven igual. Y, déjame asegurarte, nunca es lindo».

En un final dramático, Pablo concluye el asunto de la depravación humana universal sin dejar ningún campo para argumentación u objeción. Y, en la tradición de los rabinos conocida a través del tiempo, ensarta como perlas las indisputables palabras de Dios. Note las citas directas y alusiones claras del apóstol al Antiguo Testamento:

Pablo pone al ser humano en la mesa del forense y corta por debajo de la apariencia externa y expone lo que hay dentro:

> Su garganta es un sepulcro abierto.
> Con sus lenguas engañan.
> Hay veneno de áspides en sus labios.
> Su boca está llena de palabrotas y amarguras.
> No hay temor en sus ojos.
> Sus pies son veloces para derramar sangre.

Estas no son mis palabras, ni tampoco las de ningún otro ser humano. Son las acusaciones del Máximo Juez contra toda los seres humanos, incluyéndolo a usted y a mí. ¿Suena demasiado fuerte? ¿Demasiado crudo? Tal vez usted está pensando: Tal vez eso sea cierto de los peores elementos de la humanidad, pero yo no soy tan malo. Examinemos cada acusación en detalle.

«No hay un solo justo, ni siquiera uno» (3:10). Debemos, por supuesto, recordar que el estándar por el cual se mide nuestra justicia no es la bondad de una persona muy buena, sino el carácter perfecto e inmaculado de Dios. Dios ha colocado la bondad de cada persona en el platillo opuesto de la balanza para compararlo con su propia perfección, y nadie, ni siquiera el mejor de nosotros, ha sido o puede ser, lo suficientemente bueno.

«No hay nadie que entienda, nadie que busque a Dios» (3:11). El verbo griego que se traduce «entienda» quiere decir «reunir», algo así como alguien que arma un rompecabezas. «Nadie ha armado correctamente el rompecabezas, de modo que nadie ve el cuadro». Es más, nadie «busca» a Dios por su propia iniciativa. Solo cuando a las personas no les queda otra alternativa se vuelven a él. Francis Thompson captó la idea muy bien en su poema: «El Sabueso del cielo»:

> Huí de él, por los arcos de los años;
> Huí de él, por las sendas y laberintos
> de mi mente; y en medio de las lágrimas
> me escondí de él, y bajo carcajadas
> por esperanzas vistas aceleré;
> y corrí, me precipité
> por lobreguez titánica de terrores abismales,
> De estos Pies fuertes que seguían, y perseguían.
> Pero con cacería sin prisa,
> y paz imperturbable,
> velocidad deliberada, instancia majestuosa,
> resonaron, y una voz resonó
> más intensa que los Pies:
> «Todo te traiciona a ti, que me traicionaste a mí».

Algunos huyen más rápido y más lejos que otros, algunos hasta la tumba, pero nadie lo busca a él aparte de su búsqueda.

«Todos se han descarriado, a una se han corrompido» (3:12). «Descarriarse» viene de un término griego que combina ek, «fuera de», y klino, «doblar». El significado es doblar a un lado. Pedro llama al creyente a «que se aparte del mal y haga el bien» (1 Pedro 3:11). Más bien, la gente «dobla alejándose» de Dios. El Señor nos diseñó con ciertas necesidades que solo él puede llenar, y en lugar de acudir a él para satisfacer esos anhelos, nos ponemos a buscar sustitutos fugaces, temporales e incluso destructivos. Invariablemente, tales sustitutos no solo no satisfacen nuestros anhelos, sino que nos dejan más vacíos que antes.

«Su garganta es un sepulcro abierto; con su lengua profieren engaños». «¡Veneno de víbora hay en sus labios!» (3:13). Pablo echa mano de los lamentos de David, quien pedía a Dios que juzgara a sus enemigos. Decir que la garganta de alguien es un sepulcro abierto es acusarlo de dar consejo destructor. El beso de labios envenenados es muerte. Tal vez, los enemigos de David, disfrazados como amigos, le ofrecieron un consejo que casi lo mató.

Pablo parafrasea los lamentos de David para derivar un principio más general respecto a las religiones falsas. Note: «[…] profieren engaños». Los sanadores de fe se aprovechan del dolor de los que están dispuestos a hacer cualquier cosa, ir a cualquier parte, pagar cualquier cantidad, con tal de poner fin a su sufrimiento. Los médiums y canalizadores convencen a los deudos que una paga modesta los ayudará a comunicarse con sus seres queridos fallecidos. Religiones de toda clase prometen salvación a cambio de actos de servicio o sacrificio. Predicar una religión falsa no es mejor que convencer a los enfermos de cáncer que la aspirina puede sustituir los medicamentos que le han recetado.

«Llena está su boca de maldiciones y de amargura» (3:14). Pablo acude a otro salmo, esta vez respecto a los poderosos y prósperos que viven completamente ajenos al juicio venidero.

> El malvado hace alarde de su propia codicia;
> alaba al ambicioso y menosprecia al Señor.
> El malvado levanta insolente la nariz,
> y no da lugar a Dios en sus pensamientos.
> Todas sus empresas son siempre exitosas;
> tan altos y alejados de él están tus juicios
> que se burla de todos sus enemigos (Salmo 10:3–5).

Seamos francos; tendemos a pensar en Dios solo cuando las cosas dejan de marchar bien. Cuando las ruedas de la prosperidad giran a gran velocidad y las comodidades nos arrullan, el Señor es lo último en nuestra mente. Tal vez disparemos una oración fugaz de gracias, pero nadie busca a Dios ni las cosas espirituales durante los tiempos de prosperidad; no como cuando atravesamos sufrimiento severo.

«Veloces son sus pies para ir a derramar sangre; dejan ruina y miseria en sus caminos, y no conocen la senda de la paz» (3:15–17). En 1954 William Golding publicó su novela galardonada con el Premio Nobel, *El señor de las moscas*, que relata la experiencia de escolares británicos que naufragaron y quedaron aislados en una isla pequeña. Empezaron bien, formando una sociedad adecuada que proveía comida, refugio y seguridad para todos, e incluso encendieron una señal de fuego permanente para atraer a los barcos que pasaban. Al poco tiempo, sin embargo, la mayoría de los muchachos abandonaron su sociedad por lo salvaje, incluso al punto de matar a algunos de los más débiles para salirse con la suya. Una pequeña minoría escogió mantenerse civilizada. Un factor crucial hacía la división entre los salvajes y los civilizados: la esperanza del rescate. Los que esperaban que los hallaran y que se les exigiera cuentas de sus acciones, se comportaban bien. Los que abandonaron esa esperanza no veían razón para mantener su naturaleza bajo dominio, y su depravación halló plena expresión.

Esa es la naturaleza humana. El velo entre lo salvaje y lo civilizado —el Dr. Jekyll y Mr. Hyde— es solo tan fuerte como nuestra sincera creencia de que nuestras acciones tienen consecuencias. La historia ha demostrado que ese velo es extremadamente tenue.

«No hay temor de Dios delante de sus ojos» (3:18). Este «temor» puede tomar dos formas, y ambas son apropiadas en su contexto correcto. Los que se oponen a la bondad de Dios deben temblar de terror debido a su poder. En algún momento en la vida, toda persona debe sentir ese temor. El tipo apropiado de temor lleva al arrepentimiento y a una relación restaurada con Dios. Desdichadamente, muchos no reconocerán a su Creador y continuarán ignorando la ira acumulada contra ellos (Romanos 2:4–5; 2 Corintios 5:10; Apocalipsis 16:1–21).

— 3:19-20 —

Pablo concluye la primera sección principal de esta carta aclarando la Ley y por qué Dios la promulgó, punto que él desarrollará en la sección que sigue. El Señor nunca dio la Ley con la expectativa de que alguien pudiera cumplirla. Sabía el resultado desde el principio porque reconoció lo que nosotros mismos rehusamos ver: que los seres humanos, judíos y gentiles por igual, están perdidos en el pecado. No pecados, las cosas que hemos hecho, sino pecado, lo que hemos llegado a ser, por dentro y

LA FE DE NUESTROS PADRES

Pablo enseñó y citó del Antiguo Testamento para demostrar con claridad que los justos siempre han recibido su justificación por gracia, por fe, y no por obediencia al estándar divino de bondad. Naturalmente, esto levanta la pregunta de buena fe: «¿Cómo las personas se salvaron por gracia, por fe, antes de que Jesucristo naciera?»

La respuesta ha sido y siempre será: «Fe en Dios según él se nos ha revelado». Si uno cree de verdad, lo natural es que esa creencia debiera resultar en obediencia a las instrucciones de Dios. No obstante, es la gracia de Dios lo que salva, y esa gracia se puede recibir solo por fe.

Aunque Dios sigue siendo el mismo y nunca cambia, se ha revelado a la humanidad de maneras diferentes en el pasado, y sus instrucciones han cambiado con el tiempo. El Señor se reveló al pueblo de Israel en forma de una nube ardiente encima del Arca del Pacto. Luego les pidió que construyeran una estructura sagrada, que guardaran ciertas reglas de conducta, y que sacrificaran animales cuando inevitablemente erraran. La creencia genuina de los que habían puesto su fe en Dios se podía ver en su obediencia a las instrucciones de Dios. La gracia de Dios, su revelación de sí mismo a Israel, salvó a los que creyeron. Su respuesta obediente fue mientras tanto una expresión tangible de una genuina confianza en él.

Nosotros no tenemos que ir a un templo sagrado ni sacrificar animales. Cuando se cumplió el tiempo (Efesios 1:10), Dios se reveló de manera perfecta en la forma de un hombre, el Hijo de Dios, Jesucristo. Impulsado solo por gracia, instruyó: «Vengan a mí todos ustedes que están cansados y agobiados, y yo les daré descanso. Carguen con mi yugo y aprendan de mí, pues yo soy apacible y humilde de corazón, y encontrarán descanso para su alma» (Mateo 11:28–29). Los que responden a Dios según se ha revelado en estos últimos tiempos, es decir, en la persona de Jesucristo, serán declarados justos por gracia, por fe, tal como nuestros antepasados del Antiguo Testamento.

> **NO HAY SECRETOS PARA DIOS**
>
> Todo hombre, mujer y niño concebido por un padre humano tiene un lado oscuro que nunca muestra a nadie, pero a Dios no se le puede ocultar nada. Los seres humanos pueden elogiarnos, pero nuestro Hacedor y Juez lo ve todo.
>
> - La gente se fija en las apariencias, pero yo me fijo en el corazón (1 Samuel 16:7).
> - Óyelo tú desde el cielo, donde habitas, y perdónalo. Trata a cada uno según su conducta, la cual tú conoces, puesto que solo tú escudriñas el corazón humano (1 Reyes 8:39).
> - Y tú, Salomón, hijo mío, reconoce al Dios de tu padre, y sírvele de todo corazón y con buena disposición, pues el Señor escudriña todo corazón y discierne todo pensamiento. Si lo buscas, te permitirá que lo encuentres; si lo abandonas, te rechazará para siempre. (1 Crónicas 28:9)
> - Mis trajines y descansos los conoces; todos mis caminos te son familiares (Salmo 139:3).
> - «Yo, el Señor, sondeo el corazón y examino los pensamientos, para darle a cada uno según sus acciones y según el fruto de sus obras» (Jeremías 17:10).
> - Él les dijo: «Ustedes se hacen los buenos ante la gente, pero Dios conoce sus corazones. Dense cuenta de que aquello que la gente tiene en gran estima es detestable delante de Dios (Lucas 16:15).
> - Ninguna cosa creada escapa a la vista de Dios. Todo está al descubierto, expuesto a los ojos de aquel a quien hemos de rendir cuentas (Hebreos 4:13).

por fuera, de pies a cabeza. Como un erudito ha notado, si el pecado fuera azul, seríamos azules por completo.

La gracia de la ley de Dios no se puede hallar en la salud que restaura, porque solo puede dar muerte al culpable. Como Martín Lutero escribió: «El punto principal de la Ley en la teología cristiana verdadera no es hacer a los seres humanos mejores sino peores; es decir, les muestra su pecado, de modo que puedan sentirse humillados, aterrados, heridos y quebrantados, y por eso ser impulsados a buscar el consuelo y acudir al bendito [Cristo]»10. Pero, ¡gracias a Dios por su Ley! ¡Gracias a Dios por enfrentar de manera inexorable y amorosa nuestro problema!

Hay predicadores hoy que no quieren enfocar el lado negativo de la verdad cristiana; es decir, la enfermedad terminal del pecado. Prefieren concentrarse solo en lo positivo, en lo que suena maravilloso en la superficie. Pero eso es como el médico al que solo le gusta hablar de cosas agradables. Yo no puedo hablar por usted, pero yo no voy a ver al médico para ver sonrisas y elogios. Quiero la verdad —la verdad clara, horrible, sin barniz— en cuanto a mi cuerpo. Si el médico halla un tumor, quiero saberlo… al instante. Si tengo cáncer, quiero saber que tengo cáncer. ¡Especialmente si se puede tratar!

Dios nos dio la Ley porque sabe que las malas noticias de nuestra condición terminal nos conducen a la buena noticia: es tratable, tiene cura. Lo mejor de todo, la cura es ciento por ciento efectiva y ciento por ciento gratuito. Con razón se le llama «buenas nuevas».

Notas: La ira de Dios (Romanos 1:18—3:20)

5. Juan Calvino, Commentaries on the Epistle of Paul the Apostle to the Romans, trad. y ed. John Owen, Kessinger, Whitefish, MT., 2006, 70.
6. Geoffrey W. Bromiley, The International Standard Bible Encyclopedia, rev. ed., Eerdmans, Grand Rapids, 1988, 1:773.
7. Píndaro, poeta griego del siglo quinto a.C., las llamaba así.
8. Mi título se inspira en el comentario sobre Romanos de Fritz Ridenour, How to be a Christian without Being Religious [Cómo ser cristiano sin ser religioso], Regal, Glendale, CA, 2002. Hay traducción al español.
9. Donald Grey Barnhouse, God's Wrath: Exposition of Bible Doctrines, Taking the Epistle to the Romans as a Point of Departure, Eerdmans, Grand Rapids, 1964, 2:110-11.
10. Martín Lutero, Galatians, Crossway, Wheaton, Ill., 1998, 176.

LA GRACIA DE DIOS (ROMANOS 3:21 – 5:21)

No mucho tiempo después de que los descendientes hebreos de Abraham salieron del cautiverio en Egipto para entrar a la Tierra Prometida, se hallaron solos en el desierto sin poder hallar agua y comida. La ráfaga inicial de entusiasmo por estar libres apenas se había desvanecido cuando muchos empezaron a quejarse contra Moisés: «¿Por qué no nos dejó Dios morir en la comodidad de Egipto, donde podíamos comer guiso de cordero y pan hasta saciarnos? ¡Has traído a todo este pueblo al desierto para hacernos morir de hambre!» (paráfrasis de Éxodo 16:3, tomado de *THE MESSAGE*, de Eugene Peterson). En ese punto, varios urdieron un plan para volver a su dolorosa, pero predecible, esclavitud en Egipto.

Por supuesto, el Señor había conducido a su pueblo a un lugar en el desierto en donde no se podía hallar ni agua ni comida, no para ser cruel, sino para ponerlos en la primera etapa de su jornada espiritual. A la larga, quería que dijeran con absoluta certeza: «No solo de pan vive el hombre, sino de todo lo que sale de la boca del SEÑOR» (Deuteronomio 8:3; Mateo 4:4). Pero esta capacidad no brota de manera natural en los seres humanos en su estado natural. A los hijos e hijas de Adán hay que enseñarlos. Para dar expresión tangible de esta verdad en cuanto a la vida y dependencia de Dios, les dio una sustancia fina, blanca, como hojuelas, que tenía sabor de hojuelas y miel. Cada mañana, su amado pueblo se despertaba para hallarla en el suelo justo fuera de sus carpas. Tenían que reunir apenas lo suficiente para ese día y confiar en que el Señor Dios les proveería al siguiente día. Este don de la vida duraba solo un breve tiempo, así que no podían demorarse para recogerlo, y se pudriría si no se comía antes de la próxima salida del sol.

A la larga lo llamaron «pan del cielo», pero al principio lo llamaron «maná», que en hebreo quiere decir «¿qué es esto?».

En verdad, ¿qué es esta sustancia que sustenta la vida y que no se puede cazar, cultivar, fabricar, comprar ni vender? ¿Qué es esta sustancia del otro mundo, completamente gratuita, absolutamente indispensable, que no se puede ganar sino solo recibir? ¿Cómo la llamaremos? Para los hebreos en el desierto, tomó forma física y la llamaron «pan del cielo». Ante otra reunión de hebreos en un lugar desierto, esta sustancia espiritual tomó forma física de nuevo y se autotituló «pan de vida» (Juan 6:35).

Pablo llama «gracia» a esta sustancia sobrenatural. El maná ilustraba el principio, pero Jesús vino para revelarlo de manera perfecta. No obstante, no todos la verán. Si usted la ve, dichosos sus ojos porque la ven (Mateo 13:16).

Se desenvuelve la dádiva de la gracia (Romanos 3:21-31)

²¹ Pero ahora, sin la mediación de la ley, se ha manifestado la justicia de Dios, de la que dan testimonio la ley y los profetas. ²² Esta justicia de Dios llega, mediante la fe en Jesucristo, a todos los que creen. De hecho, no hay distinción, ²³ pues todos han pecado y están privados de la gloria de Dios, ²⁴ pero por su gracia son justificados gratuitamente mediante la redención

TÉRMINOS CLAVE

δικαιόω [*dikaioo*] (1344) «justificar, declarar justo, demostrar inocencia, vindicar».
En el Nuevo Testamento, este verbo casi siempre tenía una connotación legal según la cual a una persona se le daba estatus de «no culpable». Este pronunciamiento oficial podía o no reflejar la verdadera culpabilidad o inocencia del sujeto. Una persona inocente puede ser vindicada si las autoridades la declaraban justa, o podía ser declarada justa a pesar de su culpabilidad, y la persona tenía todos los derechos y privilegios de una persona de veras inocente.

ἱλαστήριον [*jilasterion*] (2435) «medio de perdón, medio de restauración».
Basado en el adjetivo *jileos*, que quiere decir «feliz, amistoso, amable», *jilasterion* es el medio por el cual uno logra estas buenas relaciones con otros, sobre todo si las relaciones se habían roto. *Jilasterion* apacigua la ira, satisface el requisito de justicia, y busca comunión continua. El término no denota que el ofendido no esté ya dispuesto a perdonar o a extender gracia, sino que describe la acción de una persona de veras arrepentida que busca perdón por restauración.

ἔργον [*ergon*] (2041) «obra, hecho, complimiento de una tarea o deber».
El término griego, al igual que la palabra castellana «obra», describe la acción de laborar y su resultado. Por ejemplo, si una persona va a construir una casa, se dice que la estructura es su «obra». Es decir, la casa representa a la vez el esfuerzo y el resultado de la actividad del constructor. En Romanos, Pablo asigna este término común a un significado más específico, casi técnico. Para el apóstol «obras» describe el esfuerzo de la persona por obedecer la ley mosaica y los resultados de sus esfuerzos. Por consiguiente, usa intercambiablemente el término «ley» y «obras».

περιτομή [*peritome*] (4061) «circuncisión, circuncidado, entre los circuncisos».
El sustantivo griego se deriva del verbo «cortar» y describe el rito hebreo en él cual se recorta el prepucio del hombre. Instituido por Dios, el rito identifica al hombre como participante en el pacto de Dios con Abraham. Con el tiempo, esta característica distintiva llegó a ser símbolo del pueblo, del pacto y la cultura. Con el tiempo, muchos pensaron que su situación de estar circuncidado le daba derecho al hombre a la bendición de Dios y le eximía del juicio divino.

χάρις [*caris*] (5485) «gracia, favor inmerecido, causa de deleite».
En la literatura secular, este término va estrechamente asociado con la palabra «alegría»; por consiguiente, *caris* es buena voluntad, favor, placer o deleite. Una gran parte del Nuevo Testamento usa esta palabra en el sentido directo, secular. Pablo, sin embargo, vio en *caris* una expresión del nuevo pacto (Jeremías 31:31-33), del término *jesed* del Antiguo Testamento, que describe la bondad espontánea de Dios hacia su pueblo escogido. Así que para Pablo, «gracia» es un término técnico rico para todo el proceso de la salvación.

que Cristo Jesús efectuó. ²⁵ Dios lo ofreció como un sacrificio de expiación que se recibe por la fe en su sangre, para así demostrar su justicia. Anteriormente, en su paciencia, Dios había pasado por alto los pecados; ²⁶ pero en el tiempo presente ha ofrecido a Jesucristo para manifestar su justicia. De este modo Dios es justo y, a la vez, el que justifica a los que tienen fe en Jesús.
²⁷ ¿Dónde, pues, está la jactancia? Queda excluida. ¿Por cuál principio? ¿Por el de la observancia de la ley? No, sino por el de la fe. ²⁸ Porque sostenemos que todos somos justificados por la fe, y no por las obras que la ley exige. ²⁹ ¿Es acaso Dios solo Dios de los judíos? ¿No lo es también de los gentiles? Sí, también es Dios de los gentiles, ³⁰ pues no hay más que un solo Dios. Él justificará por la fe a los que están circuncidados y, mediante esa misma fe, a los que no lo están. ³¹ ¿Quiere decir que anulamos la ley con la fe? ¡De ninguna manera! Más bien, confirmamos la ley.

Si hay una clase de persona a quien admiro menos, es al que «se ha hecho a sí mismo».

En mi ministerio he conocido a muchos hombres y mujeres que empezaron con nada y, mediante agallas, sudor y sacrificio, llegaron a ser asombrosamente significativos (por lo menos según el mundo juzga significación). Invariablemente, subieron a la cumbre de alguna organización o fundaron la propia. Aunque no me impresionan mucho los que el mundo llama «triunfadores», admiro muchas de sus cualidades. Aprecio su carisma. Me asombra su inigualable capacidad de motivar a las personas y coordinar sus esfuerzos. Respeto su tozuda determinación, su espíritu pionero, su negativa a permitir que la opinión de la mayoría les impida hacer lo que saben que es correcto. Me alegro con ellos cuando sus esfuerzos sinceros encuentran muy buena recompensa. Pero no admiro a los que se hacen *a sí mismos* porque con demasiada frecuencia adoran a su hacedor.

Por supuesto, uno no tiene que ser rico para ser una persona que se ha hecho a sí misma. Las iglesias están llenas de ellas, y son personas que a diario trabajan en las agotadoras fábricas de la religión, tratando con desesperación de producir más buenas obras que su prójimo, esperando impresionar a los guardianes de las puertas del cielo. Lo irónico es que al final de sus esfuerzos, antes de bajarlos a la tierra, una congregación de sus amigos y familiares más íntimos se unen para entonar su himno favorito:

Sublime gracia del Señor
que un infeliz salvó;
fui ciego más hoy miro yo,
perdido y él me halló.

Su gracia me enseñó a temer;
mis dudas ahuyentó.
¡Oh cuán precioso fue a mi ser
cuando él me transformó![11]

John Newton no compuso un himno en honor de la justicia de cosecha propia. Sus estrofas resuenan de un alma vacía que anhela que la llenen desde arriba. Los que presumen ganarse su lugar en el cielo debería más bien cantar:

¡Obras excesivas! ¡Qué dulce el sonido
que resultó del dios que yo soy!
Una vez malo, ahora bueno soy,
gracias a mi sinceridad.

Las obras me ganaron mi lugar con Dios
y las obras le hicieron sonreír.
¡Cómo me esforcé y demostré mi valía
avanzando con pena la segunda milla!

Cuando hayamos estado allí por años diez mil,
recibiendo la bien merecida diversión,
no tendremos menos días para cantar nuestra alabanza
¡y jactarnos de todo lo que hayamos hecho!

Esto *no* es el evangelio que Pablo recibió de Jesucristo y a cuya enseñanza dedicó toda su vida. Las buenas nuevas no es un mensaje tipo «Busca el bien que hay en ti y cultívalo». El evangelio no sugiere jamás que «Dios ayuda a quienes se ayudan». De hecho, las buenas nuevas empiezan con una clara comprensión de la verdad de nuestra condición de enfermos de pecado: ¡es terminal! Por dicha, también es curable. Sin embargo, la enfermedad mortal del pecado no se puede tratar con buena nutrición y ejercicio vigoroso; por bueno que sea eso. Necesitamos cirugía radical. Estamos espiritualmente muertos y no necesitamos nada menos que un trasplante.

Las palabras de Pablo en Romanos 3:21, «Pero ahora, sin la mediación de la ley, se ha manifestado la justicia de Dios», señalan una transición crucial en su presentación del evangelio. Habiendo presentado la horrible verdad de la depravación putrefacta de nuestra alma, nuestra condición rebelde contra Dios, nuestros lastimeros esfuerzos de mejora propia, nuestra brújula moral torcida, y nuestro patético orgullo, el apóstol se vuelve hacia una verdad de esperanza. Los siguientes versículos bosquejan no menos que cuatro verdades significativas en cuanto al evangelio:

- La salvación es una transferencia de justicia.
- La salvación es una dádiva de gracia.
- La salvación es una demostración de amor.
- La salvación es una declaración de fe.

— 3:21-22 —

Pablo describe la «justicia de Dios» en términos muy poéticos. La palabra griega *fanero*, que se traduce «manifestado», a menudo se usaba en sentido figurado en la literatura griega para decir «brillar, iluminar, aparecer», de manera muy similar a como alguien describiría la salida del sol. En la lobreguez oscura de la historia de la humanidad en la cual los seres humanos en vano se esforzaban por obtener la justicia de Dios, la gracia resplandeció con el amanecer del evangelio. Y produce justicia genuina, que Pablo distingue de la justicia de cosecha propia de tres maneras.

Primero, la justicia genuina no se puede obtener mediante la obediencia a la ley; por lo menos no para los que están infectados por el pecado. Nadie puede purgar de cáncer su cuerpo comiendo alimentos saludables. Evitar las toxinas que generan cáncer es una buena manera de evitar la enfermedad, pero una vez que uno la tiene, curarla exige acción radical. Desdichadamente, nacimos con la enfermedad del pecado.

Segundo, la justicia genuina no es un concepto nuevo. Ha sido atestiguada, declarada y hecha accesible a la humanidad desde el principio del tiempo. La Ley y los profetas describen esta justicia y demuestran que ha sido parte del plan redentor de Dios por todos los siglos.

Tercero, la justicia genuina no brota de algún punto dentro de nosotros; viene solo por fe en Jesucristo.

— 3:23 —

Los seres humanos y Dios no miden la justicia con la misma medida. En tanto que Dios exige perfección, nosotros preferimos pensar en términos de competencia. O sea, en lugar de preguntar «¿Qué requiere Dios?», juzgamos nuestra bondad basados en la relativa bondad de otros. Y, hablando comparativamente, algunos *en efecto* llevan vidas morales impresionantes. Con todo, Pablo dice que el obtener entrada en el cielo no es una competencia de salto de altura.

Al momento de escribir esto, el récord mundial en el salto de altura está alrededor de los 2,40 m. *¡2,40 m!* Sin avergonzarme, de buen grado confieso que en uno de mis mejores días, tal vez yo pudiera saltar la mitad. Si el estándar de justicia se midiera por el salto vertical de uno, los atletas profesionales nos harían avergonzar a la mayoría de nosotros. Mientras nosotros a duras penas podemos alejarnos de la mesa lo suficiente para pasar treinta minutos en una máquina de trotar, los atletas profesionales están obligando a sus cuerpos a que alcancen la máxima condición de rendimiento. En tanto que la capacidad para saltar sobre una barra casi dos metros y medio es una hazaña asombrosa, el estándar del cielo es mucho más alto. Más de dos metros… o cinco… o cien.

Las religiones por largo tiempo han celebrado la dedicación de hombres y mujeres que saltan mucho más alto que lo que cualquiera de nosotros pudiera imaginar. El cristianismo no es la excepción. Las iglesias premian la asistencia perfecta, reverencian a los que llevan Biblias bien gastadas, y admiran a los que dan donativos significativos a causas dignas. La educación en un seminario de alguna manera sugiere un nivel más alto de valía espiritual. La ordenación al ministerio por cierto lo lleva a uno a otro plano espiritual. ¿Y los misioneros? ¡Deben haber ganado el mayor crédito moral del mundo!

Pero imagínese una competencia de salto de altura desde un aeroplano que da círculos como a diez mil metros por sobre el suelo y tendrá una buena idea de la perspectiva de Dios en cuanto a la justicia humana. ¡Qué absurdo pensar que alguno de esos excelentes atletas pudiera saltar hasta el cielo! Cuánto más absurdo sugerir que alguien pudiera obtener la justicia de Dios mediante el esfuerzo humano. El carácter de Dios es el estándar moral, lo que pone la barra a varios miles de años luz por sobre la superficie de la tierra, y todos se han quedado absurdamente lejos de su *doxa* («opinión, imagen, reflejo»).

— 3:24 —

Así que, ¿cómo obtiene uno una justicia digna de Dios y su cielo? Se puede recibir solo como dádiva.

El término «justificados» que usa Pablo necesita alguna explicación, porque describe un principio espiritual clave. «Justificado» describe el estatus legal de un acusado ante un juez, y esta posición legal a la larga determina su futuro. Si a una persona uno la considera «justa», no merece castigo. Si, sin embargo, a uno la considera «injusta», esta enfrenta multas, cárcel o algo peor. En las cortes humanas, uno debe establecer su inocencia contra una acusación de culpable a fin de que el juez lo declare justo.

Esta imagen debe haber sido bien vívida para Pablo y sus lectores, que vivían bajo la férrea bota de Roma. El gobernador imperial de la región solía sentarse en una plataforma grande, elevada, de mármol azul y blanco, llamada *bema* o «tribunal», desde la cual juzgaba los casos que se le presentaban. Unos pocos años antes, en su primera visita a Corinto, Pablo estuvo ante un *bema* para enfrentar las acusaciones que presentaron contra él los dirigentes judíos, pero el procónsul romano se negó a considerar el caso, tras declarar que no merecía audiencia.

De acuerdo al argumento anterior de Pablo (1:18—3:20) nadie es irrefutablemente inocente ante nuestro Creador y Juez. Todos los seres humanos han quedado absurdamente lejos del estándar de Dios de justicia. Por consiguiente, debemos ser justificados de otra manera. Somos justificados, declarados justos:

> «por su gracia».
> «gratuitamente»,
> «mediante la redención que Cristo Jesús efectuó»

Aunque somos culpables, y estamos completamente desprovistos de justicia ante Dios, se nos *declara* justos mediante una transferencia de la justicia de Jesucristo a nuestra cuenta.

Vea esta ilustración de los tiempos modernos. El 23 de junio del 2000, una pareja de sordos compareció ante el juez Donald McDonough en una corte de Fairfax, Virginia, y no presentó objeción a la queja del dueño de casa de que estaban atrasados en el pago del alquiler. El haberse casado recientemente resultó en la pérdida de beneficios por discapacidad, entrada que les permitía tener un techo sobre sus cabezas. Ahora estaban $250 atrasados y no tenían esperanza de ponerse al día.

El juez McDonough no podía negarlo. Al dueño de casa se le debía la renta, la pareja en verdad era culpable de no haber pagado, y no se podía soslayar la justicia. Pero la compasión del juez no le permitió dejar caer el mazo. No. Una vez que el abogado acusador hubo concluido su caso, el juez de repente salió del recinto. Pocos momentos después, regresó con $250 en efectivo, se los entregó al abogado del dueño de la casa y dijo: «Considérense pagados». Con una transferencia de fondos del justo al injusto, la deuda quedó pagada y el caso se retiró. Se había satisfecho la ley. Los acusados entonces ya eran «justos» a ojos de la corte.

De manera similar, tenemos una transferencia de justicia de la cuenta de otro para cubrir nuestro déficit moral a fin de que podamos estar justificados ante la corte del cielo. ¿Cómo sucedió esto? «Por su gracia». Una dádiva otorgada, no porque *nosotros* seamos buenos, sino porque *él* es bueno.

¿Por qué medios recibimos esa transferencia de justicia? «Mediante la redención que Cristo efectuó». Redención. Ese es otro término clave que debemos entender. La siguiente ilustración antigua ayudará.

Como colonia romana de enorme importancia estratégica, Corinto vino a ser una versión en miniatura de la ciudad capital, incluso con su *bema*, o «silla de juicio», que se ve en esta foto. Esta imagen de justicia habrá sido especialmente impresionante para los cristianos que vivían en Roma.

Mucho antes de que los gobiernos ofrecieran beneficios a los pobres, una persona podía endeudarse, perder su tierra, y quedar completamente destituido; desesperadamente empobrecido y sin familia a la cual acudir. El único medio posible de evitar el encarcelamiento del deudor o que se muriera de hambre era convertirse en esclavo de algún rico; es decir, pedir que alguien que tuviera mucho dinero pagara a los acreedores a cambio de la esclavitud del deudor. Normalmente, los años de servicio los determinaría la cantidad de deuda a pagar. Sin embargo, un amo codicioso o cruel podía mantener a un esclavo perpetuamente endeudado y esclavizado. También tenía el derecho de vender a sus esclavos en un remate si alguna vez necesitaba efectivo.

Si alguien era inimaginablemente bondadoso, podía poner a la venta a un esclavo, comprarlo él mismo, y luego darle la libertad. El esclavo quedaría «redimido» de la deuda y esclavitud.

Todos los seres humanos hemos estado esclavizado por causa de nuestra deuda moral. La ley de Dios demanda pago para considerarnos «justos», pero no tenemos ninguna esperanza de pagar con nuestra propia bondad. Necesitamos un Redentor. Necesitamos que alguien pague la deuda por nosotros. Y de acuerdo al evangelio, tenemos tal Redentor en Jesucristo, que lo pagó todo *por completo*.

— 3:25 —

El término clave en la explicación de Pablo de cómo Cristo redimió a los seres humanos se traduce como «sacrificio de expiación» en la NVI, y como «propiciación» en la RVR. El término griego es *jilasterion*, para el cual no hay traducción directa al español. El hebreo equivalente en el Antiguo Testamento es *quipur*, como en la fiesta de Yom Quipur (Levítico 16:1-34; 23:26-32).

En el Yom Kipur, el «Día de la Expiación», el sumo sacerdote hebreo debía tomar dos cabras machos ante la congregación de Israel y echar suertes (el equivalente antiguo de lanzar una moneda al aire) para determinar la suerte de cada cabra. Por supuesto, los hebreos no creían en la suerte. Echar suertes era la manera de entregar el control a las manos del Dios soberano. El sacerdote entonces «ofrecerá como sacrificio expiatorio el macho cabrío que le tocó al Señor» (Levítico 16:9).

Habiendo sacrificado a un animal a favor de sí mismo y su familia, el sumo sacerdote entraba en el Lugar Santísimo del tabernáculo, en donde estaba el arca del pacto. El Antiguo Testamento nos dice que la presencia especial de Dios se podía ver en forma de una luz del otro mundo (la «shequiná») encima de la cubierta del arca, que los hebreos llamaban «el propiciatorio» (Levítico 16:2). El sumo sacerdote, y sólo el sumo sacerdote, podía entrar en el Lugar Santísimo una vez cada año en el Yom Kipur, y cualquier violación de esta restricción producía la muerte inmediata del intruso.

El sumo sacerdote debía rociar la sangre de la cabra sacrificada sobre el *kaporet* (sustantivo hebreo derivado del verbo *kofer*, que quiere decir «rescatar, conseguir favor mediante un obsequio»). *Kaporet* significa «propiciatorio; cubierta de expiación; lugar de propiciación, satisfacción, apaciguamiento».

De mi diario

Celebración con mi colega delincuente

Mientras conducía a la casa de unos amigos, recuerdo haber pensado en voz alta con mi familia que era una de las fiestas más extrañas a la que íbamos a asistir. Mis amigos, una pareja maravillosa, estaban celebrando el retorno a casa de su hijo, puesto en libertad bajo palabra después de siete largos años en la cárcel. Si bien era culpable de los cargos que se le imputaron, la sentencia que recibió fue en extremo rigurosa en comparación con los delitos de otros presos. No importaba. Él volvía a su casa. Y su exuberancia por la vida energizaba a todos los que le rodeaban. La experiencia que tan a menudo endurece a los hombres y los deja amargados, había refinado y ablandado a aquel joven. Lo que emergió del crisol de la prisión fue un hijo de Dios serenamente arrepentido, manso y humildemente agradecido.

Habló con libertad de sus experiencias, empezando desde el momento en que el juez aceptó el veredicto del jurado e hizo caer el mazo. Mientras todos los demás recogían sus pertenencias y se dirigían a la playa de estacionamiento, a él lo condujeron por una puerta lateral y lo pusieron en una jaula. Después, lo desnudaron, lo inspeccionaron, lo fotografiaron, le tomaron las huellas digitales, lo encadenaron, y lo pusieron en un autobús de la cárcel. Por los siguientes siete años, llevó el título de «convicto», y por el resto de su vida se le conocerá como «ex convicto» o «delincuente».

Al reflexionar en la experiencia de este joven, debo preguntarme: «¿Qué hay de diferente entre él y yo?» Hay varias diferencias. Su historial de delitos es cuestión de registro público; el mío está guardado en el cielo. Él sufrió un castigo que la mayoría escasamente pudiera imaginarse; yo no sufriré ni un solo momento de castigo por mis delitos. El mundo para siempre lo considerará a él entre los más ínfimos de sus ciudadanos; a mí se me celebra sin que yo lo merezca. «¿Dónde, pues, está la jactancia? Queda excluida» (3:27). Porque el delincuente y yo tenemos más parecidos que diferencias. Mi corazón no es menos depravado que el de él... o el de usted. Las cortes terrenales consideraron apropiado ponerlo entre rejas, pero usted y yo no somos menos culpables ante el Juez Todopoderoso. La verdad sea dicha, usted y yo merecemos algo mucho peor.

Por consiguiente, si nos atrevemos a jactarnos en presencia de mi amigo libertado, jactémonos con él. Unámonos a él para jactarnos en cuanto a Jesucristo y su inconcebible dádiva de gracia. Veámonos como sus iguales, delincuentes libres bajo palabra que disfrutan de una libertad inmerecida. Porque «¿dónde, pues, está la jactancia?» No en nosotros. No en nuestra bondad. Y, ¿puedo recordárselo de nuevo? La salvación es una dádiva, y esta dádiva demuestra la bondad del Dador, no la de los que la reciben.

La traducción griega de este pasaje en particular del Antiguo Testamento usa el término *jilast rion*. Este rito de sacrificio simbolizaba la satisfacción de la ira santa de Dios contra el pecado mediante la muerte.

El sumo sacerdote entonces ponía las manos sobre la cabeza del otro macho cabrío a la vista de la congregación, simbólicamente transfiriendo los pecados de la comunidad sobre el «chivo expiatorio». Al macho cabrío más afortunado se le dejaba en libertad en el desierto, «y éste se llevará a tierra árida todas las iniquidades» (Levítico 16:22).

Cuando Adán pecó, cosechó las consecuencias del pecado, que es la muerte (Romanos 6:23). Al instante murió espiritualmente y su cuerpo empezó su marcha de decadencia hacia la tumba. Lo mismo es verdad en cuanto a nosotros. La pena de nuestro pecado se nos ha convertido en una deuda abrumadora en el tribunal del cielo. Comparecemos ante el Juez cuya ira contra el pecado debe ser satisfecha. Como descubrimos en nuestro estudio de 1:18–23, Dios es amor (1 Juan 4:8), pero no es un amor patético que no reacciona mientras el mal consume su creación. Su naturaleza santa arde contra «toda impiedad e injusticia» (Romanos 1:18). Exige justicia. Y la única pena justa por el pecado es la muerte; no solo el fin físico de la vida en la tierra, sino separación de Dios en la eternidad, destino mucho más aterrador.

Pablo declara que la crucifixión de Jesús es un rociamiento público de sangre, el reto de propiciación del día de la expiación, que cumplió dos requisitos importantes. Primero, la expiación de Cristo ha satisfecho la ira de Dios, que exige justicia por el pecado de la humanidad. Segundo, esta expiación ha silenciado la difamación contra Dios. Por todo el Antiguo Testamento, Dios demoró el castigo, lo que hizo que algunos sugirieran que él no era enteramente bueno. Porque, ¿cómo puede un Dios santo permitir que la violencia y crueldad contra el inocente quede sin castigo? «[La expiación pública de Cristo fue] para así demostrar su justicia. Anteriormente, en su paciencia, Dios había pasado por alto los pecados» (3:25).

Para resumir Romanos 3:21–25: El estándar de justicia nunca ha sido otra cosa que la perfección moral, que ningún simple mortal puede lograr. Por consiguiente, nuestra única esperanza es que se nos declare justos como una dádiva de la gracia de Dios. Recibimos esta dádiva por fe en Jesucristo, quien llevó nuestro castigo, satisfaciendo así el requisito del tribunal celestial de que se haga justicia.

— 3:26 —

La ira de Dios exige que la pena justa del pecado se pague y su ira ha quedado satisfecha en la muerte expiatoria de su Hijo. Por consiguiente, Dios es «justo», porque el pecado no queda sin castigo, y él es el «justificado», porque la muerte de su Hijo abre el camino para que él declare justos a los creyentes sin contradecir su propia naturaleza. Sin embargo, a fin de que usted y yo nos beneficiemos de esta oferta de vida eterna, debemos recibirla. Recibimos esta dádiva por fe.

¿Qué si la pareja en la corte del juez McDonough se negaba a aceptar los $250 que se necesitaban para cubrir la deuda? ¿Qué si su orgullo les hubiera impedido aceptar esa obra de caridad? ¡Un obsequio no le hace ningún bien al que lo recibe mientras no lo reciba!

Hay un término para referirse a lo que el juez compasivo ofreció. Se llama «gracia». Favor inmerecido. La misericordia no se gana ni se merece. No se puede exigir, sino solo ofrecer. No se puede reciprocar, sino solo recibir.

Esta audaz declaración de la verdad lleva a Pablo a hacer una pausa y hacer tres preguntas a los que sugieren que de alguna manera merecen la salvación:

¿Dónde, pues, está la jactancia? (3:27).
¿Es acaso Dios solo Dios de los judíos? ¿No lo es también de los gentiles? (3:29).
¿Quiere decir que anulamos la Ley con la fe? (3:31).

— 3:27-28 —

«¿Dónde, pues, está la jactancia?» ¿Estará el cielo lleno de personas que se entonan alabanzas?

> Cuando hayamos estado allí por años diez mil,
> recibiendo la bien merecida diversión,
> no tendremos menos días para cantar nuestra alabanza
> ¡y jactarnos de todo lo que hayamos hecho!

¡No! La gracia de Dios cancela el derecho a jactarnos.

En 1959 estuve en el atrio semicircular de una iglesia en San Francisco contemplando enormes óleos de hombres grandes tales como Mahatma Gandhi, Martin Luther King, Abraham Lincoln y Jorge Washington. Me sentí rodeado y, lo admito, de alguna manera empequeñecido por ellos. Si la grandeza se midiera por el impacto de uno en el mundo, estos eran innegablemente hombres grandes. Todos llegaron a ser campeones de la libertad en su época. Letras de bronce al pie de los retratos decían:

> «Todos ustedes son hijos de Dios…».

Sabía que esa iglesia promovía los más altos ideales de amor y conducta cristianos, pero ya hacía mucho que se había soltado de las amarras de la verdad bíblica. Les di crédito por reconocer que todos los seres humanos, grandes o pequeños, están sujetos a la soberanía de Dios, y admiré su deseo genuino de hacer lo correcto en un momento cuando la lucha por la igualdad racial era impopular. Pero me ofendió la implicación de que las buenas obras calificaban a esos hombres para tener «grandeza» en el reino de Dios.

Me senté en la congregación casi una hora, escuchando a alguien decir elocuentemente nada. Si el nombre de Jesucristo se pronunció, tal como las pinturas en el vestíbulo, fue junto a otros notorios ejemplos de caridad y bondad. Nadie oyó el relato de su sacrificio expiatorio ni de su triunfo sobre la muerte. Nadie jamás oyó que se nos ha invitado a participar de los beneficios de su victoria.

Después del servicio, estando en el atrio con algunos amigos, que eran miembros de la iglesia, señalé las letras de bronce y pregunté:

—A propósito, ¿ven la elipsis? ¿Saben lo que dice el resto del versículo?

—No —contestó uno—. ¿Lo sabe usted?

—Viene de la Carta de Pablo a los Gálatas. «Todos ustedes son hijos de Dios mediante la fe en Cristo Jesús». ¿Has puesto tu fe en Cristo Jesús?

Percibí por su fría indiferencia que eso puso punto final a nuestra conversación.

La verdad del evangelio es ofensiva a nuestro orgullo. El orgullo sugiere que suficiente bondad puede tomar el lugar de la fe en el Hijo de Dios. La fe requiere una admisión humilde de que somos impotentes para redimirnos nosotros mismos.

La próxima declaración de Pablo es crucial. Hasta este punto, su carta ha demostrado la insuficiencia de las buenas obras para salvarnos. Ahora empieza a demostrar la absoluta necesidad de la fe: «Todos somos justificados por la fe, y no por las obras que la ley exige».

— 3:29-30 —

La segunda pregunta hipotética de Pablo examina el concepto de que Dios es un tanto parcial. Si la justificación viene por obediencia a la ley de Dios, y él le dio la Ley exclusivamente a Israel, esto sugeriría que Dios solo quiere que se salven los hebreos. El apóstol responde a la pregunta de manera sencilla y directa: «No, porque todos somos justificados por la fe, y no por las obras que la ley exige. Y debido a que toda persona ha sido invitada a creer, Dios es el Dios de todos». Algunos confían en su gracia y demuestran su creencia mediante el rito de la circuncisión; otros confían en su gracia aparte de la costumbre hebrea. El denominador común es la fe.

— 3:31 —

¿Sugiere esto que la Ley dada a Israel por medio de Moisés es irrelevante? Pablo usa el término griego *katarge*, que quiere decir «anular, hacer inútil, reducir a nada». Su pregunta hipotética tiene dos implicaciones. Primero, que esta «ley de fe» es un nuevo principio que no fue un factor antes de Cristo; y, segundo, que esta supuesta nueva verdad en cuanto a la fe deja obsoleta la antigua verdad respecto a la Ley.

Todo el que está familiarizado con las reglas de la lógica sabe que dos declaraciones contradictorias no pueden ser verdad. Dios es uno y no cambia. Y en 4:1-13 Pablo utiliza el ejemplo de Abraham y el rito hebreo de la circuncisión para ilustrar que esta «ley de fe» es tan vieja como el tiempo. El código de conducta dado a los israelitas por medio de Moisés fue una expresión de la gracia de Dios, pero no como medio de justificación. Por el contrario, dio la Ley para exponer nuestro pecado y demostrar nuestra culpabilidad. Debido a que la Ley refleja el carácter de Dios, nunca podemos decir que la Ley es mala. Sin embargo, contribuyó a nuestra ruina porque objetivamente demuestra que nos hemos rebelado contra Dios.

Lejos de socavar o contradecir la verdad de la ley de Dios, la fe «confirma» o «establece» la Ley. Esta «ley de fe» o «principio de fe» es anterior a la ley mosaica y, más importante, provee el cimiento sobre el que descansa la Ley. La desobediencia no es nada menos que una demostración objetiva de incredulidad en la bondad y el poder de Dios. Uno entonces recibe la gracia de Dios aparte de las buenas obras por la fe.

La salvación —el ser declarado justo ante nuestro Creador y Juez— es una dádiva que hay que recibir, y no un salario que hay que ganar.

Aplicación

La dádiva y la gloria

En Romanos 3:21–31 Pablo describe los cargos contra la humanidad como estar «privados de la gloria de Dios», y luego expone el papel de la fe. La salvación no es una recompensa por la buena conducta. Más bien, la salvación es:

- una transferencia de justicia de la cuenta de Jesucristo a la nuestra (3:21–23).
- una dádiva de gracia motivada por la bondad de Dios, no la nuestra (3:24).
- una demostración del amor de Dios por nosotros, y no del nuestro para él (3:25–26).

Por consiguiente, la salvación es una dádiva que glorifica al Dador. En otras palabras, en tanto que la salvación es *para* nosotros, no *acerca de* nosotros; el enfoque central de la salvación es Dios.

Pablo entonces pasa de la necesidad de los seres humanos a la provisión divina de gracia, que se recibe por fe, doctrina que muchas autoridades religiosas rechazaban. Se anticipa a sus objeciones repitiendo las preguntas que a menudo había encontrado en sus viajes.

Pregunta: «¿Dónde, pues, está la jactancia?» (¿Quién merece el crédito por la salvación?).
Respuesta implicada: ¡Dios! (3:27–28).

Pregunta: «¿Es Dios solo Dios de los judíos?» (¿Está la salvación restringida?).
Respuesta implicada: No, ¡toda persona puede recibir la salvación! (3:28–30).

Pregunta: «¿Quiere decir que anulamos la Ley con la fe?» (¿Qué papel juega la ley?).
Respuesta implicada: La Ley es el medio de Dios para confrontar y diagnosticar nuestro problema. ¡Acude a él! (3:31).

Si bien el énfasis de Pablo en el papel de la fe en la salvación es una parte esencial de la proclamación de las buenas noticias a los que no creen, no es menos crucial en la conducta diaria de los creyentes. A menudo se ha denigrado a los puritanos por su modo estricto de vida, injustificadamente casi siempre, pero yo he hallado en sus escritos justo lo que necesito cuando el orgullo empieza a inmiscuirse en mi habla e influir en mis decisiones. Me recuerdan que nunca estamos por encima de nuestra necesidad de gracia, y que confiar en el poder de Dios para salvarnos del mal es una decisión diaria.

Recomiendo en alto grado que añada escritos puritanos a su tiempo diario con Dios. Tengo en mi biblioteca una colección bien gastada titulada *El valle de la visión,* de la cual se toma lo siguiente:

> Oh Señor Dios, que habitas en la eternidad,
> los cielos declaran tu gloria,
> la tierra tus riquezas,
> el universo es tu templo;
> tu presencia llena la inmensidad,
> Y sin embargo, de tu placer has creado la vida, y comunicado felicidad;
> Tú me has hecho lo que soy, y me has dado lo que tengo;
> en ti vivo, y me muevo, y tengo mi ser;
> tu providencia ha fijado los límites de mi habitación, y sabiamente administra mis asuntos.
> Te agradezco por las riquezas que me das en Jesús, por la revelación límpida de él en tu Palabra, en donde contemplo su persona, carácter, gracia, gloria, humillación, sufrimientos, muerte y resurrección.
> Permíteme sentir la necesidad de su salvación continua, y clamar como Job: «soy vil», con Pedro: «perezco», con el publicano: «¡Oh Dios, ten compasión de mí, que soy pecador!».
> Subyuga en mí el amor al pecado,
> hazme conocer la necesidad de renovación así como de perdón, para servirte y disfrutar contigo para siempre.
> Vengo a ti en el todo prevaleciente nombre de Jesús, sin nada mío que presentar, ni obras, ni dignidad, ni promesas.
> A menudo me descarrío, a menudo a sabiendas me opongo a tu autoridad, a menudo abuso de tu bondad;
> mucha de mi culpa se debe a mis privilegios religiosos, mi poca estimación de ellos, y no usarlos para mi provecho,
> pero no descuido tu favor ni menosprecio tu gloria;
> impresióname profundamente con un sentido de tu omnipresencia, de que estás en mí senda, en mis caminos, en mi acostarme y en mi final[12].

Siempre que alguno de nosotros empieza a pensar que nuestra propia bondad es suficiente aunque sea para un solo día, la lectura de esta oración nos ayuda a reducirnos a nuestro tamaño, ¡Y eso es bueno!

¡A *Dios* sea toda la gloria!

Justicia es una palabra de dos letras (Romanos 4:1-15)

¹ Entonces, ¿qué diremos en el caso de nuestro antepasado Abraham? ² En realidad, si Abraham hubiera sido justificado por las obras, habría tenido de qué jactarse, pero no delante de Dios. ³ Pues ¿qué dice la Escritura? «Le creyó Abraham a Dios, y esto se le tomó en cuenta como justicia.»
⁴ Ahora bien, cuando alguien trabaja, no se le toma en cuenta el salario como un favor sino como una deuda. ⁵ Sin embargo, al que no trabaja, sino que cree en el que justifica al malvado, se le toma en cuenta la fe como justicia. ⁶ David dice lo mismo cuando habla de la dicha de aquel a quien Dios le atribuye justicia sin la mediación de las obras:

⁷ «¡Dichosos aquellos
a quienes se les perdonan las transgresiones
y se les cubren los pecados!
⁸ ¡Dichoso aquel cuyo pecado el Señor no tomará en cuenta!».

⁹ ¿Acaso se ha reservado esta dicha solo para los que están circuncidados? ¿Acaso no es también para los gentiles? Hemos dicho que a Abraham se le tomó en cuenta la fe como justicia. ¹⁰ ¿Bajo qué circunstancias sucedió esto? ¿Fue antes o después de ser circuncidado? ¡Antes, y no después! ¹¹ Es más, cuando todavía no estaba circuncidado, recibió la señal de la circuncisión como sello de la justicia que se le había tomado en cuenta por la fe. Por tanto, Abraham es padre de todos los que creen, aunque no hayan sido circuncidados, y a estos se les toma en cuenta su fe como justicia. ¹² Y también es padre de aquellos que, además de haber sido circuncidados, siguen las huellas de nuestro padre Abraham, quien creyó cuando todavía era incircunciso.
¹³ En efecto, no fue mediante la ley como Abraham y su descendencia recibieron la promesa de que él sería heredero del mundo, sino mediante la fe, la cual se le tomó en cuenta como justicia. ¹⁴ Porque si los que viven por la ley fueran los herederos, entonces la fe no tendría ya ningún valor y la promesa no serviría de nada. ¹⁵ La ley, en efecto, acarrea castigo. Pero donde no hay ley, tampoco hay transgresión.

John Milton Gregory escribió uno de los mejores libros que jamás he leído en cuanto a la enseñanza. Conservo mi estropeado y bien gastado ejemplar de *Las siete leyes de la enseñanza* a mano, y me ayuda a mantener mi comunicación bien focalizada. La cuarta ley declara que el nuevo conocimiento se edifica sobre el conocimiento anterior. Tal vez por eso las ilustraciones son tan útiles. Las buenas ilustraciones usan lo conocido para explicar nuevos conceptos. El gran predicador británico Carlos Spurgeon describió un sermón como una casa en la cual las ventanas de la ilustración permiten que la luz penetre en la oscuridad.

Pablo entendió la necesidad de ilustraciones. Por siglos la verdad de la gracia de Dios había estado oscurecida por el atiborramiento de la filosofía griega y las tradiciones judías, las cuales enseñaban, esencialmente: «Dios ayuda al que se ayuda». Todo buen judío se pasaba la vida tratando de alcanzar «la justicia de Dios», obedeciendo con todo cuidado sus leyes y meticulosamente observando sus ritos. Muchos enseñaban que el cristianismo no era sino una continuación de ese esfuerzo, una nueva vida hecha posible por la expiación de Cristo, a la que uno se unía al seguirle en obediencia al Padre. Así que la declaración de Pablo de que «todos somos justificados por la fe» (3:28) sonaba como una doctrina radicalmente nueva, especialmente para los creyentes judíos. Para demostrar que la doctrina de la justificación por gracia y por fe no era nada nuevo, Pablo echa mano a dos íconos familiares de la fe y práctica judía: Abraham (4:1–8) y el rito de la circuncisión (4:9–12).

— 4:1-2 —

Cuando los estadounidenses hablan de lo que los hace estadounidenses por excelencia, por lo general señalan a los hombres a los que comúnmente se les conoce como «los padres fundadores», hombres que sostuvieron ciertos principios y decidieron formar una nación alrededor de esos principios. Nosotros debatimos las respuestas a varias preguntas. ¿Qué creían ellos? ¿Qué ideales eternos, universales, guiaron sus acciones? ¿Estamos siendo fieles a esos principios en las normas de procedimientos que adoptamos hoy? Para abogar por nuestro caso, tal vez echemos mano a los ejemplos de Jorge Washington, Benjamín Franklin, Tomás Jefferson y James Madison.

De modo similar, los judíos volvían la mirada a sus profetas, a su larga hilera de reyes, jueces, e incluso Moisés, y se remontaban hasta el mismo padre Abraham, el progenitor físico de la raza hebrea por medio de su hijo Isaac y su nieto Jacob. Si un examen sincero de su vida revelaba a un hombre justificado por obediencia a las leyes y ritos dados por Dios, todos los que deseaban la justicia de Dios debían tomar nota y seguir su ejemplo. Después de todo, Abraham era el padre físico y espiritual de la nación que Dios escogió de manera especial.

Pablo entonces plantea una condición hipotética que sabe que es falsa pero asume que es cierta para examinarla: «Si Abraham hubiera sido justificado por las obras»; es decir, si se pudiera considerar justo a Abraham por lo que hizo, Abraham tendría el derecho de jactarse de sus logros. Aun así, Pablo retrocede ante la idea. Casi ni puede tolerar la sugerencia de que alguien pudiera ganarse la justificación por medio de las obras.

— 4:3 —

En lugar de atascarse en la estrafalaria noción de que alguien —incluso el venerado padre de los hebreos— pudiera ganarse la justificación, Pablo cita Génesis 15:6 como el cimiento de su argumento. «Abram creyó al Señor, y el Señor lo reconoció a él como justo» (Génesis 15:6). Temprano en la vida adulta del patriarca, el Señor lo escogió para que desempeñara un papel crucial en su gran plan para redimir del mal al mundo. Lo hizo estableciendo un pacto incondicional con el hombre y sus descendientes.

[1] El Señor le dijo a Abram: «Deja tu tierra,
tus parientes y la casa de tu padre,
y vete a la tierra que te mostraré.

² »Haré de ti una nación grande,
y te bendeciré;
haré famoso tu nombre,
y serás una bendición.
³ Bendeciré a los que te bendigan
y maldeciré a los que te maldigan;
¡por medio de ti serán bendecidas
todas las familias de la tierra!» (Génesis 12:1–3).

Note que los padres del hombre le habían puesto por nombre Abram, que quiere decir «padre exaltado». Pero en un giro irónico, se casó con una mujer que no podía concebir. Con todo, Abraham obedeció las instrucciones de Dios de dejar a sus parientes y establecerse en la tierra que Dios prometió darle a él y a sus descendientes (Génesis 12:7; 13:15; 15:18; 17:7–8).

Si yo estuviera escribiendo este relato, hubiera recompensado de inmediato la obediencia de Abram. Le hubiera permitido que se estableciera en un valle hermoso y fértil en la Tierra Prometida y le hubiera dado una pandilla de «abramitos» que lo hubieran llamado «exaltado». Hubiera tomado su obediencia como una oportunidad para mostrar a todos que soy un dios que vale la pena obedecer. Felizmente, el único Dios verdadero es más sabio que yo, y esperó. El Señor quería algo más que un arreglo de obediencia a cambio de bendiciones. Quería una relación personal, y las relaciones personales requieren intimidad y confianza en porciones iguales.

Al enfrentar Abram y Saray, su esposa, varios peligros, con frecuencia titubearon. Con valentía derrotaron enemigos, pero mintieron cuando el enemigo parecía demasiado fuerte (Génesis 12:11–13). Rechazaron la adoración a ídolos, pero sobrevivieron a la hambruna buscando refugio en la prosperidad de Egipto. Creyeron en las promesas de Dios, pero no vieron manera de apropiarse de ellas excepto mediante las costumbres humanas (15:2–3). Y mientras tanto, envejecieron considerablemente.

Cuando Abraham estaba a punto de cumplir los ochenta y cinco años, mucho después de que Saray había dejado atrás la menopausia, se preguntaba por las promesas de Dios. En respuesta, «el SEÑOR lo llevó afuera y le dijo: "Mira hacia el cielo y cuenta las estrellas, a ver si puedes. ¡Así de numerosa será tu descendencia!"» (Génesis 15:5).

La respuesta de Abram fue creer. No en sí mismo, ni en la promesa, ni como intento de impresionar a Dios y por cierto no como un acto de justicia. «Abram creyó al SEÑOR» (Génesis 15:6). En otras palabras, el anciano confió en Dios. Confío en el carácter de Dios. Creyó que Dios estaba dispuesto y podía cumplir sus promesas a pesar de las dificultades naturales. Y el Señor respondió a la confianza de Abram declarándolo justo. «Lo reconoció a él como justo».

Ese «reconoció» es un término semejante al que en contabilidad se conoce como «reconciliación», el proceso de analizar y cuadrar cuentas. Uno tiene una tarjeta de crédito. Cada mes la compañía de la tarjeta de crédito le envía un estado de cuentas con una lista detallada de transacciones: gastos, interés incurrido, tasas y pagos que ha hecho. El saldo que se reconoce —la cantidad total que debe— es el resultado de sumar los cargos que le han hecho, y restar los pagos que se le han acreditado.

El Señor acreditó la cuenta de Abraham, por así decirlo, debido a la fe de este, y luego estampó en su cuenta «pagada». Abram fue declarado justo, no debido a que se ganó o merecía tal designación, sino debido a que Aquel a quien se lo debía todo, Dios, decidió extenderle gracia.

— 4:4–8 —

Pablo extiende su analogía de contabilidad para subrayar la naturaleza incondicional de la gracia y para demostrar cómo este principio de gracia se nos aplica a todos.

Si usted tiene un trabajo en el que provee un servicio a un patrono, recibe un cheque basado en un salario convenido, el número de horas que ha trabajado, o lo que ha producido. No es un obsequio; es dinero que se ha ganado. Usted trabajó por esa paga, y tiene derecho a esperar lo que se le debe. Su patrono está endeudado con usted hasta que se lo pague. Aunque es sabio estar agradecido por un trabajo, el salario que se recibe es por compensación, no por gracia.

Por otro lado, Pablo declara que la gracia que Abraham recibió por fe está disponible también para nosotros. Tal como Dios la reconoció como justicia en el padre de los hebreos, la reconocerá en nosotros. Sin embargo, Pablo no quiere sugerir que la fe sea solo otra forma de pago. La fe no es una virtud que tiene más poder que otras cualidades nobles, como la honradez, la bondad, la humildad o el desprendimiento. Creer en Dios es bueno, incluso necesario, pero no es una buena obra que lo hace a uno digno de la gracia. Pablo continúa llamando «malvado» al que recibe la gracia de Dios porque la fe no ha hecho nada para eliminar la depravación que es nuestra debido al pecado.

Mediante la fe, *Dios* atiende el problema del pecado y la depravación. Sin embargo, nuestra transformación no es instantánea. Continuaremos luchando con el pecado y el fracaso hasta que muramos. Por eso debemos distinguir con todo cuidado entre la *posición* de uno y la *condición* de uno. Cuando uno recibe la gracia de Dios por fe, es considerado justo y se nos trata como tales a pesar de nuestra conducta presente. Imagínese a un preso encerrado en una celda cuya sentencia el juez ha conmutado. Judicial y legalmente (posición) es libre; sin embargo, en la experiencia (condición) sigue confinado. A la larga, su experiencia encajará con su posición judicial.

Por acto soberano de Dios, el injusto que recibe la gracia de Dios mediante su fe es declarado «justo». El rey David, otro personaje significativo en la historia hebrea, celebró esta verdad en el Salmo 32. Había caído de la cúspide del éxito y cometido adulterio con la esposa de un seguidor leal, Urías, a quien después hizo matar a fin de esconder el pecado (2 Samuel 11:2–25). Después de que se le confrontó con su culpa, David confesó: «¡He pecado contra el SEÑOR!» (12:13). Entonces se arrepintió y recibió el perdón de Dios. En respuesta, David escribió:

[1] Dichoso aquel
a quien se le perdonan sus transgresiones,

a quien se le borran sus pecados.
² Dichoso aquel
a quien el Señor no toma en cuenta su maldad
y en cuyo espíritu no hay engaño.
³ Mientras guardé silencio,
mis huesos se fueron consumiendo
por mi gemir de todo el día.
⁴ Mi fuerza se fue debilitando
como al calor del verano,
porque día y noche
tu mano pesaba sobre mí.

Selah

⁵ Pero te confesé mi pecado,
y no te oculté mi maldad.
Me dije: «Voy a confesar mis transgresiones al Señor»,
y tú perdonaste mi maldad y mi pecado (Salmo 32:1–5).

— 4:9-12 —

Habiendo demostrado que Abraham, el padre de la raza escogida de Dios, fue declarado justo por gracia, mediante la fe, y no como resultado de la obediencia, Pablo dirige su atención a un segundo ícono de la fe y práctica judía, el rito de la circuncisión. Pregunta: «¿Es este principio de fe destinado solo para los que se han identificado con el pacto de Dios con Abraham?».

El apóstol responde a su propia pregunta retórica con una pregunta para su lector: Al momento en que Abram creyó en Dios y recibió su gracia, ¿estaba circuncidado o no circuncidado?

La respuesta en cuanto a Abraham y su estado de incircuncisión habría sido obvia para los judíos, que conocían mejor que nadie el relato del pacto de Abraham y su asociación con la circuncisión. El Señor confirmó su pacto con Abraham no menos de tres veces en la vida del patriarca. La primera ocurrió cuando Dios le instruyó al hombre que dejara su tierra natal (Génesis 12:1–3). El encuentro al que Pablo hace referencia fue el segundo (15:1–21). Dios no conectó el rito de la circuncisión con este pacto sino después de que pasaron muchos años (17:9–14). A decir verdad, fue más de una docena de años después (16:16—17:1).

En los siglos después de Abraham, el pueblo del pacto de Dios fue poniendo cada vez mayor énfasis en el símbolo externo de la circuncisión y en la práctica se olvidó de la significación espiritual interna de su relación personal con Dios. Por desdicha, eso es muy común en la religión, incluso hoy. Tiemblo al pensar en los incontables millares que se someten al bautismo y observan la Cena del Señor sin un conocimiento personal de Jesucristo. Estos ritos no tienen ningún sentido aparte de una relación personal entre Dios y el individuo. Por eso, Pablo necesitaba aclarar el propósito original de la circuncisión para demostrar que la participación en el pacto de Dios con Abraham siempre ha sido cuestión del corazón.

El rito de la circuncisión no hacía nada para salvar al hombre del pecado y acreditarle justicia. Pablo lo llama un «sello». El *Theological Dictionary of the New Testament* [Diccionario teológico del Nuevo Testamento] describe el significado legal de este término:

> El sello sirve como protección y garantía legales. Para eso se coloca en propiedades, en testamentos, etc. Las leyes prohíben el uso ilegítimo de sellos, que los dueños a menudo rompen antes de morir. Los sellos sirven como prueba de identidad. También protegen casas, tumbas, etc. contra la violación. Tanto el testador como los testigos sellan testamentos. En la ley romana los seis testigos debían romper sus propios sellos para abrir el testamento, y en el sur de Babilonia los beneficiarios significaban o sellaban cuando se dividía la herencia. Los sellos también sirven como acreditación, por ej., de pesos y medidas. El sello juega un papel público importante en el gobierno. Todas las autoridades tienen sellos. El sello del rey confiere autorización. En la vida privada y en la pública tener un sello es un elemento de poder[13].

Tal vez el ejemplo más común de los días presentes de esto sería el sello de un notario, que distingue las copias oficiales de un documento de las que no son oficiales. Otro buen ejemplo sería un diploma. Un sello oficial lo separa de los falsificados. El Señor propuso que el rito de la circuncisión fuera un sello de autenticidad del pacto entre un hombre y su Dios. Si bien este pacto con Abraham fue unilateral e incondicional —Dios juró hacer lo que prometió independientemente de la respuesta de las personas—, el Señor quiso que la participación hebrea en el acuerdo incluyera más que una

CIRCUNCISIÓN: ¿DERECHO O RITO?

Cuando el Señor confirmó su pacto con Abraham por vez tercera y final (Génesis 17), ordenó que todos los hombres que vivieran en la comunidad del pacto debían ser circuncidados como símbolo de su participación. Rehusar la circuncisión equivalía a divorciarse de la comunidad y rechazar a Dios. Por consiguiente, al rebelde se le debía expulsar de la sociedad hebrea y considerarlo extranjero. Aun más, su rechazo de Dios y su pacto claramente lo marcaba como condenado. El someterse a la circuncisión, en contraste, permitía que el joven tuviera acceso a todos los derechos y privilegios de la sociedad hebrea cuando alcanzara la mayoría de edad.

Con tal énfasis colocado en este íntimo rito de participación en el pacto de Dios, es fácil ver por qué muchos judíos ampliaron su importancia. Muchos razonaban que si rehusar la circuncisión condenaba al hombre, la circuncisión debía salvarlo. La participación en el pacto y la obediencia a la Ley llegó a verse como la senda exclusiva hacia la salvación, actitud que algunos cristianos judíos intentaron llevar a la iglesia (Hechos 15:1; Gálatas 2:3–4). Para muchos judíos, ser incircunciso equivalía a no ser salvo y el sometimiento a la circuncisión era el paso inicial en el arduo peregrinaje del hombre hacia la justificación.

mera señal externa. Un carácter claramente visible y santo debía acompañar al símbolo muy privado de la circuncisión.

De manera similar, el bautismo sigue a la decisión de uno de confiar en Jesucristo. Es una declaración pública de haber abandonado el pecado para buscar la semejanza a Cristo. La persona no puede salvarse con el rito del bautismo, ni tampoco uno tiene que bautizarse a fin de ser salvo. El bautismo es como el «sello de notario» del Señor sobre la participación del nuevo creyente en el nuevo pacto. Idealmente, la conducta del cristiano hará bien evidente su relación con Cristo a un mundo que observa. Después de todo, «cristiano» significa «Cristo pequeño».

Debido a que Abraham creyó y recibió la «justicia de Dios» años antes de que fuera circuncidado, Pablo lo llama «padre de todos los que creen», tanto circuncidados como incircuncisos. Muchos hombres y mujeres no hebreos han recibido la gracia de Dios por fe, y muchos hebreos circuncisos han confiado en los símbolos externos de una fe que no se centra en Cristo. Por consiguiente, la fe de Abraham le da el papel de patriarca en la familia de los creyentes genuinos.

— 4:13-15 —

Pablo cierra el círculo para concluir su argumentación: «Ahora bien, cuando alguien trabaja, no se le toma en cuenta el salario como un favor sino como una deuda. Sin embargo, al que no trabaja, sino que cree en el que justifica al malvado, se le toma en cuenta la fe como justicia» (Romanos 4:4–5). Lo que Pablo dijo en estos versículos ahora lo dice de nuevo en 4:13–15. Contrario al más común malentendido de la expectativa de Dios en cuanto a los seres humanos, no podemos ser declarados justos por obedecer su Ley. (¡Por favor, vuelva a leer esa frase!). Si fuera posible que se nos declare justos mediante la obediencia perfecta, no sería necesaria la gracia de Dios. Sin embargo, no tenemos esperanza aparte de la gracia de Dios porque nadie puede ganarse el título de «justo» con buenas obras. Incluso si obedeciéramos perfectamente desde este momento en adelante, la justicia futura no puede borrar el pecado pasado.

¿Por qué, entonces, nos dio Dios la Ley? No para sugerir que pudiéramos ser salvos por ella. ¡Ni en sueños! Nos dio la Ley para hacer obvia nuestra desobediencia, para demostrar que nuestra naturaleza caída, pecadora, va en contra de la suya. Todo el que cree que la Ley nos fue dada para que podamos demostrar valía pronto se verá frustrado y a la larga caerá en la desesperanza. Todo el que espera ser declarado justo mediante la obediencia a la Ley experimentará fracaso repetido. Nuestra única esperanza es recibir la justicia de Dios como una dádiva al creer en la promesa de Dios. La justicia en realidad es una palabra de dos letras. Se deletrea F-E.

Aplicación

El equipo «No lo haga usted mismo» de Dios

Pablo echó mano del ejemplo de Abraham, el modelo indiscutible de la creencia y práctica hebrea, para ilustrar el principio de que la justificación (ser declarado justo por Dios) siempre ha sido cuestión de fe. Debido a su fe, Dios ajustó la cuenta de Abraham para que reflejara un excedente de justicia (4:1–3). Su salvación no tiene nada que ver con buena conducta. Por el contrario, Pablo usó la fe de Abraham para demostrar un principio espiritual clave: el trabajo gana un salario (4:4), pero la confianza en la gracia de Dios trae una dádiva (4:5–8).

Para ilustrar más el papel de la fe en la salvación, Pablo examinó el rito de la circuncisión y notó lo siguiente:

1. La salvación de Abraham ocurrió antes de que Dios instituyera el rito de la circuncisión (4:9–10).
2. Dios nunca implicó que este rito (ni ninguna otra actividad) cambiara en algo a la persona por dentro. Más bien, la circuncisión tenía el propósito de ser un indicativo externo de la creencia interna del muchacho en la gracia de Dios (4:11).
3. El rito se estableció esperando algo. Es decir, el símbolo externo de fe interna se debía realizar en un recién nacido con la expectativa de que un día pondría su confianza en la gracia de Dios.
4. El rito de la circuncisión y el pacto que simbolizaba se estableció con la expectativa de que el ejemplo de Abraham (y de su descendencia) conduciría al resto del mundo a la fe en la gracia de Dios (4:12).

Los principios detrás de estas características también se aplican a los papeles de la actividad, rito y tradición de la iglesia cristiana. Nada puede sustituir la gracia de Dios, que se puede recibir solo por fe en Jesucristo. Jesús ordenó que sus seguidores fueran bautizados como símbolo externo de su transformación interna. Como la circuncisión para el judío, el bautismo es un sello de autenticidad que caracteriza al individuo como receptor de la gracia de Dios. No garantiza salvación, ni hace nada para cambiar el corazón de la persona que se somete al rito.

Jesús también ordenó a sus seguidores que participaran de la comunión como una manera de recordar la gracia que recibieron mediante su muerte como sacrificio por ellos. El pan es solo pan; él vino es solo vino. Estos elementos son símbolos naturales de una realidad sobrenatural. El inconverso sigue sin cambio cuando participa en esta ordenanza de la iglesia, y el creyente no es más hijo de Dios ni menos hijo de Dios después de que se ha realizado la ceremonia.

Esto, por supuesto, no es información nueva para el creyente maduro. Sin embargo, en un nivel de madurez menos consciente los creyentes pueden ser culpables de poner significación insalubre en los ritos y las tradiciones. Sin recordatorios diarios de la gracia de Dios, inconscientemente suponemos que asistir a los cultos, dar dinero, estudiar o memorizar las Escrituras, trabajar en la comunidad y realizar otras actividades dignas aumenta nuestra justicia. Esto inevitablemente nos hace que juzguemos a los que no hacen estas cosas.

De todo corazón animo estas actividades y ritos que profundizan nuestra intimidad con el Todopoderoso, pero estas expresiones saludables de fe nunca deben convertirse en instrumentos para una justicia tipo hágalo usted mismo. No podemos hacernos más limpios por dentro. Solo Dios puede hacernos eso. Entonces, ¿por qué dedicarnos a las disciplinas espirituales? Por una razón: son los medios por los cuales llegamos a conocer al Hijo de Dios íntima y empíricamente.

Al tomar parte en los ritos o costumbres de la iglesia, al emprender disciplinas espirituales, al gastar energía en las buenas obras, enfoque de nuevo sus expectativas elevando la siguiente oración:

Padre: Ayúdame a entender más en cuanto a tu Hijo y a ser más sensible a la enseñanza de tu Espíritu Santo al hacer lo que estoy haciendo. Amén.

La dádiva divina de justicia se basa en los principios que Dios ha establecido. Tómelos como herramientas del equipo «No lo haga usted mismo» de Dios. Y, ¿la etiqueta de ese equipo? *Gracia.*

Esperanza contra esperanza (Romanos 4:16–25)

[16] Por eso la promesa viene por la fe, a fin de que por la gracia quede garantizada para toda la descendencia de Abraham; esta promesa no es solo para los que son de la ley sino para los que son también de la fe de Abraham, quien es el padre que tenemos en común [17] delante de Dios, tal como está escrito: «Te he confirmado como padre de muchas naciones.» Así que Abraham creyó en el Dios que da vida a los muertos y que llama las cosas que no son como si ya existieran.
[18] Contra toda esperanza, Abraham creyó y esperó, y de este modo llegó a ser padre de muchas naciones, tal como se le había dicho: «¡Así de numerosa será tu descendencia!» [19] Su fe no flaqueó, aunque reconocía que su cuerpo estaba como muerto, pues ya tenía unos cien años, y que también estaba muerta la matriz de Sara. [20] Ante la promesa de Dios no vaciló como un incrédulo, sino que se reafirmó en su fe y dio gloria a Dios, [21] plenamente convencido de que Dios tenía poder para cumplir lo que había prometido. [22] Por eso se le tomó en cuenta su fe como justicia. [23] Y esto de que «se le tomó en cuenta» no se escribió solo para Abraham, [24] sino también para nosotros. Dios tomará en cuenta nuestra fe como justicia, pues creemos en aquel que levantó de entre los muertos a Jesús nuestro Señor. [25] Él fue entregado a la muerte por nuestros pecados, y resucitó para nuestra justificación.

Habiendo martillado en la primera mitad del capítulo 4 (vv. 1–15) la verdad de que los seres humanos no pueden ganarse la justicia de Dios por obras, Pablo luego ilustra cómo Dios puede acreditarnos su justicia. Se debe a nuestra «fe», término que ha atravesado muchos cambios de significado en la historia.

Mark Twain puso las siguientes palabras en los labios de su personaje, Pudd'nhead Wilson, detective aficionado al que de manera nada común le encantaban los hechos que se podían demostrar:

«Fe es creer lo que sabes que no es así»[14]. Por desgracia, esto ha llegado a ser la definición primaria de fe en nuestro tiempo. O, más precisamente, la fe es «la firme creencia en algo para lo cual no hay pruebas»[15]. Pero no siempre fue así. Esta definición particular de la fe es el resultado de un cambio filosófico, un cambio fundamental en la manera en que la gente piensa en cuanto al universo que empezó en el siglo XIII y en las enseñanzas de Tomás de Aquino. Sus escritos pusieron los ámbitos espiritual y físico en categorías distintas y sugirió maneras de demostrar que estaban conectados. Esto es de profunda importancia porque, hasta entonces, casi todos percibían el universo como resultado de causas naturales *y* sobrenaturales simultáneas[16]. En otras palabras, las personas solían dar por sentado que todo lo que sucedía era el resultado de la física y de las acciones de Dios (o dioses, en las culturas paganas).

Trágicamente, lo que empezó con la división conceptual de Aquino en cuanto a los ámbitos espiritual y físico se ha convertido en un horrible divorcio. Casi todo sistema filosófico desde entonces ha tratado de explicar la relación entre lo visible y lo invisible como si los dos no pudieran vivir en la misma casa intelectual. Con el tiempo, una filosofía del siglo XX llamada existencialismo sugirió que la brecha entre los dos ámbitos no se puede cruzar intelectualmente, y que ni la ciencia ni la lógica pueden llevarle a uno a experimentar las realidades espirituales. De acuerdo a los existencialistas, el ámbito espiritual es tan completamente «otro» que uno tiene que desafiar toda lógica y dar un brinco para cruzar la brecha; uno debe dar un «brinco de fe» a ciegas y confiar en que allí habrá algo en vez de la nada. Hoy, por consiguiente, el concepto de fe más común es que es una creencia irracional, o «creer lo que sabes que no es así».

La fe, según la presenta la Biblia, es cualquier cosa excepto irracional. La fe a menudo trasciende la prueba, pero eso no es decir que la fe nos exige que apaguemos nuestros cerebros, ignoremos la lógica, y a ciegas creamos que lo que *esperamos* sea verdad. Para hacer esto algo más claro, ponga «confianza» donde dice «fe». Ejercer la clase de fe descrita en la Biblia es una decisión de confiar en alguien o algo. Usted ejerce fe cada vez que aborda un aeroplano o permite que un médico realice alguna cirugía en su cuerpo mientras usted está anestesiado. Teniendo una expectativa razonable de que el aeroplano está diseñado y construido correctamente y que la tripulación es competente para operarlo, usted lo aborda con toda expectativa de que aterrizará con seguridad en su destino. Teniendo seguridad razonable de que su médico es conocedor y tiene experiencia, usted somete su cuerpo inconsciente a su atención, esperando quedar mejor que antes. Nadie puede demostrarle que su viaje terminará sin percances ni que usted sanará. Sin embargo, lo que ha visto le permite confiar en lo que no puede ver. Con el tiempo, la experiencia refuerza la decisión de confiar. A la larga, la experiencia repetida permite que la fe en los vuelos o en la medicina se fortalezca.

La fe, o confianza, permite avanzar más allá de lo que vemos a fin de experimentar lo que todavía no se puede ver. Con todo, la fe no es un brinco... y la fe nunca es ciega. Pablo ilustra esta verdad en la relación de Abraham con Dios.

— 4:16-17 —

La expresión de Pablo que la NVI traduce «Por eso» establece una conexión lógica entre lo que acaba de escribir y lo que va a decir en seguida. Así como el salario se obtiene por el trabajo y la desobediencia a la Ley atrae la ira de Dios, la gracia se recibe por fe. La gracia y la fe deben ir juntas porque la gracia es totalmente ajena a nuestro mundo. Es una acción milagrosa de Dios; nada diferente a abrir los mares (Éxodo 14:13-31) o hacer que llueva pan del cielo (16:1-7), en los cuales el poder divino supera todas las demás fuerzas. Para ilustrar la dinámica sobrenatural de la gracia de Dios y la fe genuina, el apóstol de nuevo señala la experiencia del padre Abraham. De la misma manera en que Abraham es padre de los hebreos y su pacto con Dios, es padre de todos los que se unen a Dios al confiar en él.

La vida de Abraham fue una jornada de fe. Empezó de manera relativamente pequeña cuando Dios lo escogió entre los caldeos, civilización idólatra ubicada en la cuna de la humanidad. Nadie sabe por qué Dios seleccionó a este caldeo en particular; todo lo que sabemos es que *no* se debió a ningún mérito particular suyo. El Señor le prometió un enorme territorio, una progenie multitudinaria y una bendición eterna. Así, el futuro patriarca viajó por el valle del Tigris y Éufrates, sobre la cresta del «Fértil creciente», hasta el valle del Jordán.

Décadas más tarde, el anciano caldeo perdía las esperanzas. Acercándose a los cien años, habiendo visto su Tierra Prometida acosada por la hambruna (Génesis 12:10-20), su familia dividida por la codicia (13:4-12), y su *shalom* destrozada por intrusos (14:5-24), Abram, «padre exaltado», todavía no tenía hijos. Para animar a Abram, el Señor se le apareció en un sueño y le confirmó que en verdad llegaría a ser «padre de una multitud de naciones» (17:4). Para sellar su promesa, el Señor le cambió el nombre de Abram a Abraham, «padre de una multitud», y el nombre de su esposa de Saray, «contenciosa», a Sara, «princesa». El anciano respondió como lo habríamos hecho la mayoría de nosotros: *¡Soltó la risa!*

> Entonces Abraham inclinó el rostro hasta el suelo y se rió de pensar: «¿Acaso puede un hombre tener un hijo a los cien años, y ser madre Sara a los noventa?» Por eso le dijo a Dios:
> —¡Concédele a Ismael vivir bajo tu bendición! (Génesis 17:17-18).

¿Quién es Ismael? El producto del yerro en la fe de Abram. Trece años antes, Abram y Saray decidieron que el plan divino necesitaba algo de intervención humana. (Todos somos buenos para eso). En realidad, si se estudia bien, la promesa de Dios no decía nada en cuanto a que Saray sería la madre de los hijos del pacto de Abram. Tal vez Dios tenía en mente un vientre prestado. Tener hijos ya era físicamente imposible para Saray, pero no para Abram. Tal vez no estaban pensando con suficiente creatividad. Así que…

> Saray le dijo a Abram:
> —El SEÑOR me ha hecho estéril. Por lo tanto, ve y acuéstate con mi esclava Agar. Tal vez por medio de ella podré tener hijos.

> Abram aceptó la propuesta que le hizo Saray. Entonces ella tomó a Agar, la esclava egipcia, y se la entregó a Abram como mujer. (Génesis 16:2–3).

Pero le salió el tiro por la culata. Siempre es así cuando decidimos ayudar a Dios a cumplir sus promesas. Agar e Ismael se convirtieron en fuente de amarga contención en casa del patriarca, lejos de ser la bendición que él pensaba lograr por sus propios esfuerzos. Así que cuando el Señor aclaró que el vientre seco de Saray sería en verdad la fuente de su «multitud», Abram no pudo evitar reír de incredulidad (Génesis 17:17). Como uno esperaría, cuando Saray más tarde oyó las noticias de los labios de los ángeles, también se rió (18:12).

Pero no debemos ser demasiado duros con Abram y Saray. Como tenemos la Biblia, sabemos que Dios es el Creador Todopoderoso del universo. Pero ellos casi no sabían nada de él al principio. Luego, conforme el Señor les revelaba más y más de su carácter y poder, su fe fue creciendo. Lejos de ser un salto a ciegas, el suyo fue un peregrinaje de fe dirigido por el Señor en el cual se exigió confianza en medidas pequeñas al principio. Cada decisión de confiar fue recompensada con bendición y una mayor comprensión de Dios. Conforme Dios demostraba ser fiel, la fe de ellos maduraba.

Note la respuesta del ángel a la risa incrédula de la anciana pareja: «¿Acaso hay algo imposible para el SEÑOR?» (Génesis 18:14). Nuestra perspectiva limitada, atada a la naturaleza, se habría enfocado en el hecho de que una mujer de noventa años no puede tener hijos. Pero Dios no está sujeto a las limitaciones del mundo natural. Él es sobrenatural, está por encima de la naturaleza; no solo es capaz sino que está dispuesto a lograr lo que nadie más puede.

Unos pocos capítulos más adelante en el relato de Abraham y Sara, leemos las palabras: «Y el SEÑOR visitó a Sara tal como había dicho que lo haría e hizo por ella lo que había dicho que haría» (Génesis 21:1, traducción mía). La anciana entonces concibió, llevó a su hijo en su vientre nueve meses (¡eso debe haber sido todo un espectáculo!), y dio a luz a un hijo, al que le pusieron por nombre *Yitshac,* «él se rió». Nosotros le conocemos como Isaac. Sara comentó sobre la ironía del nombre de Isaac cuando declaró:

> «Dios me ha hecho reír, y todos los que se enteren de que he tenido un hijo, se reirán conmigo. ¿Quién le hubiera dicho a Abraham que Sara amamantaría hijos? Sin embargo, le he dado un hijo en su vejez» (Génesis 21:6–7).

Qué maravilloso es ver su risa transformada de burla en gozo… ¡de descreimiento en celebración!

¿Y qué tiene esto que ver con Romanos 4:16–25? ¡Mucho! Especialmente para los lectores judíos. Pablo había declarado antes: «Porque sostenemos que todos somos justificados por la fe, y no por las obras que la ley exige» (3:28). Luego demostró que la justificación de Abraham fue por fe (4:1–15). Se necesitó fe porque no era más factible que Abraham la obtuviera por medios naturales que el que una mujer de noventa años pudiera concebir. El pacto de Dios con Abraham prometió una multitud de descendientes. El patriarca trató sin éxito de apropiarse de la promesa mediante medios naturales (Agar, la criada de Sara). Lo único que tenía para ofrecer era su creencia en el carácter y poder de Dios para hacer lo que había prometido. En su tiempo, Dios soberanamente, sobrenaturalmente cumplió su promesa sin ninguna ayuda de Abraham o Sara.

— 4:18 —

La expresión «contra toda esperanza» es un giro paradójico de la frase que algunos usan para respaldar su enfoque de «brinco de fe» a la creencia cristiana. Pablo quiere decir con esta expresión una separación entre la esperanza natural y la esperanza sobrenatural. En otras palabras, Abraham puso su esperanza en el poder sobrenatural de Dios de realizar lo que no tiene esperanza por ningún medio natural. Pero su esperanza no fue un brinco a ciegas. Le era muy razonable para creer en el poder sobrenatural de Dios porque lo había visto en acción antes. Todavía más, la fidelidad de Dios le permitió a Abraham confiar en él sin tener que saber específicamente cómo se desarrollaría el futuro.

Pablo usa el hecho de que Abraham creyera «contra toda esperanza» como patrón para el tipo de fe que debemos tener. Llegar a ser suficientemente buenos para ir el cielo no es algo que pudiéramos lograr por un medio humano o natural. Es algo que solo podemos recibir por fe. Sin embargo, dicha fe no es ni un brinco a ciegas ni una decisión para confiar contra toda razón o prueba. Dios ha demostrado ser digno de confianza.

Abraham y Sara atravesaron un largo período de espera, lo que pudiera parecer cruel desde el punto de vista humano. Pero el Señor utilizó la demora para lograr dos objetivos importantes. Primero, quería que Abraham y todos sus descendientes entendieran que su pacto era divino en su origen y sobrenatural en su cumplimiento. Segundo, Dios quería, mediante la experiencia personal de ellos, cultivar la fe de Abraham y Sara conforme ellos adquirían mayor conocimiento del carácter santo y el poder ilimitado de Dios.

— 4:19-21 —

Me anima ver el comentario divinamente inspirado de Pablo acerca de la fe de Abraham y Sara. Al leer su experiencia, veo múltiples ejemplos de una fe que cojea. Sin embargo, Dios no miró tanto a su crecimiento vacilante como a su destino final. Desde nuestra perspectiva, titubearon mucho en el camino; el Señor más bien mira el hecho de que llegaron a pesar de la presencia de obstáculos naturales. Tal vez se rieron, pero su risa no anuló su confianza. La anciana pareja tomó en cuenta sus cuerpos decadentes y su potencia sexual disminuida cuando escogieron creer a Dios. A pesar de los ocasionales reveses, la mente de Abraham permaneció indivisa: débil en la comprensión humana pero siempre fija en Dios y en nadie más.

Gradualmente, la experiencia de Abraham con Dios le dio una mayor capacidad para confiar en él a pesar de las aparentes contradicciones que lo rodeaban. Su confianza se fortaleció al punto de que pudo creer sin reservas que Dios cumpliría todo lo que había prometido. Una última prueba, no mencionada en este pasaje pero a plena vista para todos los que conocen su crónica de fe, demostró el temple de la confianza de Abraham. Piense de eso como el examen final del hombre.

Varios años después del nacimiento de Isaac, el hijo único de Abraham y Saray, y la expresión misma de la promesa del pacto de Dios, el Señor le ordenó que hiciera algo humanamente inconcebible. «Toma a tu hijo, el único que tienes y al que tanto amas, y ve a la región de Moria. Una vez allí, ofrécelo como holocausto en el monte que yo te indicaré» (Génesis 22:2). Sin vacilación (aunque con gran angustia, no me queda duda), el fiel padre obedeció.

Cuando los dos se acercaban al lugar señalado para el sacrificio, Isaac, que no era ningún tonto, hizo la pregunta obvia: «Aquí tenemos el fuego y la leña... pero, ¿dónde está el cordero para el holocausto?» (Génesis 22:7). La respuesta de su padre se pudiera estimar como una evasiva, pero yo veo en sus palabras una decisión de confiar en la bondad de Dios sin tener que entender cuándo ni cómo Dios cumpliría su promesa: «El cordero, hijo mío, lo proveerá Dios» (22:8).

Si esta hubiera sido la primera experiencia de Abraham con Dios, su fe se pudiera considerar como un brinco gigantesco. Más bien, es la culminación de una jornada, iniciada por Dios, dirigida por Dios, sustentada por Dios, cultivada por Dios, y completada por Dios; por supuesto, con la participación dispuesta de Abraham. La fe plenamente desarrollada del patriarca rindió el fruto de la obediencia, a lo cual el Señor respondió: «Puesto que me has obedecido, todas las naciones del mundo serán bendecidas por medio de tu descendencia» (Génesis 22:18).

— 4:22-25 —

Desde una perspectiva natural, humana, uno pudiera pensar que la obediencia de Abraham al mandamiento de Dios le ganó la bendición del pacto. La ilustración de Pablo del Monte Moria demuestra que la obediencia de Abraham fue una manifestación visible de su fe, y que fue su fe lo que le permitió recibir la dádiva divina de la justificación.

Pablo amplía el punto a fin de hacer una conexión importante. Abraham es el padre de los hebreos, pero no solo de ellos. Es padre de todos los que reciben la gracia de Dios por fe y son declarados justos aunque no por méritos propios. La única diferencia entre Abraham y nosotros es que, específicamente, debemos creer. Abraham fue llamado a obedecer la orden de Dios de sacrificar a su único hijo, Isaac, sabiendo que Dios proveerá (Génesis 22:8). Somos llamados a creer «en aquel que levantó de entre los muertos a Jesús nuestro Señor. Él fue entregado a la muerte por nuestros pecados, y resucitó para nuestra justificación» (Romanos 4:24–25).

Este es el evangelio en sus términos más directos. Cristo murió por nuestros pecados conforme a las Escrituras y fue sepultado. Luego Cristo resucitó y los discípulos lo vieron, incluyendo una reunión en la que interactuó con más de quinientos seguidores (1 Corintios 15:6). Y al confiar en la provisión de Dios a pesar de la aparente finalidad de la muerte, también esperamos «contra toda esperanza» y recibimos la dádiva de la vida eterna.

Aplicación

Cómo tener un «Dios más grande»

Pablo admitió de buen grado que la justificación del pecador era imposible, por lo menos en términos humanos. Luego usó la incapacidad de Abraham y Sara para tener hijos a fin de ilustrar otro principio clave de la salvación: la promesa de Dios y el principio de la gracia hacen posibles todas las cosas, incluso lo imposible. Por consiguiente, Dios tiene la capacidad de dar vida a los muertos y de crear cosas de la nada (4:16–17).

Dios le prometió a Abraham que sería el progenitor de multitudes, de naciones. Pero muchos años pasaron, así como también la capacidad de Sara de tener hijos. Mucho después de que se hizo físicamente imposible que ella concibiera, Dios reafirmó su promesa y «contra toda esperanza» Abraham confió en él. No fue una fe ciega. El anciano reconoció la imposibilidad de las circunstancias, pero confió en la grandeza de su Dios (4:18–21).

Abraham adoraba y servía a un Dios grande. Entendió que su Hacedor era inmensamente más poderoso que cualquier imposibilidad humana. Y de él aprendemos dos lecciones importantes en cuanto a la fe.

- *La fe genuina se fortalece cuando debemos esperar que se cumplan las promesas de Dios.* Cuando debemos esperar para recibir algo que el Señor ha prometido, gradualmente alejamos nuestros ojos de las circunstancias para fijarlos en la grandeza y fidelidad de Dios.
- *La fe genuina es directamente proporcional a nuestro conocimiento de Dios.* Conforme vamos comprendiendo más plenamente la naturaleza de Dios, nuestra fe no puede sino crecer.

A Robert Dick Wilson se le recuerda mayormente por sus logros destacados en lingüística en el Seminario Teológico Princeton. Aprendió más de cuarenta y cinco lenguas antiguas en su esfuerzo por entender las Escrituras con mayor precisión. Pero sus alumnos lo recuerdan más por su enfoque singular al evaluar la predicación de ellos. El profesor no analizaba la capacidad que tenían para conjugar verbos o diseccionar antiguos giros de una frase, ni tampoco analizaba la escolaridad de ellos, ni prestaba atención a su carisma. Más bien, escuchaba en busca de otra cualidad, más crucial. Después de oír a un estudiante en particular predicar, el profesor comentó: «Me alegro de que tienes un Dios grande. Cuando mis muchachos vuelven, vengo para ver si tienen un Dios grande o un Dios pequeño, y entonces sé cómo será su ministerio»[17].

¿Cuál es el tamaño de su Dios? ¿Lo llevan a usted de aquí para allá las olas de las circunstancias en un mar de caos? O, ¿entiende usted que Dios tiene todo asunto bajo su control divino y que tiene un propósito en cada acontecimiento que usted encuentra?

¿Acepta usted la finalidad de las imposibilidades, o permite que Dios tenga la palabra final en estos asuntos?

Al orar, ¿se cohíbe de pedirle a Dios que realice cosas grandes, o confía en que él no solo puede, sino que con toda probabilidad actuará de manera dramática y sobrenatural a favor suyo?

El tamaño de su Dios es el factor más importante en sus respuestas. ¿Quién está dirigiendo su futuro, sin que importe su edad? ¿Es un dios diminuto sin imaginación y escaso poder? O, ¿sirve a un Dios infinitamente creador, inmensamente poderoso, inmensurablemente gigantesco?

Permítame exhortarlo a llegar a tener «un Dios más grande». Empiece comprometiéndose a conocerlo tal como él es.

Paz con Dios (Romanos 5:1-11)

¹ En consecuencia, ya que hemos sido justificados mediante la fe, tenemos paz con Dios por medio de nuestro Señor Jesucristo. ² También por medio de él, y mediante la fe, tenemos acceso a esta gracia en la cual nos mantenemos firmes. Así que nos regocijamos en la esperanza de alcanzar la gloria de Dios. ³ Y no solo en esto, sino también en nuestros sufrimientos, porque sabemos que el sufrimiento produce perseverancia; ⁴ la perseverancia, entereza de carácter; la entereza de carácter, esperanza. ⁵ Y esta esperanza no nos defrauda, porque Dios ha derramado su amor en nuestro corazón por el Espíritu Santo que nos ha dado.
⁶ A la verdad, como éramos incapaces de salvarnos, en el tiempo señalado Cristo murió por los malvados. ⁷ Difícilmente habrá quien muera por un justo, aunque tal vez haya quien se atreva a morir por una persona buena. ⁸ Pero Dios demuestra su amor por nosotros en esto: en que cuando todavía éramos pecadores, Cristo murió por nosotros.
⁹ Y ahora que hemos sido justificados por su sangre, ¡con cuánta más razón, por medio de él, seremos salvados del castigo de Dios! ¹⁰ Porque si, cuando éramos enemigos de Dios, fuimos reconciliados con él mediante la muerte de su Hijo, ¡con cuánta más razón, habiendo sido reconciliados, seremos salvados por su vida! ¹¹ Y no solo esto, sino que también nos regocijamos en Dios por nuestro Señor Jesucristo, pues gracias a él ya hemos recibido la reconciliación.

Una vez le pregunté a mi hermana Luci: «¿Cuál es, en tu opinión, la mejor emoción que una persona puede sentir?» Esperaba que dijera algo así como amor, deleite, contentamiento, logro, o alegría, pero su respuesta me sorprendió. De inmediato y con confianza dijo: «Alivio».

Después de pensarlo un poco, tuve que convenir. Y la experiencia me ha confirmado que el alivio en verdad es la mejor y más disfrutable de todas las emociones de la vida. En consecuencia, el alivio es un ingrediente clave en el arte y el entretenimiento. Grandes relatos, sinfonías, discursos e incluso montañas rusas gradualmente elevan la tensión a un clímax y luego resuelven la crisis. Es una fórmula que nunca deja de satisfacer al público.

La forma en que Pablo elabora esta Carta a los creyentes de Roma no solo utiliza el mejor estilo literario, sino que epitoma nuestra experiencia con Dios. Los primeros capítulos hallan a los lectores complacidos en su relación con Dios. Algunos confían en que su linaje hebreo los califique para un tratamiento especial. Otros confían en que sus buenas obras y hoja limpia serán suficientes para impresionar al Juez del cielo. Pero Pablo enseguida introduce la crisis y la lleva a un crescendo: «No hay un solo justo, ni siquiera uno» (3:10); «todos han pecado y están privados de la gloria de Dios» (3:23).

Habiendo agitado el alma con las aterradoras noticias de que de ninguna manera, nadie puede escapar de la ira de Dios por medios naturales, el apóstol resolvió la crisis con las buenas nuevas. La justicia que se exige para que uno adquiera la vida eterna con Dios y todas las alegrías del cielo es una dádiva que se recibe por fe (3:28). Para resolver el asunto de manera conclusiva para judíos y gentiles por igual, Pablo señaló el ejemplo de la gracia de Dios para Abraham, que este recibió por fe (cap. 4).

Pero hay un problema. Parecería que Pablo se quedó demasiado corto en el relato de la gracia de Dios. Cuatro capítulos en una novela de dieciséis capítulos no es el momento apropiado para llevar la narración a su clímax y resolver la crisis. Eso tiende a dejar al público preguntándose: *Muy bien, ¿y ahora qué?*

En la Carta de Pablo a los Romanos es donde el relato en realidad empieza. Con la crisis de la ira de Dios resuelta por la muerte y resurrección de Jesucristo y la justicia de Dios recibida por fe, el creyente debe entonces vérselas con el alivio que la salvación trae. Ahora, antes de que usted descarte ese pensamiento, permítame asegurarle que esto no es tarea fácil. Si lo fuera, ¡Pablo no habría dedicado tres cuartas partes de su carta al tema!

El mensaje del apóstol en el capítulo 5 es, esencialmente: «Ahora que tienen paz con Dios, apenas han empezado a vivir… y las cosas de aquí para adelante solo mejoran». Los primeros once versículos empiezan con un vistazo al pasado (5:1), continúan con un aprecio del presente (5:2–8), y luego nos llevan al futuro con expectativa (5:9–11).

— 5:1-2 —

Para preparar a sus sectores para el resto de la jornada, Pablo nos dirige a detenernos por un momento y considerar dónde estamos. ¡Ya hemos creído! Este paso es monumental en la vida del creyente, y si no hacemos una pausa para apreciar su significado, el resto de nuestra jornada seguirá siendo un misterio. Él nos toma por los hombros, por así decirlo, nos hace dar media vuelta para mirar al camino que hemos recorrido, y dice: «Ya que hemos sido justificados mediante la fe, tenemos paz con Dios por medio de nuestro Señor Jesucristo».

¡Deténgase!
¡No siga!
Vuelva a leer eso lentamente.

«Paz con Dios». Hay más alivio en esas tres palabras que en cualquier otra frase. Más que las palabras «está curado» dirigidas a un paciente de cáncer. Más que «está en libertad» a un preso en el corredor de la muerte. Parece que cuánto más uno capta el peligro de la ira aterradora de Dios, más la persona siente el increíble alivio (aquí está la mejor de todas las emociones) de tener paz con él. Jesús ilustró esta verdad con una parábola en Lucas 7:41–43:

> —Dos hombres le debían dinero a cierto prestamista. Uno le debía quinientas monedas de plata, y el otro cincuenta. Como no tenían con qué pagarle, les perdonó la deuda a los dos. Ahora bien, ¿cuál de los dos lo amará más?
> —Supongo que aquel a quien más le perdonó —contestó Simón.
> —Has juzgado bien —le dijo Jesús.

Esa «paz» no es una tranquilidad interna, aunque eso es parte del alivio que sentimos. «Paz» se refiere a que ya no estamos sujetos a la ira de Dios debido al pecado. La muerte de Jesucristo pagó nuestra deuda del pecado e hizo a un lado la hostilidad resultante a fin de que Dios y los seres humanos ya no estén separados por la rebelión sino reconciliados y en paz. El alivio resultante es indescriptible. Todo el que se ha pasado la vida tratando de complacer a Dios o tratando de acumular suficientes buenas obras para escapar del infierno entiende esta parábola mejor que nadie.

Martín Lutero pasó mucho de su vida al principio tratando de apaciguar la ira de Dios mediante una letanía de buenas obras prescritas por la Iglesia Católica Romana. Pero no halló alivio. Es más, mientras más se esforzaba, más se daba cuenta de su futilidad.

> Aunque vivía como monje sin reproche, yo sentía que era pecador delante de Dios con una conciencia extremadamente perturbada. No podía creer que él se apaciguara por mi satisfacción. No amaba, sino que detestaba al Dios justo que castiga a los pecadores y, en secreto, si acaso no de manera blasfema, y ciertamente murmurando en alto, estaba colérico contra Dios, y dije: «¡Como si en verdad no fuera suficiente que miserables pecadores —eternamente perdidos a causa del pecado original— sean aplastados por toda clase de calamidad por la ley de los [diez mandamientos] sin que Dios añada dolor al dolor por el evangelio y también por el evangelio amenazándonos con su justicia e ira!». Así rugía yo con conciencia feroz y atormentada. Con todo, acudía importunamente a Pablo en ese lugar, deseando con sumo ardor saber lo que Pablo quería [en su carta a los Romanos][18].

El problema al tratar de ganarse el escape de la deuda a Dios es que nunca podemos saber cuánto es suficiente. Pregúntele a la mayoría de las personas: «¿Irá usted al cielo cuando muera?», y la mayoría responderá: «Espero que sí». Los que confían en que la religión los salva, si la toman en serio, deben permanecer en constante estado de terror, sabiendo que solo la muerte resolverá el misterio de su destino eterno y que su destino y suerte tal vez sea el sufrimiento eterno.

Muy al final, Lutero halló alivio.

> Por la misericordia de Dios, meditando día y noche, presté atención al contexto de las palabras siguientes: «En él la justicia de Dios se revela, como está escrito: "El que por fe es justo vivirá"» [Romanos 1:17]. Allí empecé a comprender que la justicia de Dios es aquello por lo cual el justo vive por una dádiva de Dios, es decir, por fe. Y este es el significado: la justicia de Dios la revela el evangelio, es decir, la justicia pasiva con la que el Dios misericordioso nos justifica por fe, como está escrito: «El que por fe es justo vivirá». Aquí sentí que yo nacía de nuevo por completo y que había entrado en el paraíso mismo por puertas abiertas. Allí se me mostró otra cara de todas las Escrituras. Acto seguido recorrí las Escrituras de memoria. También hallé en otros términos una analogía, como la obra de Dios, eso que Dios hace en nosotros, el poder de Dios, con el cual nos hace sabios, la fuerza de Dios, la salvación de Dios, la gloria de Dios.

Y pronuncié mi palabra más dulce con un amor tan grande como el odio con que había anteriormente aborrecido las palabras «justicia de Dios». Así que ese lugar en Pablo de veras fue para mí la puerta al paraíso[19].

Pablo llama «acceso» a la experiencia de recibir la gracia de Dios por fe y la paz resultante. La palabra griega es *prosagoge,* que se traduce «acceso» o «introducción», pero estos términos no captan la imagen verbal cultural que contiene. *Prosagoge* describe el proceso de ser escoltado a la corte de un rey y ser anunciado, lo que implica el derecho u oportunidad de hablar con el gobernante. Pablo usó el mismo término para describir la oración a los creyentes de Éfeso: Esto era «conforme a su eterno propósito realizado en Cristo Jesús nuestro Señor. En él, mediante la fe, disfrutamos de libertad y confianza para *acercarnos* a Dios» (Efesios 3:11–12, cursivas mías).

El uso de Pablo de *prosagoge* declara que Jesucristo nos ha escoltado a un territorio completamente nuevo llamado «gracia», en el cual tenemos el derecho u oportunidad de vivir de acuerdo a una perspectiva completamente diferente. Este nuevo territorio opera conforme a un estándar totalmente diferente, que es de muchas maneras opuesto a aquel de dónde vinimos. Note la frase «en la cual nos mantenemos firmes». El término griego que se traduce «mantenerse firme» implica el establecimiento de algo permanente. Como inmigrantes, hemos llegado a residir de manera permanente en la tierra de la gracia. Por supuesto, esto exigirá un ajuste serio de parte nuestra. Debemos aprender la cultura y adaptarnos a sus costumbres.

Pablo concluye esta introducción diciendo: «Así que nos regocijamos en la esperanza de alcanzar la gloria de Dios», que usa tres términos importantes que vale la pena estudiar. Se hacen cada vez más significativos conforme Pablo describe la vida cristiana.

«Regocijarse» es quizá un buen término castellano para traducir el término griego que usó Pablo, que literalmente quiere decir «jactarse». Por lo general, pensamos que jactarse es una conducta negativa, pero un léxico respetado dice que el verbo griego significa «expresar un grado bien alto de confianza en alguien o algo excepcionalmente digno»[20]. En tanto que algunos viven con una expectativa intranquila de que sus buenas obras sean suficientemente buenas para alcanzar el cielo, los que han llegado a residir en el territorio de la gracia pueden vivir con completa confianza. Lo extraño es que la «jactancia» de los creyentes es en sí humilde porque no tienen ninguna confianza en su bondad; más bien, expresa completa confianza en la dádiva de la gracia. Para nuestros propósitos, traduzcamos el verbo de esta manera: «vivir con confianza gozosa».

«Esperanza» en el sentido bíblico no tiene el elemento de pensamiento ilusorio que tiene en español. Un niño tal vez diga: «Espero recibir una bicicleta roja en Navidad», y tal vez se sorprenda al hallarla debajo del árbol; o tal vez no. La palabra que usó Pablo es un sustantivo que quiere decir «una expectativa segura». Cuando alguien compra un boleto para un concierto, tiene en su mano la esperanza, la expectativa segura, de un asiento en el día señalado. Pablo usa este término de una manera específica para describir el día futuro cuando Cristo vuelva para gobernar el mundo y renovarlo a su gusto.

«Gloria» se refiere al estado de cosas como Dios las desea. El bien triunfa sobre el mal, la justicia prevalece, el pecado no tiene lugar, y todo existe en armonía con el carácter santo de Dios.

— 5:3-5 —

Pablo describe el «regocijo» (vivir con confianza gozosa) como de tres niveles. Primero, nos «regocijamos en la esperanza» (5:2). Es decir, vivimos con la confianza gozosa en la expectativa segura de que Cristo un día corregirá todas las cosas. Es el gozo de saber que hemos sido renovados y que estamos en el proceso de llegar a ser más semejantes a Cristo. Es el tipo de gozo que sentimos cuando las cosas marchan bien y podemos esperar su retorno sin que las circunstancias desagradables nos distraigan.

Desdichadamente, la vida de este lado del cielo incluye sufrimiento. Esto es cierto para toda persona; tal vez más para el creyente (Juan 15:18–19), lo que lleva al segundo nivel de gozo: «también nos gozamos [o sea, vivimos con confianza gozosa] en nuestros sufrimientos» (Romanos 5:3). El primer nivel surge con bastante naturalidad. Cuando pensamos en el maravilloso futuro que nos espera, ¿cómo no alegrarnos? El segundo nivel, sin embargo, hay que cultivarlo bajo la dirección cuidadosa del cielo.

La palabra griega que NVI traduce «sufrimientos» es *tlipsis*, que otras versiones traducen «tribulación». El significado literal es «presión» que, por supuesto, se usa en sentido figurado para describir «angustia, hostilidad, aflicción o presión». En este contexto «presión» encaja mejor. «Sufrimientos» sugiere que los retos al gozo siempre son grandiosos o dramáticos, cuando en realidad, vienen en toda forma y tamaño. Es más, todos los enfrentamos. Las presiones de fechas límites, la economía, expectativas de la gente, política y exigencias en el trabajo, el hogar, reparaciones del auto, relaciones personales. Y estas presiones pueden ser intensas cuando la salud falla, se pierde el trabajo, hay duelo, divorcio, persecución y otros eventos principales de la vida. No obstante, debido a que se nos ha escoltado a una forma de vida completamente nueva, podemos vivir con confianza gozosa en la *tlipsis*, bajo presión, y en sufrimiento.

¿Cómo obtenemos esta capacidad sobrenatural? Claro, no de otras personas, ni de nuestros trabajos, ni de fortaleza interna. Adquirimos la capacidad de regocijarnos bajo presión mediante un programa de capacitación bien monitoreado por el mismo Señor todopoderoso. Pablo describe este programa como una reacción en cadena en la cual una fase conduce a la otra, y a la larga nos da la capacidad de tener gozo a pesar de nuestras circunstancias. Esta reacción en cadena incluye varios términos clave. Piénselo como fichas de dominó, colocadas de canto, cada una va derribando la que le sigue.

«El sufrimiento produce perseverancia». La *tlipsis* cultiva *jupomon*, que quiere decir «permanecer bajo» en sentido literal y «aguantar con paciencia» en el sentido figurado. Naturalmente, cuando la presión crece debemos tomar medidas razonables para aliviar la incomodidad. Nadie está sugiriendo que nos ofrezcamos como voluntarios para el dolor o ignoremos la oportunidad de eliminarlo. Pero a veces no hay solución, ni remedio, ni alivio. A veces no podemos evadir ni escapar de la presión. Cuando eso sucede, escogemos «permanecer bajo» y hacerlo con dignidad, gracia y calma.

La cadena de verdades salta la brecha entre el versículo 3 y 4 con la frase «la perseverancia [produce] entereza de carácter». *Jupomon* cultiva *dokim*, o «valía probada». *Dokim* deriva su significado del verbo «vigilar» y da el cuadro de un orfebre poniendo una muestra de oro o plata bajo intenso calor para observar cómo responde. Llegó a decirse de soldados y atletas, que demostraban su temple por su resistencia en el combate o la competencia. Se podría traducir *dokim* también como «fortaleza triunfante».

Esto no es simulación, ni negación ni el poder de pensamiento positivo. Esta fortaleza triunfante no es algo que uno puede decidir cultivar. Viene conforme las pruebas de la vida en un mundo caído se vuelven instrumentos en las manos del Espíritu Santo, que talla muy dentro de nosotros «entereza de carácter».

«La entereza de carácter [produce] esperanza». *Dokim* cultiva *elpis*, «expectativa segura», la certeza de un resultado prometido. Tenemos este tipo de esperanza cuando vemos una victoria del tipo de comerse las uñas y de recuperarse, sobre un equipo superior y en contra de probabilidades insuperables… después de ver el puntaje final. El hecho de saber el resultado de una competencia cambia profundamente la forma en que la vemos. Observamos sin ansiedad. Soportamos los reveses sin pánico. Este es el tipo de esperanza que no desilusiona debido a que tenemos un resultado seguro.

Mire la lógica de Pablo en sentido invertido: el programa de Dios para cultivar el carácter en los creyentes descansa por entero en esta expectativa segura (vv. 4–5). Nuestra victoria garantizada provee un cimiento para nuestra «entereza de carácter» (v. 4), que exhibe «perseverancia» (v. 4), que a su vez nos permite soportar los «sufrimientos» con dignidad y gracia (v. 3). Para darnos la seguridad que necesitamos, Pablo introduce dos grandes verdades por primera vez en esta carta a los Romanos: el gran amor de Dios y el Espíritu Santo que mora en nosotros (v. 5).

En 1:18–32 aprendimos de la ira de Dios; ahora descubrimos que los que ahora tienen paz con Dios pueden conocer su amor. Su Espíritu nos llena, transforma y fortalece. Él provee fortaleza en nuestra debilidad, sabiduría en nuestra insensatez, amor en nuestra duda, y evidencia en nuestra desesperanza. El Espíritu Santo que vive en nosotros es nuestra garantía siempre presente de victoria futura.

— 5:6-9 —

Muchos creyentes cometen el error de pensar que una vez que somos salvos por gracia, tenemos que hacer el resto. Algunos quieren pensar que pueden comportarse como se les antoje una vez que tienen en sus bolsillos el boleto para el cielo. Muchos trabajan hasta el agotamiento tratando de llegar a ser dignos de la gracia que han recibido. Ni una ni otra perspectiva reconoce que después del momento en que nuestra vida eterna después de la muerte es sellada, seguimos necesitando a nuestro Salvador.

Seguimos siendo impotentes sin la gracia de Dios. Nunca nos elevaremos por encima de la necesidad de que Dios se incline y nos levante.

Para ilustrar nuestra necesidad continua de gracia y la fidelidad de Dios al proveerla, Pablo vuelve a repasar los pasos del evangelio. Al hacerlo, recalca que nada en nosotros merecía salvación y, sin embargo, Cristo murió por nosotros. ¡Qué asombroso es cuando una persona buena sacrifica su vida para salvar a otra persona buena! La mayoría podemos identificarnos con ese tipo de desprendimiento y esperar tener una valentía similar si se nos llamara a hacer lo mismo. Pero, ¿quién se ofrecería como voluntario para tomar el lugar de un asesino en serie en el corredor de la muerte? ¿Quién daría su vida para salvar la de Hitler o Stalin?

Jesucristo lo hizo.

A lo mejor se está diciendo: *Bueno, ¡pero no soy un asesino en masa!* No olvidemos la lección que Pablo nos enseñó en el capítulo 2. El mismo corazón corrupto por el pecado que late en el corazón del peor criminal, late en el nuestro. El cielo no califica el pecado en escala a como somos propensos a hacerlo. Nuestro pecado no nos deja menos impotentes que los más depravados ejemplos de seres humanos. Con todo, le insto a que memorice la declaración de Pablo: «Pero Dios demuestra su amor por nosotros en esto: en que cuando todavía éramos pecadores, Cristo murió por nosotros» (5:8).

Tome nota de los verbos «demuestra» y «murió». El primero es tiempo presente, lo que es curioso. Normalmente, esperaríamos ver: «Dios *demostró* su amor por nosotros en esto: en que cuando todavía éramos pecadores, Cristo murió por nosotros». Pablo usa este inesperado giro de tiempos verbales para indicar un punto importante. No éramos lo que debíamos ser *antes* de que fuéramos salvados, y no somos lo que debemos ser *ahora*. Con todo, Dios, que con fidelidad proveyó favor inmerecido para salvarnos del pecado, continúa ofreciéndonos favor inmerecido ahora.

Gracias a la muerte de Cristo, el Juez del cielo nos ha declarado (por gracia, por fe) «justos». Ya no tenemos que temer su ira. Ya no estamos sujetos al castigo. Su sacrificio pagó nuestra deuda de pecado; no solo los pecados pasados, sino también los que con toda certeza cometeremos en el futuro. No solo hemos escapado de la ira de Dios en el juicio final después de la muerte, sino que no estamos sujetos a su ira durante esta vida.

Pablo escribió todo esto para respaldar su enunciado inicial de 5:1. La muerte y resurrección de Jesucristo nos ha escoltado a un territorio completamente nuevo llamado «gracia», en el cual tenemos la oportunidad de prosperar conforme a una perspectiva completamente diferente.

— 5:10–11 —

Pero eso no es todo. Como si la paz con Dios —libertad de su ira—, no fuera suficiente, hay más. *Mucho más.* La muerte del Hijo de Dios por los seres humanos es solo parte de la historia. No solo murió: ¡resucitó! Su muerte eliminó la condenación; su resurrección nos da vida abundante y eterna.

Tome nota de nuevo de los tiempos de los verbos. «Fuimos reconciliados» está en pasado. El trabajo de la reconciliación está completo. El abismo que se abría entre Dios y nosotros ha queda-

De mi diario

Enseñanza absurda

Hace muchos años enseñé un estudio bíblico en un hogar, que pronto llegó a tener más de setenta personas. Debido a que muchos no habían oído antes el evangelio, y se veía que tenían ganas de entenderlo, decidí hacer de las buenas nuevas nuestro enfoque. Así Después de nueve semanas pensé: Veamos cuántos están captando el mensaje. Así que repartí a cada persona una tarjeta de archivador y les pedí que escribieran una breve explicación del evangelio en una o dos frases; nada complicado. De cerca de setenta alumnos, ¿sabe cuántos escribieron la respuesta correcta?

¡Cinco!

Al principio quedé confundido y desilusionado. ¿Cómo podía mi enseñanza haber sido tan ineficaz? Pero al continuar trabajando con la clase, descubrí que las personas hallan difícil conectar los puntos y aceptar el concepto de gracia. Es humanamente ilógico, e incluso parece irresponsable, pensar que algo en la vida sea gratuito. Como el mundo es un lugar tipo «uno consigue solo aquello por lo que paga», esperamos que la salvación sea lo mismo. A poco, estamos acumulando puntos de bono hacia el cielo, asistiendo a la iglesia, dando de comer al hambriento, dando dinero para causas dignas, memorizando pasajes bíblicos, volviendo la otra mejilla, atendiendo pájaros heridos hasta que se recuperen... Con el tiempo, llegamos a la conclusión lógica: Todo esto está captando la atención de Dios. Espero que me recompense... tal vez incluso me lleve al cielo.

Pero la economía de Dios no funciona así. La gracia es la moneda del cielo, lo que hace de la gracia un concepto totalmente absurdo para el mundo. La gracia es gratuita para el que la recibe y costosa para el que la da. La gracia transfiere bendición de la bodega del merecedor a la necesidad del que no la merece. La gracia se da sin expectativas, ni condiciones, ni restricciones, y sin historial. De hecho, la gracia no es genuina si quien la recibe no puede abusar de ella, y hay muchos que abusan de la gracia.

Cuando alguien continuamente colma de gracia a gente que no se lo merece, que en su mayor parte abusan de ella, llamamos a ese individuo un papanatas, un tonto, un zoquete. Dios jamás pondría a un lado su dignidad ni descendería tan bajo... ¿verdad?

Pues lo haría; y lo hizo. Lea esto con lentitud; preferiblemente en voz alta:

[Jesús], siendo por naturaleza Dios, no consideró el ser igual a Dios como algo a qué aferrarse. Por el contrario, se rebajó voluntariamente, tomando la naturaleza de siervo y haciéndose semejante a los seres humanos. Y al manifestarse como hombre, se humilló a sí mismo y se hizo obediente hasta la muerte, ¡y muerte de cruz! (Filipenses 2:6–8)

¿Que Dios descendió para hacerse hombre? ¿Y todavía descendió más para sufrir el castigo que merecemos? Después de cuatro años de seminario y más de cuatro décadas en el ministerio pastoral, casi no logro captarlo. Con razón los nuevos creyentes luchan por conectar los puntos.

do cerrado para siempre. La muerte de Cristo fue el medio de nuestro *prosagoge*, nuestro acceso (o introducción ¿recuerda 5:2?) a vivir en armonía con Dios. Y, «habiendo sido reconciliados» (tiempo perfecto) [21], «seremos salvados» (tiempo futuro).

El uso de Pablo del término «salvados» incluye mucho más que ser librados de los tormentos del infierno. También significa quedar libres de todas las cosas que se oponen a Dios, incluyendo cualquier pecado futuro que amenazara impedirnos disfrutar de la nueva vida en el territorio llamado «gracia». Esta seguridad, Pablo declara, nos permite acceso al tercer nivel de gozo: «nos regocijamos en Dios» (5:11).

Los creyentes maduros tienen un tipo de gozo que trasciende todas las demás consideraciones porque está anclado en su «paz con Dios», su restaurada relación con el Todopoderoso. Viven con confianza gozosa a pesar de las aflicciones de un mundo caído, a pesar de las consecuencias físicas del pecado pasado, e incluso a pesar de que no viven como deberían vivir. Viven conforme a las palabras de un antiguo himno que aprendí cuando joven y que todavía me encanta:

> Cumplirase nuestro anhelo,
> en el día en que sin velo
> le veremos en el cielo,
> al Señor Jesús.[22]

Las cosas no son todavía lo que deberían ser. El mundo no opera según el camino de Dios, y todavía tenemos demasiado de la vieja naturaleza en nosotros. Con todo, habiendo sido declarados «justos» por la fe, tenemos paz con Dios por medio de nuestro Señor Jesucristo, por medio de quien hemos sido escoltados a un ámbito completamente nuevo de existencia, en el cual tenemos la oportunidad de prosperar con confianza segura en el día cuando todas las cosas serán hechas como deben ser; un día en el cual el bien triunfa sobre el mal, la justicia prevalece, se elimina el pecado y todo existe en armonía con el carácter santo de Dios.

Este tercer nivel de gozo, al que yo llamo «gozo triunfante», se eleva por sobre las circunstancias presentes para celebrar la victoria del Señor sobre el pecado, la aflicción, la tristeza y la muerte. Este gozo, que no se puede obtener por ningún medio natural, es obra del Espíritu Santo en el creyente. La suya es una voz de seguridad que continuamente susurra en el alma de sus creyentes amados: «Ahora tienen paz con Dios, y apenas han empezado a vivir... de aquí para adelante todo solo mejora».

Aplicación

Paz con Dios, gozo en el sufrimiento

Una vez que los creyentes recibimos la gracia de Dios por fe en Jesucristo, tenemos «paz con Dios» (5:1-2). Por consiguiente, podemos descansar en el conocimiento de que ninguna circunstancia es resultado de castigo. Las cosas malas no suceden porque hayamos sido malos. Ningún acontecimiento es una expresión de la mala voluntad de Dios contra nosotros. Por el contrario, él ha prometido usar toda circunstancia, sea agradable o dolorosa, para guiar a los suyos hacia la madurez (5:3–5).

Para demostrar la verdad de que Dios está *a favor* nuestro, Pablo señala que la gracia de Dios descendió para salvarnos mientras que todavía éramos hostiles a él, mucho antes de que empezáramos a andar con él en una relación íntima basada en la fe (5:6–8). Qué necio es pensar que después de tener «paz con Dios» él envíe circunstancias dañinas para castigar nuestros errores. Jamás. Ahora que hemos sido justificados, salvados de la ira, y reconciliados, podemos regocijarnos para siempre, aun cuando acontecimientos dolorosos nos partan el corazón (5:9–11). Esos acontecimientos severos nunca son punitivos.

El hecho claro, y desdichado, de la vida es que vivimos en un mundo caído que todavía no ha sido redimido. Un día será redimido y transformado (Apocalipsis 21—22). Pero hasta entonces, nuestra «paz con Dios» viene a costo de la hostilidad del sistema corrupto del mundo. Jesús prometió que el mundo nos aborrecería debido a nuestra unión con Dios (Juan 15:18–21). No obstante, lo que el mundo piensa para nuestro mal, ¡Dios lo dirige para nuestro bien! Por consiguiente, incluso en los sufrimientos podemos regocijarnos. Para descansar a plenitud en esta verdad, debemos aplicar tres principios:

1. *El secreto de regocijarse es tener el enfoque correcto.* Mi enfoque ya no puede estar en mí mismo ni en mis circunstancias. Mi enfoque ahora debe ser mi Salvador y sus propósitos. Él ha venido a residir en mi vida y anhela tener el primer lugar en el trono de mi voluntad. Él está realizando un gran plan para el mundo, del cual yo soy una parte vital. En toda circunstancia, deliberadamente debo preguntar: «¿Qué es lo que Dios está realizando en mí y por medio de mí para llevar a cabo el plan que tiene con el mundo?»

2. *Escoger el enfoque correcto conduce a tener la actitud correcta.* Una vez que he dejado de enfocarme en mí mismo y mi dolor para concentrarme en el plan de Dios de realizar algo bueno en mí y por medio de mí, ya no deambulo en la duda ni me atasco en lástima propia. Ya no me pregunto en cuanto a la bondad de Dios y su fidelidad, ni temo que mi mala suerte de alguna manera sea resultado de algún pecado, ni desperdicio horas preguntándome cuándo terminará todo. Cuando mi enfoque es preciso, aprendo sumisión, humildad y gratitud.

3. *El fruto de una actitud correcta es gozo triunfante.* Conforme el Señor me hace enseñable, humilde y agradecido, hallo que dentro de mí crece un gozo que me lleva por encima de mis circunstancias. Este es un gozo que viene al percibir la presencia de Dios y su propósito. ¡Tal gozo es totalmente contagioso! Tal vez no sepa el propósito específico de Dios, pero sé que es para mi bien y para su gloria. Y eso hace serenamente bueno incluso el peor de los tiempos.

Mi mentor y amigo Howard Hendricks una vez le preguntó a un pastor:
—¿Cómo te va?

—Ay, hermano —el otro respondió—. Bajo estas circunstancias es terrible.

Hendricks le replicó:

—¿Qué estás haciendo allá abajo?

No se permita vivir bajo las circunstancias de la vida. Aprenda a remontarse por sobre ellas, no por su propio poder o capacidad, sino al confiar en la bondad de Dios y su ilimitado amor por usted. Usted tiene paz con Dios. Así que ¡REGOCÍJESE!

Culpa versus gracia (Romanos 5:12-21)

[12] Por medio de un solo hombre el pecado entró en el mundo, y por medio del pecado entró la muerte; fue así como la muerte pasó a toda la humanidad, porque todos pecaron. [13] Antes de promulgarse la ley, ya existía el pecado en el mundo. Es cierto que el pecado no se toma en cuenta cuando no hay ley; [14] sin embargo, desde Adán hasta Moisés la muerte reinó, incluso sobre los que no pecaron quebrantando un mandato, como lo hizo Adán, quien es figura de aquel que había de venir.

[15] Pero la transgresión de Adán no puede compararse con la gracia de Dios. Pues si por la transgresión de un solo hombre murieron todos, ¡cuánto más el don que vino por la gracia de un solo hombre, Jesucristo, abundó para todos! [16] Tampoco se puede comparar la dádiva de Dios con las consecuencias del pecado de Adán. El juicio que lleva a la condenación fue resultado de un solo pecado, pero la dádiva que lleva a la justificación tiene que ver con una multitud de transgresiones. [17] Pues si por la transgresión de un solo hombre reinó la muerte, con mayor razón los que reciben en abundancia la gracia y el don de la justicia reinarán en vida por medio de un solo hombre, Jesucristo.

[18] Por tanto, así como una sola transgresión causó la condenación de todos, también un solo acto de justicia produjo la justificación que da vida a todos. [19] Porque así como por la desobediencia de uno solo muchos fueron constituidos pecadores, también por la obediencia de uno solo muchos serán constituidos justos.

[20] En lo que atañe a la ley, esta intervino para que aumentara la transgresión. Pero allí donde abundó el pecado, sobreabundó la gracia, [21] a fin de que, así como reinó el pecado en la muerte, reine también la gracia que nos trae justificación y vida eterna por medio de Jesucristo nuestro Señor.

Mientras lee estas palabras, una gran batalla cósmica ruge alrededor suyo y en usted; y no puede permanecer neutral. Tiene que escoger un lado. No estoy hablando de la guerra continua entre el bien y el mal. Me refiero al conflicto entre la gracia y la culpa. ¿A cuál le va a dar usted su lealtad? ¿Cuál va a guiar sus decisiones? ¿Cuál va a caracterizar sus relaciones personales? ¿Cuál va a hacer que usted avance? ¿Cuál va a forjar su perspectiva sobre ese otro gran conflicto (aquel entre el bien y el mal)?

La lucha entre estas dos grandes fuerzas empezó en el huerto del Edén, no mucho después de la creación de los seres humanos. El Creador formó a los primeros seres humanos y los colocó en un

LA GRACIA DE DIOS (ROMANOS 3:21 — 5:21)

> ### ¡Vergüenza debe darte!
>
> El término «culpa» puede ser confuso. Por un lado, puede referirse a la «culpa objetiva», que no tiene nada que ver con sentimientos, sino que describe el estado moral de una persona que ha hecho algo malo. El que la persona sienta o no alguna emoción negativa después de hacer una mala obra es irrelevante: es culpable sin que importe cómo se sienta. Por otro lado, la «culpa subjetiva» puede producir sentimientos de tristeza o remordimiento y, por lo general, hace que la persona luche con pensamientos de condenación propia.
>
> Yo prefiero llamar «vergüenza» a este sentimiento subjetivo. Cuando una persona es culpable, es decir, objetivamente digna de que se le culpe de hacer algún mal, ¡vergüenza debe darle! Los padres solían decir a sus hijos que se portaban mal: «¡Deberías avergonzarte de hacer eso!». En otras palabras: «El hecho de que eres culpable debe hacer que te avergüences». La vergüenza es una emoción que Dios da, y su propósito es llevarnos al arrepentimiento.
>
> Desdichadamente, los seres humanos son renuentes a arrepentirse, aun cuando se sientan abrumados por la vergüenza. Si la vergüenza se hace intensa y el arrepentimiento no sigue, suelen tomar decisiones irracionales y destructivas. Adán y Eva se hicieron taparrabos con hojas de higuera en lugar de arrepentirse, y la conducta inducida por la vergüenza ha crecido para ser cada vez más estrafalaria.
>
> Dios ha provisto el medio para eliminar la vergüenza: ¡envió a su Hijo para que eliminara la culpa!

medio ambiente prístino, que creó teniendo en mente las necesidades físicas de ellos. Rodeados de tanta abundancia, todo lo que el hombre y la mujer tenían que hacer era cuidar del huerto, saborear sus deleites, amarse y disfrutar de compañerismo íntimo con Dios para siempre. Es más, el Señor delegó autoridad en la pareja, los capacitó y los nombró virreyes en la tierra (Génesis 1:26–27; 2:15). Habiendo sido acunados en esta abundancia exuberante de bienes, todo lo que tenían que hacer era evitar un árbol solitario.

Adán, con una naturaleza incontaminada por el pecado, tenía la libertad de escoger entre la obediencia y la desobediencia, el bien y el mal. Y todos sabemos lo que escogió. Su decisión de rebelarse contra la única prohibición de Dios lo cambió todo. Aunque «el hombre y la mujer estaban desnudos, pero ninguno de los dos sentía vergüenza» (Génesis 2:25) antes de su desobediencia, «corrieron a esconderse entre los árboles, para que Dios no los viera» (3:8) cuando él vino para llamarlos a cuentas. Esta fue la segunda decisión trágica de Adán. Se cubrió de culpa y huyó de la gracia. Debe haber sabido que el amor de Dios atizaba la ira divina.

Después de que el Señor hizo salir de su escondrijo a la temblorosa pareja, pronunció una serie de maldiciones; es decir, estableció las consecuencias ineludibles de su pecado. Anteriormente había dicho: «El día que de él comas, ciertamente morirás» (Génesis 2:17). Adán pronto descubriría que su muerte incluía mucho más que el fin de su existencia física. Su trabajo en el huerto se volvería arduo, porque el mismo suelo se rebelaría contra su dominio. El gozo de Eva en el alumbramiento se mezclaría con agonía. La intimidad de la pareja se volvería una lucha amarga de voluntades mientras cada uno tratara de dominar al otro. Y la muerte, el fin de la vida física, llevaría a una segunda muerte aun más aterradora: la separación eterna del Creador.

Este es el legado del primer hombre. Escogió el mal por sobre el bien, y al hacerlo, nos condenó a seguir en sus pasos de pecado. De la misma manera que un monarca, presidente o primer ministro actúa a nombre de su pueblo, que entonces cosecha las consecuencias de la política de sus gobernantes, Adán escogió esta senda para toda la humanidad; para toda la creación. Eso nos incluye a usted y a mí. Es más, hemos heredado esta naturaleza mutada, así que no podemos escoger solo el bien y evitar todo lo que es malo.

No parece justo, ¿verdad? ¿Qué Adán escogió mi suerte? ¿Estoy condenado porque *él* desobedeció? ¡Espere! No se olvide que nosotros ratificamos el pecado inaugural de nuestro representante añadiendo nuestros propios pecados. Nuestras decisiones de pecado nos ponen de pleno detrás de Adán en su rebelión contra la bondad de Dios. Sin rodeos: estamos completamente «sin excusa» (1:20). Como Adán, nuestra cabeza, debemos salir de nuestro escondrijo y confesar: «Comí» (Génesis 3:12). Como Adán, nuestra cabeza, debemos salir de nuestro escondrijo y enfrentar a nuestro Creador. Escondidos en los matorrales nunca hallaremos gracia.

Pablo empezó esta porción de su carta con la expresión adverbial de conjunción que la NVI traduce «En consecuencia», y que en efecto dice: «Debido a que la información previa es verdad, lo que sigue también es verdad». Los creyentes reciben como dádiva y por fe la justicia que Dios requiere, verdad que el ejemplo de Abraham confirma (4:1–25). *En consecuencia,* los creyentes tienen paz con Dios y tienen el derecho u oportunidad de vivir con la confianza absoluta de que cuando Cristo corrija todas las cosas, ellos participarán de ese triunfo (5:1–11). *Por lo tanto* (5:12, RVR) […]

Los «por tanto» de Pablo funcionan como una coma antes que como un punto. Una verdad revelada de manera natural conduce a otra que debemos considerar. Este interesante pasaje compara y contrasta el significado de dos hombres ejes en la historia humana: Adán y Cristo. Es más, resume todo lo que el apóstol ha escrito hasta este punto y nos prepara para la siguiente verdad cristiana monumental. Esa sección se pudiera bosquejar:

5:12–14 La ruina de la humanidad (resumiendo 1:18—3:20).
5:15–19 El rescate de la humanidad (resumiendo 3:21—5:11).
5:20–21 El reinado de la humanidad (introduciendo 6:1—8:39).

— 5:12-14 —

El pecado produce muerte. Es una ley fundamental del universo no menos predecible y extendida que la ley de la gravedad. Como rey y reina, el pecado y la muerte reinan juntos. En los primeros días después de la creación, la pecaminosa decisión de un hombre llegó a ser el conducto de la muerte. (Pablo omite su nombre, pero todos sabemos cuál es). La «muerte», recuerde, no está limitada al fin inevitable de la existencia física; «muerte» incluye las maldiciones que Dios pronunció en Génesis y la separación eterna de él en la eternidad. Y como un virus, el pecado infectó a toda la humanidad, condenándonos a una existencia como de muerte.

Dios no específico ni codificó su estándar para la conducta humana sino en el tiempo de Moisés, varios miles de años después de la creación. Pablo declaró que el pecado «no se tomó en cuenta» hasta entonces, lo que no es sugerir que la humanidad fuera menos culpable de pecado ni que mereciera menos el castigo. La muerte, la consecuencia natural del pecado, reinó sobre la humanidad de todos modos. Pablo está hablando de una cuestión judicial.

La «Ley» no es nada menos que una expresión particular del carácter santo de Dios preservado para nosotros en forma escrita. Antes de que la Ley fuera dada a Moisés, quien la dio a Israel para que la preservara y distribuyera, los hombres y mujeres vivían en contención con su Creador. Pero «no tenían excusa», aun sin la ley escrita, como Pablo ya ha demostrado (1:18—2:16). La expresión «no se toma en cuenta» es otro término contable griego, que quiere decir «cargar a la cuenta de alguien» (ver Filemón 18).

Piénselo de esta manera. Una pareja vuelve a su casa de su luna de miel, se establece en un departamento, y empieza su vida juntos. Él trabaja, ella trabaja, gastan lo que ganan y todo marcha bien. Tres años más tarde, las tasas de intereses hipotecarios bajan y tienen una oportunidad dorada de comprar una casa. Lamentablemente, no tienen el dinero para el pago inicial. Es más, han acumulado unos cuantos miles de dólares en deuda en tarjetas de crédito. A fin de poner sus finanzas en orden, consultan con un experto financiero, que los ayuda a establecer un presupuesto. Pone lo que ellos ganan en un lado de un libro de contabilidad, y hace una lista de sus gastos mensuales en el otro lado. Vaya, vaya, lentamente han estado cavando un hoyo financiero por muchos meses y deben ajustar sus hábitos.

¿Qué cambia como resultado de ver el libro de contabilidad? Por cierto que no cambia su situación financiera; sino solo el que *se percaten* de ella. La hoja de contabilidad sacó a la luz la verdad de su irresponsabilidad fiscal, lo que les da una oportunidad de hacer algo al respecto.

La ley es una hoja de contabilidad moral que saca a nuestra atención la verdad en cuanto a nuestra deuda moral. Con hoja de contabilidad o sin ella, estamos endeudados. En consecuencia, antes de que se les diera a los seres humanos la hoja de contabilidad de la ley, «desde Adán hasta Moisés la muerte reinó». Incluso los que no pecaron contra un mandamiento explícito como Adán son culpables de pecado y merecen la muerte.

— 5:15-17 —

La última frase de 5:14 establece un paralelo entre Adán y Cristo, que son similares de dos maneras muy importantes. Primero, ambos hombres no estaban contaminados moralmente cuando fueron tentados por el mal —Adán antes de la caída y Cristo en virtud de su naturaleza divina y concepción virginal. Segundo, ambos representaban a toda la humanidad— Adán como el progenitor físico de toda la humanidad y Jesús como nuestro representante divinamente delegado. Pero la similitud acaba allí. Pablo entonces traza una línea imaginaria en la página y pone los nombres «Adán» y «Cristo» en lados opuestos a fin de contrastar su impacto en la humanidad.

Note el efecto contrastado de la decisión moral de cada uno de ellos. Adán pecó; Cristo obedeció (Mateo 26:39; Marcos 14:36; Lucas 22:42). En tanto que toda la humanidad sufrió la consecuencia

Adán	Cristo Jesús
árbol prohibido	la cruz
«transgresión»	«dádiva»
muchos murieron	abundó la gracia para muchos
condenación	justificación
reinó la muerte	la dádiva de justicia reinará

de la muerte como resultado del pecado de Adán, por la obediencia de Cristo se ofreció gracia a todos los seres humanos. El pecado de Adán trajo condenación a todos, pero la provisión de la muerte de Cristo ofrece justificación para todos. El pecado de Adán colocó a la muerte en el trono de la creación, en tanto que la dádiva de justicia de Cristo un día gobernará el mundo.

También es importante notar otra diferencia crucial en la forma en que la acción de cada uno impacta a la humanidad. La consecuencia mortal del pecado de Adán es un hecho universal, histórico, en tanto que la dádiva de la obediencia de Cristo que genera vida es un futuro potencial para algunos, pero no para todos. El don de la gracia «abundó para todos» (es decir, los mismos «muchos» que quedaron afectados por la transgresión de Adán; o sea, todos). Sin embargo, no todos escogerán recibir la dádiva divina de la gracia.

Ahora compare las dos cláusulas: «reinó la muerte» y «los que reciben [...] reinarán». El primer verbo está en pasado, describe algo que ya ha ocurrido. El segundo verbo está en futuro, y describe algo que está por suceder. El sujeto de la primera cláusula es «muerte»: la muerte reinó sobre la creación. El sujeto de la segunda cláusula es «los que reciben [gracia y la dádiva]»: los creyentes un día sacarán a la «muerte» del trono de la creación y gobernarán en su lugar.

— 5:18-19 —

Para establecer bien el impacto contrastado de los dos hombres sobre la humanidad, Pablo lo reduce todo a dos pares de enunciados paralelos, que he arreglado así, a fin de dejarlo claro:

Adán: Por la transgresión de uno resultó condenación para todos.
Cristo: Por un acto de justicia resultó justificación de vida para todos.
Adán: Por la desobediencia de un hombre muchos fueron hechos pecadores.
Cristo: Por la obediencia de uno muchos serán hechos justos.

LA GRACIA DE DIOS (ROMANOS 3:21 — 5:21)

El verbo griego que se traduce «serán constituidos» (5:19) es un término judicial que se usa para nombrar a alguien a un cargo oficial. La desobediencia de un hombre llevó a los muchos a ser pecadores; y la obediencia de un hombre llevó a los muchos a ser justos. Nuestra posición recientemente nombrada como «justos» viene con ciertos derechos y responsabilidades que la persona recibe al ser nombrada (ver Tito 1:5). Esta es otra manera en que Pablo describe la justificación por fe, en la que el creyente es declarado justo, en una posición correcta ante la Ley y por consiguiente exento del castigo.

— 5:20-21 —

La afirmación de que la Ley intervino para que «aumentara» la transgresión se puede interpretar de dos maneras. Primero, el pecado «abundó» en el sentido de que ahora vemos lo que había estado invisible antes de que la ley definiera con claridad lo que está bien y lo que está mal. Segundo, la presencia de la ley estimula al corazón rebelde a hacer exactamente lo opuesto que ordena. Ambas interpretaciones son válidas. El comentario de Pablo refleja con precisión la función judicial de la ley en cuanto a acusar el mal de la humanidad, pero también describe con precisión nuestra naturaleza humana rebelde. El hecho de que se nos diga «no hagas esto» en realidad impulsa a nuestra naturaleza vieja a rebelarse.

Pablo lleva a su conclusión esta sección en particular de su carta resumiendo su punto primordial: la salvación no se puede ganar por obediencia a la ley; la salvación es una dádiva de gracia (5:20). La última oración de esta sección predice el tema de la siguiente: el surgimiento de la gracia sobre el pecado en la vida del creyente y a la larga su conquista del mundo.

Mientras lee estas palabras, una gran batalla cósmica ruge en usted. Como hemos visto, la batalla no es entre el bien y el mal. El mal ya se ha apoderado de su corazón. No, las fuerzas que pelean por su alma son la culpa y la gracia. Usted ha pecado, así que la culpa es una respuesta apropiada, sea que usted la sienta o no. Como muchos, usted tal vez le ha hecho frente a la culpa por sus maldades por cualquier número de medios: negativa, minimización, distracción, desvío de la culpa, o incluso religión. Desdichadamente, esos medios no pueden tener más éxito en tapar la culpa que el taparrabo de hojas de higuera con que Adán quiso cubrir su desobediencia.

La respuesta de Dios al pecado de Adán podía haber sido fulminante y severa. Podía haber extinguido al universo entero con una sola palabra con la misma facilidad con que lo creó, y no hubiera sido menos santo si lo hacía. Es más, muchos filósofos cuestionan cómo un Dios bueno, todopoderoso, puede tolerar la presencia del mal. La respuesta, de nuevo, es gracia. Favor inmerecido. Misericordia inexplicable. En lugar de hacer justicia y reducir la creación a cenizas, el Señor, impulsado por el amor, llamó a cuentas a Adán sobre su pecado.

Muchas traducciones de la Biblia muestran la venida de Dios al huerto como un paseo al atardecer acompañado de una suave brisa. Pero una traducción más acertada sugiere que la ira de Dios sopló en el huerto con una violenta tempestad. Su primera pregunta, «¿Dónde estás tú?», es retórica. Fue una firme invitación a que saliera de su escondrijo.

En el momento preciso, el Señor llamó a cuentas a la humanidad en cuanto a nuestro pecado dándonos la ley. En tanto que la ley es peligrosa y mortal porque convence y condena a los que han pecado, también es el medio de la gracia de Dios. Por la ley, su vida sopla en nuestro huerto y con firmeza nos insta a que salgamos del escondrijo. Tenemos razón para temer su ira, pero somos necios al desconfiar de su gracia. Después de todo, si su deseo principal fuera aplicar la justa pena del pecado, ya lo habría hecho.

Así que, usted tiene una alternativa: ¿culpa o gracia? Puede tener cualquiera de las dos. Puede seguir escondido, aferrarse a su culpa y sufrir el castigo inevitable de su pecado: una separación de Dios eterna, agonizante. O puede dejar de esconderse, ponerse ante él, reconocer su pecado, admitir que es impotente para agradarle por cuenta propia, y recibir la dádiva de su gracia.

Dios envió a su Hijo Jesucristo para que viviera la vida sin culpa que no podemos vivir, para que muera la muerte expiatoria que merecemos, para que resucite y reclame nueva vida a nuestro favor, y para escoltar (*prosagoge*) a los que creen en él a una clase de existencia completamente nueva. Su dádiva es gratuita, extendida por gracia y recibida por fe. Así que, la decisión es suya. ¿Culpa o gracia?

NOTAS: La gracia de Dios (Romanos 3:21—5:21)

11. John Newton, «Sublime gracia», 1779.
12. Arthur Bennett, ed., *The Valley of Vision: A Collection of Puritan Prayers & Devotions,* The Banner of Truth Trust, Carlisle, Penn., reimpr. 2006, 6–7.
13. Gerhard Kittel y Gerhard Friedrich, eds., *Theological Dictionary of the New Testament: Abridged in One Volume,* trad. Geoffrey W. Bromiley, Eerdmans, Grand Rapids, 1985, 1127.
14. Mark Twain, *Following the Equator and Anti-Imperialist Essays,* Oxford Univ. Press, Nueva York, 1996, 132.
15. *Merriam-Webster's Collegiate Dictionary,* 11ª ed., s.v. «faith».
16. Muchos argumentarían correctamente que este cambio ocurrió con los filósofos griegos antiguos, como Herodoto, Sócrates y Aristóteles; sin embargo el pensamiento occidental no solo se detuvo en su avance, sino que retrocedió durante la llamada «Edad del oscurantismo». Tomás de Aquino retomó el asunto donde los griegos antiguos lo dejaron y, más o menos, le dio a su cosmología un barniz cristiano.
17. John Huffman Jr., *Who's in Charge Here?,* Christian Herald Books, Chappaqua, N.Y., 1981, 63
18. Martín Lutero, *Luther's Works,* vol. 34, Career of the Reformer IV, Concordia, St. Louis, 1960, 336.
19. Ibíd., 336–37.
20. Johannes P. Louw y Eugene Albert Nida, *Greek-English Lexicon of the New Testament: Based on Semantic Domains,* ed. electrónica. de la 2ª ed., United Bible Societies, Nueva York, 1996 [orig. 1989], 1:430.
21. En el griego estos dos verbos están en tiempo aoristo. El contexto nos ayuda a establecer en español cuál tiempo debemos usar en cada caso.
22. Thomas Kelly, «Praise the Savior, Ye Who Know Him» [Al Señor Jesús loemos], trad. Gilbert Lear, 1806.

LA FIDELIDAD DE DIOS (ROMANOS 6:1 – 8:39)

El 22 de septiembre de 1862 el presidente Abraham Lincoln dictó una proclamación que empezaba así:

> En el primer día de enero, del año de nuestro Señor de mil ochocientos sesenta y tres, todas las personas tenidas como esclavos dentro de cualquier estado o parte designada de un estado, las personas que estarán en rebelión en contra de los Estados Unidos, serán entonces, de allí en adelante, y para siempre, libres.

La Unión estadounidense tendría que luchar por muchos meses antes de que los esclavos del sur pudieran apropiarse de su preciosa libertad. Booker T. Washington tenía nueve años cuando la emancipación alcanzó su plantación en el sudeste de Virginia, día que él recuerda en su autobiografía *Up from Slavery* [Salida de la esclavitud]:

> Lo más distintivo que ahora recuerdo en conexión con la escena fue que un hombre que parecía ser un extraño (un oficial de los Estados Unidos, presumo) dio un breve discurso y luego leyó un papel más bien largo: la Proclamación de emancipación, me parece. Después de la lectura se nos dijo que todos estábamos libres, y que podíamos ir adonde quisiéramos cuando quisiéramos. Mi madre, que estaba a mi lado, se inclinó y besó a sus hijos, mientras lágrimas de alegría corrían por sus mejillas. Nos explicó lo que eso quería decir, que ese era el día por el cual ella había estado orando por tanto tiempo, pero temiendo que no viviría para verlo[23].

Con el tiempo, después de la rendición definitiva de la Confederación, el asesinato de un presidente, y una difícil lucha política, los Estados ratificaron la decimotercera enmienda, que oficialmente abolió la esclavitud en los Estados Unidos de América. El 18 de diciembre de 1865 las noticias cundieron en el capitolio, y por el Shenandoah (en Virginia), por los Apalaches, y por las carreteras rurales de los Carolinas, muy adentro en las plantaciones de Georgia, Alabama, Mississippi y Luisiana, y en los campos de algodón de Texas y Arkansas. La palabra corría como pólvora: los esclavos ya son libres… por lo menos de manera oficial. La aplicación práctica de la libertad era otro asunto.

> El regocijo entusiasta de parte de las personas de color emancipadas duró apenas por un breve período, porque noté que cuando volvieron a sus cabañas hubo un cambio en sus sentimientos. La gran responsabilidad de estar libres, de tener que hacerse cargo de sí mismos, y de tener que pensar y planear por sí mismos y sus hijos, pareció apoderarse de ellos. Era muy parecido a dejar suelto a un adolescente de diez o doce años en el mundo para que se valga por sí mismo. En unas pocas horas las grandes preguntas con las que la raza anglosajona había estado batallando por siglos habían sido echadas sobre estas personas para que las resolvieran. Había las preguntas de una vivienda, una vida, crianza de los hijos, educación, ciudadanía, y el establecimiento y sostenimiento de iglesias. ¿Fue acaso

sorpresa alguna que en pocas horas el regocijo entusiasta cesó y un sentimiento de honda lobreguez pareció extenderse por las viviendas de los esclavos? Para algunos, ahora que en realidad la tenían en posesión, la libertad les parecía un asunto mucho más serio de lo que habían esperado hallarla. Algunos de los esclavos tenían setenta u ochenta años; sus mejores días ya habían pasado. No tenían fuerza con la cual ganarse la vida en un lugar extraño y entre extraños, aunque estuvieran seguros de dónde hallar un nuevo lugar en donde vivir. Para esta clase el problema pareció especialmente duro. Además, muy adentro en sus corazones había un apego extraño y peculiar al «viejo amo» y «vieja ama», y a sus hijos, de los cuales hallaban difícil pensar separarse. Con ellos habían pasado en algunos casos casi medio siglo, y no era asunto ligero pensar en separarse. Gradualmente, uno por uno, a escondidas al principio, los esclavos más viejos empezaron a escurrirse de las viviendas de los esclavos de regreso a la «casa grande» para tener una conversación en voz baja con sus anteriores dueños en cuanto al futuro[24].

Después de una breve celebración, muchos ex esclavos volvieron a los campos para continuar su servidumbre como «aparceros». Aunque oficialmente libres para ir adonde quisieran, poco cambió para ellos en un sentido práctico. La emancipación legal solo presentó a los esclavos la oportunidad de vivir como personas libres. Convertir su estatus legal en experiencia real exigiría una transformación interna. Los que hallaban este reto demasiado temible preferían la incómoda familiaridad de la esclavitud.

Qué tonto parece esto desde la perspectiva de los que nunca han conocido la esclavitud. Y sin embargo, los cristianos, y yo diría la mayoría de ellos, todos los días escogen la esclavitud en lugar de la libertad. Aunque han sido libertados, vivir como hombres y mujeres libres no les es ni fácil ni natural. Es un proceso y, como la salvación, se debe lograr de manera sobrenatural. Los teólogos han dado un nombre a la transformación gradual, interna, del esclavo del pecado recién libertado a un individuo plenamente maduro y completamente libre. Ese término es «santificación». Ese es el tema de esta sección de la Carta de Pablo a los Romanos.

Morir para vivir (Romanos 6:1-14)

[1] ¿Qué concluiremos? ¿Vamos a persistir en el pecado, para que la gracia abunde? [2]¡De ninguna manera! Nosotros, que hemos muerto al pecado, ¿cómo podemos seguir viviendo en él? [3]¿Acaso no saben ustedes que todos los que fuimos bautizados para unirnos con Cristo Jesús, en realidad fuimos bautizados para participar en su muerte? [4]Por tanto, mediante el bautismo fuimos sepultados con él en su muerte, a fin de que, así como Cristo resucitó por el poder del Padre, también nosotros llevemos una vida nueva.
[5]En efecto, si hemos estado unidos con él en su muerte, sin duda también estaremos unidos con él en su resurrección. [6]Sabemos que nuestra vieja naturaleza fue crucificada con él para que nuestro cuerpo pecaminoso perdiera su poder, de modo que ya no siguiéramos siendo esclavos del pecado; [7]porque el que muere queda liberado del pecado.
[8]Ahora bien, si hemos muerto con Cristo, confiamos que también viviremos con él. [9]Pues sabemos que Cristo, por haber sido levantado de entre los muertos, ya no puede volver a morir;

TÉRMINOS CLAVE

ἁγιασμός [*jagiasmos*] (38) «santificación, consagración, santidad».
Esta era una palabra común en la adoración pagana, y describía todo lo que había sido limpiado, separado para uso específico en la adoración de algún dios en particular y, por consiguiente, ceremonialmente puro. Los judíos usaban el término en referencia a todo lo que estaba reservado para uso de Dios, incluyendo la raza hebrea. Pablo le dio al término una aplicación incluso más personal. Debido a que el Espíritu Santo mora en el creyente, el creyente es un templo y, por consiguiente, no menos consagrado que «el Lugar Santísimo» (Éxodo 26:33–34; Levítico 16:2).

σάρξ [*sarx*] (4561) «carne, el aspecto físico del ser humano».
No era raro que Pablo adoptara un término secular griego y le añadiera a su significado usual para expresar una verdad espiritual compleja. Para el apóstol, *sarx* no era solo el aspecto material del ser humano; indicaba nuestra manera pecadora, rebelde, de pensar y obrar que permea el sistema pervertido del mundo después de la caída (Génesis 3:14–19). *Sarx* es esa parte de nuestra naturaleza previa a la conversión que se opone a la nueva manera de pensar y obrar del reino de Dios.

πνεῦμα [*pneuma*] (4151) «espíritu, el aspecto inmaterial de la humanidad, Espíritu Santo».
Pneuma literalmente quiere decir «viento» o «aliento», pero se usaba de manera más común en la literatura griega secular para hablar del aspecto inmaterial de una persona; lo que dejaba de existir después de la muerte, o seguía viviendo aparte del cuerpo. Pablo usó *pneuma* de manera similar, pero también usó el término en referencia al Espíritu Santo de Dios. Todavía más, el «Espíritu» no era solo la tercera persona de la Trinidad; el término también representaba el marco mental de Dios opuesto a la manera de vida caída del mundo. «Espíritu» es lo opuesto de *sarx*.

προορίζω [*proorizo*] (4309) «determinar de antemano, decidir con antelación, preordenar».
En tanto que Pablo no se oponía a darle a palabras griegas comunes un significado especializado o técnico, con mayor frecuencia usaba su connotación normal. Esta palabra significa «determinar de antemano». Si bien el verbo da por sentado el conocimiento previo, no sugiere cómo el conocimiento del futuro impacta la toma de decisiones, si es que lo hace.

δοξάζω [*doxazo*] (1392) «glorificar, hacer glorioso, hacer excelente, revelar la valía de algo».
En la traducción del Antiguo Testamento al griego, la *doxa* de Dios es por lo general una manifestación física de su naturaleza santa, justa, que la humanidad puede observar a gran riesgo de muerte (Éxodo 33:18–20). En el Nuevo Testamento, «el énfasis cambia a la participación»[25] por la que el creyente participa de la gloria de Cristo (Romanos 8:17; Colosenses 1:27; 3:4) y a la larga recibe un cuerpo resucitado como el de él (Filipenses 3:21). En el vocabulario del cielo, *doxa* es la justicia hecha visible.

la muerte ya no tiene dominio sobre él. ¹⁰En cuanto a su muerte, murió al pecado una vez y para siempre; en cuanto a su vida, vive para Dios.
¹¹De la misma manera, también ustedes considérense muertos al pecado, pero vivos para Dios en Cristo Jesús. ¹²Por lo tanto, no permitan ustedes que el pecado reine en su cuerpo mortal, ni obedezcan a sus malos deseos. ¹³No ofrezcan los miembros de su cuerpo al pecado como instrumentos de injusticia; al contrario, ofrézcanse más bien a Dios como quienes han vuelto de la muerte a la vida, presentando los miembros de su cuerpo como instrumentos de justicia. ¹⁴Así el pecado no tendrá dominio sobre ustedes, porque ya no están bajo la ley sino bajo la gracia.

«Nada es gratis».

«Comamos, y bebamos, que mañana moriremos».

«Mantén cerca a tus amigos, y a tus enemigos incluso más cerca».

«Que el comprador esté alerta».

«Uno recibe aquello por lo que paga».

«Dios ayuda a los que se ayudan».

Lo que pasa por sabiduría del mundo por lo general es mala teología. Eso se debe a que el mundo dejó de funcionar como Dios quería tan pronto como la desobediencia de Adán arrastró al resto de la creación consigo a rebelión. En consecuencia, el orden y la belleza que en un tiempo adornaban la creación divina, aunque no anuladas por completo, se han vuelto retorcidas y grotescas. Ahora el mundo opera de acuerdo a un sistema diferente que deja escaso o ningún espacio para cualidades celestiales tales como la humildad, el desprendimiento, la fe o, la más extraña de todas, la gracia.

Al concluir Pablo la sección anterior, audazmente declaró que si bien el pecado reinó sobre la tierra y por tanto, la muerte, Jesucristo ha iniciado la reconquista. Para usar sus palabras: «sobreabundó la gracia, a fin de que, así como reinó el pecado en la muerte, reine también la gracia que nos trae justificación y vida eterna por medio de Jesucristo nuestro Señor» (5:20–21). Esto resume lo que explicará luego en los capítulos 6—8.

Para empezar su explicación, el apóstol hace dos preguntas que ilustran cuán ajena es la gracia a un mundo dominado por la muerte y a las mentes entregadas a la depravación. Éstas son dos preguntas para las cuales ya tiene respuestas:

«¿Vamos a persistir en el pecado, para que la gracia abunde?» (6:1).

«¿Vamos a pecar porque no estamos ya bajo la ley sino bajo la gracia?» (6:15).

Sin duda alguna él encontró estos retos a la gracia en toda sinagoga entre Jerusalén y Roma.

— 6:1 —

Una pregunta retórica es en realidad una afirmación disfrazada como pregunta y, por consiguiente, no espera una respuesta directa. Pero es efectiva en el debate porque hace lo que parece ser un enunciado irrefutable y pone al opositor en aprietos. Pablo toma la pregunta retórica de sus opositores, que son un reto a la doctrina de la gracia, y la pone sobre el tapete: «Si el pecado trae gracia, y un montón de pecado trae un mayor montón de gracia, ¿no deberíamos pecar lo más que podamos a fin de que la gracia siga fluyendo del cielo?» La respuesta de los opositores surgiría de manera natural: «Sabemos que eso no puede ser verdad; así que la doctrina de la gracia debe ser falsa».

Los opositores de Pablo habían indicado algo válido. Una mente depravada de seguro ve la gracia desde una perspectiva torcida. Pero Pablo aprovecha el ataque. Sus opositores han demostrado con demasiada claridad con su punto de vista tergiversado que Dios no puede permitir que los que reciben su gracia continúen en su estado mental depravado o retorcerán la gracia como lo hacían los detractores de Pablo. Por consiguiente, los creyentes deben recibir una nueva naturaleza, una nueva mentalidad.

¿ESPERA USTED EN REALIDAD UNA RESPUESTA?

Una pregunta retórica es en realidad una afirmación en forma de pregunta, así que no espera una respuesta. Eso la hace una herramienta particularmente efectiva en el arte del debate. Además de indicar un punto fuerte, la pregunta retórica parece poner al opositor en la posición de no tener respuesta y por consiguiente no poder contestar. Por ejemplo, alguien puede sellar una discusión preguntando: «Usted no espera que yo traicione mis principios, ¿verdad?»

Pablo sin duda se encontró con una serie de esas situaciones en sus viajes por el Imperio Romano, e incluye algunas de ellas en su Carta a los Romanos como si esperara objeciones comunes. Estas preguntas no reflejan su enseñanza en el asunto; pero le dan una oportunidad para responder. Con frecuencia introduce una pregunta retórica con la frase: «Entonces, ¿qué?» antes de responder con una explicación de sólida doctrina. Estos son algunos ejemplos (énfasis añadido):

Entonces, ¿qué se gana con ser judío, o qué valor tiene la circuncisión? (3:1).
Pero entonces, si a algunos les faltó la fe, ¿acaso su falta de fe anula la fidelidad de Dios? (3:3).
¿A qué conclusión llegamos? ¿Acaso los judíos somos mejores? (3:9).
¿Dónde, pues, está la jactancia? Queda excluida. ¿Por cuál principio? ¿Por el de la observancia de la ley? (3:27).
Entonces, ¿qué diremos en el caso de nuestro antepasado Abraham? (4:1).
¿Qué concluiremos? ¿Vamos a persistir en el pecado, para que la gracia abunde? (6:1).
Entonces, ¿qué? ¿Vamos a pecar porque no estamos ya bajo la ley sino bajo la gracia? (6:15).
¿Qué concluiremos? ¿Que la ley es pecado? (7:7).
¿Qué concluiremos? ¿Acaso es Dios injusto? (9:14).

Morir para vivir (Romanos 6:1–14)

— 6:2-3 —

Pablo responde a esa noción defectuosa con una fuerte represión: «¡De ninguna manera!». Es decir: «¡Que tal cosa jamás ocurra!» Luego pone otras dos preguntas retóricas más ante sus lectores, cada una con una verdad cristiana monumental. La primera pregunta, «¿Cómo podemos seguir viviendo en él?», destaca el hecho de que los creyentes ya no sirven a su antiguo amo. Éramos esclavos del pecado porque nuestra vieja naturaleza lo hallaba irresistible. Pero la muerte nos ha libertado de esa esclavitud. Qué trágico sería que el esclavo emancipado continuara sufriendo el dolor del maltrato y la degradación de la servidumbre cuando puede correr libre.

Claro, esto lleva a una pregunta: «¿Cómo es que morimos al pecado cuando es obvio que estamos bien vivos?» Pablo responde con una segunda pregunta retórica: «¿Acaso no saben ustedes que todos los que fuimos bautizados para unirnos con Cristo Jesús, en realidad fuimos bautizados para participar en su muerte?» Esta segunda pregunta introduce una verdad compleja llamada «identificación». Según esto, todos los que han puesto su fe en Jesucristo han sido «bautizados en» él. El contexto indica con claridad que este no es el bautismo en agua. Es una fuerte imagen verbal que habría sido familiar para los creyentes de Roma, sobre todo los judíos.

La palabra «bautizo» es una transliteración del griego *baptizo*, que significa «introducir al agua, sumergir». Ser bautizado en algo es ser sumergido por completo en eso. Es más, la significación primordial del bautismo era identidad. A los que se convertían al judaísmo se les bautizaba en el pacto de Dios con Abraham, así que se identificaban con los judíos de nacimiento y llegaban a ser herederos de todo lo que Dios les había prometido a los descendientes hebreos de Abraham.

Cuando ponemos nuestra confianza en Jesucristo para conocer la salvación del pecado, se nos dice que él nos envuelve en un sentido espiritual. De una manera muy real, nuestra identidad se une a la de él, de tal manera que la experiencia de él se vuelve la nuestra. Él murió y nosotros morimos con él. Él resucitó de los muertos a una nueva clase de vida, y también nosotros. En virtud a nuestra identificación con Jesucristo, su muerte y su resurrección, hemos sido emancipados de la esclavitud al pecado. La identidad con Cristo empezó con fe, pero tiene consecuencias continuas.

Este es un concepto difícil porque es muy abstracto. Pero en realidad no es muy diferente a la verdad que aprendimos en Romanos 3:21—5:21. Nos identificamos con Jesucristo cuando él sufrió el castigo por nosotros y pagó la pena legal del pecado en lugar nuestro. Dios entonces acreditó la justicia de su Hijo a nuestra cuenta moral y recibimos la gracia por fe. Pero la gracia no se detiene allí.

Warren Wiersbe produjo una tabla (se encuentra en la página 124) que ilustra de manera hermosa los continuos beneficios de la gracia que recibimos por fe en Jesucristo[26].

La identificación le permite al creyente participar de todo lo que disfruta el Hijo de Dios. Para ayudar a los creyentes a aprovechar al máximo esta dádiva, Pablo explica primero los detalles intrincados de esta verdad cristiana vital (6:4–10), bosqueja la significación de la identificación (6:11–12), y concluye con una explicación de cómo aplicarla (6:12). Tres términos clave que debemos observar:

Saber
Considerar
Presentar

Romanos 3:21–5:21	Romanos 6—8
Sustitución: Él murió por mí	Identificación: Yo morí con él
Él murió por mis pecados	Él murió al pecado
Él pagó la pena del pecado	Él rompió el poder del pecado
Justificacion: Justicia imputada (puesta en mi cuenta)	Santificación: justicia impartida (hecha parte de mi vida)
Salvado por su muerte	Salvado por su vida

— 6:4 (Saber la verdad) —

La emancipación liberta legalmente a la persona de la esclavitud involuntaria, pero no garantiza que esa persona disfrutará de la libertad. La persona primero debe *saber* que ha sido libertada.

La explicación que Pablo da sobre la identificación usa tres términos condicionales: «Por tanto […] a fin de que […] así también nosotros […]» La expresión conectora griega «Por tanto» (*oun*) es importante porque indica que el siguiente enunciado del apóstol es una continuación lógica de lo que acaba de escribir. O sea, la próxima oración no queda sola; continúa explicando la verdad: «todos los que fuimos bautizados para unirnos con Cristo Jesús, en realidad fuimos bautizados para participar en su muerte» (6:3). Por tanto, «[debido a que hemos sido bautizados en la muerte], hemos sido sepultados con él mediante [el mismo] bautismo [recién mencionado] a muerte». El bautismo de 6:4 es el mismo que en 6:3: espiritual, no en agua.

Quiero dejar esto en claro porque algunos afirman que la gracia y las promesas de salvación se reciben mediante un estanque de agua y no solo por fe. Pablo se esforzó por establecer la verdad de que la circuncisión, símbolo importante de participación judía en el pacto de Dios con Abraham, no tiene el poder de salvar a nadie. La circuncisión es un «sello notarial» con el propósito de verificar la autenticidad de la fe de uno. Recuerde que fue la fe de Abraham lo que se le acreditó como justicia. De modo similar, el bautismo en agua, símbolo importante de participación cristiana en el nuevo pacto de Dios por Cristo, no tiene el poder de salvar a nadie. El bautismo en agua es un «sello notarial» que verifica la autenticidad del bautismo espiritual de uno en Cristo.

Las palabras y frases de 6:4 están empacadas densamente con significado, así que permítame dividir el versículo de la siguiente manera:

— 6:5-7 —

Como consecuencia lógica de nuestra identificación con Cristo en su muerte (el hecho de que murió en lugar nuestro), nos identificaremos con él en su resurrección. Esto es cierto, lo sepamos o no. En la eternidad seremos como él es. Nuestros cuerpos serán como el suyo; no estaremos sujetos a dolor, ni a sufrimiento, ni a debilidades o tentaciones. Sin embargo, por ahora, mientras vivimos en este cuerpo en una creación caída, esta nueva vida ya es nuestra potencialmente. Para experimentarla aquí y ahora, debemos apropiarnos de ella (ver 1 Juan 3:2–3).

«Por tanto...»	Como consecuencia lógica...
«fuimos sepultados con él...»	nuestra experiencia es su experiencia...
«mediante el bautismo...»	mediante nuestra identificación con él...
«en su muerte...»	en que él fue envuelto por la muerte...
«a fin de que, así como Cristo resucitó...»	a fin de que, de la misma manera en que Cristo resucitó...
«por el poder del Padre...»	por el poder de Dios Padre...
«también nosotros...»	nosotros, potencialmente...
«llevemos una vida nueva...»	experimentemos la nueva clase de vida que Cristo experimentó y entonces nos conduzcamos de esa manera...

«Cuerpo pecaminoso» es una expresión que Pablo explicará con gran detalle más adelante. Por ahora, solo necesitamos reconocer que aunque el cuerpo no es inherentemente malo (como algunos aducen), es el vehículo de nuestra vieja naturaleza de pecado. No es inherentemente pecado; sin embargo, es parte de este mundo caído y, por consiguiente, sujeto a la tentación y corrupción. En un sentido espiritual, hemos muerto. Los cadáveres no responden a la tentación. Los cadáveres no escogen hacer el mal. La tentación y el pecado no tienen poder sobre los cadáveres. Algún día experimentaremos esta verdad en un sentido físico. Mientras tanto, antes de que muramos físicamente y seamos resucitados a una nueva clase de vida, tenemos la oportunidad de experimentar esta verdad.

El primer paso para experimentar esta nueva vida abundante de Cristo es «saber esto» (6:6). ¿Saber qué? Que «nuestra vieja naturaleza fue crucificada con él para que nuestro cuerpo pecaminoso perdiera su poder». En otras palabras, estamos bajo nueva administración. Estamos sujetos a la autoridad de Dios y no a la del pecado, ni al mundo, ni a algún otro gobernante. Ya no estamos obligados a escoger el pecado.

Cuando empecé mis años en el Cuerpo de Marina, estaba sujeto a la autoridad de un instructor de ejercicios, tal vez la autoridad más intimidante, autoritaria, que jamás he encontrado. Su objetivo:

doblegar la voluntad de muchachos campesinos sencillos y avezados moradores de la ciudad, para convertirlos en muchachos de voluntad férrea y guerreros de corazón fuerte. Los instructores de ejercicios no son conocidos por su compasión. Le dicen a uno cómo moverse, cuándo comer, cuándo tomar agua, cuándo dormir, cuándo despertarse, e incluso cuándo ir a hacer sus necesidades. Y las consecuencias de la desobediencia son extremas.

Después del entrenamiento básico, se me dijo dónde vivir y qué tarea hacer. El Cuerpo de Infantería de Marina no me preguntó si me parecía bien que me enviaran al otro lado del globo lejos de mi esposa y que me tuvieran allí por dieciséis meses. La relación era sencilla. Ellos me decían lo que debía hacer, y yo tenía que hacerlo. Luego, se me dio la baja honorable, con lo que dejé de estar bajo su autoridad.

Muchos años más tarde, yo esperaba para abordar un vuelo en el aeropuerto de Dallas-Fort Worth y oí gritos conocidos que retumbaban de mi distante pasado: «RECLUTAS, FORMEN FILA. ¡FILA RECTA! ¿NO SABEN LO QUE ES UNA FILA RECTA? ¡DE PIE, ALLÍ!» ¡Reconocería esos gritos en cualquier parte! Un par de instructores de ejercicios preparaban a un grupo de reclutas inexpertos para abordar un avión para el campo de entrenamiento.

Observé todo esto parado a un lado. A pocos momentos, uno me miró y le dije: «¿Cómo van las cosas, artillero? ¿Poniendo en cintura a esos mocosos?» Me miró, esbozó una gran sonrisa, y me dijo: «Sí, señor». Nos divertimos de lo lindo. ¿Por qué? Porque él no tenía ninguna autoridad sobre mí. Incluso me llamó «señor». Si hubiera tratado de ordenarme que me pusiera en fila, me hubiera reído a gusto, hubiera dado media vuelta al instante, y me hubiera dirigido a un café. Ya no tengo que obedecer a los instructores de ejercicios de la Marina, y ni siquiera a sus generales. Ellos ya no tienen control sobre mí.

Cuando morimos con Cristo, nuestros cuerpos quedaron liberados de la sumisión al pecado. Se nos ha dado la baja honorable.

— 6:8-11 (Considerar la verdad) —

Una vez que sabemos que la dádiva de Dios está disponible, debemos apropiarnos de ella. Pablo continúa su razonamiento con otra conjunción lógica, «si», del griego *ei*. En este caso, el «si» es condicional porque lo que sigue es verdad solo para los que han creído y, por consiguiente, han «muerto con Cristo». Si hemos muerto con Cristo, creemos que también viviremos con él; es decir, tendremos la misma vida que él tiene. Y esta nueva vida nunca terminará en la muerte.

Jesús resucitó a su amigo Lázaro… temporalmente (Juan 11). Más tarde, Lázaro sucumbiría a la enfermedad, a la vejez o al desastre, y moriría de nuevo. Este no es el tipo de resurrección que Jesús experimentó. Jesús resucitó a una nueva clase de vida. Su cuerpo no solo despertó de la muerte, sino que se transformó en un tipo de cuerpo que ya no estaba sujeto a la enfermedad, ni al desastre, ni al envejecimiento. Ya no era un cuerpo que el mundo podría maltratar. Así será cuando nuestros cuerpos hayan muerto y seamos resucitados a esta nueva clase de vida.

Ese es un futuro maravilloso que podemos esperar con seguridad confiada. Sin embargo, no tenemos que esperar. Podemos empezar a disfrutar de los beneficios de esta verdad ahora. La muerte que Cristo murió, la sufrió por nosotros (3:21—5:21); y la nueva vida que ahora vive, la vive «para Dios» (caps. 6—8). La vida resucitada tiene a Dios como su fuente y como su propósito. Y para apropiarnos de esa dádiva, debemos «entender» que es verdad y actuar en consecuencia. Pablo, basado en su autoridad como agente de las buenas noticias, ordena a los creyentes: «Considérense muertos al pecado». Reconozcan eso como verdad. Aprópiense de esta verdad como una realidad. Cuenten con ella y vívanla.

— 6:12-13 (Verdad presente) —

Una vez que *sabemos* de nuestra emancipación de la esclavitud y nos hemos *considerado* libres de esa vieja esclavitud, debemos *presentarnos* a nuestro nuevo Amo para disfrutar los beneficios de la nueva vida.

Los esclavos acatan las órdenes de su patrón. Son instrumentos del patrón que este utiliza para lograr sus deseos. Antes de la emancipación, no podíamos rechazar la autoridad del pecado; pero ahora no tenemos por qué obedecer sus órdenes. En lugar de permitir que nuestro cuerpo sea instrumento de los deseos del pecado, o sea, «injusticia», debemos ahora presentar nuestros cuerpos a nuestro nuevo Amo, Dios, para cumplir sus deseos, «justicia».

La palabra griega que se traduce «instrumentos» con frecuencia se refiere a armas de guerra. Ya no debemos presentar nuestro cuerpo como arma que el pecado utilice para lograr sus fines perversos, sino que debemos convertirnos en soldados rasos al servicio de la justicia.

— 6:14 —

Pablo concluye su punto con una declaración sumaria: «Así el pecado no tendrá dominio sobre ustedes». Luego introduce su próximo punto: «[Ustedes] ya no están bajo la ley sino bajo la gracia». Debido a que hemos sido libertados de la esclavitud del pecado, las leyes ya no tienen vigencia. El propósito de la ley es señalar la transgresión; por consiguiente, los que no participan en el pecado no están sujetos a esas leyes.

Sin duda disto mucho de ser perfecto; sin embargo, nunca me he visto tentado a usar drogas ilícitas. No tienen nada que ofrecerme, y si de repente dejaran de existir, nada en mi vida sería diferente. Así que, si las leyes respecto a la venta y posesión de heroína de repente cambiaran, no me afectarían en lo más mínimo. La heroína no tiene lugar en mi vida, así que las leyes que me impiden vender o usarla son irrelevantes. En lo que a mí respecta, esos estatutos bien pueden no existir. No tienen significado para mí. En otras palabras, no estoy «bajo» esas leyes.

Imagínese a una persona cuya naturaleza ha sido transformada tan completamente que ha perdido todo deseo de hacer algo que sea pecado. Ya no está sujeto a las leyes, no solo a las que tienen que ver con heroína, sino a todas las leyes. Esa persona podría vivir el resto de sus días como si las leyes, policías, cortes y cárceles no existieran. Todavía más, ese espíritu transformado podría vivir cómo si Dios nunca hubiera definido cuáles acciones son pecado y cuales no son. Las reglas que restringen su conducta serían irrelevantes. Esto, de acuerdo con Pablo, es el potencial para el que se sujeta al poder transformador de la gracia.

La gracia no es de este mundo. Es sobrenatural en origen e inconcebible para la mente depravada. Así que no debe ser sorpresa que un espíritu recién emancipado luche por entender y aplicar algo tan ajeno a su vieja naturaleza.

Me dicen los que estudiaron con Lewis Sperry Chafer, fundador y primer presidente del Seminario Teológico de Dallas, que este pasó el último de sus ochenta y un años enseñando teología sistemática desde una silla de ruedas. Su tema favorito era la gracia. Un mentor mío que estudió bajo Chafer me dijo que después de una clase particularmente conmovedora, el anciano profesor cerró la Biblia, se impulsó hacia la puerta y apagó las luces. Los alumnos ni se movieron. Entonces dijo: «He pasado toda mi vida estudiando la gracia de Dios y apenas estoy empezando a entender algo de ella; y, caballeros, es imponente».

Los hombres que estudiaron con el Dr. Chafer y que más tarde fueron mis mentores, eran modelos de la gracia. Todos. El encanto atractivo de la gracia ejerce influencia poderosa y duradera en otros. Es trágico, pero lo mismo se puede decir del legalismo.

Aplicación

La mejor vida ahora

Debido a que la gracia es tan ajena a la mente depravada, no es fácil que se ajuste a ella una mente recién restaurada. Con todo, el Espíritu Santo será fiel en usar toda circunstancia y experiencia para transformar al nuevo creyente por dentro. A la larga, cuando esta vida física dé paso a la vida eterna, los creyentes seremos como Cristo (1 Juan 3:2). Hasta entonces, somos trabajo en marcha.

Aunque el Espíritu Santo puede hacer la obra de transformación y será fiel en completar la tarea (Filipenses 1:6), se nos invita a participar en el proceso. Tenemos un papel genuino para determinar la calidad de vida que disfrutamos aquí y ahora. Por supuesto, la calidad de vida a que me refiero tiene poco que ver con nuestras circunstancias físicas. Me refiero a gozo auténtico, intimidad con el Todopoderoso, libertad de las compulsiones del pecado, y llegar a ser como Cristo. Dios será fiel para realizar en nosotros lo que él quiere, pero el grado en que participamos sirve para ayudar o estorbar nuestro progreso.

El crecimiento en la gracia empieza con tres cambios específicos en la forma en que operamos. Este patrón se repetirá cada vez que encontramos una nueva verdad espiritual.

Saber la verdad (6:3–10). En este caso, la verdad de nuestra nueva condición espiritual es que estamos muertos al pecado. Antes de creer en Cristo, éramos esclavos del mal. No poseíamos poder para dejar de hacer el mal. Ahora, el pecado tiene solo un arma: el engaño. Satanás quiere que pensemos que las compulsiones a pecar no pueden romperse. Pero la verdad sigue firme. ¡Somos libres!

Considerar la verdad (6:11). Una vez que encontramos una nueva verdad, debemos descartar nuestra vieja manera de pensar y reemplazarla con la nueva comprensión. A menudo no es fácil. Hemos sido condicionados por el antiguo patrón mental a comportarnos inconscientemente de cierta manera. Todavía más, nos hemos apegado emocionalmente a nuestra vieja manera de vivir; aun cuando sea desagradable. Los hábitos son difíciles de romper. Por consiguiente, debemos repetida y continuamente «considerar» la verdad divina; es decir, debemos *concluir* que es verdad.

Presentar nuestros cuerpos a la verdad (6:12–13). Habiendo decidido que algo es verdad, debemos cambiar nuestra conducta en conformidad a eso. Pablo expresa esta orden en los términos más básicos. La mente controla el cuerpo, así que asuma el mando y haga que su cuerpo opere de acuerdo a lo que usted ha aceptado como verdad.

Imagínese lo que sería si un multimillonario le informara que por ninguna otra razón que su bondad ha depositado cien millones de dólares en su cuenta de cheques. Completamente gratis. Sin condiciones. Sin que tenga que pagar impuestos. No sé cómo usted respondería, pero esto es lo que yo haría.

Saber la verdad. Me pondría en contacto con el presidente de mi banco para verificar si los fondos en verdad han sido depositados en mi cuenta.

Considerar la verdad. Sacaría mi chequera (sí, ¡todavía tengo una!), y anotaría en el talonario la cantidad para que refleje el depósito, y ajustaría el saldo.

Presentar mi cuerpo a la verdad. Después de un sustancioso donativo a mi iglesia y a varios ministerios favoritos, ¡empezaría a girar cheques! Tal vez luche por aceptar la verdad de mi súper riqueza, pero haría todo esfuerzo para aplicar los necesarios ajustes.

Si usted al presente lucha con algún pecado particular repetitivo o compulsivo, es probable que sufra del engaño de que nunca se librará de sus garras. No lo voy a insultar diciéndole que la transformación será fácil. No lo es. Sin embargo, la verdad no es complicada. Si usted es creyente, si ha recibido la dádiva de Dios de la vida eterna por fe en Jesucristo, ya tiene dentro de usted riquezas espirituales que superan su imaginación. El poder para superar cualquier mal vive en usted. No es otro que Dios en la persona del Espíritu Santo. ¡Pídale ayuda!

El saber, considerar y presentar no es toda la solución a nuestros problemas, y no quiero simplificar de manera exagerada el proceso de crecimiento espiritual. Los patrones de pecado profundamente atrincherados requieren mucha más atención que un sencillo procedimiento de contabilidad. Sin embargo, es un comienzo necesario.

Así que no espere. Empiece ahora. Nunca es demasiado tarde para empezar a hacer lo correcto.

¿De quién eres esclavo? (Romanos 6:15–23)

15 Entonces, ¿qué? ¿Vamos a pecar porque no estamos ya bajo la ley sino bajo la gracia? ¡De ninguna manera! 16 ¿Acaso no saben ustedes que, cuando se entregan a alguien para obedecerlo, son esclavos de aquel a quien obedecen? Claro que lo son, ya sea del pecado que

lleva a la muerte, o de la obediencia que lleva a la justicia. ¹⁷ Pero gracias a Dios que, aunque antes eran esclavos del pecado, ya se han sometido de corazón a la enseñanza que les fue transmitida. ¹⁸ En efecto, habiendo sido liberados del pecado, ahora son ustedes esclavos de la justicia.

¹⁹ Hablo en términos humanos, por las limitaciones de su naturaleza humana. Antes ofrecían ustedes los miembros de su cuerpo para servir a la impureza, que lleva más y más a la maldad; ofrézcanlos ahora para servir a la justicia que lleva a la santidad. ²⁰ Cuando ustedes eran esclavos del pecado, estaban libres del dominio de la justicia. ²¹ ¿Qué fruto cosechaban entonces? ¡Cosas que ahora los avergüenzan y que conducen a la muerte! ²² Pero ahora que han sido liberados del pecado y se han puesto al servicio de Dios, cosechan la santidad que conduce a la vida eterna. ²³ Porque la paga del pecado es muerte, mientras que la dádiva de Dios es vida eterna en Cristo Jesús, nuestro Señor.

Uno de mis mentores, Ray Stedman, ministró en el área de San Francisco, California, que siempre ha sido un lugar interesante. Esto fue muy cierto en las décadas del 1960 y el 1970. Un año, J. Vernon McGee lo invitó a predicar una serie de mensajes en la Iglesia de la Puerta Abierta en Los Angeles, y Ray con gusto aceptó. Durante un receso una noche, se fue a caminar por la calle Hope, que le recordó mucho su campo misionero en el norte. No avanzó mucho antes de encontrar a uno de los residentes más coloridos del área; un excéntrico con pelo largo, enredado, barba desaseada, y ropas mugrientas que se acercaba llevando colgados letreros por el pecho y por la espalda. En letras grandes por delante —escritas sin duda por el mismo hombre— estaban las palabras: «Soy esclavo de Jesucristo». El desaliñado profeta clavó su mirada en los ojos de Ray hasta que pasó, y al continuar por la acera, Ray se dio la vuelta para leer el letrero que el hombre llevaba a la espalda. Decía: «¿De quién eres esclavo?»

¡Buena pregunta de un tipo extraño! Todos servimos a algo; la cuestión es: ¿a qué?

Algunos son esclavos de su trabajo. Estos esclavos del ajetreo y el logro no pueden apagar sus computadoras portátiles por más de un par de horas a la vez, y a sus artefactos electrónicos solo les falta que se los implante quirúrgicamente en las manos. Toman vacaciones de trabajo para apaciguar a los seres queridos descuidados y meticulosamente acumulan días libres que no se proponen tomar. Una vida balanceada siempre se halla más allá de la fecha límite del proyecto actual.

Algunos son esclavos de cosas, posesiones, artículos temporales. Impulsados por la fantasía de que el contentamiento se puede hallar en tener cosas, no pueden detenerse en su adquisición lo suficiente como para disfrutar lo que ya tienen; lo que levanta la pregunta: «¿Cuánto es suficiente?» A H.L. Hunt, el potentado petrolero multimillonario, se le acredita la respuesta más honesta que he oído hasta la fecha: «El dinero es solo una manera de llevar el puntaje».

Tal vez más que nunca, algunos son esclavos de sus relaciones. Mágicamente se convierten en cualquier forma agradable que les consiga la aprobación de otro. Van en ciclo entre la autoaceptación y la fanfarronería, según la afirmación o crítica que reciben. De buen grado se sacrifican —e irónicamente, a sus seres queridos— para evitar la condición más aterradora de todas: la soledad.

¿De quién eres esclavo? (Romanos 6:15-23)

Tal vez los esclavos más patéticos y cada vez más comunes son los esclavos del dios del yo. Los psicólogos los llaman narcisistas. El nombre viene de un personaje de la mitología romana llamada Narciso, que se enamoró de la imagen suya que se reflejaba en un arroyo. Cuando trataba de besar el objeto de su amor, sus labios perturbaban el agua y la imagen desaparecía, lo que le dejaba con el corazón destrozado. No se atrevía a beber del arroyo por temor a perder a su amado para siempre. A la larga, el esclavo enamorado de su imagen murió de sed.

Los narcisistas se sirven a sí mismos, aun cuando parezcan ser desprendidos, e implacablemente exigen de los demás tiempo, atención, admiración, devoción y nutrición. Pero esto, como las demás formas de esclavitud, solo lleva a un mayor vacío.

Todos servimos a algo; la cuestión es: ¿a qué?

— 6:15-16 —

Pablo concluyó su respuesta a la pregunta: «¿Qué concluiremos? ¿Vamos a persistir en el pecado, para que la gracia abunde?» (6:1), con la afirmación: «Así el pecado no tendrá dominio sobre ustedes, porque ya no están bajo la ley sino bajo la gracia» (6:14). En otras palabras, debido a que los creyentes ahora pueden escoger no pecar, tienen la libertad para elevarse por encima de la ley. Esto levanta una segunda pregunta retórica, de nuevo, una que Pablo con probabilidad oiría a menudo en respuesta al evangelio: «¿Vamos a pecar porque no estamos ya bajo la ley sino bajo la gracia?»

Pablo responde de nuevo con emoción, diciendo, en efecto: «¡Que tal cosa jamás ocurra!» Entonces demuestra lo absurdo de la pregunta, empezando con una pregunta retórica de su propia cosecha. (Recuerde, una pregunta retórica en realidad es una afirmación en forma de pregunta). «¿Acaso no saben ustedes que, cuando se entregan a alguien para obedecerlo, son esclavos de aquel a quien obedecen?» El apóstol recuerda a sus lectores que un hombre es esclavo de aquel a quien se compromete a obedecer. Y ser esclavo de algo es convertirse en instrumento que sirve a los intereses de ese algo (6:12-13). Debido a que la gracia nos ha libertado, ahora tenemos que escoger entre dos amos. El viejo amo, «el pecado», está dedicado a la destrucción de aquellos que le sirven. Su nuevo amo, «la obediencia», procura justicia, esas cosas que agradan a Dios y dan vida a los que le sirven.

A los antiguos romanos se les conocía bien por la esclavitud, que tomaba dos formas. La clase más conocida de esclavitud tenía que ver con capturar a un enemigo, destruir todo lo que pudiera tentarlo a volver a su casa, y llevarlo a Roma para venderlo en el mercado de esclavos. Pero un tipo más común de esclavitud era la «esclavitud voluntaria». Las personas que empobrecían podían ofrecerse como esclavos a alguien a fin de tener comida para comer y un lugar donde vivir. En otras palabras, algunos de manera voluntaria aceptaban la esclavitud con el fin de suplir sus necesidades básicas.

En el sur de los Estados Unidos de América después de la guerra civil, muchos esclavos libertos no tuvieran otra alternativa que convertirse en «aparceros», lo que les daba tierra y una manera de ganarse la vida, pero les exigía que «partieran» la mayor parte de sus productos con el dueño. Por supuesto, esto no era más que servidumbre como un nombre más amable, más gentil. Con todo, nadie se busca un amo cruel excepto como último recurso.

Pablo pregunta, en efecto: «¿Por qué va alguien a escoger un amo cuyo propósito es mantenerlo esclavizado a uno y a la larga matarlo? Eso sería como que un esclavo emancipado decidiera ayudar a su antiguo amo a reforzar sus cadenas y construir una horca. ¿Por qué va uno a servir voluntariamente a un amo tan cruel?»

Tenemos necesidades básicas que suplir. Y tenemos que escoger entre dos amos. ¿A quién vamos a ir? ¿Los intereses de quién vamos a servir? Uno promete vida; el otro, la muerte.

¿Servir al pecado? ¡Qué absurdo!

— 6:17-18 —

Esto impulsa a Pablo a prorrumpir en una doxología espontánea: «¡Gracias a Dios!» El evangelio tiene implicaciones presentes, continuas y eternas. La vida eterna empieza en algún punto en nuestro futuro, después de que esta vida haya terminado. Pero algo sucede de inmediato cuando la persona recibe la gracia de Dios por fe. Al instante le es dado un nuevo corazón, una nueva naturaleza que detesta el pecado y tiene deseos de obedecer a su nuevo amo: la justicia.

— 6:19 —

Como pastor, puedo apreciar el comentario parentético de Pablo. Una buena ilustración tiene el poder de simplificar y aclarar conceptos difíciles. Carlos Spurgeon decía que un gran sermón es como una catedral, que estaría oscura por dentro si no fuera por las ventanas de la ilustración. Las ilustraciones permiten que la luz llene el espacio para que todos puedan ver con claridad. Sin embargo, una ilustración demasiado buena puede cobrar vida propia y volverse una distracción. Los predicadores deben tener cuidado de no convertir una analogía en una alegoría. En tanto que la ilustración de la esclavitud es poderosa, es defectuosa en un aspecto importante. La verdad que Pablo procura enseñar es en realidad una paradoja. La esclavitud a Dios es la libertad mayor que un ser humano jamás puede conocer.

Cuando Dios creó a Adán y Eva, llevaban perfectamente la imagen de su Creador. Vivían en armonía perfecta con el propósito del Creador: vivir en comunión ilimitada con él, disfrutar sin inhibiciones de la intimidad uno con otro, y gobernar el resto de la creación como virreyes de Dios. Jamás la humanidad fue tan libre como cuando vivían en armonía con el propósito divino, o, como Pablo escoge decirlo, «como esclavos de la justicia».

Cuando «servimos a la justicia», no solo agradamos a Dios, sino que hacemos lo que implica nuestro mayor bien. Así funcionaba el universo que Dios creó antes que la desobediencia lo corrompiera. Pero los seres humanos cambiaron la verdad por una mentira y buscaron el pecado antes que a su Creador para que supliera sus necesidades básicas. Esa decisión perpetuó el pecado e intensificó la esclavitud que lo acompaña. Es el ciclo descendente del pecado.

La gracia de Dios cambió todo eso. La muerte de sacrificio de Cristo nos crea el potencial de volver a captar algo de la inocencia y libertad del Edén. Tal como el servicio al pecado nos ata más al pecado, el servicio a la justicia nos liberta para vivir en armonía con nuestro propósito original, que es vivir en comunión ilimitada con Dios, disfrutar de intimidad sin inhibiciones unos con otros, y gobernar el resto de la creación como virreyes. Pablo llama a esto *jagiasmos,* que comúnmente se traduce como «santificación, santidad, consagración o pureza». Para Pablo, la santificación es tanto un estado de ser como un proceso. Aunque aparece solo dos veces en esta carta (6:19,22), es el tema central de esta sección mayor (capítulos 6 al 8).

— 6:20-22 —

De nuevo el apóstol Pablo aclara la opción del creyente. El pecado y la justicia se excluyen mutuamente. En las palabras de Jesús: «Nadie puede servir a dos señores, pues menospreciará a uno y amará al otro, o querrá mucho a uno y despreciará al otro. No se puede servir a la vez a Dios y a las riquezas» (Mateo 6:24). Todavía más, la naturaleza humana aborrece el vacío. Dios creó al ser humano con ciertas necesidades. En el principio, esas necesidades físicas, emocionales y espirituales se llenaban conforme el ser humano disfrutaba paz con Dios. Después de la caída, en su lugar vemos al pecado.

Esto lleva al apóstol a hacer otra pregunta retórica, no como estrategia astuta de debate, sino para motivar al lector a mirarse dentro. Él pregunta, en efecto: «Cuando estabas tratando de suplir esas necesidades que Dios puso en ti yendo tras el pecado, ¿qué ganaste?»

Por siglos ha habido quienes han acudido a drogas que alteran la mente por diferentes razones, pero el deseo más básico es sentirse bien en lugar de sentirse mal. Por lo general hallan que el resultado es inmediato e inmensamente satisfactorio… a corto plazo. Los expertos médicos nos dicen que las drogas tienen un doble impacto a la larga: aumentan la necesidad que el usuario tiene de la droga en tanto que reducen la respuesta de su cuerpo. En otras palabras, la droga gradualmente produce una mayor necesidad de ellas, y se requiere de dosis cada vez más elevadas para conseguir el mismo efecto satisfactorio.

Lo mismo es cierto en cuanto al pecado. El pecado por lo general es resultado del esfuerzo de alguien por llenar de manera ilegítima una necesidad legítima que le puso Dios. Pablo recuerda a sus lectores que una vez que hemos sido libertados de la esclavitud al pecado, seguimos teniendo necesidades que suplir. Buscamos algo que las satisfaga. Como dije antes, todos servimos a algo; la cuestión es qué.

El creyente, tras haber sido libertado de la esclavitud al pecado, libertado de su adicción al pecado, por así decirlo, puede buscar satisfacción en el Creador. En tanto que el tirón del pecado es hacia abajo, el ciclo de santificación lleva al creyente más cerca a Dios. La dependencia creciente en el Señor provee satisfacción significativa y, por raro que parezca, mayor libertad. Y en vez de conducir a la muerte, la esclavitud a Dios a la larga lleva a la vida eterna.

¿Quién no va a querer eso?

— 6:23 —

De manera magistral Pablo concluye su respuesta a la acusación de que la gracia promueve el pecado con una copla concisa. Note el contraste:

La paga		La dádiva
del pecado	MIENTRAS QUE	de Dios
es muerte		es vida eterna

Por lo común se usa este versículo para explicar el evangelio a los que todavía están por creer, pero Pablo lo escribe para estimular a los creyentes en la santificación. En esta declaración concluyente se introduce un nuevo concepto, que se explicará con gran cuidado en el próximo capítulo.

En el capítulo 6 Pablo ha indicado que los que ponen su confianza en Jesucristo y reciben la gracia de Dios mediante la fe son «bautizados en él». Los creyentes se identifican con él de modo que las experiencias de él llegan a ser las nuestras. Sus bendiciones llegan a ser nuestras, y su poder llega a ser nuestro; no tenemos nada de esto por cuenta propia. Lo tenemos todo en virtud de que estamos «en Cristo». Estamos «muertos al pecado, pero vivos para Dios en Cristo» (6:11). Todavía más: recibimos la vida eterna al estar «en Cristo» (6:23).

Este concepto «en Cristo» se vuelve clave para entender todo lo que Pablo dice a sus lectores en los capítulos que siguen. La vida del creyente se deriva de su estar en Cristo, debe hallar su gozo en Cristo, sus éxitos dependen de apoyarse en Cristo, y tenemos comunión con otros que están en Cristo.

Como veremos, nuestro estar «en Cristo» nos da la oportunidad de escapar del tirón descendente del pecado y disfrutar libertad como nunca pensamos posible. Sin embargo, no es garantía de que disfrutaremos de ese tipo de gozo en esta vida. Como emancipación, debemos «saber» (comprender su verdad), «considerar» (apropiarnos de su verdad), y «presentar» (aplicar su verdad). Desdichadamente, nuestro antiguo amo rehúsa abrir sus garras. La proclamación de emancipación ya ha sido dictada; con todo, una guerra ruge alrededor de nosotros y en nosotros. Si usted es un creyente en el Señor Jesucristo, tiene una pregunta que responder a diario, y su respuesta conducirá, sea a la vida o a la muerte. ¿De quién es esclavo usted?

Aplicación

Escoja su amo

Sin vacilar Pablo declara que ya no estamos obligados a servir al pecado ni a realizar los propósitos de la injusticia (6:15–21). Podemos escoger obedecer al pecado y cosechar sus consecuencias lastimeras, o podemos obedecer a Cristo y participar de su gozo (6:20–23).

Al reflexionar en las palabras de Pablo y revisar mis años de ministerio pastoral, hallo que mucho de mi tiempo lo dediqué a combatir uno de dos problemas.

Primero, *es posible ser esclavo de algo y pensar que uno es libre.* Ese es el predicamento de los perdidos. Con generosidad sirven a algo que piensan que les dará satisfacción o eliminará sus problemas. Dinero, carrera, sexo, relaciones personales, aventuras, poder, notoriedad, educación, desempeño, e incluso adicciones… los ídolos de este mundo son una legión. Veo que algunos se sacrifican para mantener vivo a su dios y temen lo que será la vida si, o cuando, el objeto de su esperanza desapareciera. Y me deja asombrado su incapacidad de captar la magnitud de su esclavitud, y que siempre estén tratando de convencerse a sí mismos y a otros de que la vida es buena tal como es. Es más, rehúsan prestar atención a las buenas nuevas por temor a que la sumisión a Cristo les quite su libertad.

Segundo, *es posible ser libre y pensar que uno está esclavizado.* Este segundo problema es casi tan trágico como el primero. Los consultorios de asesoramiento de todo el mundo están llenos de creyentes que luchan por aceptar el hecho de que ya no deben servir a dioses imaginarios. Continúan encadenados a com-

«EN CRISTO» EN ROMANOS

La frase «en Cristo» tiene profundo significado para Pablo y aparece no menos de ochenta y cuatro veces en sus cartas, incluso trece veces en su Carta a los Romanos.

Rom 3:24	…pero por su gracia son justificados gratuitamente mediante la redención que Cristo Jesús efectuó.
Rom 6:11	De la misma manera, también ustedes considérense muertos al pecado, pero vivos para Dios en Cristo Jesús.
Rom 6:23	Porque la paga del pecado es muerte, mientras que la dádiva de Dios es vida eterna en Cristo Jesús, nuestro Señor.
Rom 8:1	Por lo tanto, ya no hay ninguna condenación para los que están unidos a Cristo Jesús.
Rom 8:2	…pues por medio de él la ley del Espíritu de vida me ha liberado de la ley del pecado y de la muerte.
Rom 8:39	…ni lo alto y ni lo profundo, ni cosa alguna, en toda la creación, podrá apartarnos del amor que Dios nos ha manifestado en Cristo Jesús nuestro Señor.
Rom 9:1	Digo la verdad en Cristo; no miento. Mi conciencia me lo confirma en el Espíritu Santo.
Rom 12:5	…también nosotros, siendo muchos, formamos un solo cuerpo en Cristo, y cada miembro está unido a todos los demás.
Rom 15:17	Por tanto, mi servicio a Dios es para mí motivo de orgullo en Cristo Jesús.
Rom 16:3	Saluden a Priscila y Aquila, mis compañeros de trabajo en Cristo Jesús.
Rom 16:7	Saluden a Andrónico y a Junías, mis parientes y compañeros de cárcel, destacados entre los apóstoles y convertidos a Cristo antes que yo.
Rom 16:9	Saluden a Urbano, nuestro compañero de trabajo en Cristo, y a mi querido hermano Eustaquis.
Rom 16:10	Saluden a Apeles, que ha dado tantas pruebas de su fe en Cristo.

pulsiones, escondidos por vergüenza, sin darse cuenta de que ahora adoran a un Dios que no exige sino que fortalece. Tienen paz con Dios, quien no condena a sus hijos sino que anhela verlos victoriosos sobre el pecado.

El remedio de ambos problemas es el mismo: *la verdad.*

Por un lado, los que no son creyentes tienen que saber que «la paga del pecado es muerte, mientras que la dádiva de Dios es vida eterna en Cristo Jesús, nuestro Señor» (6:23). La «libertad» que piensan que tienen es una ilusión diseñada para alejar la atención del hecho de que el pecado les está privando de todo lo que valoran y a la larga los arrastrará al tormento eterno.

Los creyentes, por otro lado, deben aprender a abrazar su libertad y reconocer la realidad de la tentación. Cada oportunidad de pecar es una invitación a someter nuestros cuerpos a algo. La tentación hace la siguiente pregunta: «¿A qué amo le va a someter usted su cuerpo en los siguientes momentos: su compulsión, que siempre lo deja sintiéndose más vacío que antes, o Cristo, que siempre le reitera su valor como hijo de Dios?»

Francamente, he visto que *no* hacer algo malo al ser tentado no basta. Necesito otra cosa a la que pueda someter mi cuerpo. Este es un proceso de cuatro pasos que hallo útiles cuando me veo tentado a hacer el mal:

1. *Huya de la tentación;* es decir, cambie sus circunstancias. Salga de donde está y vaya enseguida a un lugar diferente, aunque sea por unos pocos minutos.
2. *Haga como alternativa algo que honre a Dios.* La oración es buena, pero sugiero que añada algo más tangible. Acostúmbrese a contrarrestar con una actividad santa la urgencia a pecar.
3. Dele gracias a Dios por darle la libertad de escogerlo a él en lugar de seguir el mal y pídale estímulo. ¡La guerra espiritual es agotadora!
4. Trate de discernir lo que desató la tentación y dé pasos prácticos para evitar la misma cosa.

Retrato de un creyente que lucha (Romanos 7:1-25)

¹ Hermanos, les hablo como a quienes conocen la ley. ¿Acaso no saben que uno está sujeto a la ley solamente en vida? ² Por ejemplo, la casada está ligada por ley a su esposo solo mientras éste vive; pero si su esposo muere, ella queda libre de la ley que la unía a su esposo. ³ Por eso, si se casa con otro hombre mientras su esposo vive, se le considera adúltera. Pero si muere su esposo, ella queda libre de esa ley, y no es adúltera aunque se case con otro hombre.
⁴ Así mismo, hermanos míos, ustedes murieron a la ley mediante el cuerpo crucificado de Cristo, a fin de pertenecer al que fue levantado de entre los muertos. De este modo daremos fruto para Dios. ⁵ Porque cuando nuestra naturaleza pecaminosa aun nos dominaba, las malas pasiones que la ley nos despertaba actuaban en los miembros de nuestro cuerpo, y dábamos fruto para muerte. ⁶ Pero ahora, al morir a lo que nos tenía subyugados, hemos quedado libres

de la ley, a fin de servir a Dios con el nuevo poder que nos da el Espíritu, y no por medio del antiguo mandamiento escrito.

⁷ ¿Qué concluiremos? ¿Que la ley es pecado? ¡De ninguna manera! Sin embargo, si no fuera por la ley, no me habría dado cuenta de lo que es el pecado. Por ejemplo, nunca habría sabido yo lo que es codiciar si la ley no hubiera dicho: «No codicies». ⁸ Pero el pecado, aprovechando la oportunidad que le proporcionó el mandamiento, despertó en mí toda clase de codicia. Porque aparte de la ley el pecado está muerto. ⁹ En otro tiempo yo tenía vida aparte de la ley; pero cuando vino el mandamiento, cobró vida el pecado y yo morí. ¹⁰ Se me hizo evidente que el mismo mandamiento que debía haberme dado vida me llevó a la muerte; ¹¹ porque el pecado se aprovechó del mandamiento, me engañó, y por medio de él me mató.

¹² Concluimos, pues, que la ley es santa, y que el mandamiento es santo, justo y bueno. ¹³ Pero entonces, ¿lo que es bueno se convirtió en muerte para mí? ¡De ninguna manera! Más bien fue el pecado lo que, valiéndose de lo bueno, me produjo la muerte; ocurrió así para que el pecado se manifestara claramente, o sea, para que mediante el mandamiento se demostrara lo extremadamente malo que es el pecado.

¹⁴ Sabemos, en efecto, que la ley es espiritual. Pero yo soy meramente humano, y estoy vendido como esclavo al pecado. ¹⁵ No entiendo lo que me pasa, pues no hago lo que quiero, sino lo que aborrezco. ¹⁶ Ahora bien, si hago lo que no quiero, estoy de acuerdo en que la ley es buena; ¹⁷ pero, en ese caso, ya no soy yo quien lo lleva a cabo sino el pecado que habita en mí. ¹⁸ Yo sé que en mí, es decir, en mi naturaleza pecaminosa, nada bueno habita. Aunque deseo hacer lo bueno, no soy capaz de hacerlo. ¹⁹ De hecho, no hago el bien que quiero, sino el mal que no quiero. ²⁰ Y si hago lo que no quiero, ya no soy yo quien lo hace sino el pecado que habita en mí.

²¹ Así que descubro esta ley: que cuando quiero hacer el bien, me acompaña el mal. ²² Porque en lo íntimo de mi ser me deleito en la ley de Dios; ²³ pero me doy cuenta de que en los miembros de mi cuerpo hay otra ley, que es la ley del pecado. Esta ley lucha contra la ley de mi mente, y me tiene cautivo. ²⁴ ¡Soy un pobre miserable! ¿Quién me librará de este cuerpo mortal? ²⁵ ¡Gracias a Dios por medio de Jesucristo nuestro Señor! En conclusión, con la mente yo mismo me someto a la ley de Dios, pero mi naturaleza pecaminosa está sujeta a la ley del pecado.

En lo que tiene que ver con pintores de retratos, pocos pueden igualar el realismo de Dimitri Vail. Su selección de colores y matices, su atención a los detalles minuciosos, incluso la textura de las marcas de sus pinceles le dan a sus pinturas una calidad tan literal que uno no está seguro de que no se trata de una fotografía. Visité su galería más de una vez, hace muchos años. Estaba en una antigua parte de Dallas. Caminar por el corredor largo y estrecho en donde estaban colgados los retratos era como retroceder en el tiempo para visitar las luminarias de Hollywood. Cada marco estaba rotulado con una placa de bronce con el nombre del sujeto, como si alguien lo necesitara.

Bill Cosby me sonreía con esa sonrisa de labios apretados que es característica suya. Vi a los comediantes Rowan y Martin junto a Martin y Lewis. Allí estaba Benny Goodman con su clarinete, que tocaba con facilidad, junto a Jack Benny y su violín, que hacía el sonido más tortuoso imaginable. John Wayne, James Dean, Red Buttons, Ed Sullivan, Frank Sinatra y Sophi Tucker. Allí estaban, junto con unos pocos presidentes, astronautas, y atletas campeones mundiales. Al fin de una larga hilera de los más brillantes, intrépidos y hermosos del mundo, colgaba un retrato tenuemente iluminado de una figura sombría, casi triste. El marco era más pequeño y más rústico que los demás, y no tenía el nombre del sujeto. Así que llamé a la empleada y le pedí que me dijera algo de la pintura.

«¿Quién es este?», pregunté.

Ella me sonrió a sabiendas y dijo: «Lo pregunté muchas veces. Éste es un autorretrato del artista. Lo pintó hace bastante poco, durante un período de intensa lucha personal. Escogió ponerlo allí. No está a la venta».

Admito que quedé sorprendido. Supongo que esperaba que alguien que se codeaba con personas de ese calibre —celebridades, héroes populares y políticos— habría sido una máquina de movimiento perpetuo llena de alegría y entusiasmo. Más bien, era un hombre como muchos que conozco, que luchan en la vida.

Hasta donde sepamos, el apóstol Pablo nunca empuñó un pincel de artista. Con todo, su retrato de la humanidad, hecho con pluma y tinta, cuelga en la galería de su Carta a los Romanos. El primer cuadro lleva el nombre «Persona Perdida», y es contundentemente acertado. Es un retrato de depravación, vaciedad y orgullo. El segundo marco tiene la imagen de una figura agradecida llamada «Pecador Justificado». Recientemente libertada de la garra mortal del pecado, esta persona casi ni puede contener su alegría. El siguiente marco es alentador porque capta la exuberancia del «Creyente Victorioso». Ha descubierto que, en realidad, la vida eterna no empieza después de la muerte; empieza en el momento en que uno cree en Cristo.

Al final del corredor cuelga un retrato oscuro. El sujeto es un hombre triste, agotado, derrotado. ¿Quién es?, pregunta usted. Es un autorretrato del artista. Es de Pablo. Si usted desempolva la placa de bronce, verá el nombre, escrito con su propia mano: «Miserable».

Romanos 7 es el autorretrato de Pablo, en el cual utiliza el verbo en primera persona singular, como treinta veces. Cerca del final del autorretrato verbal exclama: «¡Soy un pobre miserable!» La expresión «pobre miserable» es traducción de una palabra griega que quiere decir «sufriente, afligido, desdichado».

Pero, ¿por qué? ¿Cómo puede ser? Está claro que los retratos que ha presentado forman una progresión, empezando con «perdido» y elevándose a «victorioso». ¿Por qué, después de escapar de la tiranía del pecado, el siguiente retrato muestra a un hombre sufrido, afligido, desdichado?

Para hallar la respuesta debemos entender primero la relación entre el creyente y las reglas que gobiernan la conducta, o «ley».

— 7:1-4 —

Pablo había hecho anteriormente la declaración provocativa de que los creyentes «ya no están bajo la ley sino bajo la gracia» (6:14). Ahora vuelve para explicar cómo esto puede ser verdad, primero mediante una ilustración en que utiliza la ley civil.

Pablo propone un escenario hipotético a consideración de sus lectores. En ese escenario, un matrimonio al parecer está en tensión por el deseo de la mujer de estar con otro hombre. Pero la ley del matrimonio le prohíbe que deje a su primer esposo para casarse con otro; esta ley rotularía su culpa como adulterio. Sin embargo, si su cónyuge muriera, ella quedaría libre de su obligación a la ley y podría casarse con otro hombre. «Por eso» —es decir, por el mismo razonamiento— la obligación del creyente a la ley mosaica ha terminado por la muerte.

La ilustración de Pablo incluye tres elementos: un esposo, una esposa, y la ley que regula su conducta. Muchos cometen el error de poner a la ley en el papel del esposo, sugiriendo que la ley mosaica es como un cónyuge autocrático, abusivo que por fin muere para gran alivio del cónyuge que sobrevive. Pero note quién muere en la aplicación de Pablo. No dijo que la ley muere. Sigue bien viva y activa, cumpliendo su propósito en el plan redentor de Dios. El *creyente* muere, y con él, sus obligaciones maritales al pecado (6:2, 18, 22). Esto llega a ser claro cuando Pablo concluye su punto en 7:6: «Pero ahora, al morir a lo que nos tenía subyugados, hemos quedado libres de la ley». Anteriormente estábamos atados al pecado.

Una relación entre el creyente y la Ley existe después de su muerte «en Cristo», pero es una relación muy diferente.

— 7:5-6 —

Dios dio la ley para conseguir dos objetivos. Primero, la Ley expone nuestros *pecados*. Dios dio la Ley para confrontarnos con nuestro pecado a fin de que podamos arrepentirnos y acudir a él por fe. (Aprendimos esta verdad en nuestro estudio de 5:12-13). Segundo, la ley expone nuestra *naturaleza de pecado*. La ley impulsa nuestra naturaleza rebelde a la acción, lo que demuestra nuestra impotencia de ayudarnos nosotros mismos y demuestra nuestra necesidad de que Dios cambie nuestros corazones.

Hace años, uno de los primeros hoteles tipo rascacielos se abrió en Galveston, Texas, ubicado directamente junto al golfo. Se hallaba tan cerca del agua, en verdad, que los dueños se preocuparon de que la gente se pusiera a pescar con anzuelo desde los balcones de las habitaciones. Los vientos fuertes, los grandes pesos de plomo, y las ventanas de vidrio del primer piso eran por cierto una mala combinación. Así que, la administración puso un letrero en cada habitación que daba al océano:

ABSOLUTAMENTE PROHIBIDO PESCAR DESDE EL BALCÓN

¿Qué sucedió? Lo adivinó. Los comensales en el restaurante del primer piso comían con el acompañamiento del frecuente chasquido de los pesos de plomo contra los cristales de las ventanas. A veces los cristales se trizaron. Finalmente, los que administraban el hotel se dieron cuenta de su error y tomaron una decisión sabia: quitaron todos los letreros de las habitaciones.

¡Problema resuelto! Nadie volvió a pescar desde el balcón.

LA FIDELIDAD DE DIOS (ROMANOS 6:1 — 8:39)

Pablo le da a esta naturaleza rebelde un nombre. La llama «la carne» [«naturaleza pecaminosa, en NVI»], y usa el término de manera diferente a todo otro escritor de la Biblia. En todo el Nuevo Testamento «carne» a menudo se usa figuradamente para el aspecto material del ser humano, de manera opuesta a nuestra alma o espíritu. Jesús dijo una vez que la carne es débil (Mateo 26:41), pero nadie antes de Pablo la llamó pecadora o mala[27].

Pablo usa el término «carne» para referirse al ser humano en su estado caído. La carne está programada para pensar como el sistema del mundo, que es una versión pervertida del original orden creado de Dios, y continúa oponiéndose a su voluntad. Así como el mundo caído se opone a la gracia, también la carne. Y estar «en la carne» es pensar y actuar en concierto con el mundo caído y depravado según Pablo lo describe en 1:18–32.

EL MUNDO SEGÚN PLATÓN

Alrededor del año 400 a.C., un estudiante de Sócrates llamado Platón describió el universo en términos que han influido en la filosofía, ciencia y religión occidentales por milenios. Es más, mucho de la teología cristiana ha recibido sin quererlo la influencia de la enseñanza de Platón, por lo general con consecuencias mortales.

Platón dividió el universo en dos campos. El campo de la «idea» (o «formas») consistía de todas las cosas teóricas. Este campo intangible es perfecto, ordenado, moralmente puro y eterno. Es la morada del *teos* («dios»), que no es una persona sino más bien algo impersonal, el origen de la razón y orden. El campo de lo «material» (o «sustancia»), en contraste, es el mundo físico, material, en que vivimos. Es una representación defectuosa, inferior, del campo mucho más superior de la idea.

En el campo de las ideas, por ejemplo, el concepto «silla» se expresa en el mundo material de varias maneras. Hay sillas de comedor, sillas de escritorio, mecedoras, e incluso sillas reclinables. Son diferentes y, sin embargo, todas incorporan una calidad intangible, o idea, que define a cada uno de esos artículos como silla. No obstante, estas representaciones materiales son defectuosas. A diferencia de la idea incorruptible, eterna, de silla, las otras pueden ser destruidas, alteradas o contaminadas. Por consiguiente, son inferiores; cada silla material es solo una sombra de la silla verdadera que reside en el campo de la idea.

Este modelo del universo llegó a ser la fuente de interminables sistemas religiosos y filosóficos. La mayoría de estos ven a las personas como fragmentos de la idea pura, como «espíritus», atrapados en cuerpos materiales corruptos de carne. En tanto que el espíritu de una persona es puro e incorruptiblemente bueno, el cuerpo es una prisión contaminada, que es inherentemente mala.

Pablo conocía la filosofía griega, pero rechazó el universo de Platón a favor del que indica el Antiguo Testamento. Por consiguiente, debemos tener cuidado e interpretar «espíritu» y «carne» según Pablo lo quería, y no como nuestra cultura, influida por la filosofía griega, sutilmente sugiere.

«Pero ahora», declara Pablo, hemos sido libertados de nuestra obligación legal de ejecutar los objetivos del pecado. Es más, nuestra relación con la Ley ha cambiado porque tenemos una nueva naturaleza que no se opone a la Ley. Pablo llama a esta nueva naturaleza «Espíritu», con mayúscula, porque es el Espíritu de Dios que hemos recibido. En vez de vivir en armonía a la Ley, estudiándola y siguiéndola al pie de la letra (que no podíamos hacerlo, de todas maneras), permitimos que el Espíritu de Dios, que no puede desobedecer, viva a través de nosotros.

Un poeta ha expresado este cambio de esta manera:

Amo rígido era la Ley,
Exigiendo ladrillo, negando paja;
Pero cuando con lengua evangélica canta,
Me impulsa a volar, y me da alas[28].

— 7:7-13 —

Probablemente Pablo pensó que sus lectores judíos pudieran malentenderle en este punto. Su tono apasionado pudiera llevar a algunos a pensar que él consideraba que la ley era mala y que la gracia se oponía a la ley. Otros tal vez malinterpretarían que sus ilustraciones querían decir que el pecado y la ley son sinónimos. Así que aborda directamente la pregunta: «¿Es la ley pecaminosa?»

De nuevo, el apóstol responde con emoción: «¡De ninguna manera!» Entonces, como siempre, ofrece una explicación cabal. La ley es buena para su propósito original, que es llamarnos a cuenta por el pecado y exponer la pecaminosidad de nuestra «carne». Una ilustración moderna de la aclaración que da Pablo puede ayudar.

Hasta no hace mucho, la mayoría de las personas no se enteraba de que padecía de cáncer sino hasta que era demasiado tarde. Los primeros síntomas por lo general conducían a malas noticias del médico. Entonces alguien inventó la IRM (Imagen de Resonancia Magnética), una máquina maravillosa que de manera rápida y con precisión examina la carne del paciente y rinde una imagen detallada de su cuerpo. Un ojo entrenado puede entonces examinar la imagen y localizar tumores cancerosos mucho antes de que el paciente presente síntomas. Si la IRM lleva a un diagnóstico de cáncer, el paciente sería necio si le echara la culpa de su enfermedad a la máquina. Al contrario, debería estar agradecido porque se ha descubierto su problema a tiempo para tratarlo.

En esencia Pablo dijo: «Yo no supe que estaba muriéndome de la enfermedad del pecado hasta que la ley me reveló mi enfermedad terminal. Es más, la ley me mostró que me encantaba mi enfermedad y que haría todo lo posible para conservarla. ¡Era como un muerto en vida! Al señalarme el problema, la ley demostró que yo estaba viviendo bajo sentencia de muerte».

La ley es la herramienta de diagnóstico de Dios. Su propósito es exponer la enfermedad del pecado y presentarnos el pronóstico: la enfermedad es mortal si no se la trata, pero es completamente curable. ¿Causa muerte la ley? No más que la IRM causa cáncer.

— 7:14-16 —

Pablo introdujo el concepto de «la carne» anteriormente, y la declaró como lo opuesto al Espíritu. Pero necesita explicar cómo esta continúa impactando al creyente, sobre todo cuando las interacciones se hacen más complejas. Antes de que la persona crea, la carne sirve al pecado y percibe la condenación de la Ley. Incluso si la persona quiere obedecer la Ley de manera consistente, su esfuerzo pronto termina en fracaso. Una vez que alguien ha recibido la gracia de Dios por fe, el Espíritu Santo pasa a residir en ese creyente. Así empieza la lucha interna. La carne continúa sirviendo al pecado, en tanto que el Espíritu sirve a la justicia. «No entiendo lo que me pasa, pues no hago lo que quiero, sino lo que aborrezco. Ahora bien, si hago lo que no quiero, estoy de acuerdo en que la ley es buena» (7:15–16).

— 7:17-23 —

Pablo describe el tirón carnal hacia el pecado como «el pecado que habita en mí». Aunque recibió una nueva naturaleza cuando creyó en Jesucristo, su cuerpo parece tener mente propia. Es como si estuviéramos unidos inseparablemente a una persona a la que le encantan las cosas que más detestamos. Lo mismo es verdad para todo creyente. Todos recibimos una nueva naturaleza que quiere comportarse como Cristo se comporta. Pero la carne, la vieja naturaleza humana, quiere que la vida continúe como antes. Esta es parte de la descripción de la batalla:

> Pero, en ese caso, ya no soy yo quien lo lleva a cabo [lo que no quiero hacer] sino el pecado que habita en mí. [...] En mí [...] nada bueno habita. Aunque deseo hacer lo bueno, no soy capaz de hacerlo. De hecho, no hago el bien que quiero, sino el mal que no quiero. Porque en lo íntimo de mi ser me deleito en la ley de Dios; pero me doy cuenta de que en los miembros de mi cuerpo hay otra ley, que es la ley del pecado. Esta ley lucha contra la ley de mi mente, y me tiene cautivo (7:17–23).

Permítame echar mano de nuevo de la analogía de la heroína. La mayoría de los expertos concuerdan en que la retirada abrupta de la adicción a la heroína es una de las odiseas más aterradoras que uno puede atravesar. El dolor de huesos y muscular, el insomnio, la diarrea, los vómitos, y los síntomas parecidos a un ataque suelen llegar a su clímax dos o tres días después de la última dosis y, por lo general, pasa más de una semana antes de que se reduzcan. La angustia física sería suficiente sin el trauma psicológico que sufre el adicto. Y sin embargo, incluso después de aguantar el tormento de la retirada y avanzar más allá de la dependencia física de la droga, muchos vuelven a usarla. El problema que estimula al adicto a buscar ayuda en la heroína todavía está presente, y el deseo de alivio se torna demasiado grande para soportarlo solo.

Todo el que ha experimentado dependencia física en algo afirmará que el deseo nunca está muy distante. Incluso los fumadores crónicos que han dejado el hábito me dicen que, años después, a veces sienten ganas de un cigarrillo después de una buena comida. Por eso los expertos en tratamiento por drogas son unánimes en su opinión. Tratar el cuerpo para que supere la dependencia física es solo el comienzo. La clave para la sobriedad vitalicia está en tratar la mente, lo que es también una empresa de toda la vida. El adicto nunca está del todo «curado». La adicción siempre será parte de su vida. Pero pueden estar «en recuperación» para siempre.

Todos somos adictos al pecado. Mucho después de ser salvos, nuestro cuerpo se antoja de eso que nos da placer a corto plazo y nos produce angustia de larga duración. El tirón para satisfacer el antojo por el pecado siempre será parte de nuestra vida… por lo menos hasta que seamos libres de «este cuerpo mortal» (v. 24). ¿Y en cuanto al presente? «¡Soy un pobre miserable!»

— 7:24-25 —

La descripción de Pablo de su lucha con su naturaleza vieja pinta un cuadro lóbrego del futuro del creyente promedio, ¿verdad? Confieso de buen grado que no soy Pablo, así que si él se sintió derrotado, ¿qué esperanza hay para mí?

Pablo usó la palabra «miserable» para describirse. No usamos mucho esa palabra en el vocabulario moderno, pero no puedo pensar en otra palabra para reemplazarla. Así que, permítame trazar un cuadro verbal. Imagínese a un boxeador después de una paliza de quince rounds. Con meses de entrenamiento, entusiasmo y sueños de gloria de campeón yéndose por el caño, se siente agotado, desmoralizado, casi sin poder ver por la hinchazón de los ojos, y casi sin poder respirar debido a un par de costillas fracturadas. Y para empeorar las cosas, debe tomar su lugar en la mitad del cuadrilátero para oír que se anuncia a la multitud su derrota.

La pelea que Pablo ha descrito lo ha dejado en situación miserable. Incapaz de derrotar su carne mediante su carne —es decir, por su propia capacidad—, clama por ayuda. ¿Qué, aparte de la muerte, puede liberarlo de un cuerpo que anhela el pecado más de lo que su mente anhela la justicia? ¿Quién lo rescatará de su desdicha?

La respuesta viene rápidamente: «Dios por medio de nuestro Señor Jesucristo».

Poco antes de que yo saliera de la galería de Dimitri Vail en Dallas, la empleada dijo: «Esperamos que el Sr. Vail se pinte otro autorretrato en un mejor día». No sé si lo ha hecho. Por dicha, Pablo no detuvo su pintura con el capítulo 7. Su mejor obra todavía está por venir. Y debido a que su esperanza es la nuestra, podemos esperar el mismo glorioso futuro con plena confianza. Espere y verá.

Aplicación

En pos del arco iris, la auto superación y otros esfuerzos inútiles

Una vez que el creyente ha muerto al pecado, «en Cristo» su relación con la ley cambia para siempre. El nuevo pacto (Jeremías 31:31-33) nos da una nueva regla para la vida: el Espíritu Santo (Romanos 7:1-6). Dios le dio la Ley al ser humano para confrontar nuestra injusticia y demostrar nuestra necesidad de salvación. Una vez que la persona abandona su esfuerzo inútil de guardar la Ley y recibe la gracia de Dios por fe en Jesucristo, la Ley ya ha servido su propósito (7:7-13). Entonces la relación del creyente con la Ley queda cortada.

Así que, ¿cuál es la meta en nuestra vida ahora que somos salvos? ¿No es agradar a Dios guardando la ley? ¿No debemos llegar a ser semejantes a Cristo, quien es moralmente perfecto? ¿No debemos retribuir la bondad de Dios con buenas obras y erradicar el pecado de nuestra vida? Ahora que la gracia de Dios nos ha salvado de la condenación, ¿debemos santificarnos mediante ayuno, oración, estudio de las Escrituras, dando el diezmo, y otras disciplinas espirituales?

Si el autorretrato de Pablo nos enseña algo, es que la auto superación que se procura en la energía de la carne es un esfuerzo vano (7:14–25). Uno puede esforzarse hasta la fatiga tratando de ser como Cristo, pero le será más fácil ir tras un arco iris. Algunos maestros y predicadores reconocen la imposibilidad de alcanzar la perfección de Dios, pero con todo hallan valor en apuntar alto. Otros reducen el estándar de perfección para ponerlo al alcance y luego cantan victoria sobre el pecado. La mayoría de personas se esfuerzan hasta el agotamiento miserable y entonces colapsan… a veces con fuerza destructiva.

Pero Dios nunca exige perfección. (Lea eso de nuevo… ¡en voz alta!). La moralidad inmaculada se desvaneció en el Edén. No, no somos salvos por la gracia y luego santificados por esfuerzo propio. La gracia no hace su obra a medias. Lo que el autorretrato miserable de Pablo en 7:13–25 pretende hacer es demostrar que el ser humano no puede purificarse del pecado más después de la salvación que antes. Solo Dios puede purificar el alma.

Así que, ¿cuál es ahora nuestro deber como creyentes salvados por gracia? Nuestro propósito primordial es conocer a Jesucristo en una intimidad cada vez más profunda (Filipenses 3:8–11). Al leer las Escrituras, orar, meditar, llevar un diario, o ayunar, hagámoslo con el único propósito de conocer la mentalidad de Cristo. Si adoramos, servimos, participamos de la comunión, o pasamos tiempo en compañía de otros creyentes, aprendamos de Cristo observando su obra transformadora en otros. Si damos de comer a los pobres, defendemos a los débiles, consolamos a los solitarios o proclamamos el evangelio a un mundo quebrantado y necesitado, que nuestro andar en sus sandalias nos dé conocimiento de primera mano del carácter de Cristo. Que toda prueba o triunfo nos lleve a conocer más de cerca la naturaleza de Cristo y a comprender sus propósitos.

Las disciplinas espirituales no son un medio de alcanzar santidad, sino un medio de conocer a Cristo. Conforme procuramos la piedad, tenemos comunión con otros creyentes e interactuamos con el mundo en el nombre de Cristo —conforme llegamos a conocerle con mayor intimidad— el Espíritu Santo hará lo que solo él puede hacer: hacernos más semejantes a nuestro Salvador. Así como la luna refleja la luz del sol, aunque no tiene luz propia, brillaremos con la luminosidad de Dios al vivir en la proximidad de su Hijo.

Eso sí vale la pena.

Practiquemos lo que predicamos (Romanos 8:1–17)

¹ Por lo tanto, ya no hay ninguna condenación para los que están unidos a Cristo Jesús, ² pues por medio de él la ley del Espíritu de vida me ha liberado de la ley del pecado y de la muerte. ³ En efecto, la ley no pudo liberarnos porque la naturaleza pecaminosa anuló su poder; por eso

Dios envió a su propio Hijo en condición semejante a nuestra condición de pecadores, para que se ofreciera en sacrificio por el pecado. Así condenó Dios al pecado en la naturaleza humana, ⁴ a fin de que las justas demandas de la ley se cumplieran en nosotros, que no vivimos según la naturaleza pecaminosa sino según el Espíritu.
⁵ Los que viven conforme a la naturaleza pecaminosa fijan la mente en los deseos de tal naturaleza; en cambio, los que viven conforme al Espíritu fijan la mente en los deseos del Espíritu. ⁶ La mentalidad pecaminosa es muerte, mientras que la mentalidad que proviene del Espíritu es vida y paz. ⁷ La mentalidad pecaminosa es enemiga de Dios, pues no se somete a la ley de Dios, ni es capaz de hacerlo. ⁸ Los que viven según la naturaleza pecaminosa no pueden agradar a Dios.
⁹ Sin embargo, ustedes no viven según la naturaleza pecaminosa sino según el Espíritu, si es que el Espíritu de Dios vive en ustedes. Y si alguno no tiene el Espíritu de Cristo, no es de Cristo. ¹⁰ Pero si Cristo está en ustedes, el cuerpo está muerto a causa del pecado, pero el Espíritu que está en ustedes es vida a causa de la justicia. ¹¹ Y si el Espíritu de aquel que levantó a Jesús de entre los muertos vive en ustedes, el mismo que levantó a Cristo de entre los muertos también dará vida a sus cuerpos mortales por medio de su Espíritu, que vive en ustedes.
¹² Por tanto, hermanos, tenemos una obligación, pero no es la de vivir conforme a la naturaleza pecaminosa. ¹³ Porque si ustedes viven conforme a ella, morirán; pero si por medio del Espíritu dan muerte a los malos hábitos del cuerpo, vivirán. ¹⁴ Porque todos los que son guiados por el Espíritu de Dios son hijos de Dios. ¹⁵ Y ustedes no recibieron un espíritu que de nuevo los esclavice al miedo, sino el Espíritu que los adopta como hijos y les permite clamar: «¡*Abba*! ¡Padre!» ¹⁶ El Espíritu mismo le asegura a nuestro espíritu que somos hijos de Dios. ¹⁷ Y si somos hijos, somos herederos; herederos de Dios y coherederos con Cristo, pues si ahora sufrimos con él, también tendremos parte con él en su gloria.

El viaje por carretera del oeste de Texas a Colorado es de extremos, especialmente en el calor del verano. Lo he hecho sin aire acondicionado en el auto, y apenas puedo imaginarme lo que sería hacerlo a lomo de caballo. El viaje empieza en las desoladas y polvorientas planicies que parecen interminables. Kilómetros tras kilómetros candentes pasan debajo de uno mientras uno recorre el mango de Texas y, después de horas monótonas, empieza a preguntarse si alguna vez cruzará la frontera del estado. A la larga, uno en efecto pasa por una ciudad con un nombre significativo, Texline, Texas, a Nuevo México, para tomar el antiguo sendero de Santa Fe, ahora carretera Interestatal 25. Mucho de ese terreno sigue siendo plano, polvoriento, y *candente*. ¿Mencioné lo opresivo que puede ser el calor del desierto?

A la larga, sin embargo, uno cruza el Paso Ratón, que se eleva como a dos mil metros por sobre el nivel del mar. Se apaga el aire acondicionado, se bajan las ventanas, el verde reemplaza al marrón, y uno capta los primeros vislumbres de las montañas coronadas de nieve a la distancia. Uno sabe que a poco estará respirando aire más frío durante el día y escuchando a la lluvia caer por la noche. A veces me siento tentado a pensar que Dios debe vivir en las montañas de Colorado. Cuando uno oye el trueno retumbando sobre los picos y por los cañones, es como si Dios estuviera aclarándose la garganta.

La carta de Pablo nos ha llevado por algún terreno difícil. Empezó en las planicies polvorientas del desierto espiritual y nos ha llevado por muchos kilómetros a través de praderas áridas interminables. El desierto de Romanos 7 fue particularmente descorazonador porque se parecía mucho a la región que gracias a Dios quedó atrás[29]. Felizmente, la carta de Pablo se parece mucho a la vida, particularmente para el creyente. Justo cuando la esperanza empieza a desvanecerse, llegamos a su Paso Ratón.

Lo que él apóstol describe en su deprimente autorretrato es la inutilidad de tratar de vivir la vida cristiana sin el Espíritu de Dios. No es menos fútil que tratar de ganar la justificación aparte de la fe. Somos impotentes para vencer la enfermedad mortal del pecado sin el favor inmerecido de Cristo, como impotentes somos para agradar a Dios si su Espíritu no nos provee gracia. Como Pablo lo dice: «Yo sé que en mí, es decir, en mi naturaleza pecaminosa, nada bueno habita. Aunque deseo hacer lo bueno, no soy capaz de hacerlo» (7:18).

En mi jornada cristiana he descubierto que la «miseria» parece ser un hito necesario. Como Pablo, llegué a un lugar de absoluta desesperanza. Me sentía atrapado por mi incapacidad para vivir de una manera que Dios hallara agradable, que era un modo de vida que genuinamente deseaba. Me esforcé bajo el peso de la condenación, que es tal vez el sentimiento más desmoralizador que el creyente puede sentir. Nada hará que uno llegue más rápidamente a una parada en seco, ni lo arrastrara al pecado, que la vergüenza.

Para empeorar las cosas, me guiaban personas con buenas intenciones pero mala teología. Muchas iglesias hoy predican un evangelio que guarda extraño silencio después de que uno cree en Jesucristo y solo promete hablar después de la muerte. De acuerdo a esta versión de las buenas nuevas, a los creyentes se les deja que luchen con la carne por cuenta propia hasta el día del juicio, momento en el cual se reproducirá una grabación de sus miserables esfuerzos para que todos vean el momento en que las puertas de perlas se abren para recibirlos. Extraña enseñanza.

¿Salvados por la gracia, pero santificados por las obras? Esas no son buenas noticias.

Después de llegar a una condición miserable, me rendí al hecho de que no puedo vivir la vida cristiana. Sólo habiendo llegado al fin de mí mismo y no un día antes, y sólo *entonces*, estuve listo para aceptar la verdad de la aturdidora declaración de Pablo al principio de Romanos 8. Como un relámpago en la oscuridad, como un Paso Ratón en el viaje a la morada de Dios, la verdad se hizo ver: «Por lo tanto, ya no hay ninguna condenación para los que están unidos a Cristo Jesús» (8:1). Esta es la verdad cardinal de la nueva vida de todo creyente «en Cristo». Esta es la verdad en la cual estamos, por la que vivimos, y mediante la cual a fin de cuentas logramos la victoria.

Hemos llegado a un momento decisivo significativo. Desde este lugar en adelante el viaje será con frecuencia un reto y a veces confuso, pero nunca exasperante. Desde este punto de ventaja, las buenas noticias solo se vuelven mejores.

— 8:1-4 —

No debemos saltarnos la primera expresión. El adverbio conjuntivo griego que se traduce «Por lo tanto» es demasiado importante como para ignorarlo. Nos dice que el enunciado del versículo 1, «ya no hay ninguna condenación para los que están unidos a Cristo Jesús» es una continuación de un pensamiento anterior.

En la oscura desesperación de su lucha solitaria e inútil contra la carne, Pablo exclamó: «¿Quién me librará de este cuerpo mortal?» Note el tiempo futuro: «me *librará*». La cuestión del destino eterno ya había quedado decidida (3:28; 5:1-2; 6:23). La cuestión en la mente de Pablo era su lucha presente. Y la respuesta llegó: «¡Gracias a Dios [porque él me librará de este cuerpo de muerte] por medio de Jesucristo nuestro Señor!» «Por lo tanto, *ya* no hay ninguna condenación […]».

Permítame señalar tres verdades cruciales que se derivan de 8:1-4:

Primero, estamos seguros eternamente, *ahora* tanto como cuando enfrentemos el juicio (8:1). Dios ha declarado de manera oficial nuestra justificación y él nunca retira su palabra.

Segundo, somos internamente libres del control del pecado, *ahora* así como también cuando lleguemos al cielo (8:2). El Espíritu de vida nos ha hecho libres (tiempo pasado con resultados continuos).

Tercero, somos posicionalmente justos, *ahora* así como también cuando estemos ante el Juez celestial (8:3-4). Lo que la ley no pudo lograr, Dios lo ha realizado a favor nuestro por medio de su Hijo.

Aprecio que Pablo ponga esta seguridad al comienzo. No solo que consuela al miserable, sino que nos permite oír y absorber lo que nos va a enseñar. Más de una vez he recibido una llamada de alguien en cuanto a alguno de nuestros hijos y aprecio muchísimo lo que dicen de inmediato: «Chuck, permítame decirle primero que nada que su hijo está bien». Con mis peores temores de inmediato tranquilizados, puedo oír con mayor claridad lo que me van a decir.

— 8:5-8 —

Cuando Pablo pintó su lúgubre autorretrato en el capítulo 7, aprendimos de dos naturalezas que luchan por dominarnos: «la carne», nuestra vieja naturaleza de pecado, y «el Espíritu», la dádiva de la presencia de Dios en nosotros. Ya tranquilizados por las verdades de 8:1-4, esta lucha se ve muy diferente. Aunque la vieja naturaleza nunca se da por vencida, nunca retrocede, y nunca concede derrota, podemos vivir con la plena confianza de que el Espíritu Santo es más fuerte. Pero la pregunta es ésta: «¿A quién le vamos a entregar el control?» La explicación de Pablo implica una decisión de parte del creyente. Por su sencillez, esta es una traducción más literal:

> «Los que existen según la carne fijan la mente en las cosas de la carne,
> pero,
> los [que existen][30] de acuerdo al Espíritu [fijan la mente en] las cosas del Espíritu».

LA FIDELIDAD DE DIOS (ROMANOS 6:1 — 8:39)

El siguiente doblete predice las implicaciones de cada decisión. El pensamiento de la carne es muerte; el pensamiento del espíritu es vida y paz.

Así que, ¿que es un pensamiento carnal? ¿Qué quiere decir eso de «vivir conforme a la naturaleza pecaminosa?» Como siempre, permitimos que las Escrituras interpreten a las Escrituras. En su autorretrato, Pablo describe en doloroso detalle lo que es vivir conforme a la carne. La vida conforme a la carne puede incluir una pecaminosidad desenfrenada. Después de todo, la carne es hostil a Dios. Antes de que recibiéramos su gracia y antes de que su Espíritu entrara a residir en nosotros, la carne solo anhelaba el mal. En consecuencia, se ha sabido de creyentes que se abandonan a hacer el mal por varias razones. Algunos espectadores sugerirían que no eran creyentes al momento, pero solo podemos especular. He estado bastante cerca de una o dos personas de quienes tenía razonable certeza de que eran creyentes genuinos pero, por una temporada se comportaron como paganos.

En este pasaje, sin embargo, Pablo parece describir algo mucho más común en la experiencia del cristiano. El creyente existe de acuerdo a la carne cuando trata de ser justo esforzándose más. ¿Recuerda nuestro estudio de 3:23 y la ilustración de la competencia de salto alto? Los que se entrenan más, esperando saltar al cielo por sus propias fuerzas, se quedarán lejos. Esa es la manera de pensar de la vieja naturaleza. El sistema del mundo dice: «Dios ayuda a los que se ayudan». La gracia declara: «Todos [los seres humanos] somos justificados por la fe, y no por las obras que la ley exige» (3:28).

El pensamiento carnal puede tener ideales nobles y deseos admirables; sin embargo, también es egoísta hasta la médula. El pensamiento carnal presume lograr objetivos santos sin Dios. Rechaza la gracia de Dios a favor de su propio albedrío, su propia manera, y su propia capacidad de hacer el bien en sus propios términos. El pensamiento carnal se deja convencer por la filosofía del «hombre o mujer que se hizo a sí mismo» y se alinea asombrosamente bien con el espíritu empresarial. En tanto que el individualismo tajante y una actitud de «puedo hacerlo» pueden ser buenos para los negocios, es muerte para la vida espiritual. Lo dejará del todo miserable.

Por bien intencionada que pudiera parecer la carne, nunca debemos olvidar que fue hostil a Dios antes de que recibiéramos la salvación; por consiguiente, somos necios al pensar que la carne cooperará ahora. La carne no puede cambiar; hay que dejarla detrás.

— 8:9-11 —

Pablo les recuerda a sus lectores que ya no están engañados por el pensamiento carnal, sino que han adquirido la capacidad de pensar y escoger como resultado de su libertad «en Cristo». El Espíritu de Dios les ha dado esta libertad. De manera interesante, Pablo condiciona esta seguridad, limitándola a los que han recibido la gracia de Dios por fe. Por consiguiente, todo lo que el apóstol enseña respecto al creyente no se aplica a toda persona en general. Es más, mucho de su instrucción parece sin sentido para los que no están «en el Espíritu».

Donald Gray Barnhouse ha provisto una maravillosa ilustración de la necesidad de que el Espíritu nos dé acceso a las verdades espirituales:

Dos hombres, cada uno acompañado de un perro, se encuentran en un camino en el campo. Empiezan a conversar y los perros se tocan las narices y empiezan a comunicarse a lo perro. Tal vez tienen alguna manera de decirse que hay un rastro de conejo entre los matorrales y salen juntos disparados. Regresan a sus amos y oyen el sonido de la conversación que tiene lugar entre los hombres, pero no tienen ni el más remoto conocimiento de su significado, ya estuvieran hablando de física atómica o del precio del costal de maíz Ahora bien, ¿qué perro conocería las cosas del perro si no fuera por la naturaleza del perro que está en él? Incluso así, las cosas del hombre no las conoce ningún perro, pero el espíritu del hombre puede entenderlas… porque así como el perro puede entender al perro pero no puede entender al hombre, el hombre puede entender al hombre pero nunca puede entender a Dios, sin la ayuda del Espíritu[31].

— 8:12-13 —

Debido a que el Espíritu vive en nosotros y debido a que tenemos acceso a la mente de Dios, tenemos una obligación. Suena como trabajo, ¿verdad? Algunos respetados teólogos populares enseñan que el sacrificio de Jesucristo a nuestro favor nos deja en deuda con él. Proclaman que si bien su dádiva no tiene precio y jamás se puede pagar, tenemos con él una deuda de gratitud. Y esta deuda demanda nuestra completa devoción a hacer buenas obras hasta que muramos… o quizá más.

Eso en griego se llama *¡disparate!*

En efecto tenemos una obligación, pero no es para hacer obras buenas por Dios. La obligación es permitir que el Espíritu Santo haga buenas obras a nuestro favor, por medio de nosotros, para que lleguemos a ser más semejantes a Cristo y participemos de las bendiciones que le pertenecen. (¿Qué grandioso es eso?) Pablo enseñó esto en Éfeso, Filipos, Colosenses, Tesalónica y tal vez en otros cientos de lugares entre Jerusalén y Roma. A los efesios les escribió:

> Porque por gracia ustedes han sido salvados mediante la fe; esto no procede de ustedes, sino que es el regalo de Dios, no por obras, para que nadie se jacte. Porque somos hechura de Dios, creados en Cristo Jesús para buenas obras, las cuales Dios dispuso de antemano a fin de que las pongamos en práctica. (Efesios 2:8–10)

A los filipenses les escribió:

> Estoy convencido de esto: el que comenzó tan buena obra en ustedes la irá perfeccionando hasta el día de Cristo Jesús. (Filipenses 1:6)

El Señor ha preparado de antemano buenas obras para nosotros. Tiene el deseo y la capacidad de prepararnos para esas buenas obras. Lo mejor de todo es que ha prometido hacer que se cumpla lo que él ha determinado. Nuestra única responsabilidad es permitírselo. Si lo hacemos, vivimos. Si no lo hacemos, nos entregamos a la carne, y entonces nuestro fin inevitable es una existencia sepulcral y miserable.

— 8:14-17 —

Pablo ha enfocado lo negativo (diciendo lo que *no* hay que hacer) lo suficiente. Rápidamente pasa a lo positivo. En cada uno de los cuatro versículos que siguen hallamos un beneficio práctico de vivir en el Espíritu.

El primer beneficio: dirección práctica de Dios todos los días (8:14). Con frecuencia se usa este texto para respaldar la noción de que los creyentes recibimos mensajes verbales o no verbales del Espíritu Santo que nos dicen qué decisiones debemos tomar o qué hacer a continuación. Esta *no* es la enseñanza de Pablo aquí. Eso en realidad se queda corto de las promesas del nuevo pacto. Como aprenderemos hacia el final de este capítulo, el Señor hará algo mucho más profundo, mucho más útil que susurrar órdenes en nuestras orejas espirituales. Es más, la próxima afirmación de Pablo nos asegura que el Espíritu Santo es un don, no un dictador.

Note como Pablo frasea el asunto: «Porque todos los que son guiados por el Espíritu de Dios son hijos de Dios». Muchos tergiversan esto para respaldar una conclusión determinada de antemano: «Los hijos de Dios son dirigidos por el Espíritu». Pero eso no sería un enunciado verdadero. Si bien es cierto que el Señor es fiel en dirigir a los creyentes genuinos, la mayoría están demasiado distraídos o son demasiado obstinados como para obedecer, así que en realidad no van a ninguna parte. La enseñanza de Pablo en otras porciones de las Escrituras dejan en claro que el Espíritu en efecto dirige, pero que el creyente puede elegir su propio camino, de esta manera «entristeciéndolo» (Efesios 4:30).

Este versículo es una promesa y un medio práctico de seguridad. Los que están activamente siguiendo al Espíritu darán evidencia inequívoca de eso (ver Gálatas 5:18–25). Cuando esa evidencia —o «fruto», como Pablo lo llama— es visible, asegura al creyente que en verdad es un «hijo de Dios».

El segundo beneficio: intimidad con Dios sin miedo (8:15). Pablo de nuevo refuerza las buenas noticias de que los creyentes han sido emancipados. Ya no sirven a un amo que les dice qué hacer, cuándo hacerlo, por cuánto tiempo, con cuánta frecuencia, y dónde. Hemos sido libertados y por consiguiente somos libres en verdad. Dios nos ha comprado. El pago fue la muerte de su Hijo. En tanto que él tiene derecho para tenernos como esclavos, ha eliminado el recibo de compra y ha redactado un nuevo documento: ¡documentos de adopción! Él no solo es un amo más bondadoso, más gentil; él es nuestro «Abba». Ese es un término arameo de cariño que se le aplicaba al padre carnal. Se acerca mucho al término «papito».

¡Intimidad con el Creador Todopoderoso del universo! Qué pensamiento más asombroso.

Tenemos una obligación, no como esclavos que pagan una deuda, sino como hijos, que tienen una genuina porción en las propiedades de Papá. La obligación no viene como órdenes de la casa grande, susurrada en secreto del Espíritu al espíritu, sino como una invitación a llegar a ser miembros contribuyentes de una familia. Si hacemos el bien, no es solo por causa de él, sino por la nuestra y para todos los demás en la familia de Dios.

El tercer beneficio: seguridad de que pertenecemos a Dios (8:16). Si el Espíritu Santo habla a las almas de sus hijos queridos, es solo para decir esto: «Tú eres mi hijo precioso».

Este es el único lugar en el Nuevo Testamento en que se nos dice que el Espíritu Santo habla de una manera profética *como práctica general.* Después de que Jesús inauguró el nuevo pacto (lo que examinaremos más tarde), el Señor habló por medio de personas designadas. Habló proféticamente por medio de los apóstoles y profetas hasta que el último de los libros del Nuevo Testamento, el libro de Apocalipsis, escrito por el último apóstol que quedaba: Juan.

Algunos críticos objetan esto, señalando el hecho de que la Biblia está repleta de relatos de que Dios le habló a personas, y por medio de personas, y que todavía tiene poder para hacerlo. Es verdad. El Señor escogió a algunos para que fueran sus portavoces por un tiempo dado y con un propósito definido. Pero, como un perspicaz comentarista dice, lo que es *narrativo* no es necesariamente *normativo.* Porque alguien en la Biblia haya tenido una experiencia no quiere decir que debemos esperar que llegue a ser lo común.

La burra de Balán, por ejemplo, bajo la dirección sobrenatural de Dios, reprendió a su dueño (Números 22:28–30). El hecho tuvo lugar en la Biblia, y el Señor todavía tienen la capacidad de hablar por medio de lo que sea que él escoja, y nada le impide que lo vuelva a hacer. No obstante, recomiendo que conservemos nuestras Biblias en lugar de visitar establos para oír la voz de Dios.

No necesitamos otro pronunciamiento profético hasta que los sucesos del fin empiecen a desarrollarse. Tenemos toda la información que necesitamos. A decir verdad, ¡tenemos más de lo que podemos manejar en esta vida tal como es! Esto no es decir que estamos librados a nuestro criterio ni que el Espíritu no dirige. Él está con nosotros y nos dirige. (Aprenderemos pronto del apóstol cómo el Espíritu dirige). Sin embargo, en esta etapa de la línea cronológica de la redención, Dios no habla proféticamente a las personas, ni por medio de las personas. Este es uno de los principales enunciados de la Reforma (*sola scriptura*) y algo que, en parte, nos define como protestantes. No tenemos necesidad de papas, ni de Roma ni de la casa de al lado, ni tenemos necesidad de visiones nocturnas. Tenemos la palabra de Dios impresa en blanco y negro, accesible en múltiples lenguas, y comprensible para todos. Sugiero que mantengamos nuestro enfoque allí.

El cuarto beneficio: un recordatorio continuo de nuestro valor delante de Dios (8:17). La adopción era una práctica común en la ley romana. Mucho de la sociedad romana dependía de un sistema llamado «patronato», en el cual una persona se convertía en «padrino» de personas menos poderosas. Esta persona, a su vez, le debía lealtad a su patrono. Con frecuencia el patrono adoptaba a un cliente favorito sin parentesco para que heredara sus propiedades. Cuando Pablo habló de «adopción como hijos», sus lectores romanos habrían recordado de inmediato que César Augusto recibió mucho de su poder porque lo adoptó su patrono, Julio César, padre fundador del imperio romano.

Por adopción los creyentes han llegado a ser coherederos con el único y solo Hijo de Dios. Y por nuestra identificación con él, vamos a heredar todo lo que le pertenece a él. Pase a Apocalipsis 5:12 para ver todo lo que eso supone. Participaremos de todo con sus hermanos y hermanas adoptivos… excepto de la adoración. La adoración le pertenece solo a él.

Pablo tuvo el gran cuidado de convencer a los creyentes que sólo los que no eran creyentes existían conforme a la carne, y que sólo los hijos de Dios existen de acuerdo con el Espíritu. Una reacción natural a esa verdad es decir: «¡Entonces quiero vivir por el Espíritu! ¿Cómo lo hago?» Tengo que admitir que mi primera inclinación fue escarbar en el pasaje en busca de aplicaciones. Pero no hallé ningún imperativo. Ninguna orden, ningún «deben hacer» o «no deben hacer», y ni siquiera una sugerencia útil. El apóstol no describió qué tipo de conducta nos ayudará a «existir de acuerdo con el Espíritu», ni prescribió un plan de siete pasos para llegar a ser más espirituales.

Para serle franco, esto me parece frustrante. Confieso que, en la carne, traté de convertir esta vida dirigida por el Espíritu en una santidad de cosecha propia. De repente, me hallé de regreso en el capítulo 7 y empecé a sentir el dolor; me sentí miserable de nuevo. Entonces recordé que la carne está siempre con nosotros y, ¡cuánto le gustaría tomar el timón!

En lugar de citar una lista de obras que resultan en santidad, Pablo nos asegura que el Espíritu de Dios decide por cuenta propia empezar a vivir en los creyentes y por medio de los creyentes. Luego describe lo que el Espíritu hará por nosotros y las bendiciones que recibiremos como resultado. Existir en el Espíritu no es cuestión de lo que hacemos por él; recuerde... no podemos hacer nada. La vida del Espíritu tiene que ver con lo que él hará por nosotros, porque la presencia del Espíritu de Dios que mora en nosotros es un don de gracia. La misma dádiva que nos redime de la esclavitud del pecado también nos rescata del mismo. La dádiva de la salvación del pecado empieza ahora, y no después de que hayamos ido a la tumba.

Así que, ¿qué debemos hacer? ¿Cuál es nuestra obligación? La respuesta no es complicada. Difícil de hacer porque la carne no va a entregar fácilmente el control, pero la respuesta es directa y suficiente: *Nada.*

¡¿Nada?! ¿No hay que orar? ¿O no hay que levantarse a las cuatro de la madrugada para tener un «tiempo de quietud»? ¿No hay que tener devociones en familia? ¿No tiene uno que ofrendar todo el dinero, o bañarse todos los días, u obedecer los Diez Mandamientos, o ponerse ropa oscura, o comer alimentos bajos en grasa, o hacer un montón de buenas obras para ser más espiritual?

No. Nada. Si usted tiene al Espíritu en usted, es tan espiritual como jamás lo será.

Si hay algún imperativo que hallar en la descripción que Pablo da de la vida en el Espíritu, es que debemos dejar de *esforzarnos tanto* para ser espirituales. Deje todo eso. Más bien, deje que el Espíritu sea espiritual. Cuando eso tenga sentido para usted, puede estar seguro de que usted estará fijando la mente en las cosas del Espíritu... y empezando a entender la gracia. Hasta entonces, no estará listo para aceptar la enseñanza de Pablo en la segunda mitad de su Carta a los Romanos.

Gloriarse y gemir (Romanos 8:18–27)

[18] De hecho, considero que en nada se comparan los sufrimientos actuales con la gloria que habrá de revelarse en nosotros. [19] La creación aguarda con ansiedad la revelación de los hijos de Dios, [20] porque fue sometida a la frustración. Esto no sucedió por su propia voluntad, sino

por la del que así lo dispuso. Pero queda la firme esperanza ²¹ de que la creación misma ha de ser liberada de la corrupción que la esclaviza, para así alcanzar la gloriosa libertad de los hijos de Dios.

²² Sabemos que toda la creación todavía gime a una, como si tuviera dolores de parto. ²³ Y no solo ella, sino también nosotros mismos, que tenemos las primicias del Espíritu, gemimos interiormente, mientras aguardamos nuestra adopción como hijos, es decir, la redención de nuestro cuerpo. ²⁴ Porque en esa esperanza fuimos salvados. Pero la esperanza que se ve, ya no es esperanza. ¿Quién espera lo que ya tiene? ²⁵ Pero si esperamos lo que todavía no tenemos, en la espera mostramos nuestra constancia.

²⁶ Así mismo, en nuestra debilidad el Espíritu acude a ayudarnos. No sabemos qué pedir, pero el Espíritu mismo intercede por nosotros con gemidos que no pueden expresarse con palabras. ²⁷ Y Dios, que examina los corazones, sabe cuál es la intención del Espíritu, porque el Espíritu intercede por los creyentes conforme a la voluntad de Dios.

En 1957 me hallaba como a casi trece mil kilómetros de casa, en el sudeste de Asia, alojado en barracas con otros cuarenta y siete marinos, y añorando a mi esposa. Habíamos estado casados solo por dos años y medio, así que éramos prácticamente recién casados, de modo que Okinawa *no* era el lugar en donde yo quería estar, y estaba muy disgustado con Dios por haberme puesto allí. Felizmente, otro hombre había sido escogido para estar allí y servir a su Maestro mediante una organización llamada Los Navegantes. Una noche en particular en que me sentía muy solo, él puso en mis manos un obsequio que lo cambiaría todo para mí... empezando conmigo.

Me senté en mi litera y le quité al volumen de encuadernación atractiva su cubierta protectora para leer en el frente: *El Nuevo Testamento Amplificado*. Hasta ese tiempo, las únicas versiones disponibles en inglés eran la antigua King James y la traducción de J. B. Phillips, pero esta era una versión flamante y singular. La abrí esa noche de Navidad y me senté buscando pasajes conocidos en la soledad de las barracas vacías, por cuánto tiempo, ¿quién sabe? Cuando llegué a Filipenses 3:10, la versión amplificada me impactó profundamente, y decidí que ese sería mi enfoque para el nuevo año.

Mientras Pablo habla a sus hermanos de Filipos de su entusiasmo por el ministerio y el evangelio, su pasión alcanzó un clímax con una declaración de su propósito en la vida.

> [Porque mi propósito determinado es] conocerle [a fin de progresivamente llegar a conocerle más honda e íntimamente, percibiendo y reconociendo, y comprendiendo las maravillas de su persona de una manera más fuerte y con mayor claridad], y que de la misma manera pueda conocer el poder que se desborda de su resurrección [que ejerce sobre los creyentes], y que pueda participar en sus sufrimientos de modo de ser continuamente transformado [en espíritu a semejanza de] su muerte (Filipenses 3:10, versión amplificada en inglés; traducción expresa para este libro).

En enero me concentré en las primeras pocas frases: «[Porque mi propósito determinado es] conocerle [a fin de progresivamente llegar a conocerle más honda e íntimamente]». Por todo el mes de enero concentré mi tiempo y atención en conocerle más profunda, más íntima y progresivamente.

Pasé tiempo extenso con Cristo, hablándole durante el día en oración, y traté de pensar cómo me imaginaba que lo haría él. Por la noche mentalmente me concentraba en él.

En febrero me concentré en la porción siguiente: «[…] que de la misma manera pueda conocer el poder que se desborda de su resurrección [que ejerce sobre los creyentes]». Pensé: *Señor, si me das ese tipo de dinámica, ¿quién sabe? A lo mejor podría hablarle de Jesús a alguno de mis compañeros aquí. Así que, dame esta parte del versículo para mi febrero de 1958.* Antes de que terminara el año, siete llegaron a conocer a Cristo. Aunque esto tal vez no parezca significativo, muchos considerarían que 7 de 48 efectivos en una barraca del Cuerpo de marina ¡son un avivamiento! Así que, los ocho de nosotros formamos un grupo pequeño de estudio bíblico y nos comprometimos a un programa de memorización de pasajes bíblicos. Asistíamos a un compañerismo para militares los viernes por la noche y recorrimos todo el pequeño himnario de InterVarsity. Aprendí de memoria muchos de esos grandiosos himnos. Fue un año increíble.

En marzo me concentré en la frase «que pueda participar en sus sufrimientos». Tengo que decirle que esa frase no me cayó bien. El resentimiento que sentía contra el Señor por ponerme en esa isla había disminuido algo, en su mayor parte debido a mi amigo misionero, pero todavía no estaba completamente resuelto.

Muchos acuden a Cristo con esperanza de que todos sus problemas se evaporen una vez que creen y empiezan a seguirle. Muchos predicadores populares proclaman ese falso evangelio, en una doctrina que llaman «palabra de fe». Yo ya había sido creyente por muchos años para entonces, pero todavía esperaba que el Señor hiciera las cosas fáciles para los que él redime y llama «hijos». Poner el globo entero entre una pareja recién casada me parecía cruel, y luchaba por hallar la bondad de Dios en mis circunstancias.

Pocos han disfrutado una relación más íntima con Dios que Pablo. Pocos han sentido el gozo que él informa en sus cartas por todo su ministerio. Y sin embargo, pocos han sufrido más que él. Sus palabras sin tapujos a los creyentes de Corinto resumen apenas algunas de sus pruebas.

> [23] ¿Son servidores de Cristo? ¡Qué locura! Yo lo soy más que ellos. He trabajado más arduamente, he sido encarcelado más veces, he recibido los azotes más severos, he estado en peligro de muerte repetidas veces. [24] Cinco veces recibí de los judíos los treinta y nueve azotes. [25] Tres veces me golpearon con varas, una vez me apedrearon, tres veces naufragué, y pasé un día y una noche como náufrago en alta mar. [26] Mi vida ha sido un continuo ir y venir de un sitio a otro; en peligros de ríos, peligros de bandidos, peligros de parte de mis compatriotas, peligros a manos de los gentiles, peligros en la ciudad, peligros en el campo, peligros en el mar y peligros de parte de falsos hermanos. [27] He pasado muchos trabajos y fatigas, y muchas veces me he quedado sin dormir; he sufrido hambre y sed, y muchas veces me he quedado en ayunas; he sufrido frío y desnudez. [28] Y como si fuera poco, cada día pesa sobre mí la preocupación por todas las iglesias (2 Corintios 11:23–28).

La experiencia es a veces la autoridad más convincente que un maestro puede tener. El cuerpo de Pablo llevaba las cicatrices del sufrimiento por causa de Cristo y cada marca conmemoraba una victoria para Cristo. Tal vez ninguna otra persona en la tierra pudiera haber animado a los romanos más efectivamente. Habiéndoles asegurado a sus lectores que el Señor sería fiel para completar en ellos lo que empezó, Pablo necesitaba atender una pregunta obvia. «Si ya no hay condenación, y si ya soy un hijo de Dios, ¿por qué siento como si se me estuviera castigando?»

— 8:18 —

Pablo acaba de declarar que el Espíritu Santo continuamente afirma el lugar del creyente en la familia de Dios como uno de sus hijos (8:16). Todavía más, participaremos de la herencia de Cristo, que incluye tanto bendición como sufrimiento, gloria y gemidos (8:17). En tanto que el apóstol no minimiza la intensidad de nuestra angustia presente, incluyendo la suya propia, que fue más severa que la de la mayoría, la considera una mera fracción del esplendor futuro que disfrutaremos para siempre.

Alan Redpath escribió en su libro *The Making of a Man of God* [*La formación de un hombre de Dios*]: «No hay victorias sin lucha, y no hay batalla sin heridas»[32]. No estoy sugiriendo que debemos pagar con gemidos nuestra gloria, ni que la santificación se pueda comprar con sufrimiento. A través de la historia cristiana, hombres y mujeres bien intencionados se han azotado ellos mismos con varas y se han flagelado con la esperanza de vencer la carne y adquirir más del Espíritu. Algunos de estos «flagelantes» descubrieron más tarde que la santificación no hacía tanto daño como la rústica chaqueta de cuero que llevaban debajo de la ropa, que por supuesto es absurdo. Ni el dolor sin sentido ni la deprecación propia lo pone a uno en un atajo a la madurez espiritual.

No tenemos que salir a buscar el sufrimiento. El hecho de vivir de veras en el Espíritu bajo la tiranía de un mundo caído, como Cristo lo hizo, traerá sufrimiento por sí mismo. Y esa aflicción nos permite participar en alguna medida de la experiencia de Cristo. Después de todo, nos advirtió que el mundo nos afligiría como a él, por ninguna otra razón que por habernos separado de las filas del mal (Juan 15:8–20). Así que, en un sentido práctico, el sufrimiento nos dice que estamos en la senda correcta. Como F.B. Meyer lo dijo en su libro *Christ in Isaiah* [*Cristo en Isaías*]: «Si en un país desconocido me dicen que debo pasar por un valle en donde el sol está oculto, o por un camino pedregoso, para llegar a mi lugar de morada, cuando llegue a él, cada momento de sombra o sacudón del carruaje me informa que estoy en el camino correcto»[33].

«Aunque [Jesús] era Hijo, mediante el sufrimiento aprendió a obedecer» (Hebreos 5:8), y la obediencia lo llevó a morir una muerte torturante. Pablo siguió a Cristo por la senda del sufrimiento y eso lo condujo al martirio. En esta sección de su carta el apóstol nos llama a seguirle así como él sigue a Cristo.

— 8:19-22 —

Nuestro sufrimiento después de la adopción como hijos tampoco es resultado de que Dios nos golpee sin sentido. En tanto que el Creador sigue siendo soberano sobre su creación, las cosas malas que nos suceden *no* son su deseo original. Él no creó estos cuerpos para que aguanten dolor, ni para que se sequen bajo la enfermedad, o se doblequen al mal. Dios nos creó para que lo adoremos y disfrutemos con él para siempre; por consiguiente, la muerte es la suprema afrenta a su acto creativo. La muerte es un resultado del pecado, una perversión de su diseño original... un enemigo (vea 1 Corintios 15:26).

El relato de la creación concluye con un mundo prístino en el cual toda hoja de hierba es verde jade, todo arroyo es cristalino, y todo árbol está repleto de frutas. Dios dictamina que todo es «bueno» y entonces lo da a sus primeros hijos, Adán y Eva, como una herencia para que la administren (Génesis 1:27–30). Pero entonces los hijos de Dios cambian la verdad por una mentira, venden su herencia como hijos por la servidumbre como esclavos, y abren la puerta a que la enfermedad, el desastre, la muerte y la decadencia entren en el mundo de Dios, anteriormente idílico. Pablo pinta aquí a una creación gimiendo en una espera desesperada, angustiosa, de un acontecimiento futuro: «la revelación de los hijos de Dios» (8:19).

Note como escoge describir este evento futuro. No: «la revelación del plan de Dios», que, por supuesto, lo será. Ni siquiera «la revelación del Hijo de Dios», como por cierto ocurrirá. Sino la revelación de los *hijos de Dios,* que lleva la sutil sugerencia de que la identidad de los hijos sigue siendo un misterio. Sin duda no sorprendemos al descubrir entre los santos a algunos que pensábamos que eran paganos, y otros, que admirábamos como gigantes espirituales, ¡ausentes! Es más, no es coincidencia que Pablo escoja la palabra griega *apocalupsis*, de la cual derivamos nuestra palabra «apocalipsis», para describir este acontecimiento. Es el tiempo cuando Jesús retorna para poner todas las cosas de nuevo como es debido.

Cuando la humanidad cayó, la creación cayó. Cuando Dios restaure al remanente creyente de humanidad, la creación será restaurada. El mismo Señor gobernará como Rey, el desierto florecerá como rosal, el león y el cordero yacerán juntos, y el pecado no tendrá lugar. Hasta entonces, vivimos en el intermedio. Hasta ese día, la creación gime con expectativa angustiosa como una madre de parto. Los versículos 19–22 revelan cuatro importantes hechos en cuanto al gemido de la creación:

El gemido de la creación es temporal. (8:20)
El gemido de la creación es consecuencia del pecado. (8:20)
El gemido de la creación es un medio hacia un fin. (8:21)
El gemido de la creación es universal. (8:22)

— 8:23-25 —

Debido a que somos parte integral de la creación, también gemimos. Gemimos por las ineludibles adversidades de la vida en la creación caída: tragedias, ruina financiera, relaciones destrozadas, desastres naturales, enfermedades terminales, y la muerte inevitable. Es más, gemimos mientras el peso de la carne nos impide disfrutar una intimidad completa y sin interrupción con nuestro Creador. Somos como niños en un orfanato, con maletas empacadas y documentos de adopción firmados en la mano en espera de la llegada de nuestro Padre... a quien llamamos «Papito» (8:15).

Pablo usa de nuevo el término griego *elpis* («esperanza») para describir la «expectativa segura» (5:2–5) en nuestro futuro inevitable. En tanto que hemos sido adoptados y redimidos, hay un aspecto de esa dádiva que todavía está por cumplirse. En esta «expectativa segura» hemos sido salvados, pero somos ciudadanos de otro Rey aunque vivimos en un territorio hostil, vivimos detrás de las líneas enemigas, por así decirlo. Hemos recibido solo las «primicias» de nuestra salvación.

Los que se ganan la vida de la tierra entienden el concepto de «primicias» o «primeros frutos». Trabajan contra malas hierbas, sequía, pestes y extremos en el clima para cultivar la siembra. Echan las semillas en el suelo, y cuidan los árboles y viñas sin ninguna garantía. Así que la primera señal de fruto es motivo de celebración. Es más, la calidad de ese primer fruto es indicación de cómo será el resto de la temporada. Si la primera mazorca de maíz, el primer canasto de manzanas, racimo de uvas, o gavilla de trigo es de excelente calidad, los que trabajaron por esa cosecha lanzan un suspiro de alivio. Todo lo que necesitan hacer es proteger el sembrío y esperar a que madure. Perseveran y con ansiedad lo esperan (cf. 8:23).

Además de gemir por el caos de la vida y sus inevitables tropiezos, también gemimos debido a la carne y su continuo arrastre en la vida que anhelamos disfrutar. Nuestros cuerpos y nuestra manera natural de pensar son parte de la creación, que no está menos tergiversada hoy que como cuando Adán y Eva trajeron muerte y decadencia al mundo mediante el pecado. Así que, gemimos por dentro mientras la guerra civil entre la vieja naturaleza y la nueva naturaleza se alarga.

— 8:26-27 —

«Así mismo…» Así mismo, ¿como qué? La respuesta se halla en la progresión de la enseñanza de Pablo desde 8:19 hasta este punto. La creación gime (8:19–22) y nosotros mismos gemimos (8:23–25); y así mismo, el Espíritu también gime (8:26). Él gime por nosotros porque, como el Hijo, el Espíritu ha tomado sobre sí el problema del mal, voluntariamente, al morar en sus hijos. Jesús prometió a sus seguidores que otro Ser vendría para estar con ellos en sus luchas: un Consolador, un Maestro, un Abogado. Prometió su Espíritu Santo. No solo que el Espíritu nos convence de pecado y enseña la verdad, sino que soporta nuestro sufrimiento con nosotros. Él ha sido «llamado al lado» (traducción literal del término griego *parácleto,* o paracleto, en español) para ayudarnos a soportar.

Cuando me veo tentado a pensar que Dios es cruel al dejarnos sufrir, recuerdo que él, también, gime con «gemidos que no pueden expresarse con palabras». Cuando veo a una madre que gime sobre el cadáver de su hijo, sé que el Espíritu Santo sufre su angustia también. Cuando veo a un hombre besar la mejilla fría de su esposa al entregarle el cuerpo al forense, sé que el Espíritu Santo siente su dolor desesperado. Él es el Espíritu del Creador, que hizo estos cuerpos para que reflejaran su gloria, no para que sufrieran enfermedad, desastre, muerte ni decadencia. Él nos ama incluso más de lo que nos amamos a nosotros mismos, y por eso gime con nosotros.

Felizmente, el Espíritu Santo posee un poder que nosotros no tenemos. Al final de nuestra fuerza, nosotros gemimos y eso es todo. No hay nada más. El Espíritu gime con un propósito. Intercede por

De mi diario

Cómo orar sin palabras

Puedo recordar una lucha en particular que me tuvo de rodillas por semanas. Mis oraciones empezaron cuando bosquejé un plan razonable de acción para que el Señor siguiera. Pero conforme la dificultad continuaba, me di cuenta de que él podía ver cuestiones que estaban ocultas para mí y que podía tomar en cuenta infinitas variables que yo no podía ver (Isaías 55:8–9). Así que, decidí que era mejor dejar el «cómo» en sus manos y concentrarme en pedir el resultado que deseaba. Cuando la dificultad persistió y se prolongó, empecé a aceptar que mi resultado deseado tal vez no era la resolución apropiada, así que le entregué también eso al Señor. Esta carga en particular a la larga me llevó al fin de mi propia fuerza y me dejó desplomado y lánguido, demasiado agotado para orar. Mi sufrimiento superó mi capacidad de hablar, así que todo lo que podía expresarle a Dios conforme mi conflicto se intensificaba eran gemidos de súplica; emociones demasiado intensas para las palabras.

Admito que a menudo no entiendo al Señor. No puedo imaginarme por qué me permitió sufrir tanto y por tanto tiempo cuando, en un instante, con una sola palabra, él podía resolver el asunto y poner fin a mi angustia. Él parecía distante e indiferente en ese momento en particular, así que hice una disciplina el recordarme a mí mismo su sabiduría y bondad.

> Ciertamente son rectos los caminos del SEÑOR:
> en ellos caminan los justos,
> mientras que allí tropiezan los rebeldes (Oseas 14:9).

Al final de toda razón, después de que se había agotado mi fuerza y mis palabras quedaron en silencio, cuando las emociones angustiosas supuraron por todo poro de mi cuerpo y me dejaron seco, me hallé sometido a su voluntad y a su manera. Descansé en la seguridad de que aunque yo no tenía palabras ni sabía cómo orar, el Espíritu de Dios había estado intercediendo a mi favor. Él estaba haciendo lo que yo no podía hacer.

Cuando mi dificultad terminó, el Señor resolvió muchos asuntos de manera mucho más efectiva de lo que yo jamás podría haber imaginado. Dejó algunos asuntos sin resolver, por supuesto, pero confío en su juicio. Más importante, yo fui cambiado, e indudablemente para lo mejor. Surgí de mi prueba serenamente sometido a la voluntad de Dios, postura que hallo mucho más fácil después de mi odisea. Por eso, estoy agradecido.

Tengo la corazonada de que no estoy solo en la lucha que acabo de describir.

nosotros, orando con una sabiduría que nosotros no poseemos, pidiendo por nosotros lo que somos demasiados cortos de vista para percibir. Y, más importante que todo, gime sus intercesiones en el cielo de modo que nuestras mentes y la mente del Padre se unan para realizar la voluntad del Padre.

Dieciséis meses en Okinawa no fue mi voluntad. Acantonado en San Francisco, tenía una hermosa esposa joven, un hermoso apartamento pequeño, un envidiable cargo en el Cuerpo de Infantería de Marina, y una deliciosa oportunidad de cultivar nuestro matrimonio. ¡Lo tenía todo! Entonces llegó el telegrama que lo arruinó todo. Sentado en mi litera, sintiéndome solo, esa noche de Navidad en una barraca fría, sentí que el Señor me había abandonado. Es decir, hasta que me confrontó con una pregunta transformadora y que nunca había oído en la conmoción de mi felicidad allá en mi país: «¿Quieres conocerme?»

Por la carta de Pablo sé que el Espíritu Santo gemía conmigo en mi soledad y desilusión. Pero en donde yo hubiera abandonado toda esperanza de alegría, él intercedía por mí, orando por la voluntad del Padre celestial en mi vida y por mí. El Espíritu me jaló en dirección del plan de Dios para mi futuro, un ministerio que jamás podría haber imaginado y que por cierto me lo habría perdido si hubiera seguido egoístamente mi propia agenda. A.W. Tozer escribió: «Es dudoso que Dios pueda bendecir grandemente a un hombre si no lo ha herido profundamente»[34]. Quisiera que hubiera una manera más fácil, más agradable, de preparar un corazón para recibir gozo; algún medio aparte de destrozarlo. Si lo hubiera, nuestro Dios de amor por cierto lo usaría.

Mirando hacia atrás, dieciséis meses fue un tiempo breve comparado con la adversidad de otros. Esos dieciséis meses de gemidos me prepararon para recibir más de cuarenta y cinco años de gozo en el ministerio. La recompensa ha superado con mucho el sufrimiento. Hoy, ¡casi ni puedo imaginarme lo que mis cortos setenta y más años en la tierra rendirán en la eternidad!

Aplicación

Gemidos… ¡luego gloria!

El problema del mal es difícil para todos. Los que no son creyentes luchan por comprender cómo un Dios bueno, todopoderoso, puede permitir que el mal continúe. Los creyentes empiezan a cuestionarlo todo cuando la intensidad de la aflicción o sufrimiento se vuelve insoportable. Incluso la creación misma gime con espera angustiosa para que se acabe toda enfermedad, desastre, muerte y descomposición. Con todo, Pablo considera que este sufrimiento presente es menor comparado a la gloria de la eternidad (8:17–25).

Al enseñar y vivir esta porción de las Escrituras por la mayor parte de medio siglo, observo dos principios en acción.

Primero, *mientras mayor el gemido, mayor la gloria*. Dios no es la fuente del dolor y no prometió prevenir nuestro sufrimiento. Más bien, promete que ningún dolor será desperdiciado. Lo que el mundo piensa para hacer daño, Dios lo usa para nuestro bien. No solo que nos hará más semejante a su Hijo, sino que usará las aflicciones para darnos una mayor capacidad de bendición futura.

Cuando se halle afligido y sufriendo, descanse seguro sabiendo que, por profunda que sea su herida, su gozo será mayor cuando la prueba termine. Por consiguiente, soporte con esperanza: seguridad confiada.

Segundo, *mientras más débil nuestro espíritu, más fuerte su respaldo*. Recuerdo muchas veces cuando casi ni tenía fuerzas para pararme en el púlpito el domingo. Un viernes por la tarde, nuestra hija se cayó al pavimento desde una pirámide de porristas y se quebró la espalda. Por las próximas treinta y seis horas: viernes por la noche, sábado y sábado por la noche, estuvimos sentados junto a su cama en el hospital orando que su parálisis no fuera permanente. Con su condición a largo plazo todavía incierta, prediqué el domingo a la hora programada. Pestañeaba por entre las lágrimas y de alguna manera me abrí paso por el sermón, que con toda seguridad fue un desastre. O por lo menos así lo pensé. La grabación de ese sermón en particular con el tiempo llegó a ser la más solicitada de cualquiera que yo hubiera predicado en esa iglesia. ¿Por qué? Estoy convencido de que se debió a que prediqué en debilidad total.

Cuando la aflicción y el sufrimiento hacen que uno caiga de rodillas, allí es cuando el poder de Dios tiene el mayor efecto en el ministerio (2 Corintios 12:10). No quiero sugerir que dar un paso atrás en cuanto al trabajo a veces no sea necesario. Uno debe estar en condiciones de servir. Sin embargo, cuando uno continúa ministrando a otros incluso en medio del sufrimiento, Dios multiplica su poder en la debilidad de uno.

Permítame resumir esto en varios asuntos prácticos que debemos hacer o no hacer:

No dé por sentado que su sufrimiento es resultado del castigo de Dios.
Espere que cuando el sufrimiento termine, Dios le dará gozo incluso mayor.
No dé por sentado que el Señor lo ha abandonado.
Confiese su temor y duda y pídale fuerza para seguir avanzando.
No dé por sentado que Dios lo ha rechazado o lo ha olvidado.
Siga fiel en sus deberes, aunque deba reducir su carga por el momento.
No dé por sentado que sus oraciones no han sido oídas.
Siga orando, aunque no sepa qué decir.
No dé por sentado que su sufrimiento le da permiso para darse por vencido.
Confíe en que el Señor magnificará su poder mediante su debilidad.

Jesús les advirtió a sus seguidores que serían aborrecidos por su causa y que el maltrato marcaría sus días como marcó los suyos. Con todo, su experiencia estableció el patrón para nosotros. «En los días de su vida mortal, Jesús ofreció oraciones y súplicas con fuerte clamor y lágrimas al que podía salvarlo de la muerte, y fue escuchado por su reverente sumisión. Aunque era Hijo, mediante el sufrimiento aprendió a obedecer» (Hebreos 5:7–8). Él participó en nuestro sufrimiento; ¡pronto participaremos en su gloria! ¡Qué maravilloso es *eso*!

Vencemos abrumadoramente (Romanos 8:28–39)

²⁸ Ahora bien, sabemos que Dios dispone todas las cosas para el bien de quienes lo aman, los que han sido llamados de acuerdo con su propósito. ²⁹ Porque a los que Dios conoció de antemano, también los predestinó a ser transformados según la imagen de su Hijo, para que él sea el primogénito entre muchos hermanos. ³⁰ A los que predestinó, también los llamó; a los que llamó, también los justificó; y a los que justificó, también los glorificó.

³¹ ¿Qué diremos frente a esto? Si Dios está de nuestra parte, ¿quién puede estar en contra nuestra? ³² El que no escatimó ni a su propio Hijo, sino que lo entregó por todos nosotros, ¿cómo no habrá de darnos generosamente, junto con él, todas las cosas? ³³ ¿Quién acusará a los que Dios ha escogido? Dios es el que justifica. ³⁴ ¿Quién condenará? Cristo Jesús es el que murió, e incluso resucitó, y está a la derecha de Dios e intercede por nosotros. ³⁵ ¿Quién nos apartará del amor de Cristo? ¿La tribulación, o la angustia, la persecución, el hambre, la indigencia, el peligro, o la violencia? ³⁶ Así está escrito:

«Por tu causa siempre nos llevan a la muerte;
¡nos tratan como a ovejas para el matadero!».

³⁷ Sin embargo, en todo esto somos más que vencedores por medio de aquel que nos amó. ³⁸ Pues estoy convencido de que ni la muerte ni la vida, ni los ángeles ni los demonios, ni lo presente ni lo por venir, ni los poderes, ³⁹ ni lo alto ni lo profundo, ni cosa alguna en toda la creación, podrá apartarnos del amor que Dios nos ha manifestado en Cristo Jesús nuestro Señor.

Hace muchos años Rod Serling escribió un episodio de *The Twilight Zone* [Dimensión desconocida] en el cual un bondadoso vendedor de antigüedades por casualidad dejó en libertad a un genio de una botella de otra manera inútil. Fiel a la tradición, al hombre se le concedieron deseos, generosos cuatro deseos, pero el genio le advirtió que escogiera con sabiduría. Después de desperdiciar un deseo en algo insignificante y luego consultar con su esposa, el hombre pidió dinero, un millón de dólares para ser exacto, que el genio se los concedió al instante. Después de dar casi $60.000 a sus amigos necesitados, el hombre y su esposa con entusiasmo gastaron el saldo de su reserva. Desgraciadamente, antes de que pudieran terminar, el auditor del departamento de impuestos les entregó una factura por todo el resto excepto cinco dólares.

El hombre pudiera haber pedido un millón de dólares libres de impuestos. Pero no consideró las consecuencias de su deseo, y pedirlo en forma adecuada.

Luego, él deseó poder, ser el líder de una nación moderna, poderosa, en la cual no pudieran derrocarlo del cargo. El genio de inmediato le concedió su petición y, en un abrir y cerrar de ojos, se halló en un búnker, rodeado por asistentes nazis y exhibiendo un estilo de bigote que jamás volverá a estar de moda.

Debería haber considerado la afición del genio por la ironía y haber sido más específico.

El pobre hombre no tuvo otra alternativa que usar su último deseo para restaurar su vida a como era antes. El temporalmente rico y poderoso vendedor ganó solo la sabiduría de la experiencia. Aprendió, de primera mano, que el poder de desear sin el completo conocimiento previo pudiera labrarle su propio infierno. ¡Si solo hubiera hallado a un genio que de veras se interesara en él!

Al describir el problema del mal que continúa afligiendo al mundo como resultado del pecado, Pablo ha destacado dos limitaciones humanas que tienden a empeorar las cosas. Primero, «no vemos» (8:25, traducción libre). Nuestra perspectiva es limitada. No vemos nada del futuro ni podemos jamás predecir lo que ocurrirá apenas unos minutos más tarde. Segundo, «no sabemos cómo orar como debiéramos» (8:26, traducción libre). Tal vez hagamos lo mejor posible para orar en armonía con la voluntad de Dios, pero con frecuencia deseamos exactamente lo opuesto de lo que es bueno para nosotros. Felizmente, no tenemos por dios a un genio perverso. No puedo contar el número de veces en que le he agradecido a mi Señor ¡por *no* concederme una petición anterior hecha con poca visión de futuro!

— 8:28 —

No vemos ni sabemos cómo orar como conviene; sin embargo, sí sabemos un hecho de extrema importancia. El versículo no empieza: «esperamos», «suponemos», o «quisiéramos», sino más bien «sabemos». Tenemos una promesa que se basa en el carácter de nuestro Creador: «Dios dispone todas las cosas para el bien de quienes lo aman, los que han sido llamados de acuerdo con su propósito». Pablo con cautela escoge sus palabras y las arregla de manera cuidadosa para indicar esta promesa fundamental. Cada frase recaba un examen de cerca.

Para quienes lo aman. El griego da gran importancia al orden de las palabras. Pablo pone esta frase al principio para recalcar que la promesa está destinada a los creyentes. En tanto que el Señor actúa en el mejor interés de todos, él hace esta promesa en particular exclusivamente a sus «hijos».

Él dispone. El término que Pablo usa es un vocablo compuesto de «con» y «trabajo». Lleva la idea de un tejedor que con cuidado entreteje hebras coloreadas en un patrón planeado previamente.

Todas las cosas. Los escritores griegos con frecuencia usaban este término para referirse al universo, todas las cosas tanto vistas como invisibles, buenas y malas, reales o incluso imaginarias. Dios lo utiliza todo, incluso las obras malas de los malos.

Para el bien. La preposicion griega que se traduce «para» lleva la idea de espacio, como si todas las cosas hubieran sido acorraladas por su voluntad soberana. Una buena traducción tal vez usaría «hacia», que reflejaría que él logra un objeto específico, pero yo prefiero «para». Él no solo tiene un propósito en mente al entretejer todas las cosas, sino que logrará un resultado. Y será bueno.

Nuestra carne nos hace creer que el Dios «bueno» produce *nuestro* bien, es decir, que nos dará felicidad, contentamiento o alegría. Pero esto es solo parcialmente cierto. En todo Romanos, Pablo usa el término «bueno» casi exclusivamente en un sentido moral. «Bueno» es lo que agrada a Dios porque refleja su naturaleza y se conforma a su orden originalmente creado. En el principio él creó al mundo bueno, y al fin de los tiempos, el mundo volverá a ser creado bueno.

Lo «bueno» de Dios no se centra por completo en los seres humanos; sin embargo, las personas son felices, contentas y gozosas cuando viven en su bondad y con él en la perspectiva apropiada.

Los que son llamados de acuerdo con su propósito. Estas personas son idénticas a «los que aman a Dios». Jesús dijo: «Si ustedes me aman, obedecerán mis mandamientos» (Juan 14:15), y «pero el mundo tiene que saber que amo al Padre, y que hago exactamente lo que él me ha ordenado que haga» (14:31). El amor a Dios está inexorablemente ligado a seguir sus mandamientos.

En resumen tenemos: «Para los que aman a Dios, el Señor soberanamente entreteje las hebras de toda circunstancia, toda influencia, todo átomo o idea que encuentran con el propósito de producir bien moral para ellos, para quienes él ha llamado para que se unan en su plan redentor del mundo».

Cuando el Señor restaure su universo, será incluso mejor que su diseño original. Su restauración empieza con los suyos. Para realizar su plan en cada uno de nosotros, él orquesta todas las cosas, incluyendo la enfermedad, el desastre, la muerte y la descomposición. Los diseños destructivos del mundo entonces se vuelven herramientas en las manos del Todopoderoso, que las utilizará para que realicen su bien.

¿Quiere decir esto que todas las cosas del mundo son buenas? Claro que no. El mundo es injusto, brutal, aterrador y desmoralizador, e incluye personas que implacablemente se oponen al orden creado de Dios. Con todo, así como el mal trata de destruir, el Señor convierte la destrucción del mundo en ganancia para nosotros.

Si Dios utiliza el mal para sus propósitos, ¿quiere esto decir que él envía mal sobre los suyos? ¡Jamás! Dios no es el autor del pecado. De Dios solo pueden venir cosas buenas. Él no envía el mal al mundo; lo traemos nosotros mediante el pecado y, como raza, perpetuamos el sufrimiento mediante el pecado continuo. El Señor solo permite que la humanidad y el mundo continúen viviendo como les place, pero nunca más allá de su control soberano sobre la creación.

— 8:29-30 —

Nada trastornará ni alterará los planes de Dios. El destino de todo creyente es lo que Pablo anteriormente llamó «bueno», que define más como «según la imagen de su Hijo». Esto le da al apóstol una oportunidad para revelar otra verdad que fortifica la confianza. Habiendo mostrado a los creyentes de Roma el destino de su senda espiritual, ahora los dirige para que miren en la dirección de la cual vinieron.

Conoció de antemano ➔ Predestinó a ser como Cristo ➔ Llamó ➔ Justificó ➔ 🗣 ➔ Glorificó

Dios los conoció de antemano, lo que quiere decir que él los conoció de manera íntima mediante la intervención activa en sus vidas. El verbo griego *ginosko* (que es el equivalente del verbo hebreo *yada*) describe un conocimiento escrutador que va más allá del simple percatarse. El verbo era un eufemismo común referente a la intimidad sexual de la pareja casada.

Aquellos a quienes Dios conoció de antemano en este sentido activo no incluye a todo ser humano. Esto ha llevado a algunos a pensar que Dios deliberadamente pasó por alto a algunos, eligiéndolos para la condenación. Eso podría ser una inferencia lógica, pero debemos tener cuidado de no llevar las Escrituras más allá de lo que en realidad dicen. Esta es la enseñanza de Pablo en cuanto a los creyentes; él no está comentando en cuanto a los que no son creyentes en este punto.

Aquellos a quienes Dios conoció de antemano, *los predestinó*. Este término griego se basa en la misma palabra que estudiamos en 1:1, en la cual Pablo escribió que había sido «apartado» (*aforizo*). El vocablo raíz *jorizo* quiere decir «limitar, nombrar, determinar». El prefijo *pro*, por supuesto, indica que la acción se hizo antes de tiempo, como cuando alguien es «*pro*activo». Aquellos a quienes el Señor conoció de manera íntima y de manera activa, nombró de antemano para que llegaran a ser como Jesús en su carácter. Así, el único Hijo de Dios llegará a ser, por así decirlo, el hermano mayor de todos aquellos a quienes el Padre celestial ha adoptado.

Aquellos a quienes Dios predestinó *han sido llamados a creer*, y aquellos que creen *son justificados* (3:21—5:21). A la larga todos los creyentes *serán glorificados*, lo que no incluye exaltación como héroes; es ser como Cristo. Ser glorificado es tener un carácter puro y un cuerpo al que el mundo ya no puede hacer daño.

— 8:31-36 —

Pablo continúa sus palabras de aliento haciendo la pregunta retórica: «¿Qué diremos frente a esto?» Entiendo «esto» como el resumen de la enseñanza de Pablo hasta este punto: la depravación de los seres humanos (1:19—3:20), la justificación por gracia por la fe (3:21—5:21) y la santificación por el Espíritu Santo (6:1—8:30). Conforme el creyente considera el curso de la salvación, no puede soslayar la iniciativa de Dios para conducirlo por el camino.

Conoció de antemano → Predestinó a ser como Cristo → Llamó → Justificó → Glorificó

El uso del «si» condicional da por sentado que la condición es verdadera en la discusión. Por consiguiente, se podría insertar el término «puesto que» o «debido a» para traducir el versículo: «Debido a que Dios está de nuestra parte, ¿quién puede estar en contra nuestra?»

Pablo pregunta, en efecto: «Puesto que Dios por iniciativa propia conoció de antemano y predestinó a los creyentes para que fueran como su Hijo, y luego con fidelidad nos llamó y nos justificó, ¿no será fiel para completar el paso final?» Esto lleva a Pablo a asegurarles de nuevo a sus lectores, haciendo y respondiendo a cuatro preguntas retóricas, de una manera similar a un orador arengando a una multitud. Cada pregunta apunta claramente a Satanás y sus legiones, pero exige la misma respuesta: «¡Nadie!», porque el mal es impotente ante el Dios Todopoderoso.

¿Quién puede estar en contra nuestra? (8:31)

¿Quién acusará a los que Dios ha escogido? (8:33)
¿Quién condenará? (8:34)
¿Quién nos apartará del amor de Cristo? (8:35)

¿Quién puede estar en contra nuestra? (8:31). No se equivoque; hay mucho que está en contra nuestra en la vida. Las adversidades y tragedias implacablemente atacan la esperanza de los creyentes. Los perseguidores y negativistas están en contra nuestra. El pecado que mora en nosotros está en contra nuestra. El temor de la pérdida está en contra nuestra. El maligno y los que le sirven están en contra nuestra. Y, a la larga, la muerte está en contra nuestra. Pero, ¿qué son ellos en comparación con el poder de Dios?

Si alguien duda de la fidelidad del Señor, Pablo cita el hecho de que el Señor ya ha sacrificado a su Hijo para redimirnos, para emanciparnos de la esclavitud. Con el precio ya pagado, no tiene sentido que rehúse aceptar lo que ha comprado. Y luego, habiendo ya entregado por nosotros el mayor objeto de su amor, ¿por qué no va a darnos lo que vale mucho menos que su Hijo? Permítame ilustrar este absurdo de esta manera:

Digamos que el gerente de una joyería local le ha llamado una tarde para informarle que su nombre había sido inscrito en un sorteo y que usted es el ganador de un muy costoso collar de diamantes. «¡Todo lo que tiene que hacer es ir al almacén a las diez de la mañana del día de mañana y recibir su premio!»

Así que usted llega a la siguiente mañana poco antes de las diez para hallar una pequeña multitud reunida alrededor de una plataforma de presentación. Después de unos pocos comentarios, el gerente le pone el collar al cuello para unas pocas fotografías, todo el mundo aplaude, y la ceremonia termina. Usted tiene su regalo, pero no quiere llevarlo puesto a casa, así que cortésmente le pregunta al gerente: «¿Puede darme un estuche para este hermoso collar? No quiero que se me pierda al llevarlo a casa».

Ningún gerente de la tierra respondería: «¡No! Le regalamos el collar, ¡el estuche tiene que comprarlo!» El costo del estuche es nada comparado al collar.

Tenemos en Cristo todo lo que necesitamos, y el Padre celestial no va a escatimar nada para proteger a sus hijos y llevarlos con seguridad a sí mismo.

¿Quién acusará a los que Dios ha escogido? (8:33). Esta es una pregunta legal. El término griego que se traduce «acusar» se refiere a una citación a comparecer ante los tribunales para enfrentar una acusación.

Recuerdo haber estado en la primera banca de la iglesia que pastoreaba hace años, cantando con la congregación poco antes de predicar. Un hombre de aspecto lúgubre con traje y corbata entró por la parte de atrás del santuario y lentamente se dirigió hacia el frente. Pensé que buscaría espacio en alguna de las bancas, tomaría un himnario, y se uniría al canto, pero siguió caminando. Llegó hasta el mismo frente, me clavó la mirada, y me empujó un sobre contra el pecho. ¡Era un citatorio!

Lo leí y rápidamente entendí que era otro chiflado con una acusación frívola, pero con todo me alteró. Algo en cuanto a ser citado ante un juez hace que se me retuerza el estómago, aunque yo sepa que no he hecho nada malo. Siempre me preocupa que algún abogado se las ingenie para engañar a la justicia.

Ahora suponga que el único juez con algo de jurisdicción resulta ser mi padre. La acusación frívola del chiflado no tendría ni posibilidad de que se le concediera audiencia.

Cualquier acusación que se presente en contra nuestra no tendrá posibilidades en la corte. Debido a que nuestra deuda por el pecado ya ha sido pagada en pleno, somos incondenables. Se nos considera y considerará para siempre justos ante el Juez celestial.

¿Quién condenará? (8:34). Cuando recibí el citatorio, supe que la acusación era frívola. Confiaba en que cualquier juez le echaría un vistazo y desecharía el caso, y que eso sería el fin de todo. (Eso fue exactamente lo que sucedió). Es difícil sostener una falsa acusación, pero por lo menos yo tenía la justicia de parte mía. Puedo enfrentar a un acusador injusto sin temor en tanto y en cuanto un juez justo reciba el caso. Pero, ¿qué si el juez está en contra de uno? ¿Qué esperanza tiene?

Pablo responde destacando cuatro grandes doctrinas cristianas:

«Cristo Jesús es el que murió». Esa es la doctrina de la *sustitución*. El Hijo de Dios pagó por nosotros la deuda del pecado.

«E incluso resucitó». Esa es la doctrina de la *resurrección*. El Hijo de Dios resucitó a una vida nueva y, por nuestra identificación con él, nosotros también tenemos vida nueva.

«Y está a la derecha de Dios». Esta es la doctrina del *acceso*. El Hijo de Dios ha recibido las escrituras del universo entero y ahora gobierna como su Rey y Juez máximo.

«E intercede por nosotros». Esta es la doctrina de la *intercesión*. El Hijo de Dios es nuestro abogado, nuestro representante en el cielo, fielmente cuidando por nuestro bienestar.

Así que tenemos al Padre celestial, que sacrificó a su Hijo unigénito para libertarnos de la esclavitud al pecado. Tenemos al Hijo, que pagó el precio para hacernos libres y ahora tiene los títulos de propiedad de todo. Y tenemos al Espíritu Santo, que vive en nosotros para participar de nuestro sufrimiento y ser la fuerza impulsora espiritual. Con el Dios triuno trabajando por nosotros por todo lado, ¿qué probabilidad de vencernos tiene alguna forma de mal?

¿Quién nos apartará del amor de Cristo? (8:35). Pablo sugiere no menos de siete posibilidades, todas las cuales él mismo había soportado (2 Corintios 11:23–28). Y, seamos francos. Cuando sufrimos las aflicciones de la presión, el prejuicio, la persecución o la pobreza, naturalmente empezamos a preguntarnos si el Señor todavía se ocupa de nosotros o si recuerda que estamos vivos. Nuestra carne se siente atendida cuando está cómoda, y se siente abandonada en la adversidad. Para asegurar a sus lectores del amor de Dios, Pablo cita el Salmo 44:22 donde se nos recuerda que la adversidad siempre ha sido la experiencia de los seguidores fieles de Dios.

Después de un procedimiento quirúrgico, siempre aprecio que el médico me diga lo que puedo esperar en los días siguientes. «Tal vez sienta dolor agudo alrededor del área afectada. No se preocupe. Eso es normal». Entonces, cuando el dolor viene, sé que no tengo que llamar al médico ni ir volando al hospital. Puedo aguantar los episodios dolorosos, sabiendo que a la larga se reducirán y luego desaparecerán por completo.

Pablo tranquiliza a los creyentes de Roma diciéndoles: «Tal vez atraviesen adversidad de parte del mundo e incluso persecución de parte de los que no son creyentes. No se preocupen. Eso es normal».

— 8:37-39 —

Creer y aceptar la gracia no es natural para la carne; por consiguiente, debemos ahora hacer lo que hicimos al principio: saber la verdad, reconocer la verdad, y aplicar la verdad conforme dependemos del Espíritu Santo para mantenernos conectados al Padre celestial.

«En todo» (8:37). ¿Qué es todo? Todas las experiencias del creyente. El entusiasmo inicial de la emancipación, la realidad aleccionadora de la libertad, el percatarnos de que nuestro viejo amo esclavizador no nos soltará tan fácilmente, el conflicto con la carne y la persecución del mundo. Las alegrías, las tristezas, los reveses y los triunfos: todo. En todas estas cosas nosotros, las ovejas, vencemos.

La imagen de una oveja que vence y conquista a un enemigo es risible. ¿Ovejas luchadoras? En realidad, no. Conquistamos porque tenemos un paladín, Jesús, quien es el «Cordero de Dios» pero también es el «León de Judá». El Siervo sufriente del libro del profeta Isaías también es el Rey conquistador de los Salmos y del libro de Apocalipsis. Seremos victoriosos porque él gana la victoria por nosotros.

Escribiendo con plena autoridad apostólica, Pablo declara: «Estoy convencido» (8:38). El verbo griego está en tiempo perfecto, indicando que algo ha ocurrido en el pasado con resultados continuos hasta el tiempo presente. Pablo estaba convencido de que nada en la vida, ni siquiera nuestro archienemigo, ni la muerte, puede impedirnos el amor de Cristo. Su muerte y resurrección revela su poder sobre todo y cualquier cosa que nos amenace en el ámbito natural. Es más, nada en el ámbito sobrenatural —incluyendo ángeles (elegidos o caídos) y fuerzas espirituales— puede hacernos daño. Dios creó todas las cosas, incluyendo lo que pertenece al ámbito sobrenatural, y continúa gobernando su universo.

Como Dios lo gobierna todo en el tiempo y en el espacio, nada puede trastornar su voluntad, que es llevar a los suyos a sí mismo, limpiarnos del pecado por dentro y por fuera, transformarnos a la imagen de Cristo, restaurarnos a la vida, y permitirnos disfrutar de «paz con Dios» para siempre.

Pablo empezó esta sección principal con una pregunta penetrante: «¿Vamos a persistir en el pecado?» (6:1). En otras palabras, ahora que hemos sido emancipados de la esclavitud al pecado, ¿vamos a continuar sirviendo al pecado como antes? La respuesta obvia es un rotundo «¡no!» Sin embargo, el pecado no suelta a sus esclavos con facilidad. La batalla persiste.

El 26 agosto de 1863, varios meses después de que la Proclamación de Emancipación de los esclavos había entrado en vigencia, el presidente Lincoln volvió a asegurarle a la nación con una imagen verbal de la novela *Moby Dick,* de Herman Melville: «Somos como balleneros que han estado en una larga persecución: por lo menos hemos arponeado al monstruo, pero ahora debemos cuidarnos de cómo dirigimos el barco, porque de un "coletazo" nos puede enviar a la eternidad»[35].

Yo estoy listo para la eternidad. No tengo nada que temer a la vida por venir. Pero aprender a vivir en la libertad de la gracia de Dios no brotará ni natural ni fácilmente. Por dicha, mi Dios tiene su arpón en el monstruo. Acabarlo es solo cuestión de tiempo.

Aplicación

Marque estas palabras

No tengo ni idea de lo que usted enfrenta hoy, ni qué aflicción pesa gravemente en su corazón. Lo más probable es que pocos, si acaso hay alguno, saben de su lucha. Y si lo sabe, nadie puede apreciar la complejidad, la absurdidad, la desesperanza de ese peso. Es una dificultad que las palabras no pueden describir de manera adecuada. De muchas maneras, no nos sentimos libres para contárselo a otros porque nadie puede captar por completo nuestra aflicción, a pesar de sus mejores esfuerzos por entender. Recibimos de buen grado cualquier momento fugaz de empatía que encontramos, pero eso no satisface.

Usted tal vez espere que yo diga esto; y debo decirlo porque es la verdad: *Dios lo sabe*.

Es una gran verdad bíblica que Dios lo sabe todo. Él es omnisciente. Dios no está descubriendo, ni está aprendiendo, ni está vigilando y luego adaptando su plan para que encaje en lo que tal vez nos daría comodidad. Su plan está determinado. Su conocimiento es completo. Él da propósito incluso a las circunstancias caóticas de este mundo caído y corrupto. Es más, nos ama por completo, más que cualquier persona pudiera amarnos, incluyendo nosotros mismos. Por consiguiente, podemos descansar en su plan. Como el músico Michael W. Smith dijo en un concierto reciente: «Dios todavía es Dios, y yo todavía no».

En mi experiencia, el hecho de someter mis pruebas al plan soberano de Dios y abrazar su providencia sobre todos los asuntos terrenales es un proceso.

Rechazo. Inicialmente, nos negamos a aceptar la injusticia, lo absurdo o la finalidad de nuestra dificultad, y nos lanzamos por completo a eso. Para vencerla, agotamos todo recurso financiero, emocional, intelectual y relacional. Escudriñamos toda grieta de la vida buscando un escape honorable… y luego consideramos los que no son tan honorables. Pensar que esta aflicción pudiera ser el plan soberano de Dios es un pensamiento detestable, inconcebible.

Tolerancia. Progresivamente, conforme las circunstancias se alarguen o empeoren, empezamos a dar cabida a la posibilidad de que Dios no intervenga de manera milagrosa, y deje la aflicción en su lugar. La frustración, la cólera, la súplica, el regateo, la búsqueda de propósito, y otros intentos por escapar de nuestro dolor a la larga se disuelven en una triste desesperanza. Luchamos menos bajo el agobiante peso del plan soberano de Dios, resignados a aprovechar lo mejor de un futuro que no se puede evadir.

Epifanía. Gradualmente, empezamos a ver vislumbre del propósito de Dios, un resquicio de luz como algunos lo han llamado. Habiéndole rendido mucho tiempo atrás nuestra voluntad a su plan soberano, incluso refunfuñando en desesperanza, aceptamos su providencia, poco a poco. Recogemos los residuos de alegría aquí y allá, y antes de que lo sepamos, la vida se vuelve enriquecedora. Nuestra aflicción ha pasado de ser un enemigo indeseable a ser una parte indispensable de lo que vamos a llegar a ser. Adición dolorosa pero vital. Entonces, un día, lo vemos: el propósito. Percibimos con tristeza dulce cómo la aflicción fue necesaria para que recibiéramos esas bendiciones y cómo el plan de Dios no podía haber seguido otra senda.

Usted tal vez reconozca un patrón familiar en el proceso de sumisión al plan de Dios. Elisabeth Kübler-Ross llamó a este proceso «etapas de la aflicción» en su libro *On Death and Dying* [Sobre la muerte y el acto de morir]: negación, ira, regateo, depresión y aceptación. Pero no confunda esta capacidad natural para recuperarse de la tragedia con la obra sobrenatural del Espíritu Santo. Sí, tarde o temprano, llegaremos a la etapa final de «aceptación», pero solo Dios puede transformarnos y solo Dios nos dará perspectiva espiritual. Muchos que no son creyentes aprenden a superar las calamidades que enfrentan, pero rara vez emergen mejores. Los creyentes, sin embargo, llegan a ser como el Hijo de Dios: «Aunque era Hijo, mediante el sufrimiento aprendió a obedecer» (Hebreos 5:8).

Quiero animarle a que haga algo nada usual. Abra la Biblia en Romanos 8:28–29. Piense en una palabra (o dos) que encapsule bien la lucha que enfrenta ahora, la aflicción que le hace más desdichada la vida, y que usted daría casi cualquier cosa para eliminar. Ponga un corchete en el margen de su Biblia junto a 8:28–39, y luego anote su aflicción dentro del corchete.

Por los próximos días, ponga su Biblia en algún lugar donde pueda verla durante el día y déjela abierta en este pasaje. Léalo periódicamente y, cada vez que lo lea, eleve una oración. Ore que las promesas de este pasaje penetren en su mente. Ore que el Espíritu Santo sane sus heridas y le enseñe tanto confianza como sumisión. Pida que su aflicción llegue a su fin, y enseguida entréguele el control a Dios.

No pretendo decirle cómo le van a resultar las cosas, ni me atrevo a sugerir que la senda a la obediencia será corta o fácil. ¡Al contrario! Pero sí puedo prometerle esto: Esta página de su Biblia con las palabras que escribió junto a Romanos 8:28–29 un día será un tesoro para usted. Usted reflexionará en retrospectiva en esta ocasión y se dará cuenta de cuánto ha avanzado… y no querrá canjear nada por la riqueza de la bendición de Dios que ha recibido.

Notas: La Fidelidad de Dios (Romanos 6:1—8:39)

23. Booker T. Washington, *Up from Slavery*, Doubleday, Nueva York, 1901, 19–20.
24. Ibíd., 20.
25. Gerhard Kittel y Gerhard Friedrich, eds., *Theological Dictionary of the New Testament: Abridged in One Volume*, trad. Geoffrey W. Bromiley, Eerdmans, Grand Rapids, 1985, 180.
26. Warren W. Wiersbe, *The Bible Exposition Commentary*, Victor Books, Wheaton, IL., 1989, comentario sobre Romanos 6:1.

27. Jesús se aproximó cuando hizo el contraste entre el estándar humano de juicio y el de Dios (ver Juan 8:15).
28. Ralph Erskine, *Sermons and Other Practical Works*, Peter Muirhead, Rev. John Stewart, and Hugh Mitchell, Publishers, Falkirk, 1796, 7:275.
29. Por favor, no me envíen cartas del oeste de Texas. Soy tejano y me encanta *todo* Texas. Mi ilustración no tiene la intención de sugerir que mis amigos en esa región estén perdidos o que vivan en la desdicha. ¡Es caliente, pero no es el infierno!
30. La sintaxis griega con frecuencia deja fuera los verbos en un doblete con el entendimiento de que son el mismo verbo del primer renglón.
31. Donald Grey Barnhouse, *Exposition of Bible Doctrines, Taking the Epistle to the Romans As a Point of Departure*, Eerdmans, Grand Rapids, 1955, 3:34.
32. Alan Redpath, *The Making of a Man of God: Studies in the Life of David*, Revell, Westwood, NJ, 1962, 93.
33. F.B. Meyer, *Christ in Isaiah*, Morgan and Scott, Londres, 1917, 9.
34. A.W. Tozer, *The Root of the Righteous*, Christian Publications, Camp Hill, PA., 1986, 137.
35. Abraham Lincoln, citado por Doris Kearns Godwin en *Team of Rivals*, Simon and Schuster, Nueva York, 2005, 688.

LA MAJESTAD DE DIOS
(ROMANOS 9:1 – 11:36)

El Creador Todopoderoso del universo no se ha ocultado de sus criaturas. La obra de sus manos ofrece una prueba convincente de que el mundo fue un producto de una mente inteligente. Desafortunadamente, el pecado ha embotado los sentidos de la humanidad de manera que pese a nuestro instinto de mirar hacia el cielo en busca de un Creador, hace falta más que un milagro menor para que lo veamos.

Un instinto muy poderoso es reemplazarlo con cosas fabricadas por nosotros. En la antigüedad, lo reemplazamos con cosas que sacábamos de la tierra y tallábamos de una u otra forma grotesca. Ahora preferimos ídolos de un tipo más teórico, como algunos mitos científicos sacados de la nada y vanas filosofías que celebran el ilimitado potencial de la evolución humana. No importa. Son, como sus predecesores, dioses substitutos que inspiran una falsa esperanza.

Sabiendo que revelarse a sí mismo de la naturaleza no es suficiente, el Señor se ha revelado también a la humanidad de formas milagrosas y dramáticas. Habló de forma audible a algunos y visitó a otros en sueños y visiones. Apareció de varias formas físicas a través de la historia antigua y manifestó su especial presencia entre los israelitas en el resplandor sobrenatural del *shekinah* sobre el Arca del Pacto. Reveló su carácter sagrado a través de las Ley de Moisés y habló a toda la humanidad por medio de los profetas y apóstoles, los que registraron de manera obediente e infalible su mensaje para que todos lo leyeran y aplicaran. Al final, se nos reveló perfectamente en la persona de su hijo, Jesucristo.

El Todopoderoso se ha revelado de todas las maneras concebibles que los seres humanos encontrarían significativas, y lo hizo con exactitud y suficiencia. Así y todo, sigue siendo un misterio. Y lo mismo se puede decir de sus caminos. Aunque lo vemos bien, no podemos comprenderlo en su totalidad.

Un buen ejemplo de la naturaleza inescrutable de Dios es su triunidad. La Biblia se refiere a él como Padre, Hijo y Espíritu Santo, tres personas que afirman ser una sola, pero a las que se hace referencia —y aun se les habla— por separado. Muchos no están satisfechos al aceptar esta paradoja como la naturaleza incomprensible de Dios. En consecuencia, la historia está repleta de hombre y mujeres bien intencionados que han tratado en vano de explicar o ilustrar su triunidad, y cada patético intento ha dado lugar a una peligrosa herejía tras otra. Mejor será que aceptemos lo que quizá no podemos entender y cantemos con el poeta Walter Chalmers Smith:

Inmortal, invisible, solo sabio Dios,
En luz accesible oculto a nuestros ojos,

LA MAJESTAD DE DIOS (ROMANOS 9:1 — 11:36)

El más bendito, el más glorioso, desde antiguo,
Todopoderoso, victorioso… Alabamos tu gran nombre[36].

De la misma manera, no puedo comprender cómo Dios puede ser uno y tres, y a pesar de todo Uno; no puedo comprender sus inescrutables caminos. Por lo tanto, admitiré sin avergonzarme que esta sección de la carta de Pablo a los romanos contiene misterios que no tengo la capacidad de desentrañar. Como el enigma de la naturaleza de Dios, acepto ese plan soberano de Dios como lo ha revelado la Biblia y lo enseño en la medida que el Espíritu Santo me lo permite.

Desafortunadamente, esto no satisfará a todo el mundo. Algunos pensarán que no he sido suficientemente audaz porque no desarrollo una doctrina de lo que infiere la Biblia. Otros se irritarán porque no redondeo los bordes que Pablo ha dejado intencionalmente mellados. Pero, al fin y al cabo, quiero basar mi enseñanza sobre un sólida exégesis bíblica, aun si esta deja brechas en mi teología o parece socavar otra verdad que se enseña con claridad en algún otro sitio de la Escritura. No quiero repetir la historia, que está plagada de los esfuerzos de hombres y mujeres que deben tener codificados, catalogados, correlacionados y conectados todos los secretos del cielo. Sus legados serían risibles si no hubieran llevado tantos creyentes a abrazar una doctrina estrafalaria tras otra.

En los primeros ocho capítulos de su carta a los romanos, Pablo fue maravillosamente lógico y sistemático en su presentación. Y en cuanto a los cinco capítulos finales (caps. 12—16), es igualmente directo. ¡No es así en esta sección! De hecho, la mayoría de los comentaristas comienzan su exposición con una advertencia, ya sea reconociendo los «problemas» suscitados por este pasaje o negando que exista alguna dificultad. Yo declararé, sin ambigüedades, que ambas posiciones son correctas.

La sección es difícil porque desafía lo que consideraríamos lógico. Es aquí donde nos enteramos de la predestinación y la elección. Encontramos la incredulidad de los judíos y el destino que Dios les promete. Y estamos obligados a ver cómo actúa el factor de los gentiles dentro del plan maestro de Dios para el mundo. Pero cuando permitimos que el tratado de Pablo sobre la soberanía de Dios prevalezca, es muy simple de comprender. Por lo tanto, tenemos que aceptar Romanos 9—11 como aceptamos la voluntad de Dios, la cual con frecuencia parece contraria al sentido común. En esos tiempos difíciles, tenemos que aprender a confiar en él, y entonces, más temprano o más tarde, tenemos que rendirnos a sus caminos. Entonces, mientras nuestra perspectiva se alinea con la suya y ya no estamos empujados ni tironeados por las circunstancias, descubriremos inevitablemente que Dios tenía la razón, como siempre. Que así sea con Romanos 9:1—11:36.

En nuestro estudio de esta sección, examinaremos tres facetas de la naturaleza de Dios. Sin demasiada explicación, encontraremos *la soberanía de Dios* en el capítulo 9, lucharemos con las implicaciones, y por último descansaremos en su verdad. Entonces consideraremos *la justicia de Dios* en el capítulo 10. Aprenderemos a aceptar que él no se somete a nuestra noción de juego limpio; él tiene el poder, así que él es el Juez. Entonces encontraremos consuelo en *la fidelidad de Dios* en al capítulo 11. Donde las respuestas fallan, podemos confiar en la indefectible bondad de nuestro Creador y su inigualable amor por sus criaturas…y dejarlo así.

TÉRMINOS CLAVE

σκληρύνω [*skleruno*] (4645) «endurecer, hacer que sea terco»
Skleruno es el origen de nuestro término médico *esclerosis*, como en «esclerosis del hígado», en la cual el endurecimiento de los tejidos previene que el órgano desempeñe su función normal. Los autores bíblicos utilizaron el término de manera figurada, sugiriendo que la conciencia o la voluntad propia son como un órgano del cuerpo y que el abuso repetido disminuye su capacidad para funcionar como Dios originalmente propuso.

ἔλεος [*eleos*] (1656) «misericordia», «amable fidelidad»
La traducción griega del Antiguo Testamento suele escoger *eleos* para traducir el término hebreo de profundo significado *chesed*. *Chesed* describe el acto de un superior que bendice a un inferior en consonancia con su relación, como cuando un monarca protege o recompensa a un súbdito, o cuando un padre provee para un hijo. *Chesed* es un acto de gracia libremente elegido, motivado por amor. En el Nuevo Testamento, *eleos* es la actitud en los creyentes que imita la disposición de Dios hacia los pecadores. Para Pablo, el *eleos* de Dios es lo opuesto de su ira.

ὑπόλειμμα [hypoleimma] (2640) «remanente, restos, lo que se deja»
En griego secular, el término se refiere a restos de alimentos después de una comida o los restos de madera quemada. Cuando el Antiguo Testamento predijo un período de juicio divino, el *hypoleimma* fueron los hebreos supervivientes que continuaron la tradición y se convirtieron en recipientes de las bendiciones del pacto de Abraham. En tanto que los rabinos del tiempo de Jesús veían de manera optimista al remanente judío como una mayoría, Pablo pensaba de manera realista del remanente como un residuo.

μυστήριον [*musterion*] (3466) «misterio, secreto no revelado con anterioridad»
El vocablo deriva del verbo griego *muo*, «enmudecer», y por lo general se refiere a un secreto. En el culto pagano, «misterios» son conocimientos secretos reservados para los pocos que están dispuestos a sacrificarse, realizar complejos rituales, o aun sufrir en la devoción hacia un dios particular. En la literatura hebrea y cristiana, sin embargo, un «misterio» es una verdad divina que ha sido revelada a toda la humanidad por primera vez. Lo que era un secreto es ahora conocimiento común para todos los que deciden reconocerlo.

Una conversación franca sobre la predestinación (Romanos 9:1–33)

[1] Digo la verdad en Cristo; no miento. Mi conciencia me lo confirma en el Espíritu Santo. [2] Me invade una gran tristeza y me embarga un continuo dolor. [3] Desearía yo mismo ser maldecido y separado de Cristo por el bien de mis hermanos, los de mi propia raza, [4] el pueblo de Israel. De ellos son la adopción como hijos, la gloria divina, los pactos, la ley, y el privilegio de adorar a Dios y contar con sus promesas.[5] De ellos son los patriarcas, y de ellos, según la naturaleza humana, nació Cristo, quien es Dios sobre todas las cosas. ¡Alabado sea por siempre! Amén.
[6] Ahora bien, no digamos que la Palabra de Dios ha fracasado. Lo que sucede es que no todos

los que descienden de Israel son Israel.⁷ Tampoco por ser descendientes de Abraham son todos hijos suyos. Al contrario: «Tu descendencia se establecerá por medio de Isaac».⁸ En otras palabras, los hijos de Dios no son los descendientes naturales; más bien, se considera descendencia de Abraham a los hijos de la promesa. ⁹ Y la promesa es ésta: «Dentro de un año vendré, y para entonces Sara tendrá un hijo».

¹⁰ No solo eso. También sucedió que los hijos de Rebeca tuvieron un mismo padre, que fue nuestro antepasado Isaac. ¹¹ Sin embargo, antes de que los mellizos nacieran, o hicieran algo bueno o malo, y para confirmar el propósito de la elección divina, ¹² no en base a las obras sino al llamado de Dios, se le dijo a ella: «El mayor servirá al menor». ¹³ Y así está escrito: «Amé a Jacob, pero aborrecí a Esaú».

¹⁴ ¿Qué concluiremos? ¿Acaso es Dios injusto? ¡De ninguna manera!¹⁵ Es un hecho que a Moisés le dice:

«Tendré clemencia de quien yo quiera tenerla,
y seré compasivo con quien yo quiera serlo».

¹⁶ Por lo tanto, la elección no depende del deseo ni del esfuerzo humano sino de la misericordia de Dios. ¹⁷ Porque la Escritura le dice al faraón: «Te he levantado precisamente para mostrar en ti mi poder, y para que mi nombre sea proclamado por toda la tierra». ¹⁸ Así que Dios tiene misericordia de quien él quiere tenerla, y endurece a quien él quiere endurecer. ¹⁹ Pero tú me dirás: «Entonces, ¿por qué todavía nos echa la culpa Dios? ¿Quién puede oponerse a su voluntad?» ²⁰ Respondo: ¿Quién eres tú para pedirle cuentas a Dios? «¿Acaso le dirá la olla de barro al que la modeló: "¿Por qué me hiciste así?"». ²¹ ¿No tiene derecho el alfarero de hacer del mismo barro unas vasijas para usos especiales y otras para fines ordinarios?

²² ¿Y qué si Dios, queriendo mostrar su ira y dar a conocer su poder, soportó con mucha paciencia a los que eran objeto de su castigo y estaban destinados a la destrucción? ²³ ¿Qué si lo hizo para dar a conocer sus gloriosas riquezas a los que eran objeto de su misericordia, y a quienes de antemano preparó para esa gloria?²⁴ Ésos somos nosotros, a quienes Dios llamó no solo de entre los judíos sino también de entre los gentiles.²⁵ Así lo dice Dios en el libro de Oseas:

«Llamaré "mi pueblo" a los que no son mi pueblo;
y llamaré "mi amada" a la que no es mi amada»,
²⁶ «Y sucederá que en el mismo lugar donde se les dijo:
Ustedes no son mi pueblo",
serán llamados "hijos del Dios viviente"».

²⁷ Isaías, por su parte, proclama respecto de Israel:
«Aunque los israelitas sean tan numerosos como la arena del mar,
solo el remanente será salvo;
²⁸ porque plenamente y sin demora el Señor cumplirá su sentencia en la tierra».
²⁹ Así había dicho Isaías:

«Si el Señor Todopoderoso no nos hubiera dejado descendientes,
seríamos ya como Sodoma, nos pareceríamos a Gomorra».

³⁰ ¿Qué concluiremos? Pues que los gentiles, que no buscaban la justicia, la han alcanzado. Me refiero a la justicia que es por la fe.³¹ En cambio Israel, que iba en busca de una ley que le diera justicia, no ha alcanzado esa justicia.³² ¿Por qué no? Porque no la buscaron mediante

la fe sino mediante las obras, como si fuera posible alcanzarla así. Por eso tropezaron con la «piedra de tropiezo»,[33] como está escrito:

> «Miren que pongo en Sión una piedra de tropiezo y una roca que hace caer;
> pero el que confíe en él no será defraudado».

Predestinación. La palabra misma parece intimidante. Quizá este es uno de los conceptos más difíciles de toda la doctrina cristiana porque parece robar a los seres humanos su más preciado tesoro: su autonomía. Mientras la doctrina desafía nuestras nociones de autodeterminación, esto es lo que en última instancia separa a los cristianos de los humanistas, quienes proclaman que la suerte del mundo la decidimos *nosotros*. El pasado, dicen, ha sido cocido en el horno de la historia y no puede ser alterado, pero el mañana todavía es suave y maleable arcilla, lista para que las manos de la humanidad le den forma. Individual y colectivamente, nosotros—no una todopoderosa gama de sueños vanos—determinaremos nuestro futuro. Dicho en términos actuales: «Todo depende de nosotros».

Hoy, me uno a una compañía de grandes teólogos, predicadores, maestros, misioneros y evangelistas para proclamar exactamente lo opuesto. Me uno a las filas de reformadores como William Tyndale, Juan Wycliffe, Juan Calvino, Ulrico Zwinglio, Juan Huss, Juan Knox y Martín Lutero. Canto con los poetas Isaac Watts y John Newton y predico con George Whitefield, Jonathan Edwards y Charles Spurgeon. Respondo al llamado del misionero pionero, William Carey, quien agitó su adormecida generación calvinista para seguir el mandato de Cristo y hacer discípulos de todas las naciones. Coloco mi teología junto a aquellos como John Owen, A. H. Strong, William Shedd, Charles Hodge, B. B. Warfield, Lewis Sperry Chafer, John F. Walvoord, Donald Grey Barnhouse y Ray Stedman. Y me cuento entre mis contemporáneos John Stott, R. C. Sproul, John Piper, John MacArthur y J. I. Packer. Hoy me uno a una gran compañía de sólidos eruditos bíblicos para declarar que Dios no solo creó la humanidad y dirigió nuestro pasado, sino que ya ha dado forma a nuestro futuro. Al hacerlo, también me pongo contra de lo que ha venido a llamarse «teísmo abierto». «Nuestro Dios está en los cielos, y puede hacer lo que le parezca» (Salmo 115:3).

Ponerse en conformidad con la doctrina de la predestinación requiere un viraje dramático de nuestra perspectiva. Salimos del vientre y progresamos a lo largo de la niñez viendo el universo con nosotros en el centro. Entonces sucede algo asombroso en algún momento del proceso de maduración, por lo menos para la mayoría de los adultos sanos. De pronto nos damos cuenta que el mundo se extiende más allá del círculo de nuestro horizonte y que otros ven el mismo mundo desde un punto de vista diferente. Pronto, el universo no solo da vueltas alrededor de nosotros y aceptamos que nuestro círculo no es sino una parte muy pequeña de una realidad mucho mayor.

¡Lo mismo es verdad de la salvación!

Presentamos fielmente el «plan de salvación» de Dios a los individuos —como debemos— pero en demasiadas ocasiones no apreciamos que el cristianismo «no es todo acerca de nosotros», sino acerca de *Dios*. Si vamos a proclamar todo el evangelio de Jesucristo, tenemos que reconocer y aceptar el *plan maestro* de la salvación de Dios. El Creador todopoderoso cumple su agenda en cuanto a su universo, y este no puede ser alterado; por lo tanto, aquellos que han escuchado y aceptado el «plan de salvación» han llegado a ser parte de algo mucho mayor que ellos mismos, aun si no se han cuenta de ello.

Tómese unos pocos momentos ahora y lea de nuevo Romanos 8:28-39 a la luz del plan maestro de la salvación de Dios.

Tendemos a apropiarnos de esas promesas como individuos. Si bien Dios sí nos ama de manera personal e individual, note que Pablo utiliza a través del pasaje la primera persona del plural, «nosotros» y «nuestro». Esto no promete que Dios alterará el universo para asegurar el máximo bien a cada individuo. Por el contrario, el «plan de salvación» de Dios es un poderoso río de destino en el cual se zambulle un creyente. Este río de justicia un día inundará el mundo, y barrerá el viejo orden para hacer lugar para el nuevo. Y cuando Jesús regrese para restaurar todas las cosas, nuestra fe en él nos permitirá convertirnos en parte de ese nuevo orden.

Mucho cuidado: el tema de la carta de Pablo a los romanos *no* trata es nuestra salvación. Su tema primordial es la justicia de Dios, de la cual nuestra salvación forma parte. Recuerde: el Señor sigue su agenda. Esta es sacar la muerte del trono de la creación y darlo a su Hijo para que la justicia de Dios gobierne todas las cosas. Y Dios hará esto ya sea que alguien decida o no unirse a él.

Sin embargo, las promesas de Dios al final del capítulo 8 suscitan importantes preguntas. En el momento en que Pablo le escribía a la iglesia en Roma, la mayoría de los judíos habían rechazado a Jesús como Mesías y, en números crecientes, rechazaban el plan maestro de la salvación de Dios. Así que, ¿cuál sería su destino como pueblo? ¿No eran ellos parte del plan maestro de Dios siglos atrás? ¿No aseguraban las promesas de Dios a Abraham, Moisés, Israel y David que el pueblo judío sería salvo? Si él no es fiel en salvar al pueblo de su pacto, ¿qué tipo de seguridad tenemos nosotros como creyentes gentiles?

Pablo aprovecha esta oportunidad para hablar de la espinosa cuestión de los judíos y su rechazo del evangelio. Pero este no es un simple paréntesis antes de reanudar el tópico principal de su capítulo 12. De muchas maneras, este el ápice del evangelio. Mientras Romanos 8:28–39 describe la victoria final de Dios sobre el mal, Romanos 9:1–36 nos concede una visión más profunda de la naturaleza de Dios. Y el primer atributo que vemos es su soberanía.

— 9:1-5 —

Nadie más que Pablo quería que los judíos aceptaran a Jesús como el Mesías y recibieran las bendiciones de su pacto. No dudó en orar por esto a menudo y con completa confianza de que oraba de acuerdo con la voluntad de Dios. Después de todo, era ciertamente el plan de Dios cumplir su pacto con Abraham. El pueblo hebreo se convertiría en el prototipo de la nación de Dios, gobernada por él y bendecida por él como una invitación viviente a someterse a él y recibir su gracia a través de la fe. Pero fallaron. Ni siquiera bajo el gobierno de David y Salomón estuvieron cerca de tomar posesión de toda la tierra que se le había prometido (Génesis 15:18-21). Pablo anhelaba que sus hermanos judíos se salvaran. Si solo los hijos del antiguo pacto pudieran ser *obligados* a aceptar el nuevo pacto.

Pero vea cómo *Pablo* gobernaría el mundo. Hasta dijo que tomaría en un instante su lugar en el tormento para verlos salvos (9:3).

¿Ve usted la ironía? Es intencional. Alguien ya ha tomado su lugar en el tormento. Pero rechazaron a su Mesías. Y si rechazaron al Hijo de Dios, ¿por qué iban a aceptar el mismo regalo de un pequeño evangelista de Tarso? Esto llevó a Pablo a relacionar siete ventajas que tenían los hijos hebreos de Abraham, ninguna de las cuales condujo a los judíos a ver la verdad.

Israelitas. Cuando Dios estableció su pacto con Abraham, prometió bendecir generaciones de ellos sin tomar en cuenta el mérito. En otras palabras, los descendientes de Abraham recibirían bendición y privilegios por el solo hecho de haber nacido de padres hebreos, un privilegio que nadie podría ganar y ni siquiera escoger.

Adopción como hijos. Cuando Dios intercedió por Israel y los liberó de la esclavitud en Egipto, los proclamó como hijos suyos (Éxodo 4:22).

La gloria. Cuando Dios sacó a Israel de Egipto, les concedió que siguieran una manifestación visible de su presencia y protección (Éxodo 13:21-22; 14:19-20), y la luz sobrenatural del *shekinah* se mantuvo sobre el Arca del Pacto en el tabernáculo y, más tarde, en el templo (Éxodo 40:34-38).

Los pactos. Cuando Dios llevó a Israel a la frontera de Canaán, era para cumplir su pacto incondicional con Abraham (Génesis 12:1-3; 15:1-21; 17:1-22). En ese tiempo, un remanente urgió a la mayoría a confiar en Dios, pero esta se negó ante el tamaño y la fuerza de sus habitantes. Por eso, todos tuvieron que vagar por el desierto hasta que la generación incrédula muriera (Números 13:25-33; 14:33-38). Cuarenta años más tarde, Israel tomó por fe posesión de la primera porción de su Tierra Prometida, y entonces Dios estableció otro pacto, esta vez condicionado a su obediencia (Deuteronomio 28).

Aun más tarde, Dios estableció otro pacto incondicional con el Rey David, que prometía que sólo sus descendientes tendrían derecho al trono de Israel (2 Samuel 7:12-16). Y durante unos de los más oscuros períodos de Israel, el Señor prometió establecer un «nuevo pacto» (Jeremías 31:31-34). Ya sea que el pacto dependiera de la obediencia humana (como en el Sinaí) o que Dios actuara unilateralmente (como con Abraham), la bendición llegó para el pueblo de Dios, los judíos.

La dispensación de la Ley. Cuando Dios estableció a Israel como nación, les dio un código perpetuo de conducta que reflejaba su carácter santo (Deuteronomio 5:1-22). Las leyes de otras naciones iban y venían según los antojos de reyes egoístas. Ninguna otra nación ni raza podía decir que tenía la verdad absoluta como base de la justicia.

El servicio del Templo. Cuando Dios le dio a su pueblo un código de conducta, también proveyó los medios de restaurarlos cuando dejaran de cumplirlo (Éxodo 25—30). Estableció el templo como un medio para que hombres y mujeres se acercaran a él, y confió su cuidado al pueblo de su pacto.

Las promesas. Cuando Dios castigó a Israel, también les dio esperanza: la promesa del Mesías, quien sería el mediador de un nuevo pacto (Jeremías 31:31-34).

Estas siete ventajas ilustran la perpetua fidelidad de Dios comparada con la larga historia de terca rebelión de Israel. Si no hubiera sido por una fiel minoría dentro de la nación en momentos clave de su historia, Israel se habría perdido del todo. Aun más, este rápido recuento de las bendiciones y privilegios de Israel subraya su falta de excusas para dejar de creer. La mayoría incrédula ignoró la montaña de evidencias ante ellos y *decidió* no confiar en Dios, probando que su incredulidad era una cuestión moral, y no una cuestión intelectual. Irónicamente, volvieron su relación única con Dios en un ídolo —otra vez confundiendo el don con el Dispensador— suponiendo que su herencia los salvaría aparte de la fe.

Pablo afirma que las promesas dadas a los «padres» están todavía disponibles a través de Jesucristo, quien es su descendiente en sentido físico. En otras palabras, él es el verdadero *Bar Mitzvah*, el verdadero «Hijo del Pacto». Donde todos los demás fallaron, él triunfó. Él ha tomado posesión de las bendiciones del pacto debidas a Israel y ha hecho que esas bendiciones estén disponibles para todo el que cree.

Habiendo declarado la voluntad de *Pablo*, el apóstol se dispone a declarar la voluntad de *Dios*. En esta porción de su carta, que va del versículo 6 hasta el final del capítulo, hay cuatro grandes verdades relativas a la doctrina de la predestinación:

La predestinación comienza con la decisión soberana de Dios (9:6-13).
La predestinación sostiene el carácter perfecto de Dios (9:14-18).
La predestinación muestra la misericordia de Dios (9:19-22).
La predestinación defiende la justicia de Dios (9:23-33).

Esta es la respuesta de Pablo a la noción de que el plan redentor de Dios ha fracasado como resultado del rechazo por Israel de su Mesías y del nuevo pacto. El apóstol comienza ilustrando cómo difieren la perspectiva de Dios y la de la humanidad.

— 9:6-13 —

La predestinación comienza con la elección soberana de Dios.

Somos democráticos por naturaleza siempre que aseveremos que la mayoría gobierna. La mayor parte de las formas modernas de gobierno dan el poder a la persona que representa la opinión mayoritaria, quien entonces establece las políticas y las acciones en su nombre a fin de llevar a cabo «la voluntad del pueblo». En un sentido real, este representante define a su nación entera, incluyendo a su minoría opositora. No es así con Dios. La verdadera nación se define por su elección soberana, la cual puede ir en contra de las costumbres humanas. Para ilustrar este punto, Pablo apunta a dos momentos cruciales de la historia de Israel.

Habrá usted notado que he sido cuidadoso en limitar los pactos de Dios a los descendientes hebreos de Abraham. Estos no se aplican a todos sus descendientes. Primero Abraham tuvo otros hijos aparte de Isaac. Fue padre de Ismael por medio de la criada de Sara, Agar (Génesis 16), y tras la muerte de Sara, tomó otra esposa, la cual le dio no menos de seis hijos varones (Génesis 25:1-2). Pero Dios limitó su pacto con Abraham solo a su hijo con Sara (Génesis 17:18-21; 12:12). ¿Por qué? Dicho de modo terminante, porque Dios decidió que sería así. Podemos especular sobre el por qué y señalar varios motivos por los que su decisión fue el mejor curso de acción, pero todo termina realmente en esto: Dios eligió soberanamente a Isaac como el portador del pacto.

Segundo, Isaac tuvo más de un hijo; de hecho, mellizos. La costumbre de entonces era que el primer hijo varón recibiera una doble porción de la herencia y sucediera a su padre como el líder patriarcal del clan. En el caso de los mellizos de Isaac, Esaú debía recibir la bendición del pacto como primogénito. Pero antes que nacieran los mellizos, el Señor le dijo a su madre: «El mayor servirá al menor» (Génesis 25:23). Esta no era una mera predicción. Era la decisión soberana de Dios de que, contrario a la costumbre, el más joven portaría el pacto de Abraham.

La ilustración de Pablo corrige dos concepciones erradas sobre el pacto de Dios con Abraham. Primero, nadie se apropia de sus promesas porque lleve su ADN. De los muchos hijos del patriarca —no menos de ocho— solo uno podía tener el derecho legítimo de la bendición. Segundo, solo uno recibió la bendición en virtud de la decisión de Dios, no sobre la base del mérito ni por la fuerza de la costumbre (la cual es la decisión de los hombres).

¿Aborrece Dios?

«Aborrecer» es una palabra fuerte. Se nos enseñan desde la niñez que debemos evitar aborrecer a otros de cualquier manera y obedecer el mandamiento de Cristo de amar a todos, incluso a nuestros enemigos. Así que resulta chocante leer las palabras de Malaquías, que declaró que Dios amó a Jacob pero aborreció a Esaú (Malaquías 1:2–3). ¿Cómo puede aborrecer a otros un Dios de amor?

Comencemos por examinar los términos hebreos. El Antiguo Testamento usa dos palabras que pueden ser traducidas por «aborrecer»: *sané* y *maás*; tiene muy poca diferencia en su significado. En realidad, los escritores del Antiguo Testamento las usan a veces sin mucha distinción. Por ejemplo, el profeta Amós usó a las dos para expresar el disgusto de Dios con el culto de los israelitas, al decir: «Yo *aborrezco* sus fiestas religiosas; no me agradan sus cultos solemnes» (Amós 5:21, en hebreo aparecen las dos palabras, que aparecen en la NVI solo como aborrezco).

Aunque *sané* y *maás* pueden expresar intenso desagrado emocional hacia algo, «aborrecer» en las culturas antiguas del Medio Oriente tiene más que ver con las prioridades de alguien que con sus emociones. Por ejemplo, Esaú «despreció» su primogenitura al hacer la decisión libre de aceptar una porción de sopa en lugar de la bendición del pacto (Génesis 25:29–34). Esaú no tuvo intensas emociones negativas en relación con la primogenitura; con seguridad, no la aborreció en el sentido como usaríamos nosotros la palabra. En realidad, luchó luego con vigor para ganar de nuevo lo que había perdido y quedó desconsolado al fracasar en el intento.

En otro ejemplo, del Nuevo Testamento, Jesús exigió a sus seguidores que «aborrecieran» sus bienes, sus familias y aun sus propias vidas (ver Mateo 6:24; Lucas 14:26; Juan 12:25). Es obvio que no estuvo instruyendo a sus discípulos a tratar a otros con crueldad. El tema principal es la *prioridad*, la importancia de escoger el discipulado por sobre todas las demás cosas y escoger a Cristo por encima de toda otra relación.

Sería preferible parar aquí y pretender que no hubiera otro lado más feo del aborrecimiento; sin embargo, no debemos ignorar el único otro uso significativo del término en el Antiguo Testamento. En Génesis 37, «aborrecer» describe el profundo desprecio de los hermanos mayores hacia José. Estaban urdiendo un plan para matarlo cuando apareció una caravana de comerciantes de esclavos; así que decidieron vendérselo como mejor opción. Es claro que el término «aborrecer» puede describir cualquiera de estos dos sentidos: una elección desapasionada o un odio apasionado. ¿Dónde nos deja esto en relación con Malaquías 1:2–3?

El libro de Malaquías fue una advertencia a esa nación de Judá, que profanó el templo al ofrecer sacrificios de bajo nivel y mantener el mejor ganado para sí mismos. Él acusó a los sacerdotes de «menospreciar» la bendición del pacto, parecido a como Esaú «menospreció» su derecho de primogenitura. Al recordar la historia de Jacob (cuyo nombre se cambió por el de Israel) y Esaú (cuyos descendientes formaron la nación de Edom), el profeta trazó un claro paralelo.

Jacob *valoró* el pacto.	Esaú *despreció* el pacto.
Dios prometió rescatar a Israel	Dios juró condenar a Edom
(Deuteronomio 4:29-31; 30:1-10)	(Jeremías 49:7-22; Ezequiel 35)

En la época de Malaquías, ambas profecías se habían cumplido. Dios había restaurado a un fiel remanente de Israel a la Tierra Prometida; sin embargo, ellos no podían darse el lujo de convertirse en presumidos. Al despreciar la bendición del pacto, los israelitas corrían el riesgo de sufrir la suerte de Esaú. En otras palabras: «Escucha, Israel. Esaú despreció su derecho de primogenitura y Edom se ganó como castigo el abandono de Dios. ¿Qué piensas que ocurrirá si desprecias tu primogenitura?»

La «abominación» de Dios es una palabra de dos filos. Aunque en realidad está llena de emoción, no está motivada por ella. Como con su ira, su acción de elegir a alguien por encima de otro es absolutamente correcta y del todo justa.

Eventualmente, Jacob recibió la bendición en lugar de su hermano mayor, Esaú. ¿Por qué? Otra vez, porque esa es la manera que Dios decidió que fuera. Antes que algún hombre tuviera la capacidad de escoger el bien o el mal, el Señor eligió a Jacob, quien era, por cierto, un hombre increíblemente indigno. El propio nombre Jacob, significa «el que desplaza» o «el que usurpa». Era un desvergonzado intrigante y mentiroso que dejó numerosos enemigos como secuela. Si bien a la larga el Señor lo separó de su vieja senda y le dio un nuevo nombre: Israel, «forcejea con Dios».

Añadiendo una confirmación final a su argumento, Pablo cita en 9:13 al profeta Malaquías:

«Yo los he amado», dice el SEÑOR. «¿Y cómo nos has amado?», replican ustedes. «¿No era Esaú hermano de Jacob? Sin embargo, amé a Jacob pero aborrecí a Esaú, y convertí sus montañas en desolación y entregué su heredad a los chacales del desierto» (Malaquías 1:2–3).

— 9:14–18 —

La predestinación realza el carácter perfecto de Dios.

Hay algunas labores para las que no soy apto. Por ejemplo, no sería un buen cirujano. Primero, detesto ver sangre. Segundo, me identifico demasiado con el dolor de otro, de manera que no tendría la necesaria objetividad. Tercero, no busqué un entrenamiento en ese campo. Así que, pese a lo mucho que amo a mi esposa, tengo que confiarla al cuidado de un cirujano calificado si ella necesita una cirugía. Yo no puedo hacer el trabajo.

Si la posición de «Juez Supremo del Universo» se abriera alguna vez, aquí están las calificaciones necesarias. El solicitante correcto tiene que ser omnipotente (todopoderoso), omnisciente (saberlo todo), omnipresente (estar presente en todas partes al mismo tiempo), inmutable (nunca cambia), eterno (está por encima y más allá de los límites del tiempo), que existe por sí mismo (no necesita nada), santo (la definición exacta de «bueno») y justo (absolutamente acertado en todas las decisiones). No solo toda la humanidad no está calificada para la posición, sino que no tenemos una base para cuestionar a quien lo está.

Aun más, no tenemos derecho para gobernar lo que no nos pertenece. Por ejemplo, no puedo entrar en la casa de otra persona y cambiar las normas de su familia. No soy el dueño del lugar. De manera similar, no somos dueños de este mundo. Se nos ha dado el privilegio de vivir en el mundo de Dios y podemos dejarlo en cualquier momento, pero solo él tiene el derecho de gobernar su creación. No obstante, debido a sus cualidades, podemos confiar en el juicio de Dios.

Pablo ilustra el derecho del Señor de regir sobre la creación con la historia de Moisés y su confrontación con el soberano gobernante de Egipto. La declaración de Dios a Moisés establece un principio universal: Como la gracia es un don, el dador tiene el derecho de ofrecerla o retirarla a voluntad. Por lo tanto, la misericordia no depende de

«el hombre que la quiere». Tener misericordia solo puede ser decisión del que la tiene, nunca del que la recibe.

ni de

«el hombre que corre». La misericordia es un don; por lo tanto no se puede ganar a través de un esfuerzo.

El caso de Moisés y el Faraón es un estudio por contrastes. Los hombres comenzaron sus vidas como iguales. Ambos se criaron en la familia pagana del soberano egipcio. Ambos recibieron una educación en las escuelas paganas de los sacerdotes idólatras. Ambos disfrutaron de un nivel de vida muy superior a la enlodada existencia de los esclavos. Ambos eran herederos de privilegios reales. Sin embargo, sus senderos se separaron cuando Dios intervino en la vida de uno de ellos. Aunque Moisés había cometido asesinato, el Señor lo escondió al otro lado de la tierra de nadie y dedicó los siguientes cuarenta años a transformar su carácter.

Por otro lado, el Faraón continuó su existencia privilegiada en el palacio real de Egipto y llegó a convertirse en su soberano. No sufrió la humillación de volverse un fugitivo; no sufrió la ingrata existencia de un pastor itinerante en el desierto. Se pasó cuarenta años viviendo como antes, como un pagano.

Cuando llegó el tiempo propicio para la siguiente etapa del plan redentor de Dios, este puso a los dos hombres cara a cara. Moisés demandó la liberación de los israelitas, pero el Faraón se negó, alegando tener derecho de soberanía sobre ellos. En ese momento, el Señor pudo haber parpadeado y reducido a Egipto a un pedazo de hilacha sobre la página de la historia. En cambio, respondió con una serie de aflicciones, las cuales se fueron incrementando en severidad. Su anunciado propósito: «Para mostrarte mi poder, y para que mi nombre sea proclamado por toda la tierra» (Éxodo 9:16).

Faraón se entregó *a sí mismo* al mal en directa oposición al plan redentor de Dios. Esta fue decisión del Faraón. Escogió el mal; Dios no lo escogió por él. No obstante, el Señor sí lo «endureció», esto es, solidificó su resolución de seguir al mal profundamente enraizado en su corazón. Y el Señor fue completamente justo al hacerlo. Él no le debe nada a nadie. Por lo tanto, no fue menos justo al permitirle al Faraón mantenerse en su decisión malvada y sufrir las consecuencias. Por demás, el Señor convirtió la maldad del Faraón en una oportunidad para afirmar su propia soberanía sobre los israelitas y demostrar su poder para triunfar sobre el mal.

Pablo relata las sendas divergentes que tomaron Moisés y el Faraón para vindicar el carácter justiciero de Dios. Su historia hace esto de dos maneras. Primero, demuestra la gracia de Dios en que intervino en la vida de ambos hombres, dándoles a los dos una amplia oportunidad de humillarse y aceptar el derecho de Dios a la soberanía. Segundo, demuestra la justicia de Dios, en que respondió a cada hombre de acuerdo a su propia decisión. En fin, que solo Dios merece crédito por la salvación; la persona condenada se ha buscado su castigo.

— 9:19-22 —

La predestinación nos muestra la misericordia de Dios.

Pablo previó una objeción común a la doctrina de la predestinación. Si Dios «endurece» a alguien como endureció al Faraón, ¿cómo puede castigar a esa persona y ser justo? El apóstol responde con una ilustración común del Antiguo Testamento (Isaías 29:16; 45:9; 64:8; Jeremías 18:6) para aclarar dos puntos.

Primero, *porque Dios es el Creador soberano, tiene el derecho de hacer con su creación lo que le plazca* (9:19–21). De nuevo, Dios no responde a la humanidad más de lo que tiene que responder a las flores. El propio hecho de que se nos dio la vida es gracia. Que se nos dio un monto limitado de autonomía para elegir nuestra suerte es gracia sobre gracia. Y habiéndonos rebelado, como raza tanto como individuos, ¡el hecho que se nos dé esperanza de redención es gracia abrumadora, superabundante!

Habiendo confirmado el derecho soberano de Dios de hacer con su creación lo que le plazca, Pablo continúa su línea de razonamiento con una declaración de «y qué si […]» (9:22–23), donde «y qué si» se asume que es cierto. Y esto apoya su segundo punto: «*Perdimos nuestro derecho a quejarnos de maltrato cuando decidimos rebelarnos; por lo tanto, cualquier cosa que recibamos aparte de una muerte inmediata es misericordia.*

Las personas que necesitan misericordia no tienen «derechos». En el caso del Faraón, se le dio tiempo para disfrutar privilegios que la vasta mayoría de sus iguales apenas podían soñar poseer. Gracia. Se le dieron no menos de diez oportunidades de arrepentirse de su pecado. Gracia sobre gracia. Si no se le extendió más gracia que esa, todavía estaba mucho mejor de lo que merecía.

No se confunda ni se desoriente con la frase «los vasos de ira preparados para destrucción» de algunas versiones (9:22, RVR-1960). Muchos gramáticos entienden que el verbo griego traducido como «preparados» está en «voz pasiva refleja», lo cual indica que el sujeto del verbo actúa sobre sí mismo (acción reflexiva). Por eso la NVI traduce «soportó con mucha paciencia a los que eran *objeto de su castigo* y estaban destinados a la destrucción» (las itálicas son mías). Aunque Dios tiene el derecho de moldear la arcilla en cualquier cosa que él decida, le permitió al Faraón decidir su propia forma; el Señor simplemente lo endureció. Y, por gracia, lo hizo en forma gradual en lugar de inmediata.

Toda la humanidad merece el fin inmediato, de manera que el hecho de que vivimos prueba que Dios *no* ejercita la justicia. Él ha actuado de acuerdo con su derecho soberano para refrenar la justicia por un tiempo. En lugar de quejarnos de que algunos no se salvarán, ¡debemos ver el vaso más que medio lleno y agradecer a Dios que algunos se salvarán! En lugar de quejarnos de que él ejercitara su derecho soberano a endurecer a algunos en las formas pecaminosas que han escogido, ¡debemos agradecer que haya ejercitado su derecho soberano a conceder misericordia a cualquiera… incluyéndonos a *nosotros* que no lo merecíamos!

En este punto, déjeme añadir otra aclaración. Pablo no enuncia su argumento aquí, pero este está claramente implícito. Dios no obliga a nadie a pecar (vea Santiago 1:13–16). Aun más, Dios no seduce ni alienta el pecado de nadie. En el caso del Faraón, el cual es probablemente típico de todos los que Dios endurece, su corazón rebelde fue «entregado» o legalmente abandonado al pecado que él mismo deseaba.

— 9:23-33 —

La predestinación defiende la imparcialidad de Dios.

Los versículos 23–24 responden la cuestión que implica el versículo 22. ¿Por qué el Señor «soportó con mucha paciencia los vasos que se han adecuado a sí mismos para destrucción»? En otras

LA MAJESTAD DE DIOS (ROMANOS 9:1 — 11:36)

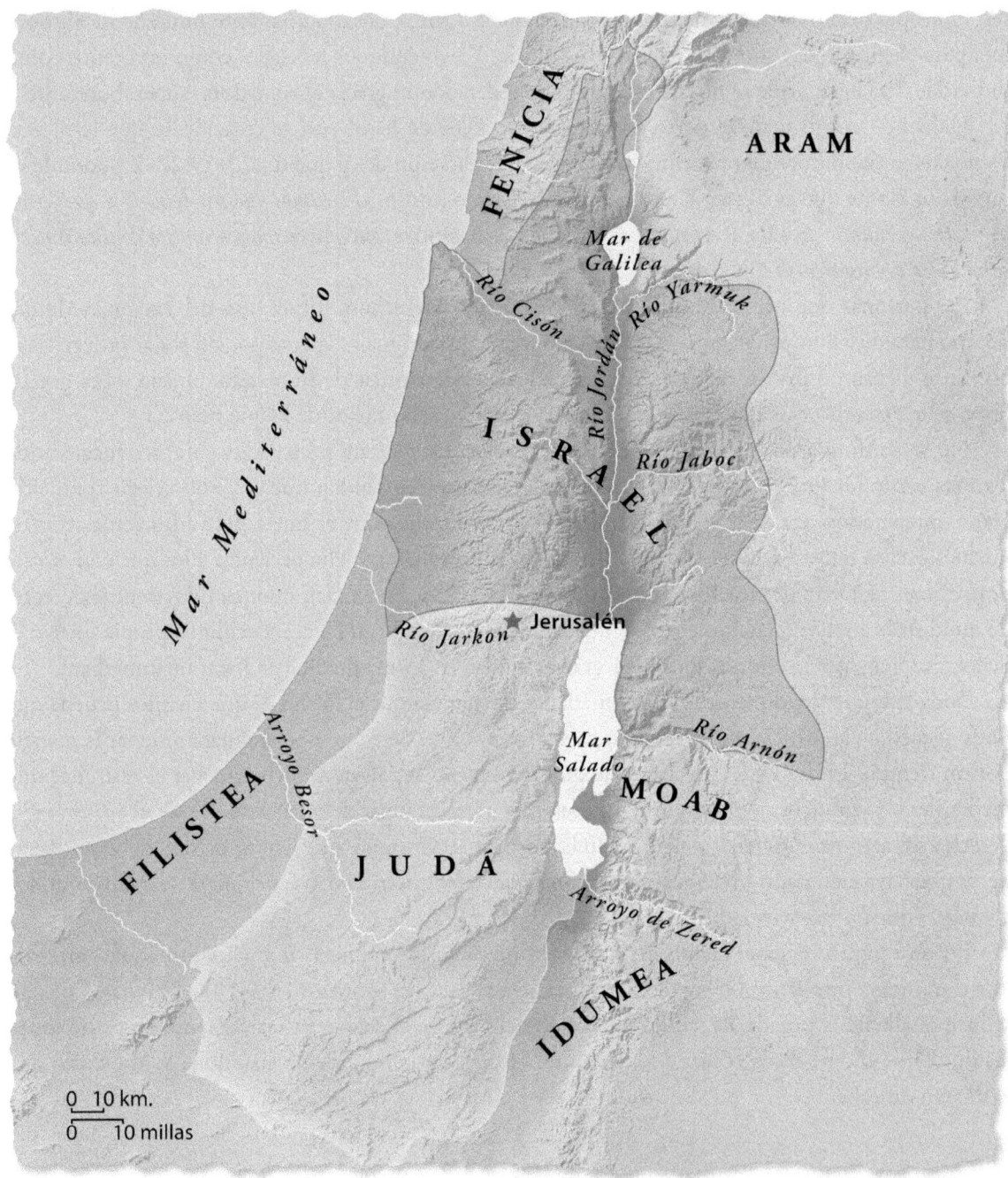

Después de la muerte de Salomón, la guerra civil dividió la Tierra Prometida en dos naciones continuamente en guerra: el reino del norte, Israel, y el reino del sur, Judá. Los descendientes de David gobernaron Judá, en tanto que Israel vio el surgimiento y caída de varias dinastías ilegítimas.

palabras, cuál es el sentido de permitir que continúen viviendo aquellos que están destinados a destrucción? Dos razones.

Primero, Dios existe fuera del tiempo mientras nosotros debemos progresar a través de este. Los elegidos para recibir misericordia y destinados para la gloria emergerán del vientre perdidos y esclavizados al pecado. Existirán durante algún tiempo de esa manera antes de recibir la gracia y ser transformados por el Espíritu Santo. El Señor determinó permitir que ese proceso se desarrollara a través del tiempo por nuestro bien. Se le permite a toda la creación ver el proceso de la misericordia concedida a vasos indignos, y su transformación glorifica a Dios.

Segundo, el Señor permite el progreso del tiempo dentro de la creación para separar a los elegidos de los no elegidos. Dios sabe quién ha sido elegido para recibir misericordia y quién no lo ha sido, pero nosotros no. Él ve y juzga dentro del corazón de hombres y mujeres, mientras nosotros vemos y juzgamos el exterior. Alguien que nos parece malo puede ser un «vaso de misericordia» aun por transformar. Por ejemplo, Pablo era un asesino y perseguidor de cristianos antes de su conversión (Hechos 7:58; 8:1; 9:1-2; 22:3–5). Después que Cristo lo confrontó, dio gloria a Dios, como cuando escribió a los efesios: «Aunque soy el más insignificante de todos los santos, recibí esta gracia de predicar a las naciones las incalculables riquezas de Cristo» (Efesios 3:8).

Comenzando en el versículo 25, Pablo retorna a la cuestión de los judíos recordando las palabras de Oseas e Isaías. Estos dos profetas del Antiguo Testamento cuentan el relato de dos vasos: Israel, «vaso de la ira» y Judá, «vaso de misericordia». Dos historias de elección divina que terminaron de manera muy diferente.

Oseas vivió y escribió mucho después que el territorio gobernado por David y Salomón se dividiera en el reino del norte de Israel y el reino de sur de Judá. Israel tuvo una larga historia de idolatría e infidelidad, y pese a generaciones de advertencias, nunca se arrepintió. No mucho después de rechazar el oráculo de Oseas, el Imperio Asirio inició una serie de invasiones que por último barrieron con lo que quedaba de Israel en 722 a.C. Los invasores deportaron a la mayoría de los habitantes y transplantaron gente de otras naciones dentro de Israel, alentaron los matrimonios mixtos, y dentro de una generación se había extinguido el resto de los israelitas. Excepto por un remanente fiel, el reino de Judá al sur era todo lo que quedaba del pueblo hebreo.

Isaías, un contemporáneo de Oseas, profetizó en el reino sureño de Judá, que pudo tener un puñado de reyes fieles a través de su historia. Estos escucharon la advertencia de Isaías por un tiempo y sobrevivieron al asedio asirio de Jerusalén. Pero después de una generación, también se apresuraron a rebelarse contra el Señor. En 586 a.C. Nabucodonosor derrotó a Judá y se llevó a los mejores y más brillantes judíos para que lo sirvieran en Babilonia.

Tras décadas de cautividad, la Tierra Prometida había sido purgada de los reyes hebreos infieles. Entonces el Señor reunió al remanente de su pueblo del pacto y los devolvió para comenzar de nuevo, tal como Oseas e Isaías habían predicho. Los hebreos rebeldes que Dios había llamado «no son mi pueblo» fueron redimidos de la cautividad y rebautizados «mi pueblo».

Mientras examinamos este relato de los dos recipientes, vemos a Dios haciendo repetidas advertencias a Israel y a Judá durante siglos. Ambos no escucharon sus advertencias y entonces sufrieron graves consecuencias. Él fue justo con los dos en que anduvo tras ellos con igual pasión. La oferta de salvación en respuesta al arrepentimiento fue la misma para ambos. Y las consecuencias de la continua desobediencia fue idéntica, deportación y exilio, justo como Dios había advertido (Deuteronomio 28:15–68). No obstante, él ejerció su prerrogativa como gobernante soberano de toda la creación y extendió su misericordia a una: Judá. Dios preservó un remanente a fin de cumplir sus promesas incondicionales a Abraham y a David.

Pablo extendió la aplicación de estas dos profecías del Antiguo Testamento. El pequeño porcentaje del «no mi pueblo» de Oseas que se convirtió en «mi pueblo» eran hebreos. Y el «remanente» de Isaías eran judíos que retornaron con Esdras y Nehemías para reconstruir la nación. De todos modos, Pablo vio la redención de los gentiles como un cumplimiento más profundo de esas dos profecías.

¡Me encanta cómo Dios siempre supera las expectativas!

Aplicación

Ir a los extremos

En Romanos 8:28–39, Pablo asegura a sus lectores que pese a nuestros sentimientos en contra, la salvación de los creyentes es segura, pero no porque seamos fieles, sino porque Dios es fiel. Esto, por supuesto, plantea la pregunta: «Si Dios es fiel para preservar a sus elegidos, ¿qué de los judíos que no son creyentes? El pacto incondicional de Dios con los descendientes de Abraham parece estar en peligro». La respuesta de Pablo (9:1—11:36) comienza con una defensa del carácter de Dios. Hace esto explicando la doctrina de la predestinación, la cual establece cuatro verdades:

- La predestinación comienza con la elección soberana de Dios (9:6–13).
- La predestinación sostiene el perfecto carácter de Dios (9:14–18).
- La predestinación muestra la misericordia de Dios (9:19–22).
- La predestinación defiende la justicia de Dios (9:23–33).

La enseñanza de Pablo se puede resumir en la siguiente pareado:

> Dios es fiel en salvar a su remanente fiel;
> los condenados se han condenado a sí mismos.

Somos sabios al permitir que el pareado se mantenga por sí solo sin sucumbir a la tentación de resolver cualesquiera contradicciones percibidas. Desafortunadamente, algunos no pueden dejar las cosas lo suficientemente tranquilas y han llevado la doctrina de la predestinación a uno de sus dos extremos.

El primero, y más común, es decir que la salvación es enteramente una «elección voluntaria» del individuo. Aunque esto suena bien en la superficie, las implicaciones claramente no son bíblicas. Este extremo:

- coloca el peso de la salvación firmemente sobre los hombros del individuo
- niega o minimiza la depravación del corazón humano
- sugiere que se puede perder la salvación, ya sea por elección o por pecar
- conduce de manera invariable al legalismo (enfatizar demasiado la observación de las leyes para retener la salvación)

El segundo extremo es decir que la humanidad no desempeña parte alguna en la salvación ni en la condenación. Muchos van a este extremo para sostener la soberanía de Dios y evitar dar gloria alguna al individuo por su salvación. Aunque esto es un propósito noble —uno que aprecio— lleva igualmente a conclusiones no bíblicas. Este extremo:

- culpa enteramente a Dios por la condena del individuo
- lleva a la conclusión de que Dios es culpable del mal
- sugiere que la humanidad no tiene en absoluto parte en el plan de Dios para redimir el mundo
- conduce invariablemente al fatalismo y la parálisis (una subestimación de la responsabilidad humana)

La historia está repleta de ejemplos de personas que han tomado esta cuestión por un extremo o el otro, y como resultado ha sufrido la evangelización. Aquellos que enfatizan la soberanía de Dios y desestiman la responsabilidad humana concluyen que aquellos predestinados a creer vendrán a Cristo ya sea que los cristianos proclamen o no las buenas nuevas. La evangelización en el extranjero permaneció paralizada por décadas hasta que William Carey, un calvinista, tomó a sus hermanos por las solapas teológicas y los sacudió hasta sensibilizarlos.

Los que enfatizan la responsabilidad humana e ignoran la soberanía de Dios escogen adoptar cualquier medio de manipulación imaginable para forzar a los individuos a confiar en Cristo. Tenemos denominaciones enteras que sin darse cuenta están proclamando: «Dios ayuda a los que se ayudan a si mismos». Añaden las obras a la gracia y echan sobre los miembros la responsabilidad de preservar su justificación.

Como interno bajo el tutelaje de Ray Stedman en la *Península Bible Church*, serví junto a otro interno. Si el hombre carraspeaba, era porque Dios lo llevó a carraspear. Si escupía, Dios lo llevó a escupir. Si eructaba, Dios lo llevó a eructar. Si pecaba, ¡de alguna manera también Dios tenía que ver con eso!

Yo, por contraste, era más wesleyano. Todo lo que hacía era por vivir honorable y obedientemente. Así que pasé por la rueda de molino espiritual como un cristiano obediente, seguro de que podría volverme más dispuesto en el Espíritu por mis esfuerzos. Y como ese otro interno vivía con nosotros todo el verano, ah, cómo discutimos. Cynthia finalmente preguntó: «Por favor, ¿podemos cenar en lugar de resolver los misterios del universo?»

Con el tiempo mi querido amigo se estabilizó y Ray me ayudó a profundizar en las Escrituras para encontrar la perspectiva correcta. Captó mi atención al hacerme una pregunta sorpresiva. «Chuck, ¿de qué temes? ¿Por qué temes tanto la doctrina de la soberanía de Dios?»

Pestañeé, miré por la ventana, abajo a mis pies, y entonces de nuevo a los ojos de Ray. «Temo perder mi celo por los perdidos. Temo que si de verdad creo en esto, me convertiré en un ministro pasivo; temo que le dejaré toda la elección a Dios y no haré nada».

Me dijo: «Necesitas recordar a Spurgeon, el bautista de la gracia soberana, quien dijo: "Si Dios hubiese pintado una franja en la espalda de los elegidos, yo pasaría mis días subiendo y bajando las calles del Londres levantando faldones. Pero porque él dijo: 'El que quiera puede venir', yo predico el evangelio a todos, y confío en él para que lleve a la fe a quienes son suyos"».

Eso fue una gran ayuda. Cuánto más tiempo sirvo a Dios en el ministerio, más consuelo encuentro en la doctrina de la soberana elección de Dios. En lugar de hacerme pasivo, la confianza en el completo control de Dios me ha liberado para proclamar las buenas nuevas aun con más celo y mayor libertad. Y estoy menos preocupado de si tengo éxito o no. Mi responsabilidad es ser fiel; Dios es responsable de los resultados.

¡A Dios sea la gloria!

Una conversación franca sobre la responsabilidad (Romanos 10:1–21)

¹ Hermanos, el deseo de mi corazón, y mi oración a Dios por los israelitas, es que lleguen a ser salvos. ² Puedo declarar en favor de ellos que muestran celo por Dios, pero su celo no se basa en el conocimiento. ³ No conociendo la justicia que proviene de Dios, y procurando establecer la suya propia, no se sometieron a la justicia de Dios. ⁴ De hecho, Cristo es el fin de la ley, para que todo el que cree reciba la justicia.
⁵ Así describe Moisés la justicia que se basa en la ley: «Quien practique estas cosas vivirá por ellas». ⁶ Pero la justicia que se basa en la fe afirma: «No digas en tu corazón: "¿Quién subirá al cielo?" (es decir, para hacer bajar a Cristo), ⁷ o "¿Quién bajará al abismo?"» (es decir, para hacer subir a Cristo de entre los muertos). ⁸ ¿Qué afirma entonces? «La palabra está cerca de ti; la tienes en la boca y en el corazón». Ésta es la palabra de fe que predicamos: ⁹ que si confiesas con tu boca que Jesús es el Señor, y crees en tu corazón que Dios lo levantó de entre los muertos, serás salvo. ¹⁰ Porque con el corazón se cree para ser justificado, pero con la boca se confiesa para ser salvo. ¹¹ Así dice la Escritura: «Todo el que confíe en él no será jamás defraudado». ¹² No hay diferencia entre judíos y gentiles, pues el mismo Señor es Señor de todos y bendice abundantemente a cuantos lo invocan, ¹³ porque «todo el que invoque el nombre del Señor será salvo».
¹⁴ Ahora bien, ¿cómo invocarán a aquel en quien no han creído? ¿Y cómo creerán en aquel de quien no han oído? ¿Y cómo oirán si no hay quien les predique? ¹⁵ ¿Y quién predicará sin ser enviado? Así está escrito: «¡Qué hermoso es recibir al mensajero que trae buenas nuevas!»
¹⁶ Sin embargo, no todos los israelitas aceptaron las buenas nuevas. Isaías dice: «Señor, ¿quién ha creído a nuestro mensaje?» ¹⁷ Así que la fe viene como resultado de oír el mensaje,

y el mensaje que se oye es la palabra de Cristo. ¹⁸ Pero pregunto: ¿Acaso no oyeron? ¡Claro que sí!

> «Por toda la tierra se difundió su voz,
> ¡sus palabras llegan hasta los confines del mundo!»

¹⁹ Pero insisto: ¿Acaso no entendió Israel? En primer lugar, Moisés dice:
> «Yo haré que ustedes sientan envidia de los que no son nación;
> voy a irritarlos con una nación insensata».

²⁰ Luego Isaías se atreve a decir:

> «Dejé que me hallaran los que no me buscaban;
> me di a conocer a los que no preguntaban por mí».

²¹ En cambio, respecto de Israel, dice:

> «Todo el día extendí mis manos
> hacia un pueblo desobediente y rebelde».

Durante siglos, filósofos y científicos discutieron sobre la naturaleza de la luz. Algunos alegaban que la luz se comporta como una onda a través del espacio, muy parecido al sonido. Otros disentían, afirmando que la luz era una corriente de pequeñas partículas que emanan de su fuente. Lamentablemente, los experimentos no ayudaban. Cuando la examinamos como una onda, la luz demuestra ser una onda. Cuando la examinamos como una partícula, la luz demuestra ser una partícula. Y como la gente que entiende de esas cosas me explica, un experimento debe desmentir el otro. Pero los experimentos no mienten.

El debate dividió las mentes más brillantes del mundo en campos opuestos, cada uno experimentando, calculando, teorizando y escribiendo para probar que el otro estaba equivocado. Entonces, en 1905, un académico indeseable —un hombre relativamente desconocido que trabajaba como revisor de patentes durante el día y se pasaba las noches develando grandes misterios— publicó un artículo en la principal revista de física de Alemania que lo cambiaría todo. Albert Einstein propuso la idea de que la luz es ambas cosas, onda y partícula. Su teoría no tenía sentido, pero sus cálculos respondían satisfactoriamente a toda objeción.

Como científicos laicos, apenas podemos apreciar el efecto que tuvo su idea sobre el mundo. Su teoría, la cual le ganó a la larga el Premio Nobel, desafía las leyes de la física tal como las entendemos. Esta «naturaleza dual de la luz» no debía ser posible. Pero, de alguna manera, en una dimensión que va más allá de nuestra capacidad intelectual, el misterio de la luz es tan simple como 2 + 2.

El mundo de la teología tiene sus rompecabezas insolubles también. ¿Cómo puede Dios ser uno y tres, y aún Uno? No podemos comprenderlo. Sin embargo, la Biblia claramente lo presenta como una triunidad. Esta es una paradoja que amenazó dividir el mundo cristiano poco después que murieron los apóstoles, pues muchos maestros preferían una deidad que pudieran comprender. Muchas de esas herejías iniciales existen ahora como sectas, y se disfrazan astutamente para parecer cristianas.

Se ha descrito otra paradoja como «la soberanía de Dios versus el libre albedrío de la humanidad». Los teólogos del pasado y del presente han sido culpables de torcer uno para servir al otro, lo cual lleva inevitablemente a creencias y prácticas que no son bíblicas. Por ejemplo, los bautistas calvinistas del siglo dieciocho en Inglaterra creían que evangelizar era interferir con la soberana predestinación de Dios. Cuando el joven William Carey sugirió que se enviaran misiones al extranjero en obediencia al mandato de Cristo en Mateo 28:16–20, un viejo ministro lo recriminó: «Siéntese, joven. ¡Usted es un entusiasta! Cuando a Dios le plazca convertir a los paganos, ¡lo hará sin consultarlo a usted o a mí!»[37].

En el otro extremo, los maestros del «libre albedrío» creen que la salvación está por entero en manos de cada persona… manos que pueden cansarse de aferrarse a Cristo, perder su asidero, y permitir que el creyente se incline hacia la incredulidad. Se puede o no declarar a una persona justa por la fe en cualquier momento, y puede deslizarse hacia el infierno o volar al cielo, según, claro, su estado mental y espiritual en el momento de la muerte. Las personas en estas sectas se enfrentan continuamente al miedo y la duda, lo cual conduce a una religión basada en las obras, ¡lo opuesto de la salvación *solo por la gracia, solo a través de la fe, solo en Cristo!*

¿Cómo reconciliamos estas grandes verdades de la soberanía de Dios y el libre albedrío de la humanidad? De acuerdo con J. I. Parker, alguien le planteó la pregunta al gran predicador calvinista C. H. Spurgeon. «Yo no lo haría», le respondió. «Nunca reconcilio amigos»[38]. ¡Qué enfoque más perceptivo! Ninguna posición deja de ser verdadera porque no podamos aceptar la paradoja.

En Romanos 9, Pablo ha confirmado que la salvación es obra de Dios. Él ha elegido a algunos y ha «endurecido» otros. Naturalmente, esta doctrina de la elección o la predestinación suscitó una pregunta razonable: «¿Cómo puede Dios condenar con justicia a los que no escogen creer si hacerlo no era la voluntad de Dios?» (mi paráfrasis de 9:19). Después de defender la absoluta soberanía de Dios, sosteniendo su perfecta justicia, mostrándonos su misericordia y defendiendo su equidad, Pablo vuelve apropiadamente su atención a la responsabilidad de la humanidad.

Al unir los capítulos 9 y 10, vemos los dos lados del asunto. La verdad es que tenemos que sostener uno sin disminuir al otro.

Lado A: Dios rechaza al pueblo rebelde porque este lo ha rechazado (Mateo 10:33; 21:42–44; Juan 15:22–24; Romanos 1:28–32).

Lado B: Amamos a Dios porque Dios nos amó a nosotros primero (Romanos 5:8; 8:28–30; 1 Juan 4:10).

Cuando el apóstol confronta a la humanidad con la verdad del evangelio, cierra cuatro posibles rutas de escape.

El evangelio está disponible; por lo tanto, los que escuchan son los responsables (10:8–10).

El evangelio es universal; por lo tanto, nadie está excluido (10:11–15).

El evangelio es simple; por lo tanto, los inconversos son los responsables (10:16–20).

Dios es fiel e inmutable; por lo tanto, la crisis de responsabilidad se mantiene (10:21).

— 10:1-4 —

Mientras Pablo continúa su explicación de la relación de los judíos con el Señor, expresa de nuevo su apasionado deseo de que la nación de la que forma parte acepte el evangelio. Lejos de condenar a sus semejantes judíos, Pablo llora por ellos. Está acongojado. Recuerda a los compañeros de estudio con los que viajaba y estudiaba cuando dejó Tarso para aprender bajo la tutela de Gamaliel y otros rabinos. Recuerda a antiguos amigos y colegas fariseos, que iban tras el objetivo equivocado con celo, determinación, y sinceridad. En lugar de aceptar a su Mesías, perseguían apasionada y sinceramente una justicia de su propia factura, suponiendo que bastaría para agradar a Dios.

Pablo conoce por experiencia la futilidad de un celo sincero sin un conocimiento acertado (Hechos 22:3; Gálatas 1:14). En el caso de los semejantes judíos de Pablo, no habían atinado a comprender el carácter de Dios ni la manera de agradarlo. En lugar de someterse a la justicia de Dios y permitirle gobernarlos desde adentro, tratan de predisponerlo para alcanzar sus propias metas.

¡Cuán a menudo he encontrado la misma tendencia en iglesias cristianas! Y de lo que he observado, hay dos motivos principales por los que las iglesias se extravían. Primero, la ignorancia. No conocen las Escrituras y no saben cómo conformar sus creencias básicas en torno a la Biblia. En consecuencia, van tras lo que la mayoría consideraría buenas metas —comida, ropa, y abrigo para los pobres; paz para el mundo; el fin de la enfermedad— suponiendo que Dios se complace con sus vehementes esfuerzos.

Segundo, las iglesias pueden volverse tercas, y estar tan metidas en las maneras que inconscientemente sirven sus propias tradiciones que dejan de escuchar los mandatos de la Escritura. Cuando una iglesia no puede desprenderse del molde de sus costumbres, ha comenzado a servirse a sí misma antes que al Señor. Preservarse se convierte en su máxima prioridad en lugar de hacer avanzar el reino de Dios.

La tradición de los hebreos se había apartado hacía mucho tiempo de su propósito original y se había convertido en una trágica perversión. La Ley de Moisés nunca se propuso que se convirtiera en el medio a través del cual la gente obtuviera la justicia de Dios. Por el contrario, «Cristo es el *telos* de la ley». *Telos* tiene una amplia gama de significados, que incluyen «logro, cumplimiento, consumación, perfección, ejecución, conclusión». La mayoría de los eruditos han optado por «conclusión». De hecho, Jesús puso fin a la Ley.

Aunque entiendo su argumento —Jesús puso fin al viejo sistema y dio lugar al nuevo pacto—, no estoy satisfecho. *Todos* esos términos son correctos por derecho propio, pero están mejor si se los considera juntos. Jesús no abolió la Ley; la cumplió. La gente ya no sigue tras la Ley como una expresión de la fe que depositan en Dios; van directamente a Dios y a través de la persona de su Hijo, Jesucristo.

— 10:5 —

Pablo aclara, otra vez, el papel de la Ley en el plan de Dios de traer su justicia al mundo. Dios reveló su Ley a través de Moisés como una expresión de su carácter justiciero. Era para confrontar a la humanidad diciéndole: «Aquí está la norma de justicia que requiero; para poder declararse suficientemente justos y escapar a las consecuencias del pecado y el tormento eterno, tienen que cumplirla al pie de la letra». De esa manera, la salvación por las obras es una posibilidad *teórica*. Sin embargo, al igual que querer saltar bien alto para entrar al cielo, es una imposibilidad *práctica*. Ningún ser humano caído puede lograrlo. La única solución apropiada ante la Ley es clamar con humildad: «¿Quién puede ser declarado justo de esta manera? ¡Yo no! Entonces Jesús se convierte en «el fin de la ley» para los que depositan su fe en él.

- Jesús alcanzó las demandas de la Ley, en que las guardó de manera perfecta.
- Jesús cumplió la intención de la Ley, en que agradó al Padre con su obediencia.
- Jesús consumó el propósito de la Ley, en que cumplió todas sus demandas.
- Jesús ejecutó al pacto de la Ley, en que tomó posesión de las recompensas de la obediencia.
- Jesús perfeccionó los requerimientos de la Ley, en que excedió sus expectativas.
- Jesús puso fin a la necesidad de la Ley, en que se convirtió en la Palabra de Dios para la humanidad.

— 10:6-7 —

La única respuesta a estas verdades puede ser un sometimiento humilde. Para ilustrar que la justicia a través de la fe no es un concepto nuevo, Pablo se sirvió de las palabras de Moisés en Deuteronomio 30:9–14. Mientras los israelitas estaban a punto de entrar en la Tierra Prometida, Dios explicó de nuevo las grandes recompensas de la obediencia y las terribles consecuencias de la rebelión, recordándoles que él no esperaba de ellos perfección moral. Antes bien, quería su devoción. Dios los llamó a volverse «al Señor tu Dios con todo tu corazón y con toda tu alma» (30:10).

La perfección no es una expectativa razonable. La devoción, sin embargo, es una respuesta de fe que está muy al alcance de la humanidad. A los israelitas se les dio acceso durante el tiempo de Moisés a la justicia de Dios a través de la fe en él, y lo mismo es cierto hoy para nosotros. No se espera que ascendamos al cielo para obtener nada; Cristo ha descendido para traernos todo lo que necesitamos. Tampoco tenemos que pagar nuestra penalidad por el pecado; Cristo pagó esa penalidad por nosotros y se ha levantado de nuevo para darnos vida eterna. La justicia de Dios se recibe por medio de la fe, no de nuestros méritos. Lo que cada persona decide hacer con estas verdades determina su destino, lo cual lleva a la cuádruple defensa de la responsabilidad humana de Pablo.

— 10:8-10 —

El evangelio está disponible; por lo tanto, los que escuchan son los responsables. Irónicamente, Pablo cita un pasaje de Deuteronomio en el cual el Señor deposita dos decisiones delante de su pueblo del pacto cuando estaban a punto de entrar en la Tierra Prometida. Ha puesto delante de ellos la vida y el bien, la muerte y el mal, y entonces los ha retado a escoger. La decisión de obedecer les traería bendiciones; la decisión de desobedecer les traería maldiciones (Deuteronomio 30:15-20). Más de dos mil años después, Jesús confrontó a Israel con similar elección: recibirlo por fe y ser declarados justos, o buscar la justicia por las obras y ser condenados. Gracia o culpa. Aun más, a través del testimonio y la predicación de creyentes como Pablo, Israel fue confrontado otra vez con una elección en la forma del mensaje del evangelio: cree y «serás salvo».

Algunos han llamado despectivamente a esta verdad «fe fácil». No pueden aceptar un evangelio de fe porque este parece librar a la humanidad del juicio de Dios muy fácilmente. Pero esto está en tinta sobre un papiro, preservado a lo largo de los siglos por la fidelidad de los mártires guiados por el Espíritu y ahora disponible en una multitud de idiomas. «Con el corazón se cree para ser justificado, pero con la boca se confiesa para ser salvo». Como cualquiera que ha creído le diría, ese tipo de fe no es complicada, pero es cualquier cosa menos «fácil».

No fue fácil para Cristo, quien pagó por nuestra salvación con su muerte y resurrección. No fue fácil para los apóstoles, quienes preservaron este mensaje y a continuación murieron predicándolo. No fue fácil para miles de mártires, quienes dieron testimonio de este mensaje a través de la humillación y la tortura antes de morir. No fue fácil para los reformadores, quienes lo dieron todo por reivindicarlo de la apóstata iglesia de Roma. Y no fue fácil para los hombres y mujeres que sacrificaron su comodidad y seguridad para llevarlo a sitios hostiles alrededor del globo. Por otra parte, no es fácil creer en esta fe sobrenatural para gente que peca con naturalidad.

A pesar de todo, el mensaje del evangelio está disponible para todos, es libre, y no hay restricciones. La disponibilidad da lugar a la responsabilidad.

— 10:11-15 —

El evangelio es universal; por lo tanto, nadie está excluido. Pablo cita de nuevo el Antiguo Testamento (10:11,13), esta vez reproduciendo una ilustración de Isaías que cualquier albañil entiende (Isaías 28:16). El maestro albañil deposita la primera piedra en la locación exacta de la esquina del edificio, a la altura exactamente correcta. Esta piedra angular se convierte en el punto estándar de referencia. La posición correcta de las demás piedras será juzgada de acuerdo con ella. Este es un cuadro de la obligación y la responsabilidad. La norma de justicia es creer en Jesucristo. Quienquiera que crea en él será cabal, aplomado, y a nivel con la piedra angular. La norma se aplica a todas las piedras en el edificio de Dios, lo mismo judío que gentil.

Aun más, todo el mundo tiene la responsabilidad de satisfacer la norma del evangelio —la fe— porque las buenas nuevas son para todos. Algunos teólogos objetan esto porque responder en fe al evangelio se parece mucho a una buena obra. Según su razonamiento, si las personas tienen la capacidad de creer en Cristo por su propio libre albedrío, pueden adjudicarse el crédito de su salvación. Debido a que sabemos que no se puede declarar justo a nadie excepto por un acto de la gracia de Dios, se deduce que la fe en Cristo no se puede escoger libre e independientemente, sino que es impulsada por el Espíritu Santo. Esta doctrina (que los teólogos llaman «gracia irresistible») es el resultado de un razonamiento que suena lógico, pero que *no* encuentra un apoyo directo en la Biblia.

Si continuamos esta línea de razonamiento, hay que concluir que solo los que son impulsados por el Espíritu Santo tienen la capacidad de aceptar el don de la expiación de Cristo. Por lo tanto (estos mismos teólogos concluyen), Cristo murió solo por aquellos que estaban predestinados a creer… y por ningún otro. Esto se conoce como la «doctrina de la expiación limitada». Y esto no es nada menos que contrario a la Biblia.

Las riquezas de su gracia abundan para todo el que «lo invoque».

- «Todo el que invoque el nombre del Señor será salvo» (Romanos 10:13).
- «Porque tanto amó Dios al mundo, que dio a su Hijo unigénito, para que todo el que cree en él no se pierda, sino que tenga vida eterna» (Juan 3:16).
- «Él es el sacrificio por el perdón de nuestros pecados, y no solo por los nuestros sino por los de todo el mundo» (1 Juan 2:2).
- «Vemos a Jesús […] coronado de gloria y honra por haber padecido la muerte. Así, por la gracia de Dios, la muerte que él sufrió resulta en beneficio de todos» (Hebreos 2:9).

Incuestionablemente, Cristo murió por *todos*. El don de su expiación se ofrece a *todos*. Está a disposición de todo el mundo.

Me intriga sobre todo la declaración del apóstol Pedro sobre los falsos maestros de la iglesia, gente que comparó con los falsos profetas del Antiguo Testamento. Note lo que dijo de ellos:

> En el pueblo judío hubo falsos profetas, y también entre ustedes habrá falsos maestros que encubiertamente introducirán herejías destructivas, *al extremo de negar al propio Señor que los rescató*. Esto les traerá una pronta destrucción (2 Pedro 2:1, el énfasis es mío).

Puedo personalmente discurrir una docena de maneras diferentes para darle vueltas al pasaje y ajustarlo a cualquier sistema teológico que a nadie le preocupa nombrar. He visto ese pasaje dirigido en toda dirección concebible. Pero el sentido llano sigue siendo el mismo: Algunas personas que han enseñado el error en la iglesia fueron a parar al tormento eterno porque negaban a Cristo Jesús, quien había pagado un precio por redimirlas. Él pagó por los pecados de todo el mundo, incluyendo los de esos maestros perdidos de una falsa religión.

La verdad es ineluctable: todos tienen que dar cuenta de su respuesta a las buenas nuevas.

— 10:16-20 —

El evangelio es simple; por lo tanto, los que no se salvan tienen la culpa. Pablo escribe específicamente de los judíos, que estaban en una posición única para oír la verdad de la Palabra de Dios. Pero oír no se traduce automáticamente en creer. El apóstol regresa de nuevo al Antiguo Testamento y al profeta Isaías, quien formuló la pregunta retórica: «¿Quién ha creído a nuestro mensaje y a quién se ha revelado el poder del Señor?» (Isaías 53:1). La respuesta que la pregunta implica es «¡Israel! De manera que ellos no tienen excusa para no creer».

Pablo dirige la atención de sus lectores al salmo 19:4, el cual celebra la revelación de sí mismo que hace el Señor en el esplendor de la creación. Los teólogos llaman a esto «revelación general». El salmo sigue celebrando la revelación sobrenatural de sí mismo que hizo el Señor al pueblo hebreo en la forma de una Escritura. Esto se llama «revelación especial». Estas dos dejan a los judíos con menos excusas que a los gentiles (Romanos 1:18-20).

Si la revelación de la verdad por el Señor a través de la creación y su concesión de la verdad a través de las Escrituras no fuera suficiente, él también puso a disposición de los gentiles la salvación para causar una conmoción que sacara a su pueblo de su estupor. Jugó con el egoísmo de la naturaleza humana para seducirlos a seguir tras lo que se les había concedido a ellos primero. A pesar de todo, muchos que oyeron las buenas nuevas las rechazaron.

— 10:21 —

Dios es fiel e inmutable; por lo tanto, la crisis de responsabilidad se mantiene. Nuestro Creador soberano no cambia. Su naturaleza y su carácter son los mismos hoy que siempre, y nada en el futuro hará que se convierta en algo diferente. Sin embargo, él ha tratado con la humanidad de maneras diferentes en varias etapas de la historia. Por ejemplo, ya no nos convoca a traer sacrificios de animales a sus sacerdotes a la puerta de su santuario. En cambio, Cristo se convirtió en el mediador «de un nuevo pacto» (Hebreos 9:15), en el cual él se convirtió en el sacrificio «para siempre» (9:12) y se mantiene como nuestro Sumo Sacerdote.

Esto no quiere decir que Dios cambió el medio de redención, como algunos me acusan de haber dicho. La salvación es ahora como siempre ha sido: por la gracia sola, a través de la fe sola, en respuesta a Dios. Jesús es la perfecta revelación de Dios, su eterna Palabra en carne humana. La fe en Jesucristo solo es la única manera de ser declarado justo y en consecuencia recibir el don de la vida eterna.

Así que Dios nunca cambia su naturaleza o carácter, pero se relaciona con la humanidad de diferentes maneras a través del tiempo. La crisis de responsabilidad que confrontaron los judíos en los días de Pablo se mantiene hasta ahora. El Señor continúa sosteniendo abierta la invitación a recibir su gracia a través de la fe en Jesucristo. Para recordarlo a todos, incluyendo a sus hermanas y hermanos judíos, Pablo cita a Isaías 65:1-2, la respuesta de Dios al arrepentimiento de los judíos tras sufrir en el exilio:

«Me di a conocer a los que no preguntaban por mí;
dejé que me hallaran los que no me buscaban.
A una nación que no invocaba mi nombre,
le dije: ";¡Aquí estoy!"
² Todo el día extendí mis manos
hacia un pueblo rebelde,
que va por mal camino,
siguiendo sus propias ideas.

Pablo cita en sus propias palabras a Isaías por la misma razón que yo incluiría la siguiente línea en un sermón sobre Gálatas 2:3–5: «Dadme la libertad o dadme la muerte». Muchos norteamericanos en la audiencia reconocerían inmediatamente el llamado a las armas de Patrick Henry en la Revolución Americana y la larga lucha que los colonos tuvieron que librar para alcanzar la independencia. Pero esa breve alusión se perdería entre los que no están familiarizados con la historia americana. De manera similar, los judíos habrían entendido enseguida la intención de Pablo al citar a Isaías; los gentiles, sin embargo, al vivir más de dos milenios después de estos acontecimientos necesitarían alguna explicación histórica.

Habiendo soportado las horribles consecuencias de su pecado, un Israel quebrantado y humillado lamentaba:

A pesar de todo, Señor, tú eres nuestro Padre;
nosotros somos el barro, y tú el alfarero.
Todos somos obra de tu mano.
No te enojes demasiado, Señor;
no te acuerdes siempre de nuestras iniquidades.
¡Considera, por favor,
que todos somos tu pueblo!
Tus ciudades santas han quedado devastadas,
y hasta Sión se ha vuelto un desierto;
Jerusalén es una desolación.
Nuestro santo y glorioso templo,
donde te alababan nuestros padres,
ha sido devorado por el fuego.
Ha quedado en ruinas
todo lo que más queríamos.
Ante todo esto, Señor, ¿no vas a hacer nada?
¿Vas a guardar silencio y afligirnos sin medida? (Isaías 64:8–12)

El Señor respondió a su ruego con una garantía de cumplir sus promesas a los descendientes hebreos de Abraham. No obstante, el cumplimiento sería solo para un remanente. Para plantear su caso sobre la responsabilidad y explicar la respuesta de los judíos, Pablo alude al texto de Isaías, cuyo oráculo predijo que la mayoría permanecería en su rebelión mientras la minoría reclamaría las bendiciones del pacto. Entonces el mensaje de Isaías convocó al pueblo de Israel a elegir con sabiduría porque su destino seguiría siendo responsabilidad suya.

> Así dice el Señor:
> «Cuando alguien encuentra un buen racimo de uvas,
> dice: "No voy a dañarlo,
> porque todavía tiene jugo".
> Del mismo modo actuaré yo por amor a mis siervos:
> No los destruiré a todos.
> De Jacob sacaré descendientes,
> y de Judá, a los que poseerán mis montañas.
> Las heredarán mis elegidos,
> y allí morarán mis siervos.
> Para mi pueblo que me busca,
> Sarón será redil de ovejas;
> el valle de Acor, corral de vacas.
> »Pero a ustedes que abandonan al Señor
> y se olvidan de mi monte santo,
> que para los dioses de la Fortuna y del Destino
> preparan mesas y sirven vino mezclado,
> los destinaré a la espada;
> ¡todos ustedes se inclinarán para el degüello!
> Porque llamé y no me respondieron,
> hablé y no me escucharon.
> Más bien, hicieron lo malo ante mis ojos
> y optaron por lo que no me agrada» (Isaías 65:8–12).

Mientras usted examina ambos pasajes de Isaías, tome nota de dos cosas. Primero, la soberanía de Dios y la responsabilidad humana existen en perfecta armonía una junto a la otra. ¡No es necesaria una reconciliación! Tampoco Isaías ni Pablo tratan de explicar cómo pueden ambas ser ciertas pese al aparente conflicto lógico. Segundo, aunque la naturaleza y el carácter de Dios no cambian, no extenderá todo el día «sus manos hacia un pueblo rebelde» para siempre (Isaías 65:2). El tiempo para decidir llegará a su fin. Podría ser en cualquier momento.

Cuando el Señor pase la página de este capítulo de la historia, el momento del juicio final comenzará y el tiempo para decidir habrá terminado. ¿De ocurrir eso hoy a la puesta del sol, ¿estaría usted listo?

Aplicación

La libertad se encuentra en la voluntad soberana de Dios

Dios es soberano al escoger a su pueblo: Abraham de entre todos los caldeos; Isaac, no Ismael; Jacob sobre Esaú; un remanente creyente entre una mayoría incrédula. No obstante, cada persona tiene la responsabilidad de responder a la oferta de gracia de Dios y es culpable si la rechaza. Aquellos que sufran la penalidad del tormento eterno por el pecado lo harán sin excusa. El evangelio está al alcance de todas las personas (10:8–10); nadie está excluido de la oferta de vida eterna (10:11–15); recibir el don no requiere esfuerzo humano (10:16–20), y este don gratuito de vida eterna sigue disponible (10:21).

Dios es soberano, las personas son responsables. Estas verdades tienen que sostenerse simultáneamente o la evangelización sufre. La soberanía del Señor me da un gran consuelo en dos aspectos. Primero, descanso seguro en el hecho de que mi relación con Dios no puede ser cortada por mi infidelidad. ¿Inhibida? Sí. ¿Penoso para nosotros dos? Sin duda. ¿Pero disuelta? ¡En ningún caso! Eso es porque Dios me ha escogido y lealmente me habilitará para disfrutar de la vida eterna con él.

Segundo, descanso seguro en el hecho de que la salvación de otros es un logro de Dios, no mío. Solo puedo imaginar la insoportable presión de sostener el destino eterno de otro entre mis frágiles manos. Me preocuparía siempre que un desliz de la lengua, una palabra mal escogida, un zig en lugar de un zag en mi forma de hacerlo pudiera empujar a alguien más cerca del filo de la condenación. Pienso que quedaría paralizado por las pavorosas consecuencias de un fracaso de mi parte y no poder entonces pronunciar una palabra.

Debido a que el soberano control de Dios determina el destino del otro, puedo proclamar enérgicamente la verdad sin miedo. No soy el responsable de la salvación de la gente; claro, mis responsabilidades son considerables, como son las suyas, si usted es un creyente. Y esas responsabilidades son vitales para el éxito del plan de Dios. Aunque no nos necesita, nos ha dado una participación genuina en su redención del mundo. Él es omnipotente, pero nosotros tenemos tres tareas fundamentales:

1. Tenemos que *interesarnos* lo suficiente por las almas de los demás para salirnos del camino, dejar nuestras comodidades, dejar a un lado nuestros deseos a fin de proclamar el evangelio donde no sería escuchado de otra manera.
2. Tenemos que *comunicar* las buenas nuevas fiel, libre y frecuentemente, de preferencia mejor capacitados, y aun mejor dentro del contexto de una vida obediente.
3. Tenemos que *orar* que el evangelio penetre en las mentes cautelosas y resuene en las huecos de las almas vacías. Mientras ofrecemos fiel y competentemente el don gratuito de la justificación por la gracia solamente, a través de la fe solamente, en Cristo solamente, tenemos que someter los destinos de esas personas al amante cuidado de su Creador. Y orar que las mentes ciegas vean y las almas sordas oigan.

Se me recuerda con frecuencia cómo nuestra responsabilidad y la soberana obra de Dios juntas cumplen esta gran empresa llamada evangelización. Una vez se me acercó un hombre, extendió la mano, y me dijo: «Quiero que sepa que hace años comencé a oírlo por la radio».

Me sacudió la mano con firmeza, la mantuvo apretada, y me puso la otra mano en el hombro mientras continuaba: «No tenía la idea de cómo era. No tenía idea de quién era. Escuché su mensaje y pensé: *Bien, eso tiene sentido*. Y era completamente diferente de lo que jamás había creído. Escuché un poco más, le sintonicé al siguiente día, y le sintonicé otra vez. ¿Y sabe qué?»

Me soltó la mano y extendió ambos brazos. «¡Venga acá! Usted es mi padre espiritual». Entonces me envolvió en un apretado abrazo de oso que casi me sacó la vida.

¿Por qué estaba tan contento? Porque me interesé, le hablé y oré. Ni siquiera lo conocía. Ahora es un genuino hijo de Dios.

Gracias a la visión de unas cuantas personas muchos años atrás y a los esfuerzos de muchos más hoy, tengo el raro privilegio de dirigirme a multitudes por medio de la radio y a través de otros medios tecnológicos. Nunca sé cada día quién oirá las buenas nuevas y responderá en fe. Y, créalo o no, lo mismo es verdad en cuanto a usted, aun si nunca se para detrás de un micrófono o un púlpito un día en su vida. Los megavatios y las congregaciones locales nunca se compararán con el inconmensurable y sobrenatural poder del Espíritu Santo para llevar su fiel proclamación de las buenas nuevas a oídos que necesitan escucharlas.

Por la soberana voluntad de Dios, déjeme urgirlo a interesarse, hablar y orar. Manténgase fiel. Sea diligente. Y que las recompensas de su fiel diligencia retornen a darle un abrazo a usted también.

Los judíos: ¿Olvidados o dejados de lado? (Romanos 11:1–14)

¹ Por lo tanto, pregunto: ¿Acaso rechazó Dios a su pueblo? ¡De ninguna manera! Yo mismo soy israelita, descendiente de Abraham, de la tribu de Benjamín. ² Dios no rechazó a su pueblo, al que de antemano conoció. ¿No saben lo que relata la Escritura en cuanto a Elías? Acusó a Israel delante de Dios: ³ «Señor, han matado a tus profetas y han derribado tus altares. Yo soy el único que ha quedado con vida, ¡y ahora quieren matarme a mí también!». ⁴ ¿Y qué le contestó la voz divina? «He apartado para mí siete mil hombres, los que no se han arrodillado ante Baal». ⁵ Así también hay en la actualidad un remanente escogido por gracia. ⁶ Y si es por gracia, ya no es por obras; porque en tal caso la gracia ya no sería gracia.

⁷ ¿Qué concluiremos? Pues que Israel no consiguió lo que tanto deseaba, pero sí lo consiguieron los elegidos. Los demás fueron endurecidos, ⁸ como está escrito:

«Dios les dio un espíritu insensible,
ojos con los que no pueden ver
y oídos con los que no pueden oír,
hasta el día de hoy».

⁹ Y David dice:
«Que sus banquetes se les conviertan en red y en trampa,

LA MAJESTAD DE DIOS (ROMANOS 9:1 — 11:36)

en tropezadero y en castigo.
¹⁰ Que se les nublen los ojos para que no vean,
y se encorven sus espaldas para siempre».

¹¹ Ahora pregunto: ¿Acaso tropezaron para no volver a levantarse? ¡De ninguna manera! Más bien, gracias a su transgresión ha venido la salvación a los gentiles, para que Israel sienta celos. ¹² Pero si su transgresión ha enriquecido al mundo, es decir, si su fracaso ha enriquecido a los gentiles, ¡cuánto mayor será la riqueza que su plena restauración producirá!
¹³ Me dirijo ahora a ustedes, los gentiles. Como apóstol que soy de ustedes, le hago honor a mi ministerio, ¹⁴ pues quisiera ver si de algún modo despierto los celos de mi propio pueblo, para así salvar a algunos de ellos.

Después de cuarenta y cinco años de ministerio pastoral (y los que faltan), dos problemas continúan desafiando mi confianza en el evangelio: la moral pagana y la inmoralidad cristiana. La primera, lo admito, no pone tanto a prueba mi teología. Tiene sentido para mí que la humanidad, aunque perdida, continúe llevando la imagen de Dios; de manera que no debo sorprenderme de ver vislumbres de su gloria que sobresalen a través de los estratos endurecidos del pecado adheridos a los incrédulos.

Los cristianos, sin embargo, muchas veces trastornan el equilibrio de mi confianza en el evangelio. Más de una vez, he depositado gran confianza en alguien que consideraba un creyente sólido como una roca en Jesucristo y más tarde he descubierto que todo era puro cuento. Y, de veras, encuentro que las iglesias son sus lugares favoritos para actuar. Son personas que hablan con propiedad, citan de manera experta la Biblia, dirigen bien a otros, y algunas hasta predican y enseñan con convicción, pero debajo de su impresionante enchapado cristiano no hay *nada*.

Relumbrantes ejemplos de hipocresía. Moralistas de moral hueca. Monumentos vivos a lo atractivo del pecado… y sus engañosas y mortales consecuencias. Estos sucesivos naufragios morales serían suficientes para enviarme malhumorado a la jubilación si no fuera por unos cuantos que retornan a Cristo, quebrantados, completamente vacíos de sentimientos de orgullo, al final en paz con su necesidad de un Salvador. ¡Gracias a Dios que no soy Dios! Hubiera perdido la paciencia, los hubiera estrujado como papel desechable, y lanzado a las llamas. En esos momentos de impaciencia, traigo a la memoria uno de los grandes salmos de gracia. En éste leo:

> El Señor es clemente y compasivo,
> lento para la ira y grande en amor.
> No sostiene para siempre su querella
> ni guarda rencor eternamente.
> No nos trata conforme a nuestros pecados
> ni nos paga según nuestras maldades.
> Tan grande es su amor por los que le temen
> como alto es el cielo sobre la tierra.

Tan lejos de nosotros echó nuestras transgresiones
como lejos del oriente está el occidente.
Tan compasivo es el SEÑOR con los que le temen
como lo es un padre con sus hijos.
Él conoce nuestra condición;
sabe que somos de barro. (Salmo 103:8–14)

Cuando comienzo a perder confianza en el evangelio debido a lo impredecible de la naturaleza humana, hago mi mejor esfuerzo por recordar que el remedio es obvio. O que debe serlo. Tengo que quitar los ojos de lo horizontal y mirar verticalmente hacia la sólida roca de la fidelidad de mi Dios soberano, para el cual no hay sorpresas y quien me asegura en esos momentos que todo está bajo control. ¡Qué tranquilidad más maravillosa!

Cuando el problema de la incredulidad judía se les presenta, los lectores de Pablo necesitan esa misma tranquilidad. Me aturde la idea de que el pueblo escogido rechace a Dios y se condene a un eterno castigo —y lo mismo el cristiano moralmente corrupto— y crea una crisis de confianza. «¿Acaso rechazó Dios a su pueblo? ¡De ninguna manera!» (11:1). «¿Acaso tropezaron [los judíos] para no volver a levantarse? ¡De ninguna manera!» (11:11). El tema de la incredulidad de los judíos tiene una particular relevancia para los cristianos gentiles. Después de todo, Pablo nos asegura que la victoria de los creyentes es inevitable (8:28–39). Pero si Dios estrujó el antiguo pacto y lo lanzó a las llamas, ¿quién dice que no haría lo mismo con su nuevo pacto cuando se trate de nosotros?

Pablo responde a ambas preguntas de la misma manera: «¡De ninguna manera!» Entonces apunta al cielo y nos ofrece privilegios, acceso por detrás de la escena al gran plan del Señor para los hijos hebreos de Abraham. Pero para apreciarlo, tenemos primero que ajustar nuestra perspectiva para alinearla con la de Dios, quien hace dos distinciones:

El remanente versus la mayoría (11:1–6)
La disciplina versus el castigo (11:7–14)

— 11:1 —

El concepto de un remanente ha sido siempre parte del plan redentor de Dios, de manera que no debe sorprender verlo en efecto hoy. Pablo explica e ilustra el concepto comenzando con su propia experiencia, la cual es la notable historia de un hombre que se apartaba del plan de Dios. En otra carta, se describe como «circuncidado al octavo día, del pueblo de Israel, de la tribu de Benjamín, hebreo de pura cepa; en cuanto a la interpretación de la ley, fariseo; en cuanto al celo, perseguidor de la iglesia; en cuanto a la justicia que la ley exige, intachable» (Filipenses 3:5–6). Su creencia en el antiguo pacto era tan grande que se consagró a la destrucción de cualquiera que pareciera socavarlo. ¿Su primer objetivo? Los cristianos. Una vez recordó su antiguo celo en un discurso ante una multitud de sus semejantes judíos.

El Remanente

A través de la historia, Dios ha usado distintos medios para dividir los fieles de los infieles, los elegidos de los no elegidos. Mientras luchan los teólogos para entender la interacción entre la elección soberana de Dios y la auto determinación de los seres humanos, una verdad permanece clara: Dios guarda sus promesas aun cuando fallan los humanos.

Al final de cuentas, solo Jesús es 100% fiel; por lo tanto, solo los que están «en Cristo» perseverarán.

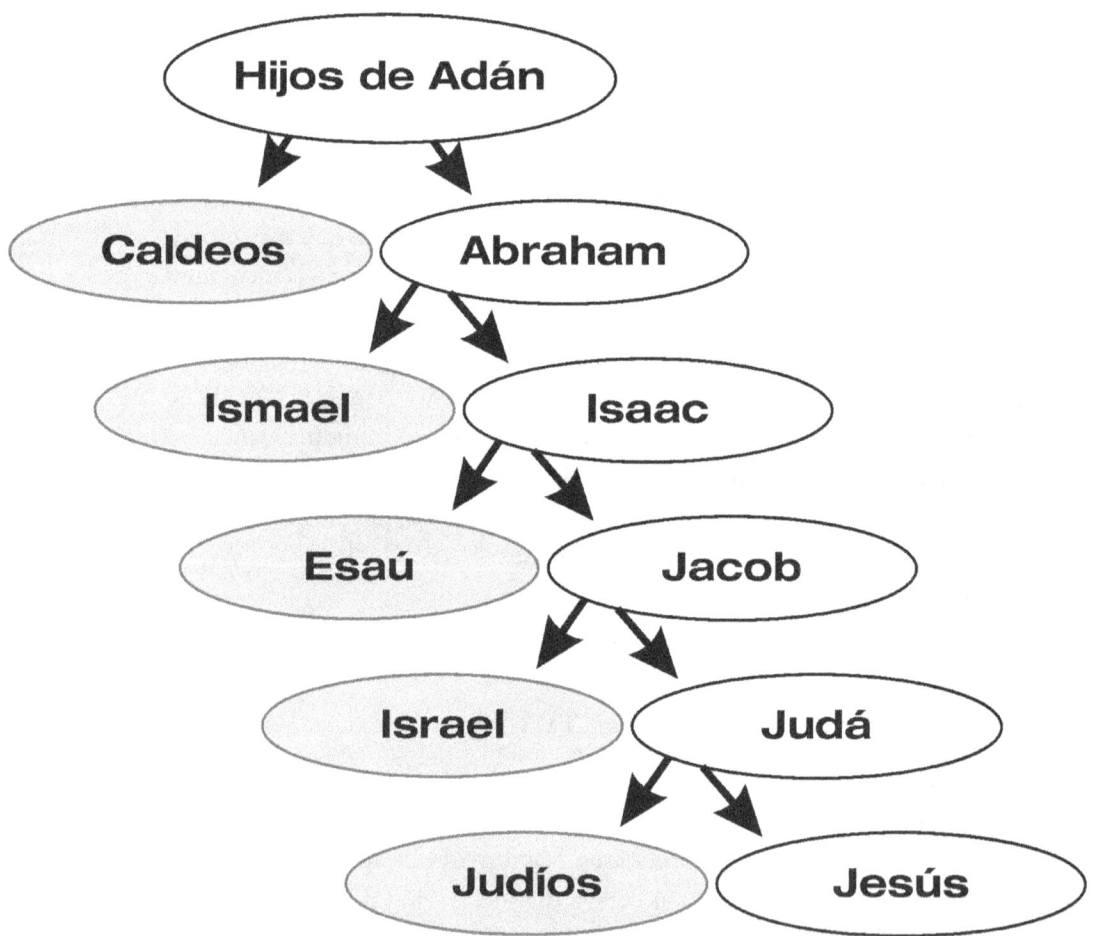

El Remanente en las Escrituras

Gén 45:7; 2 R 19:30-31; 21:14; 2 Cr 34:9,21; 36:20; Esd 9:8-15; Neh 1:1-2; Isa 10:20-22; 11:11-16; 28:5; 37:31-32; Jer 6:9; 23:3; 31:7; 40:11-15,19; 42:2,15,19; 43:5; 44:7-14,28; 50:20-26; Ez 9:8; 11:13; Am 5:15; Miq 2:12; 4:7; 5:7-8; 7:18; Sof 2:7,9; 3:13; Hag 1:12-14; 2:2; Zac 8:6-12

«Yo soy judío, nacido en Tarso de Cilicia, pero criado en esta ciudad. Bajo la tutela de Gamaliel recibí instrucción cabal en la ley de nuestros antepasados, y fui tan celoso de Dios como cualquiera de ustedes lo es hoy día. Perseguí a muerte a los seguidores de este Camino, arrestando y echando en la cárcel a hombres y mujeres por igual, y así lo pueden atestiguar el sumo sacerdote y todo el Consejo de ancianos. Incluso obtuve de parte de ellos cartas de extradición para nuestros hermanos judíos en Damasco, y fui allá con el fin de traer presos a Jerusalén a los que encontrara, para que fueran castigados» (Hechos 22:3–5).

En camino a Damasco, el Cristo crucificado confrontó al apóstol, lo cegó con un destello de luz, lo tumbó de la bestia sobre la que cabalgaba, y allí, a un lado del camino, redimió a su obstinado hijo del pacto. En poco tiempo, Pablo regresó a la misma gente que auspició su campaña de muerte contra el nuevo pacto y proclamó las buenas nuevas. Él era un ejemplo vivo de que Dios no había rechazado a su pueblo. Pablo es un hombre dentro de un remanente, prueba de que Dios es fiel para preservar a aquellos que él conoció de antemano (Romanos 8:28–39).

— 11:2-4 —

Indudablemente Pablo se sintió como el profeta del Antiguo Testamento Elías, quien se enfrentó al impío rey Acab y su enconadamente intrigante mujer, Jezabel, y el apóstol se sirvió de esa historia. Los israelitas habían cambiado «la gloria del Dios inmortal» (1:23) por una imagen de la lluvia, el dios cananeo de la tormenta, Baal, y su consorte Aserá, la diosa del mar. Y persiguieron agresivamente a cualquiera que no siguiera su dirección idólatra. De manera que el piadoso profeta maldijo la tierra para que no recibiera lluvia durante tres años y medio, lo cual humilló a Acab, a Jezabel y a los profetas de sus dioses imaginarios.

Por último, Elías llamó a una confrontación. Retó a Acab a convocar a «todo Israel» y a 500 profetas de Baal y Aserá al Monte Carmelo para una demostración del poder divino. Desafió a los profetas para que construyeran un altar a Baal y lo intimaran a consumir de manera sobrenatural el sacrificio. Pero después de todo un día de dar vueltas, retorcerse, sangrarse, y gemir... nada. Mientras tanto, el profeta solitario se burlaba: «¡Griten más fuerte!—les decía—. Seguro que es un dios, pero tal vez esté meditando, o esté ocupado o de viaje. ¡A lo mejor se ha quedado dormido y hay que despertarlo!» (cf. 1 Reyes 18:27). (Esto no le ganó ningún amigo en el palacio).

Una vez que estuvo claro que los profetas de Baal habían fracasado, Elías preparó su altar. Colocó el sacrificio sobre la leña y ordenó a los hombres a remojar toda la pila en agua hasta que todo estuviera empapado y la zanja que rodeaba las piedras llena de agua. En el momento del sacrificio, Elías elevó una breve oración que todos escucharon y dio un paso atrás. «En ese momento cayó el fuego del Señor y quemó el holocausto, la leña, las piedras y el suelo, y hasta lamió el agua de la zanja (1 Reyes 13:38). Entonces el profeta ordenó a los israelitas que habían sido testigos del desafío que mataran a los acólitos de Baal. Por último, oró pidiendo lluvia, la cual se desató torrencialmente.

Acab y Jezabel quedaron humillados. Y cuando los megalómanos son humillados, se vuelven más peligrosos que nunca. En poco tiempo, apareció un mensajero delante de Elías con una amenaza de Jezabel, que le prometía acabar con su vida. De manera que hizo lo que haría cualquier persona razonable: corrió y se escondió.

En la soledad de su escondite, Elías se lamentó: «Me consume mi amor por ti, Señor, Dios Todopoderoso. Los israelitas han rechazado tu pacto, han derribado tus altares, y a tus profetas los han matado a filo de espada. Yo soy el único que ha quedado con vida, ¡y ahora quieren matarme a mí también!» (1 Reyes 19:14). El Señor prometió entonces hacer justicia con los culpables. Anunció una serie de eventos que reducirían los rangos de Israel pero que, después que se aquietara el polvo, un remanente de siete mil hebreos fieles permanecería (19:18).

Este es un vívido ejemplo del Dios que trae justicia sobre la rebelde mayoría de israelitas mientras preserva a una minoría fiel. En la mente de Dios, la mayoría no habla por la nación. El remanente fiel es lo que se debe denominar «el verdadero Israel». Estos —no la dirigencia idólatra ni la mayoría del pueblo— heredarán las promesas que Dios hizo a Abraham.

— 11:5-7 —

Pablo pudo haber escogido media docena de anécdotas diferentes de la historia de Israel para ilustrar cómo Dios preserva el remanente. Así qué, ¿en qué sentido la experiencia particular de Elías fue como la de Pablo y la nuestra? Como en los días de Elías, las apariencias sugerirían que todo Israel ha rechazado a Dios y está perdido para siempre. La situación parece tan desesperada que podríamos estar tentados a seguir el ejemplo de Elías, quién pidió al Señor que pusiera fin a su vida pues no quedaba esperanza alguna. En lugar de llevarse a Elías y cerrar el libro del futuro de Israel, Dios alentó al abatido profeta de tres maneras.

Primero, el Señor le aseguró a Elías que la opinión mayoritaria no dictaba el futuro de Israel; Dios se ocuparía de eso. Aun más, la opinión mayoritaria no representa al verdadero Israel; Dios reconoce solo a los fieles, sea grande o pequeño su número.

Segundo, el Señor le dio a Elías un trabajo. Utilizaría al profeta para poner en marcha una serie de eventos que castigarían a los líderes apóstatas y barrería a la mayoría rebelde del mapa de la Tierra Prometida (19:15–17).

Tercero, el Señor anunció que durante el próximo azote, preservaría no menos de siete mil israelitas que en silencio habían rehusado seguir a la mayoría hacia la apostasía. Estos serían el remanente y cosecharían las promesas del pacto.

Pablo trae a colación la experiencia de Elías porque es otro poderoso relato para los lectores judíos; ilustra perfectamente a Dios escogiendo un remanente para llevar adelante su plan. Las mismas seguridades que Dios dio a Elías se pueden aplicar hoy. Israel no está perdido; una fiel minoría de judíos ha aceptado a su Mesías, y todavía hay esperanza para ellos debido a que el Señor ha capacitado a los creyentes para proclamar las buenas nuevas. Pero nuestra mayor esperanza en cuanto a Israel reside en el carácter de Dios. Sabemos que Dios siempre cumple sus promesas, de manera que sabemos que habrá un Israel para recibirlas. «De la misma manera» que Dios escogió un remanente para preservar a Israel en los días de Elías, escogerá un remanente de judíos para convertirse en el verdadero Israel. Aun más, su elección soberana estará motivada solo por la gracia, no por mérito alguno de parte de los elegidos.

— 11:7-14 —

Habiendo identificado al verdadero Israel como un remanente fiel en lugar de una mayoría rebelde, Pablo establece una segunda distinción útil: disciplina versus castigo. La diferencia es sutil, pero profunda. En la Biblia, el castigo es una cuestión de justicia en que una persona tiene que sufrir las consecuencias del pecado: la eterna separación de Dios en el tormento. Este es permanente, punitivo y retributivo. Por otro lado, la disciplina es una cuestión de santificación, en la cual Dios utiliza todas las cosas —tanto buenas como malas— para desarrollar el carácter de la persona. Esto suele ser temporal y siempre constructivo.

Por otro lado, no hay distinción entre judíos y gentiles. La gracia de Dios elige soberanamente a algunos individuos; otros se endurecen en su pecado. Las bendiciones de la salvación son las mismas para ambos, como las maldiciones de la condenación. La etnia no tiene nada que ver con el destino eterno de un individuo, porque Dios es imparcial. Por el otro lado, el Señor tiene planes especiales para la identidad colectiva de los judíos. Estos desempeñan un papel crucial en los capítulos finales de la historia de la tierra; por lo tanto, reciben como pueblo una atención única del Señor.

En el momento presente, toda la raza hebrea está bajo disciplina, incluidos los judíos electos y los perdidos. Otra vez, Pablo se vale de la historia del Antiguo Testamento para mostrar que esta era de disciplina concuerda con las relaciones de Dios e Israel a través de la historia. La primera cita en el versículo 8 es parte de Deuteronomio 29:4, tomada de un discurso dado a Israel mientras estaban en la frontera de la Tierra Prometida después de cuarenta años de deambular por el desierto.

> Pero hasta este día el Señor no les ha dado mente para entender, ni ojos para ver, ni oídos para oír. Durante los cuarenta años que los guié a través del desierto, no se les desgastó la ropa ni el calzado. No comieron pan ni bebieron vino ni ninguna bebida fermentada. Esto lo hice para que supieran que yo soy el Señor su Dios (Deuteronomio 29:4-6).

Quizá recordará que cuando Israel estuvo en este sitio por primera vez, enviaron a doce espías para chequear las cosas. Estos regresaron con un reporte dividido. Dos alentaron a Israel a confiar en Dios mientras los demás lo urgieron a una inmediata retirada. Cuando el Señor castigó a Israel por su falta de fe, su disciplina afectó al grupo entero, incluyendo al remanente. Injusto como parece, el período de disciplina logró dos grandes objetivos. Para los elegidos, demostró la fiel provisión de Dios y el continuo cuidado sobre su pueblo, pese a que no confiaron en él. Para los perdidos, proveyó una amplia oportunidad de arrepentirse.

Este período de cuarenta años de disciplina fue una temporada de gracia en la cual Dios detuvo sus planes, por lo menos desde una perspectiva humana. (El fallo de los israelitas y la subsecuente «demora» en darles la Tierra Prometida estaba en su plan desde el principio). Dios permitió esta temporada de gracia para beneficio de todos, judíos y gentiles por igual. No podemos olvidar que durante este intermedio de cuarenta años, mientras los hijos hebreos de Abraham vagaban por los alrededores de la Tierra Prometida, los gentiles que vivían en Canaán tuvieron una amplia oportunidad de conocer el plan de Dios y sumársele.

Imagine qué historia más diferente se habría desarrollado si los reyes cananeos hubieran mandado una delegación para dar la bienvenida a los hebreos. «Hemos oído cómo el Dios de ustedes diezmó a los ejércitos de Egipto con un golpecito de su dedo y parece que quiere darles esta tierra. Nosotros se la daremos, sin gravamen alguno, a cambio de la oportunidad de conocer a su Dios y servirlo. En nombre del Consejo Unido de los Reyes Cananeos, ¡bienvenidos a casa!». De hecho, ¡una de las mayores ciudades de los gentiles hizo exactamente esto! (vea Josué 9)[39].

La segunda referencia de Pablo al Antiguo Testamento en el versículo 9 es parte del un salmo mesiánico de lamento.

> Los insultos me han destrozado el corazón;
> para mí ya no hay remedio.
> Busqué compasión, y no la hubo;
> busqué consuelo, y no lo hallé.
> En mi comida pusieron hiel;
> para calmar mi sed me dieron vinagre.
> Que se conviertan en trampa sus banquetes,
> y su prosperidad en lazo.
> Que se les nublen los ojos, para que no vean;
> y que sus fuerzas flaqueen para siempre.
> Descarga tu furia sobre ellos;
> que tu ardiente ira los alcance (Salmo 69:20–24).

Este fue el llamado de David para que un castigo eterno cayera sobre los que habían rechazado al rey que Dios había ungido. Pablo alude al poema de David para recordar a sus lectores que cada período de disciplina para la nación un día llegó a su fin, y en ese momento los fieles fueron recompensados y los infieles recibieron un castigo eterno. Por desdicha, los hebreos perdidos normalmente superan en número a los elegidos.

Los mismo parece ser cierto hoy, lo cual suscita una pregunta retórica en el versículo 11: «¿Acaso tropezaron [los judíos] para no volver a levantarse?» Pablo responde en efecto diciendo: «¡De ninguna manera!»

Los judíos no habían sido descartados para siempre; más bien, habían sido puestos a un lado por un tiempo. Tal como lo hizo durante los días de Moisés y Josué, el Señor había puesto en suspenso su plan con Israel a fin de permitir una temporada de gracia. Hizo esto para beneficio de todo el mundo —los israelitas que deambulaban por el desierto y esperaban recibir las bendiciones de su pacto y los gentiles que ahora disfrutan lo que pertenece a los judíos—. De hecho, Pablo ve un doble beneficio en este arreglo.

Primero, esta pausa en el plan de Dios da a los gentiles una amplia oportunidad de oír las buenas nuevas y someterse al plan maestro de Dios (11:12). El actual deambular de Israel por el desierto un día llegará a su fin y Dios reanudará su plan con los hijos hebreos de Abraham. (Claro, ese «pausar» y «reanudar» es cómo lo vemos desde nuestra limitada perspectiva. Desde la perspectiva eterna, nada se ha detenido. Todo esto era el plan de Dios desde el principio).

El segundo beneficio es ingenioso. Uno de los mayores papeles que los gentiles tienen que desempeñar en la vida es disfrutar a plenitud del nuevo pacto, el cual es tan enriquecedor, modificador, transformador, emocionante y satisfactorio, que los judíos se pondrán celosos a fin de recobrar lo perdido (11:11,14).

Imagine que el mejor restaurante del mundo abre en su ciudad. Tiene todo lo que usted podría pensar, desde creaciones gourmet, costillas de primera clase, hasta pescados y mariscos, emparedados de queso a la plancha y hamburguesas. De manera que usted escoge una mesa para su grupo de seis o siete personas y, debido a que no tiene mucho dinero, lo único que puede permitirse en un perro caliente y una cesta de papas fritas para compartirla entre todos. En la mesa próxima a usted, un grupo de catorce ha ordenado la mejor y más cara comida del menú. Un equipo de meseros surge de la cocina y comienza a llenar la mesa con los platillos más deliciosos que usted se pueda imaginar. Pero tan pronto como concluye el desfile culinario, el anfitrión se pone en pie de pronto y le dice al dueño: «Mire, yo pago por la comida, pero nadie quiere comer esto. Esto no es lo que queríamos», y se van.

Con un banquete preparado y pagado sin nadie que la disfrute, el dueño mira en dirección suya y se dirige hacia la mesa abandonada. Sonríe al anunciar: «No hay nadie más en el restaurante y estamos a punto de cerrar. Si no les importa comer con algunos de los camareros, el equipo de meseros y yo, pueden tener lo que el otro grupo ha rechazado». Todavía no había terminado de hablar, y sus pies ya están debajo de esa otra mesa y todo el mundo está hincando el diente.

Ahora imagine que los del otro grupo a mitad de camino se detienen y se dicen: «¡Esperen! ¿Qué estábamos pensando? Tenemos hambre… ¡regresemos!» Pero cuando llegan, las puertas están cerradas y ustedes están disfrutando el primer platillo de aquel banquete de cinco tiempos. Y allí están ellos en pie, con las narices pegadas a la ventana, observándolo a usted, a sus amigos, y a los empleados disfrutar lo que habría sido el festín *de ellos*.

«Celosos» no es la mejor traducción del griego de Pablo. El verbo que escoge significa «dar envidia». El grupo que está fuera del restaurante ciertamente lo envidia a usted y a sus amigos, pero la envidia no llenará sus estómagos. La envidia de la comida (están bien hambrientos) los impulsará a hacer algo al respecto.

Ese es el mayor deseo de Pablo. Aunque ha dedicado su vida a proclamar el evangelio a los gentiles, anhela que sus hermanos judíos sientan envidia de la justicia que se recibe por gracia a través de la fe en Jesucristo. En el presente, están celosos sin conocimiento (10:2), pero no será así siempre. Cuando se levante esta ceguera, cuando termine esta situación temporal de haber sido hechos a un lado, los hijos hebreos de Abraham estarán en su tierra bajo su propia bandera, exaltando al Mesías, quien reinará como Rey de reyes y Señor de señores. Jesucristo será coronado como líder supremo del mundo en la ciudad de Jerusalén, donde regirá los asuntos de cada país. El conocimiento del Señor inundará la tierra. La justicia de Dios eclipsará las demás influencias. Se levantarán las maldiciones. El delito, la pobreza, la polución, la enfermedad y la guerra se convertirán en un recuerdo lejano; los problemas ecológicos y sociológicos serán algo del pasado. Satanás y sus demonios estarán atados y encerrados.

Este es el futuro de Israel. Este es el cumplimiento de las promesas del pacto, no una estrecha franja de tierra concedida a ellos por un racimo de diplomáticos. Esto es lo que deben esperar como pueblo. ¡Victoria! ¡Abundancia! ¡Bendición más allá de todo discernimiento! «Dios no ha rechazado a su pueblo, ¡De ninguna manera!» (11:1) «¿Acaso [los judíos] tropezaron para no levantarse? ¡De ninguna manera!» (11:11). ¡Que nunca tal cosa ocurra!

Aplicación

El Dios de las causas desesperadas y las circunstancias imposibles

El Señor escogió a los descendientes hebreos de Abraham para que fuera su pueblo. Hizo la incondicional promesa de darles una vasta franja de tierra entre el mar Mediterráneo y el río Éufrates, limitada al sur por Egipto y que se extendía tan al norte como Asiria (Génesis 13:14–15; 15:18; Deuteronomio 1:7-8; Josué 1:4). Prometió bendecir al pueblo hebreo y luego bendecir a todo el mundo a través de ellos.

Pero se rebelaron. Los judíos rechazaron el pacto de Dios a favor de una religión hecha por el hombre. En consecuencia, el rechazo de los judíos pareció poner en peligro el plan de Dios. ¿Cómo puede un Dios justo recompensar el pecado bendiciendo a un pueblo injusto? Pero si no cumplía sus promesas, no podían llamarlo justo.

Algunos han tratado de resolver este aparente enigma sugiriendo que el cuerpo de creyentes (también conocido como «la iglesia») ha sustituido a la nación de Israel y ahora se levanta para heredar las bendiciones del pacto de Abraham. En otras palabras, los «descendientes espirituales de Abraham» recibirán las bendiciones del pacto en lugar de los descendientes físicos de Abraham. Para respaldar esto, no se puede interpretar la Biblia de una manera literal. Por lo menos, el lector tiene que sustituir mentalmente «iglesia» donde dice «Israel». Entonces, interpretar el libro de Apocalipsis (para no mencionar otras secciones de la Escritura) se convierte en algo casi imposible.

Pablo ofrece otra forma más sensata. Primero, él rechaza la noción de que la mayoría de los judíos rebeldes representan al verdadero Israel (11:1–6). A diferencia de una democracia en la cual un voto mayoritario define a la nación, la voluntad de Dios es lo que define a la teocracia. Los que se rebelan —aun si pueden decir que son más numerosos— no son el verdadero Israel. Dios llama «remanente» a la minoría fiel.

Segundo, Dios no ha olvidado ni abandonado a su pueblo del pacto. Estos solo han sido puestos a un lado de momento. Los judíos no han sido castigados; están bajo disciplina (11:7–14). Y en alguna fecha futura, el remanente se levantará y tomará posesión de todo lo que Dios ha prometido a Israel.

La explicación de Pablo hace resaltar dos principios que se aplican a todos, no solo a los descendientes de Abraham:

1. *A diferencia de la humanidad, Dios hace su mejor obra a través de un remanente, una minoría fiel.* La Biblia está llena de ejemplos sobre cómo Dios deliberadamente pone las circunstancias en su contra a fin de reconfortar a su pueblo. Condujo a los israelitas de Egipto a través de un desierto donde no podía encontrarse agua, solo para darles agua milagrosamente (Éxodo 17:1–7). Pidió a Gedeón que redujera su ejército a una fuerza de trescientos hombres, para hacer huir a un masivo ejército enemigo (Jueces 7:19–25). En el enfrentamiento de Elías con los 450 profetas de Baal, instruyó al profeta que echara agua sobre el altar hasta que el sacrificio estuviera empapado, el agua se deslizara por las piedras, y se quedara en la zanja. Mientras Baal, el dios falso del relámpago y el trueno, no pudo generar ni siquiera una chispa, fuego del cielo consumió el sacrificio de Elías, el agua, el altar, y una buena porción del suelo (1 Reyes 18:25–38).

Usted puede encontrarse enfrentando una situación imposible, una causa desesperanzadora. Las probabilidades en su contra pueden ser humanamente abrumadoras. Además, usted puede preguntarse: «¿En qué me equivoqué? ¿Qué hice para echarme esto encima?» La respuesta lo más probable es que sea: «¡Nada!» El mundo puede haberse conspirado en contra suya —como Jesús previno según Juan 15:18–19— solo para darle una oportunidad a Dios de demostrar su deseo de bendecirlo.

Usted puede estar en un tiempo de espera ahora, sufriendo una temporada improductiva, incapaz de lograr nada. Puede sentirse como si lo hubieran mandado a la banca en el juego de la vida, hecho a un lado, abandonado. O quizás se encuentre enfrentándose solo a una injusta mayoría. Dios todavía se deleita en realizar el bien a través de un remanente fiel. Manténgase firme en lo que sabe que es lo correcto.

2. *A diferencia de la humanidad, Dios siempre cumple sus promesas.* La nuestra es una generación deshonesta. En muy pocos se puede confiar. Los votos nupciales se rompen. Los contratos no significan nada. Los tribunales están sobrecargados con infinitas promesas por resolver. Las oficinas de consejería tratan de componer corazones rotos por promesas rotas. Cada vez se hace más difícil encontrar hombres y mujeres de integridad. No obstante, Dios nunca dejará de cumplir sus promesas. Él cumplirá las promesas que hizo a los judíos y cumplirá las que nos hizo a nosotros.

Mi madre tenía el hábito maravilloso de compilar «Libros de Promesas» escritos a mano por personas que pasaron por circunstancias difíciles. Cuando encontraba a alguien afligido por la pérdida de un familiar, o luchando por sobrevivir tras un divorcio, o batallando contra la pobreza, o tratando de salir de una depresión, preparaba un pequeño cuaderno con versículos de la Biblia cuidadosamente impresos que contenían las promesas de Dios. Qué maravilloso regalo para obsequiarlo a alguien necesitado de aliento. Qué maravilloso regalo si usted enfrenta una causa desesperada o lo aplastan circunstancias difíciles de vencer.

Déjeme alentarlo también a ser cuidadoso con la palabra «promesa», especialmente con sus hijos. Haga que la palabra «promesa» sea un término precioso y raro en su vocabulario casero, que se pronuncia solo como un compromiso sagrado para convertir en hechos sus palabras. Decida enseñar a sus hijos que se puede confiar en que Dios cumple sus promesas cumpliendo fielmente las suyas.

Ética hortícola (Romanos 11:15-29)

¹⁵ Pues si el haberlos rechazado dio como resultado la reconciliación entre Dios y el mundo, ¿no será su restitución una vuelta a la vida? ¹⁶ Si se consagra la parte de la masa que se ofrece como primicias, también se consagra toda la masa; si la raíz es santa, también lo son las ramas. ¹⁷ Ahora bien, es verdad que algunas de las ramas han sido desgajadas, y que tú, siendo de olivo silvestre, has sido injertado entre las otras ramas. Ahora participas de la savia nutritiva de la raíz del olivo. ¹⁸ Sin embargo, no te vayas a creer mejor que las ramas originales. Y si te jactas de ello, ten en cuenta que no eres tú quien nutre a la raíz, sino que es la raíz la que te nutre a ti. ¹⁹ Tal vez dirás: «Desgajaron unas ramas para que yo fuera injertado». ²⁰ De acuerdo. Pero ellas fueron desgajadas por su falta de fe, y tú por la fe te mantienes firme. Así que no seas arrogante sino temeroso; ²¹ porque si Dios no tuvo miramientos con las ramas originales, tampoco los tendrá contigo.
²² Por tanto, considera la bondad y la severidad de Dios: severidad hacia los que cayeron y bondad hacia ti. Pero si no te mantienes en su bondad, tú también serás desgajado. ²³ Y si ellos dejan de ser incrédulos, serán injertados, porque Dios tiene poder para injertarlos de nuevo. ²⁴ Después de todo, si tú fuiste cortado de un olivo silvestre, al que por naturaleza pertenecías, y contra tu condición natural fuiste injertado en un olivo cultivado, ¡con cuánta mayor facilidad las ramas naturales de ese olivo serán injertadas de nuevo en él!
²⁵ Hermanos, quiero que entiendan este misterio para que no se vuelvan presuntuosos. Parte de Israel se ha endurecido, y así permanecerá hasta que haya entrado la totalidad de los gentiles. ²⁶ De esta manera todo Israel será salvo, como está escrito:

«El redentor vendrá de Sión
y apartará de Jacob la impiedad.
²⁷ Y éste será mi pacto con ellos
cuando perdone sus pecados».

²⁸ Con respecto al evangelio, los israelitas son enemigos de Dios para bien de ustedes; pero si tomamos en cuenta la elección, son amados de Dios por causa de los patriarcas, ²⁹ porque las dádivas de Dios son irrevocables, como lo es también su llamamiento.

He conocido unos cuantos privilegiados que siguen siendo humildes pese a su poder, belleza, riqueza, posición o popularidad. Son una pequeña minoría. La mayoría son insufriblemente engreídos. Calladamente presumidos tras la amable fachada que llevan puesta por cortesía. Y, créalo o no, muchos profesan ser cristianos. Los pocos humildes que de alguna manera permanecen inafectados por su estatus privilegiado parecen tener dos cosas en común: un doloroso pasado y una estrecha conexión con esa historia.

He tenido el privilegio de llegar a conocer a algunos de los hombres más poderosos entre los militares de Estados Unidos, y noto que su humildad existe en proporción directa con el número de cicatrices en sus mentes y cuerpos. Un hombre que manda a cientos de sus compañeros soldados, apenas puede sostener su cuchara; las torturas que sufrió como prisionero de guerra le dejaron los sus dedos parecidos a los limpiadores de una pipa torcida. Pero, ahora que ya no está en uniforme, uno puede confundirlo con un vendedor de zapatos o un contable.

He conocido a unas cuantas personas increíblemente acaudaladas cuyos pies se mantienen firmes sobre la tierra. Hacen hincapié en rodearse de recordatorios de lo que es la vida en este mundo. No solo viven en realidad muy por debajo de sus medios, sino que se separan del ámbito de los ricos para codearse con personas ordinarias y ayudar a gente en necesidad.

He notado una tendencia similar entre cristianos espiritualmente maduros. Donde el dolor los ha purgado del orgullo, una preclara memoria de dónde vinieron los mantiene actuando con modestia y gracia genuinas. Por contraste, la falta de pruebas difíciles o una memoria corta casi siempre produce un espíritu de superioridad y una actitud crítica. De veras, encuentro pocas cosas más repulsivas que un cristiano arrogante.

Habiéndole asegurado a los creyentes gentiles su lugar en la familia de Dios como hijos adoptivos, y habiendo descrito la puesta a un lado temporal de los judíos, Pablo reconoce el potencial de un nuevo tipo de peligro. Los gentiles disfrutan ahora un lugar de honor en el gran plan de redención del Señor para redimir su creación, un privilegio que una vez disfrutaron los judíos. Por lo tanto, Pablo necesita dar a sus lectores gentiles una buena dosis de humildad para que no se conviertan en presumidos y arrogantes.

Después de casi dos décadas de predicar a judíos y gentiles en ciudades a lo largo del imperio oriental, el apóstol había dominado el arte de la ilustración. Para ayudar a los creyentes gentiles a comprender su lugar en el plan de Dios, dibuja una imagen que todos los habitantes del mundo mediterráneo podrían apreciar: el cultivo de olivos. Por desdicha, la mayoría de la gente hoy nunca ha estado en una granja, mucho menos en una con un soto de olivos. Así que, déjeme enunciar el argumento primario de Pablo al comienzo y entonces relacionar tres declaraciones de apoyo basadas sobre su lección de ética hortícola.

Lo que ahora disfrutan los cristianos gentiles estuvo una vez reservado a los judíos, y este será el lugar de honor de los judíos de nuevo en el futuro.

Los judíos son ahora disciplinados, pero esto es temporal. Pablo ya ha explicado esto en detalle; su ilustración solo reafirma el hecho como la base de esta lección.

Los gentiles disfrutan ahora de un lugar de honor, pero no deben volverse presumidos. Este honor no se recibe por méritos, sino como un don de la gracia. Además, el arreglo es temporal.

El Señor trabaja ahora con judíos y gentiles, pero su plan es inescrutable. Aunque podemos observar el desarrollo del plan del Señor, no es posible comprender cómo y por qué hace Dios lo que hace.

— 11:15 —

Pablo ha reconocido que lo temporal puesta a un lado de los judíos en el plan redentor de Dios fue beneficiosa para los gentiles. Pero eso no quiere decir que es la ideal. Si Dios puede utilizar la desobediencia de los judíos para su provecho, ¿cuán mayor beneficio representará para el mundo su obediencia? Los judíos son como un miembro de la familia que ha muerto en un accidente. Los miembros sobrevivientes pueden superar y aun crecer espiritualmente a partir de la pérdida, ¡pero qué maravilloso sería si el fallecido pudiera resucitar y retornar a la familia!

Esta es la forma en que Pablo encuentra algo bueno en medio de su congoja. Cambiaría su salvación por ver salvos a sus semejantes judíos. De manera que solo podemos imaginar cuán doloroso tiene que haber sido para el apóstol escuchar a los cristianos gentiles denigrar a los judíos por rechazar a Cristo. Aunque no tenemos una evidencia directa de conflictos entre judíos y gentiles dentro de las

Hace mucho tiempo los agricultores aprendieron a injertar ramas débiles que daban fruto en el tronco resistente de olivos silvestres. Sin embargo, Pablo tomó la imagen y la utilizó para ilustrar las maravillas de la gracia. Las ramas silvestres, que no dan fruto y por consiguiente son inútiles para el agricultor, adquieren el don de la vida al ser injertadas en el tronco cultivado del plan redentor de Dios.

Ética hortícola (Romanos 11:15–29)

iglesias cristianas, la Biblia implica que ya era un problema (Hechos 15:1–5; Gálatas 2:11–14; Efesios 2:11–22). Aun más, la persecución de los cristianos por los judíos en sinagogas locales debe haber inspirado resentimiento hacia los judíos, tanto salvos como endurecidos. Pablo, pues, busca darle una perspectiva eterna a nuestras observaciones actuales.

— 11:16 —

Antes de presentar la imagen de su primera ilustración, Pablo enseguida alude a una costumbre judía basada en Números 15:17–21. Cuando Israel entró en la Tierra Prometida, el Señor los instruyó a observar un ritual que tenía que ver con las «primeros frutos». Después de laborar una temporada, un agricultor hebreo esperaba impaciente la primera señal del producto porque este indicaba la calidad que podría esperar del resto de la cosecha. Al ofrecer una muestra de las «primicias», le decía a Dios: «Esto se debe a tu provisión; por lo tanto, te doy gracias y lo dedico a tu uso y a tu gloria». Todo lo que seguía, era igualmente dedicado a Dios, mientras crecía de la tierra.

Este mismo principio se aplicaba a cualquier otra provisión como un constante recordatorio de que Dios es la fuente de todas las cosas buenas. Cuando una mujer preparaba una hornada, ponía a un lado una pequeña muestra para dar a los sacerdotes. Como lo primero de la cosecha, esta muestra de las «primicias» representaba toda la hornada. De manera similar, Abraham fue el primer fruto de un pueblo apartado para el uso y la gloria de Dios; por lo tanto, sus descendientes no están menos apartados. La relación entre los judíos actuales y su Dios no es menos especial que la relación que disfrutó Abraham.

— 11:17–18 —

Pablo vuelve rápidamente a su primera ilustración que abarca el cultivo de olivos y la misteriosa práctica del injerto. Los agricultores antiguos descubrieron que las raíces y ramas de los olivos silvestres podían resistir condiciones duras, tales como el viento y la sequía, mientras que los árboles cultivados no resultaban tan exitosos. Por eso, combinaron los mejores elementos de ambos: el fuerte sistema de raíces del árbol silvestre y los deliciosos frutos del árbol cultivado. La ilustración de Pablo, sin embargo, le da a la imagen un giro sorpresivo. En su ejemplo, las ramas silvestres sacan el alimento de la savia y las raíces de una variedad cultivada.

Este es un cuadro dramático de la gracia. Las ramas de olivos silvestres solo pueden producir pequeñas protuberancias duras del fruto que dan muy poco aceite. En otras palabras, ¡las ramas silvestres son improductivas! No obstante en un extraño giro del buen sentido hortícola, algunas ramas cultivadas fueron desgajadas porque *no* llevaban fruto a fin de hacer lugar para las ramas silvestres que *no pueden* producir nada útil. Las ramas silvestres reciben ahora el alimento vital de la variedad cultivada; así y todo, el injerto no cambia la naturaleza de la rama.

De hecho, es posible injertar una rama de un árbol de pera en el tronco de un árbol de manzana; sin embargo, esto no cambia la naturaleza de la rama de pera. No comienza a producir manzanas solo porque reciba el alimento del tronco de un árbol de manzana. De acuerdo con su naturaleza, la rama produce peras. De manera similar, las ramas silvestres de olivo no pueden producir mejores frutas porque hayan sido injertadas en un árbol cultivado. De hecho, las ramas silvestres reciben savia pero no tienen la capacidad de dar nada a cambio. ¡Qué estúpido sería que se sintieran superiores a otras, especialmente a las ramas que fueron removidas!

Tenemos que ser cuidadosos de no llevar demasiado lejos la ilustración de Pablo. Esto no es hablar sobre la salvación. Tampoco el «fruto» se refiere al fruto del Espíritu ni al fruto de las buenas obras. Lo que Pablo dice es que Dios no echó a un lado a los judíos e incluyó a los gentiles en su plan redentor porque alguno sea mejor o más útil que el otro. Dios injertó a los gentiles en su plan para mostrarles gracia. Y porque esta gracia es siempre inmerecida, ninguno puede mirar al otro despectivamente.

— 11:19-24 —

Pablo anticipa una conclusión razonable de parte de los gentiles. «Desgajaron unas ramas para que yo fuera injertado», infiere la actitud que dice: «Soy más deseable que ellos. ¿No es esa la naturaleza de la elección bíblica, la preferencia? Sí, pero no sobre la base del mérito, sino por medio de la gracia a través de la fe. Además, ¡la elección no es de ninguna manera permanente! Dios puede con la misma facilidad revertir el proceso y obtener ramas que produzcan fruto (11:20–24).

En la superficie, esto parece socavar todo lo que Pablo ha escrito sobre la seguridad eterna. Él ha dicho que nada puede separar a los creyentes del amor de Dios y que la victoria de estos está asegurada (8:28–39). Aun más, escribió toda esta sección para ratificar la fidelidad de Dios en el cuidado de su pueblo escogido, judíos y gentiles. Por lo tanto, tenemos que ser claros sobre la imagen y lo que esta representa.

La «nutritiva raíz del olivo» (11:17) es una imagen metafórica de la *posición privilegiada* de Abraham en el plan redentor de Dios para el mundo, no de la salvación del patriarca. Los judíos heredan las promesas del pacto del padre Abraham, no la justicia. Pablo argumenta cuidadosamente contra la noción de que cualquiera puede salvarse en virtud de su ADN o el rito de la circuncisión u obediencia a la Ley o cualquier otro medio aparte de la gracia, la cual se recibe a través de la fe. Aun más, esta posición privilegiada se concede a un pueblo como un todo. Podemos disfrutar del favor de Dios como individuos por nuestra participación, pero el injerto es de una raza entera. (11:20–23).

Pablo es cuidadoso al mantener una distinción entre la iglesia e Israel en su ilustración. (No ha olvidado su ilustración de los injertos y las ramas desgajadas). En otro pasaje, enfatizó la unidad de judíos y cristianos gentiles, declarando que eran una nueva y única especie de humanidad diferente a cualquiera anterior (Efesios 2:13–16). Algunos han concluido que Dios puso a un lado a la nación literal de Israel y la reemplazó con un «Israel espiritual» llamado la iglesia, la cual está conformada por esta nueva raza de la humanidad. Aun más, afirman que la iglesia heredará las promesas del pacto de Abraham, no literalmente sino «espiritualmente», lo cual puede querer decir casi cualquier cosa que uno quiera entender.

Ética hortícola (Romanos 11:15-29)

De nuevo, tenemos una paradoja en nuestras manos. Pablo enfatiza la unidad de judíos y cristianos, pero también enfatiza sus distinciones en términos de cómo Dios llevará a cabo su plan redentor para el mundo (11:22–24). No puedo explicar cómo ambos pueden ser ciertos, pero tomo la evidencia por su valor nominal y afirmo cada verdad sin descuidar la otra. Dios prometió tierra a los judíos (bienes raíces de verdad en gran cantidad). Les prometió un Rey-Mesías conquistador, quien reinará sobre un gobierno mundial literal por no menos de mil años. Los gentiles pueden compartir esas bendiciones y disfrutar ese privilegio junto a Israel, pero no se ha prometido esto a los gentiles como pueblo. A los judíos sí.

No obstante, el propósito de Pablo aquí no es revelar el futuro sino hablar proféticamente contra la actitud anticristiana y pecaminosa del antisemitismo.

— 11:25-29 —

Otra vez, el propósito declarado de Pablo en este pasaje es prevenir a los gentiles de no volverse «presuntuosos» (11:25). Para prevenir su engreimiento, les revela un misterio, un dato espiritual previamente desconocido; en este caso, es un vistazo del futuro desde la perspectiva de Dios. Lo que ha ocurrido es un «endurecimiento parcial» de Israel, lo que significa que algunos israelitas, no todos, han sido endurecidos. De todos modos, la actual era de disciplina temporal terminará cuando «haya entrado la totalidad de los gentiles».

Durante su ministerio terrenal, Jesús reveló que el plan de Dios incluía conducir a los gentiles electos al redil (Lucas 21:24; Juan 10:16). Es de extrema importancia notar la palabra «totalidad». Dios conoce la cantidad y la identidad de cada uno de los gentiles y ha orquestado eventos mundiales alrededor del tiempo de su creencia. ¿Cuánto durará eso? Solo el Padre lo sabe (Mateo 34:36). Todo lo que sabemos es que desde los días del exilio de Israel, los judíos han vivido bajo el talón del mundo gentil, lo cual es parte de la severa misericordia de Dios para con su pueblo (11:22). Pero, cuando llegue el momento, cuando todos los gentiles elegidos hayan entrado al rebaño, se cerrarán las puertas y el endurecimiento parcial de Israel terminará.

Cuando la era de los gentiles haya terminado, «todo Israel será salvo» (11:26). Esto puede incluir o no a la mayoría de los judíos. Recuerde, «todo Israel» o el verdadero Israel no está determinado por los números, sino por la fe. Por lo tanto, «todo Israel» y «la totalidad de los gentiles» representan la suma total de los elegidos de Dios. Cuando todos los individuos elegidos por Dios hayan creído, comenzará la próxima era. Pablo alude a esta era que viene citando de Isaías 59.

En esta canción profética, Isaías se lamenta de la penosa condición de Israel, en la cual no hay justicia ni rectitud. Y porque se supone que Israel sería el ejemplo de Dios de probidad para el resto del mundo, toda la creación está corrupta. Por otra parte, «no hay nadie que intervenga» (Isaías 59:16), nadie que arregle las cosas. De esa manera, el mismo Dios viste su armadura para invadir y conquistar este territorio hostil, para traer a los que hacen el mal a la justicia y redimir a «aquellos que se volvieran de la iniquidad en [Israel]». En ese tiempo futuro, Jesucristo vendrá a esta tierra, tomará el trono de Israel, y establecerá una nación que le sea obediente. Vendrá a la tierra como un torrente caudaloso que inundará todo el mundo con su justicia (Isaías 59:19). Aun más, pondrá en efecto la totalidad de las provisiones del nuevo pacto (Jeremías 31:31–34).

¡Esa nueva era será gloriosa! En ese tiempo, los hijos hebreos de Israel recibirán al fin *todas* las bendiciones de su pacto. Tendrán su Tierra Prometida… ¡toda! Tendrán su rey, no un rey en la mayoría de los casos bueno, y a veces injusto, sino un rey perfectamente justo y obediente. Se convertirán en el medio terrenal del justiciero gobierno de Dios sobre toda la tierra.

Tristemente, en el momento presente, la gran mayoría de los judíos son «enemigos del evangelio» en que, como pueblo, han rechazado la gracia (11:28). Pero en lugar de juzgarlos por su condición, nosotros los gentiles debemos primero estar agradecidos por las bendiciones que ahora disfrutamos por su cuenta. De hecho, debemos honrarlos por su futuro papel en el plan de Dios de redimir su creación.

Por último, tome nota en especial de la declaración con que Pablo concluye el asunto: «Las dádivas de Dios son irrevocables, como lo es también su llamamiento» (11:29). Este es un principio general que se aplica a todos los pueblos a través del tiempo. Es verdad para los creyentes individuales, ya sean judíos o gentiles (8:28–39), y es verdad para sus hijos escogidos, los hijos hebreos de Abraham.

Para resumir, déjeme relacionar dos hechos que podemos espigar de la lección de ética hortícola de Pablo:

Los judíos están ahora endurecidos, pero a fin de cuentas son bien amados. Cuando conozca a un judío que esté endurecido actualmente, recuerde cuando usted estaba todavía endurecido en su pecado. Igual que a usted, a quien Dios amó aun mientras era rebelde (5:8), él ama a ese hijo o hija del pacto. Recuerde también que ese individuo sigue siendo miembro de un pueblo amado. Como se solía decir en los soldados de la marina: «Salude el grado, no al hombre».

Somos honrados espiritualmente, pero moralmente indignos. Como pueblo, los gentiles no tenemos una herencia muy honrosa de qué enorgullecernos. No merecemos este lugar de honor, pero es nuestro. Por eso Pablo escribió a los cristianos de Éfeso: «Pero ahora en Cristo Jesús, a ustedes que antes estaban lejos, Dios los ha acercado mediante la sangre de Cristo» (Efesios 2:13). Cuando usted se encuentre a un judío, recuerde la ilustración de Pablo. Usted está injertado en su lugar de honor «contra tu condición natural» (Romanos 11:24) por la gracia. La posición privilegiada en el plan redentor de Dios para el mundo con justicia pertenece a los judíos.

Si hay alguien en el mundo que no debe ser presuntuoso ni arrogante es el cristiano gentil. No tenemos superioridad que alegar. Nuestra herencia es bárbara y pagana. Nuestros antepasados no se apartaron de la justicia de Dios porque nunca la conocieron. Hablando espiritualmente, nuestras raíces están podridas. Así que, a los que se creen superiores a los judíos o alardean de su posición privilegiada en el plan de Dios, les digo con el profeta Isaías: «Miren la roca de la que fueron tallados, la cantera de la que fueron extraídos» (Isaías 51:1). Ese es un ejercicio de humildad para los gentiles… y exactamente lo que necesitamos de vez en cuando.

Aplicación

A todo el que se le ha dado mucho [...]

Mientras Pablo sostenía el derecho de Dios a regir sobre a la humanidad y defendía el carácter de Dios, abordó una pregunta obvia: «¿Ha abandonado Dios a los judíos?» Su respuesta descansó sobre dos hechos puntuales:

1. Los verdaderos hijos de Abraham son la minoría fiel, no la mayoría rebelde.
2. Los verdaderos hijos de Abraham están sujetos a la disciplina de Dios, pero eso es temporal.

Entonces, ¿cómo el actual trato de Dios a Israel afecta a los creyentes gentiles? Rápidamente vienen a la mente varias implicaciones.

1. *Tenemos que rechazar una actitud petulante.* Mi esposa, Cynthia, y yo hemos tenido el privilegio de criar cuatro hijos. Cuando uno requería disciplina, con cuidado monitoreábamos las actitudes de los otros tres para estar seguros que no añadirían humillación al ya de por sí humillante evento. La lección de Pablo sobre el olivo (11:15–19) tiene un propósito similar. Que Dios discipline a los judíos no sugiere que su amor por ellos haya disminuido. Por el contrario, su castigo les demuestra amor paternal. Por lo tanto, Pablo alienta a los gentiles a reconocer su lugar provisional en la vanguardia del plan de Dios y evitar cualquiera insinuación de arrogancia.
2. *Debemos estimar a los judíos—creyentes y no creyentes—como hijos honorables.* Amo el fútbol americano y he disfrutado observando juegos de la escuela secundaria, la universidad y profesionales desde que tengo memoria. Y puedo recordar cuando varias veces sacaron del terreno a un jugador profesional estrella como resultado de una suspensión. Una seria violación ética requería disciplina, de forma que la liga le pedía que se ausentara varios juegos. Aunque lo habían contratado para la posición y poseía la destreza para jugar bien, el equipo no tenía otra alternativa que darle su posición a otro hombre. Aun cuando el reemplazo lo haga bien, sabe respetar al jugador cuya posición ocupa, porque solo cumple un papel provisorio.

    No quiero decir que mi ilustración sugiera que cualquier raza sea superior a otra, ni que Dios valore a uno más que a otro. El Señor es imparcial. No obstante, dio a los descendientes hebreos de Abraham un lugar de honor en su plan para redimir la humanidad. Este es un papel que merece respeto. En la actualidad, el cuerpo de creyentes, la «iglesia», ocupa esta valorada posición, pero somos sabios si continuamos honrando a aquellos que han sido temporalmente puestos a un lado.
3. *Tenemos que respetar el lugar de honor que ocupamos y cuidarlo bien.* Un lugar de honor en el plan redentor de Dios viene con un gran privilegio y una considerable responsabilidad. Por ejemplo, a los descendientes hebreos de Abraham se les dio tierra de una asombrosa

importancia estratégica. Cualquiera que viajara entre los tres grandes imperios —Egipto, Asiria, o Babilonia— tenía que pasar a través de la Tierra Prometida. Imagine el impacto sobre los viajeros, mercaderes y ejércitos paganos que pasaran a través de la tierra habitada por un pueblo obediente a Dios, quien a su vez lo bendecía y protegía. Imagine cómo habría cambiado el mundo ese testimonio.

Como hijos del nuevo pacto, poseemos el privilegio de mucho mayor valor que tierra o riqueza. Tenemos dentro la verdadera presencia y el poder del Dios Todopoderoso que vive, ¡un privilegio que los creyentes del Antiguo Testamento habrían encontrado asombroso! Tenemos la incondicional promesa de Dios de utilizar cada circunstancia —aun nuestras propias fallas éticas y morales— para transformarnos desde adentro y ejercitarnos para ser obedientes. Y se nos ha garantizado la victoria sobre el pecado y la muerte.

Jesús dijo: «A todo el que se le ha dado mucho, se le exigirá mucho; y al que se le ha confiado mucho, se le pedirá aun más» (Lucas 12:48). Tenemos la responsabilidad de administrar los privilegios que se nos han dado, no para que nos enseñoreemos de los demás sino para ser invitaciones vivas a recibir la gracia de Dios.

Algún día, con Cristo como su rey, Israel retornará a la primera línea del plan redentor de Dios, recibirá todas las bendiciones del pacto con Dios, y se convertirá en el medio a través del cual Dios bendice a todo el mundo.

¡Insondable, impenetrable y sin par! (Romanos 11:30–36)

30 De hecho, en otro tiempo ustedes fueron desobedientes a Dios; pero ahora, por la desobediencia de los israelitas, han sido objeto de su misericordia. 31 Así mismo, estos que han desobedecido recibirán misericordia ahora, como resultado de la misericordia de Dios hacia ustedes. 32 En fin, Dios ha sujetado a todos a la desobediencia, con el fin de tener misericordia de todos.

33 ¡Qué profundas son las riquezas de la sabiduría y del conocimiento de Dios!
¡Qué indescifrables sus juicios
e impenetrables sus caminos!
34 «¿Quién ha conocido la mente del Señor,
o quién ha sido su consejero?»
35 «¿Quién le ha dado primero a Dios,
para que luego Dios le pague?»
36 Porque todas las cosas proceden de él,
y existen por él y para él.
¡A él sea la gloria por siempre! Amén.

¡Insondable, impenetrable y sin par! (Romanos 11:30-36)

Las montañas del Himalaya se elevan de seis a casi nueve mil kilómetros sobre nivel del mar. Debido a esto, han sido el sueño de los alpinistas desde la primera vez que la humanidad pensó en escalar montañas. Sin embargo, nadie intentó escalarlas hasta 1920. Entre 1920 y 1953, once expediciones intentaron alcanzar la cima del pico montañoso más alto en el mundo, el monte Everest. Los primeros diez terminaron en fracaso y le costaron la vida a George Mallory y Andrew Irvine, a los que se divisó por última vez a unos 300 metros de la cima, y nunca más se les vio vivos.

Veintinueve años más tarde, Sir Edmond Hillary y su guía sherpa, Tenzing Norgay, respondieron al reto del Everest con la novena expedición británica y alcanzaron la cima el 29 de mayo de 1953. Por primera vez en la historia, un pie humano se posó sobre la cima del mundo, a 8.844 metros sobre el nivel del mar. Hasta dónde sé, nadie registró lo que él vio. Hillary explicó cómo él subió y por qué, pero nunca describió lo que vio ni cómo se sintió mientras observaba el mundo desde este pináculo. Sospecho que no tenía palabras para describirlo. ¿Quién las tendría?

Mil novecientos años antes, el apóstol Pablo se sentó en la antigua ciudad de Corinto y, con un estilete en la mano, escaló las alturas Himalaya de la teología. Mientras miramos cuesta abajo, vemos nuestra base de tres campamentos. Primero llegamos al Campamento Soberanía (9:1–33), donde descubrimos que el «plan de salvación» no tiene nada que ver con el individuo. El plan de salvación de Dios es su intención de recuperar su creación, purgarla del mal y restaurar su orden y propósito originales. Además, nos invita a unirnos a su plan.

Permítame ser claro. De acuerdo con la enseñanza de Pablo, Dios escogió quién sería salvo. No lo hizo solo en virtud de su presciencia, sino basado en su derecho soberano como Creador de todo y su carácter recto como su Juez. Pero lo hizo.

Continuamos nuestro ascenso hacia el siguiente punto del camino, el Campamento Responsabilidad. Aquí fue donde supimos que la soberanía de Dios no anula la responsabilidad de la persona, en su libre albedrío, de escoger creer o rechazar la invitación de Dios. El aire estaba notablemente enrarecido allí. Muchas personas regresaron en este punto, incapaces de tolerar la paradoja:

Dios rechaza a las personas rebeldes porque estas lo han rechazado a él (Mateo 10:33; 21:42–44; Juan 15:22–24; Romanos 1: 28–32).
Amamos a Dios porque él nos amó primero (Romanos 5:8; 8:28–30; 1 Juan 4:10).

Como almas valientes, continuamos hacia el tercer punto en el camino, el Campamento Humildad. Allí descubrimos que ni los judíos ni los gentiles pueden jactarse de su posición privilegiada en el plan redentor de Dios. Los judíos han sido temporalmente separados, una innoble consecuencia de la disciplina divina. Los gentiles injertados ahora reciben las bendiciones pero no pueden exhibir nada para justificar su presencia.

Ahora, habiéndonos desprendido de las cosas que no son esenciales, nos dirigimos a la gloriosa cima. Es triste, pero nuestros números han disminuido. Los pusilánimes ya se han dado de baja y han comenzado su descenso.

LA MAJESTAD DE DIOS (ROMANOS 9:1 — 11:36)

— 11:30-32 —

Pablo resume su enseñanza sobre la actual disposición de los judíos en el plan de Dios utilizando la palabra «misericordia» cuatro veces en tres versículos (11:30–32). El apóstol rara vez se repite, de manera que esto es notable. El término griego *eleos* se usaba en la traducción griega del Antiguo Testamento como traducción del término hebreo *chesed*. Y *chesed* describe la inexorable, inexplicable, sobrecogedora gracia de Dios para con el pueblo de su pacto. El término griego, así como el hebreo, está lleno de emoción, al referirse a la inclinación de Dios a aliviar nuestra miseria.

El apóstol usa otro grupo de palabras cuatro veces en el mismo espacio: *apeitheia*, que muchas versiones traducen «desobediencia». El significado literal es «la condición de ser no fácil de convencer»[40] u «obstinado». Él usa entonces estos dos términos en un juego de palabras para mostrar cómo usa Dios la desobediencia de un grupo como un medio para mostrar misericordia al otro.

30 En otro tiempo ustedes fueron desobedientes a Dios;	31 Así mismo, estos que han desobedecido,
Pero ahora […] han sido objeto de misericordia	Como resultado de la misericordia de Dios hacia ustedes
Dios ha sujetado a todos a la desobediencia,	Con el fin de tener misericordia de todos.

El Señor, a través de un serio acto de amor estricto, dijo en efecto a los judíos: «Basta ya. Ustedes han rechazado al Mesías aunque les advertí que me volvería a los gentiles. Por lo tanto, los he puesto a un lado». Entonces llamó al más endurecido de los judíos en Jerusalén, un celoso perseguidor de la iglesia llamado Saulo, a proclamar las buenas nuevas entre los gentiles. La misericordia mostrada a los gentiles se volvería ahora su medio de estimular el celo de los judíos para reclamar la promesa de la gracia divina.

Dios, en su inescrutable misericordia, ha utilizado la desobediencia de toda la humanidad para «callarnos» o capturarnos (11:32). El término griego es la misma palabra utilizada en Lucas 5:6 para describir una red de pesca que «recoge» a una gran cantidad de peces. La idea es que Dios nos rodea con nuestro pecado y, tirando de la red, la cierra para cortar cualquier medio de escape. ¿Por qué? Para darnos de su gracia.

Francamente, no comprendo su motivación. ¿Por qué un santo Dios iría tan lejos para mostrar una bondad no merecida a criaturas que no solo se han rebelado, sino que resisten su gracia? Eso es tan sin sentido como injertar ramas sin fruto en un árbol de olivo perfectamente saludable. Pero esa es la naturaleza de la gracia. No se puede explicar, sino solo recibir con gratitud como alguien que tiene gran necesidad.

— 11:33-35 —

Reflexionar sobre la indescifrable misericordia de Dios impulsa a Pablo a irrumpir en una doxología. Una gracia tan inexplicable solo puede venir de un Dios de una bondad infinitamente honda. Para alabar a su Creador, Pablo busca en su extenso vocabulario para encontrar las palabras correctas. Es como si estuviera engarzando perlas verbales en un magnífico collar de alabanza, seleccionando cada una cada vez con más cuidado: «¡Qué profundas son las riquezas de la sabiduría y del conocimiento de Dios! ¡Qué indescifrables sus juicios e impenetrables sus caminos! (Romanos 11:33).

Bathos significa «profundidad». Para el viajero del primer siglo, nada era más poderoso y profundo que el mar. Sus profundidades eran oscuras y misteriosas, y desafiaban a cualquiera a conocer sus secretos.

Ploutos significa «riqueza». Ligeramente basada en el verbo «fluir», con el sentido básico de «derramarse con bondad». La riqueza puede ser física, espiritual o moral. Por supuesto, con referencia a Dios, incluye las tres cosas.

Sofía y *gnosis* («sabiduría» y «conocimiento») representan la suma total de todo de lo que se pueda pensar. Hablan del conocimiento que tiene Dios de todas las cosas y de su capacidad de ordenar perfectamente todos los acontecimientos.

Anexicniastos significa «inescrutable». La raíz de la palabra es un verbo que significa «trazar», en el sentido de cazar un animal siguiendo su rastro. El juicio del Señor no se puede trazar a través de la lógica humana. Está más allá de nuestra capacidad de comprensión.

Anexicniastos es virtualmente idéntico en significado al término anterior, pero no se encuentra en ningún lugar fuera de la Biblia o de la literatura relacionada con la Biblia. Muchas versiones traducen el término como «impenetrable», tanto por cuestiones de estilo como para reflejar el término original de Pablo de «profundidad».

Pablo refuerza su adoración aludiendo a dos pasajes del Antiguo Testamento. El primero viene de Isaías 40:13, una selección curiosamente apropiada. En palabras de un comentarista: «En los capítulos 1—39 [de Isaías] se enfatiza el castigo del pecado; en los capítulos 40—66 se presentan la expiación del pecado y el resultante cambio en el pueblo y el sistema mundial"[41] Isaías marcó el cambio de énfasis del pecado de la humanidad a la inexplicable gracia de Dios al celebrar su soberanía y sabiduría, la cual Pablo parafrasea: «¿Quién puede medir el alcance del espíritu del Señor, o quién puede servirle de consejero?»

El segundo pasaje es una alusión a Job 41:11, donde el Señor desafía al desconcertado y sufriente patriarca: «¿Y quién tiene alguna cuenta que cobrarme? ¡Mío es todo lo que hay bajo los cielos!» Este reto divino viene al final de una larga búsqueda de respuestas por Job y sus amigos, una jornada que cuestionó la integridad, la sabiduría y la bondad de Dios. Entonces, como ahora, enfrentaron la tragedia con una singular pregunta en sus labios: ¿Por qué? Y durante meses, los así llamados amigos del hombre especularon sobre la naturaleza de Dios y dieron vueltas a una telaraña de vanas teologías. La mujer de Job le aconsejó que abandonara la vida y pusiera fin a su propia miseria. Al final, el hombre demandó enérgicamente su día en la corte, donde se sentía seguro que sería vindicado y tomaría al Señor por sorpresa.

Tras largo tiempo —no sabemos cuanto— el Señor rompió su silencio al confrontar al hombre «recto e intachable, que temía a Dios y vivía apartado del mal» (Job 1:1). No obstante, Dios no llegó con respuestas. Job nunca supo del desafío de Satanás en el cielo. Job nunca recibió una explicación. Nunca se le presentó una lista de motivos lógicos de que su tragedia era en última instancia parte del buen plan de Dios para él y todos los afectados. En su lugar, se encuentra con el propio Dios, y eso satisface su necesidad. Ver la insondable misericordia de Dios y atisbar sus impenetrables caminos pone fin a la desesperada búsqueda de respuestas del hombre. Este se pone la mano sobre la boca y se arrepiente de sus tontos exabruptos. Y, en ese punto, adora.

Pablo se puede identificar con Job. El apóstol ha hecho todo lo que ha podido para revelar el plan de Dios y explicar sus métodos como el Espíritu Santo le indicó de manera sobrenatural. Sin embargo, a la postre sus esfuerzos para explicar cosas que exceden las limitaciones de la capacidad humana se disuelven en el silencio. Y se detiene en silencio delante de la magnificencia de Dios y se maravilla de lo sofisticado de sus caminos.

Mientras reflexionaba sobre la doxología de Pablo, se me ocurrió que las únicas palabras remotamente apropiadas para describir a Dios son palabras que comienzan con «in». Insondable. Impenetrable. Palabras que realzan su carácter absolutamente «otro». Los pensamientos de A. W. Tozer son especialmente útiles aquí:

> Decir que Dios es infinito es decir que es *inconmensurable*. La medida es la manera que tienen las cosas creadas de dar cuenta de sí mismas. Describe las limitaciones, las imperfecciones, y no se pueden aplicar a Dios. El peso describe la atracción gravitacional que ejerce la tierra sobre los cuerpos materiales; la distancia describe los intervalos de los cuerpos en el espacio; el largo significa extensión en el espacio, y hay otras medidas conocidas como las de líquidos, energía, sonido, luz y diversas otras cosas. También tratamos de medir cantidades abstractas, y hablar de una fe grande o pequeña, una inteligencia elevada o baja, talentos mayores o pobres.
>
> ¿No es obvio que todo esto no se aplica y no puede aplicarse a Dios? Esta es la forma como vemos la obra de sus manos, pero no la manera como lo vemos a él. Él está por encima de todo esto, fuera de ello, más allá de ello. Nuestros conceptos de medida abarcan montañas y hombres, átomos y estrellas, gravedad y energía, números, velocidad, pero nunca a Dios… Nada en Dios es menos o más, mayor o menor. Él es lo que es en sí mismo, sin una palabra o un pensamiento que lo califique. Él es simplemente Dios[42].

— 11:36 —

Habiendo agotado todos los pensamientos y habiendo considerado todas las explicaciones racionales sobre el tema del plan de Dios para los judíos, la jornada de Pablo termina con el principio:

- de él: Dios es la fuente de todo cuanto existe.
- por él: Dios sostiene todas las cosas y le da a todo propósito y movimiento.
- para él: Dios es el propósito por el cual todas las cosas existen.

Todas las cosas. ¡Piense en ello! Eso incluye su actual situación. Eso incluye lo que no se puede imaginar. Eso incluye la pérdida de su empleo. Eso incluye su promoción. Eso incluye la bendición de su familia. Eso incluye la pérdida de un ser querido. Eso incluye la prueba desconcertante que está soportando. Eso incluye *cualquier* situación en la que acaso se encuentre, por penosa o placentera que pueda ser. Todas las cosas.

Dios no se oculta. Tampoco oculta su voluntad. Si no vemos, es porque estamos buscando algo que él no es. Si no comprendemos, es porque tenemos expectativas que él decide no satisfacer. Pero esas limitaciones son nuestras, no suyas.

Pablo nos revela todo lo que Dios le ha revelado a él. No tenemos motivos para sospechar que se ha reservado algo. A pesar de todo, muchas preguntas siguen sin respuesta. ¿Cómo es que el reino de Dios ya está aquí, pero no completamente? ¿Por qué permite Dios que el mal continúe mientras sus elegidos sufren atroces y crueles persecuciones? ¿En qué momento futuro cumplirá él todas las promesas de su pacto a Israel? ¿Cómo algunos se regocijan en nuestras aflicciones? Etcétera, etcétera... Como usted, tengo una lista de preguntas que me gustaría hacerle al Señor cuando llegue al cielo. Pero, como Job y Pablo, sospecho que no habrá mucho que preguntar cuando lo vea a él. En ese momento, todo tendrá sentido.

Así que, ¿por qué preocuparme de mi lista de preguntas sin respuesta? ¿Por qué no adorarlo aquí y ahora, de este lado de la eternidad, y permitir que sea suficiente su insondable misericordia, su impenetrable sabiduría y su carácter sin par? ¿No es este un sacrificio razonable, considerando que él es Dios y yo no?

NOTAS: La Majestad de Dios (Romanos 9:1—11:36)

36. Walter Chalmers Smith, «Immortal, Invisible», 1867 (de dominio público).
37. H. Leon McBeth, *The Baptist Heritage,* Broadman, Nashville, 1987, 185.
38. J.I. Packer, *Evangelism and the Sovereignty of God,* InterVarsity Press, Downers Grove, IL, 1991, 35.
39. La ciudad de Gabaón presentó una oferta fraudulenta y Josué no consultó al Señor. De todos modos, Israel cumplió su parte del trato. Quizá si Gabaón se hubiera acercado a Israel antes que Dios dictara sentencia contra Canaán, este hubiera estado de acuerdo con la oferta. Mi propósito ahora es mostrar lo que pudiera haber sido.
40. W.E. Vine, Merrill F. Unger, and William White, *Vine's Complete Expository Dictionary of Old and New Testament Words,* Nelson, Nashville, TN, 1996. 2:173.
41. John F. Walvoord, Roy B. Zuck, y el Dallas Theological Seminary, *The Bible Knowledge Commentary: An Exposition of the Scriptures,* Wheaton: Victor, 1983, 1:1032.
42. A.W. Tozer, *The Knowledge of the Holy,* San Francisco: HarperSanFrancisco, 1961, 45–46.

LA JUSTICIA DE DIOS (ROMANOS 12:1 – 15:13)

El plan redentor de Dios no es una simple invitación a escapar de las eternas consecuencias del pecado. Es una invasión divina del planeta tierra que sacará a Satanás de su asiento de poder y reemplazará su sistema mundial con la «justicia de Dios». Sería apropiado llamar esta ocupación «hostil», no debido a que el Señor sea malicioso, sino a que Satanás odia a Dios, su orden mundial se opone al que Dios creó originalmente, y la mayoría de las personas sobre la tierra permanecen endurecidas en su rebelión contra el Creador. El mal considera la bondad divina hostil. Aun más, Daniel, Ezequiel, Juan y aun Jesús describieron ese futuro «día del Señor» en términos alarmantemente violentos. De pronto, y en cualquier momento, Cristo rasgará el velo entre el ámbito celestial y su creación caída. En ese momento, el universo entero será purgado de todo mal y transformado. Todas las cosas desde los átomos a las galaxias serán restauradas.

Mientras que «el día del Señor» es todavía futuro, en algunos aspectos ya está aquí en el corazón de sus seguidores. Por lo tanto, las buenas nuevas de salvación son más que una escalera de incendios personal. El evangelio es la invitación de Dios a toda la humanidad a unirse a él en esta transformación de la creación, de volverse sus primeros ejemplos de criaturas regeneradas. Se nos invita a convertirnos en agentes de su poder y embajadores de su voluntad, a trabajar bajo su dirección y en apoyo de este final inevitable.

Antes, Pablo describió el evangelio como el medio a través del cual «la justicia de Dios se revela por fe y para fe» (1:17 RVR). Yo vislumbro esto como gracia que desciende verticalmente desde el cielo. Entonces Pablo citó al profeta Habacuc: «El justo vivirá por la fe». Eso es gracia que fluye horizontalmente hacia otros sobre la tierra. Si tuviéramos suficiente discernimiento para darnos cuenta, habríamos reconocido que Pablo bosquejaba allí la estructura de su carta, la cual sigue el propósito del evangelio. La gracia fluye hacia abajo desde el cielo y entonces hacia otros afuera. Los primeros once capítulos revelan a Dios y su plan justiciero, de gracia vertical:

Nos confrontó la temible ira de Dios. (1:18—3:20)
Conocimos la salvación por la gracia solamente, a través de la fe solamente, en Cristo solamente. (3:21—5:21)
Encontramos la fidelidad de Dios. (6:1—8:39)
Contemplamos los impenetrables y soberanos caminos de Dios. (9:1—11:36)

Entonces con las palabras «Por lo tanto, les ruego [...]» Pablo se vuelve de su orientación vertical a la horizontal. Los creyentes —como un cuerpo y como individuos— están en la intersección de la gracia celestial de Dios y la gracia de Dios para el mundo. Y esto pone al creyente en un tipo de crisis. ¿Qué hará con la gracia celestial que le ha sido dada libremente? ¿La acumulará para ganancia personal? ¿Se convertirá en avaro con el agua viva? Esperemos que no. En mi experiencia la gracia se estanca a menos que fluya con libertad.

La gracia del Señor derramada dentro de cada vida es para todos, para el mundo entero. Una vez que llene su vaso escogido, debe rebosar e inundar todo lo que esté alrededor de esa persona. Por esto Dios deja a sus amados hijos e hijas en el mundo, para darle al mundo una dimensión horizontal a su gracia. No obstante, los creyentes no pueden llevar a cabo esta función vital por su cuenta ni a la manera de su vida anterior. Algo tiene que cambiar.

Un compromiso urgente (Romanos 12:1-8)

> ¹ Por lo tanto, hermanos, tomando en cuenta la misericordia de Dios, les ruego que cada uno de ustedes, en adoración espiritual, ofrezca su cuerpo como sacrificio vivo, santo y agradable a Dios. ² No se amolden al mundo actual, sino sean transformados mediante la renovación de su mente. Así podrán comprobar cuál es la voluntad de Dios, buena, agradable y perfecta.
> ³ Por la gracia que se me ha dado, les digo a todos ustedes: Nadie tenga un concepto de sí más alto que el que debe tener, sino más bien piense de sí mismo con moderación, según la medida de fe que Dios le haya dado. ⁴ Pues así como cada uno de nosotros tiene un solo cuerpo con muchos miembros, y no todos estos miembros desempeñan la misma función, ⁵ también nosotros, siendo muchos, formamos un solo cuerpo en Cristo, y cada miembro está unido a todos los demás. ⁶ Tenemos dones diferentes, según la gracia que se nos ha dado. Si el don de alguien es el de profecía, que lo use en proporción con su fe; ⁷ si es el de prestar un servicio, que lo preste; si es el de enseñar, que enseñe; ⁸ si es el de animar a otros, que los anime; si es el de socorrer a los necesitados, que dé con generosidad; si es el de dirigir, que dirija con esmero; si es el de mostrar compasión, que lo haga con alegría.

Los momentos cruciales de la historia humana están a menudo salpicados por declaraciones memorables, palabras que parecen ordinarias de momento pero que se vuelven más profundas en la medida que comprendemos su pleno significado. En Génesis 22, un anciano con cuchillo en mano y su hijo adolescente —su «único hijo»— subió al Monte Moria con un poco de leña y una antorcha para preparar un sacrificio a Dios. El hijo preguntó inocente: «¿Pero dónde está el cordero para el holocausto?» (Génesis 22:7). Abraham contestó con estas palabras: «El cordero, hijo mío, lo proveerá Dios» (22:8).

¡Y Dios lo proveyó! (Juan 1:14).

Unos cuantos siglos más tarde, un pastor de ochenta años vigilaba las ovejas de su suegro cuando una voz lo llamó desde una zarza ardiente. El Señor le ordenó enfrentarse al rey más poderoso sobre la tierra y demandarle que liberara a su pueblo de la esclavitud. Cuando el tartamudo que había sido líder le recordó al Señor sus limitaciones, las palabras de Dios tienen que haber asombrado al viejo pastor: «Anda, ponte en marcha, que yo te ayudaré a hablar y te diré lo que debas decir» (Éxodo 4:12).

TÉRMINOS CLAVE

συσχηματίζω [*syskematizo*] (4964) «seguir el modelo, conformarse al patrón»
Este verbo combina la preposición griega *syn* («con») y *schema* («patrón»). La definición que resulta es «estar configurado de acuerdo con el patrón». El uso más común de esta palabra en la literatura secular se refiere a modelar la arcilla en torno a una forma o molde fundido. En ambos casos el verbo es pasivo en la Biblia (Romanos 12:2 y 1 Pedro 1:14).

μεταμορφόω [*metamorfóo*] (3339) «transformar, cambiar de forma»
El término castellano metamorfosis, es por supuesto una transliteración del griego y la mejor ilustración en la naturaleza es la de la oruga que se convierte en mariposa. Mientras *suskematizo* hace énfasis en el cambio externo, *metamorfóo* describe una transformación fundamental en la naturaleza de algo sin alterar su identidad. Por ejemplo, una bellota y su árbol son lo mismo; sin embargo, la naturaleza de la bellota está radicalmente alterada. (Vea también Mateo 17:2; Marcos 9:2).

δοκιμάζω [*dokimazo*] (1381) «probar por medio del ensayo, discernir a través de la observación»
Basado en la raíz *dokeo*, «observar», este era un término muy usado en el comercio y la artesanía de metales. El medio más confiable de determinar el valor de una moneda o lingote es calentarlo hasta el punto que se derrita y observar su comportamiento. Tanto los escritores seculares como los religiosos usan el término en sentido figurado en cuanto a guerreros en batalla y líderes en medio de la adversidad. (La palabra castellana «temple» está relacionada con el vocablo «metal»). Antes en la carta de Pablo a los romanos, el apóstol utiliza el negativo, *adokimos*, para describir a una humanidad pecadora como «depravada»; esto es, «desprovista de valor».

προσλαμβάνω [*proslambano*] (4355) «aceptar, recibir, tomar para sí»
Este verbo redobla el énfasis del verbo griego *lambano*, «recibir» con la preposición, *pros*, «dentro». El supremo ejemplo de esto es la «acogida» o «aceptación» tal como son de personas pecadoras que otorga Cristo.

Moisés no tenía idea de que Dios lo haría un instrumento divino por medio del cual liberaría a los hebreos de la esclavitud y más tarde les daría la Ley.

Todavía siglos más tarde, otro joven pastor estaba fielmente cuidando manadas cuando le llegó un llamado de la casa principal. Llegó de los campos para encontrar a un viejo profeta esperando por él. Unas pocas palabras y unas gotas de aceite, y su vida cambió para siempre... como cambió la vida de Israel. Tras décadas de victorias y derrotas, obediencia y vergüenza, el Señor confirmó a David con otra declaración que era difícil de asimilar del todo: «Tu casa y tu reino durarán para siempre delante de mí; tu trono quedará establecido para siempre» (2 Samuel 7:16).

Pese a sus fracasos, David siguió siendo un hombre conforme al mismo corazón de Dios, y su descendiente gobernará algún día el mundo desde el trono de Israel.

Entonces, muchos siglos después de David, el Mesías prometido, coronado de espinas y clavado a una cruz de criminales, consumó la gracia de Dios para con el mundo. Jesús puso el punto final al plan de salvación con su «Todo se ha cumplido» (Juan 19:30).

¡Palabras memorables para todo el mundo!

La Carta de Pablo a los Romanos contiene no menos de tres declaraciones de carácter memorable, cada una de las cuales acentúa un momento crucial en la vida de todo creyente.

- Primero, hay un momento en que una persona recibe el don de la gracia de Dios a través de la fe: «En consecuencia, ya que hemos sido justificados mediante la fe, tenemos paz con Dios por medio de nuestro Señor Jesucristo» (Romanos 5:1).
- Segundo, cuando un individuo descubre que su destino eterno está seguro, viene este versículo: «Por lo tanto, ya no hay ninguna condenación para los que están unidos a Cristo Jesús, pues por medio de él la ley del Espíritu de vida me ha liberado de la ley del pecado y de la muerte» (Romanos 8:1–2).
- Por último, cada individuo se encuentra en un momento crítico de su historia, en la intersección de la gracia del cielo y la gracia hacia los demás. Allí se nos confronta con un apremiante llamado en las increíbles palabras de Pablo: «Por lo tanto, hermanos, tomando en cuenta la misericordia de Dios, les ruego que cada uno de ustedes, en adoración espiritual, ofrezca su cuerpo como sacrificio vivo, santo y agradable a Dios. No se amolden al mundo actual, sino sean transformados mediante la renovación de su mente. Así podrán comprobar cuál es la voluntad de Dios, buena, agradable y perfecta» (Romanos 12:1–2).

Estos últimos dos versículos representan el supremo llamado de Dios a la consagración y la transformación. El primero trata de nuestro cuerpo; el segundo, de nuestra mente. El primer versículo concierne nuestras circunstancias y cómo vivimos en ellas; el segundo mira hacia adentro para descubrir lo que pasa en nuestra mente. Como las primeras notas de la *Quinta Sinfonía* de Beethoven, escucharemos estas verdades repetirse en diferentes formas a lo largo de su llamado para extender a otros la gracia que hemos recibido.

— 12:1 —

Pablo comienza esta sección de Romanos con la palabra griega *parakaleo*: «Les ruego», la forma verbal del término utilizado para referirse al Espíritu Santo, «el Consolador» Juan 16:7. Encierra la idea de estar junto a alguien a fin de darle consejo, coraje, consolación, esperanza y una perspectiva positiva. Un buen alentador desafía sin condenar, instruye sin sermonear, inspira sin ser condescendiente, y ayuda al otro a alcanzar la excelencia. Como un director técnico que alienta y desafía a un atleta a alcanzar una meta particular, Pablo ruega a los creyentes a consagrarse.

En este contexto particular la consagración es una separación radical del punto de vista secular para adoptar un propósito y una forma de vida semejante a la de Cristo. Esto no sucede automáticamente cuando alguien se convierte en creyente en Cristo. Esto es lo que yo llamaría un «mandato cooperativo». Dios da un mandato que entonces debemos obedecer con una plena cooperación de nuestra parte. No obstante, aun en esto, no nos ha dejado solos. Note la frase «por las misericordias de Dios». Conocimos por la descripción de Pablo del inescrutable carácter de Dios que el Señor está por encima de todo misericordioso. Movido por su expedita inclinación a aliviar la miseria de la humanidad caída, Dios está listo a ayudarnos cuando respondemos a su llamado.

El foco primario de Pablo en el primer versículo es el uso de nuestro cuerpo, el cual debemos «ofrecer». Él utilizó este verbo antes para alejar a los creyentes del pecado.

> Por lo tanto, no permitan ustedes que el pecado reine en su cuerpo mortal, ni obedezcan a sus malos deseos. *No ofrezcan* los miembros de su cuerpo al pecado como instrumentos de injusticia; al contrario, *ofrézcanse* más bien a Dios como quienes han vuelto de la muerte a la vida, presentando los miembros de su cuerpo como instrumentos de justicia […] ¿Acaso no saben ustedes que, cuando *se entregan* a alguien para obedecerlo, son esclavos de aquel a quien obedecen? Claro que lo son, ya sea del pecado que lleva a la muerte, o de la obediencia que lleva a la justicia» (Romanos 6:12–13, 16, el énfasis es mío).

La idea es entregar el uso de algo para un propósito específico. En el Antiguo Testamento, no era inusual que la gente ofreciera oro, plata, suministros de construcción y hasta comida a los sacerdotes, quienes entonces utilizaban las donaciones para construir un lugar de culto así como para sobrevivir físicamente (Éxodo 25:1–8; 1 Crónicas 22:14; Esdras 1:4–6). No obstante, cualquier cosa presentada al templo tenía que ser de primera clase. Los sacrificios tenían que ser sin mancha y sin defecto. Los materiales tenían que ser de la mejor calidad. Y nada ofrecido podía haberse usado previamente en el servicio de otro dios.

De manera similar, nuestro cuerpo consagrado debe ser:

- *vivo*: un sacrificio voluntario y continuo dado una y otra vez a lo largo de la vida.
- *santo*: una ofrenda inmaculada dedicada exclusivamente al Señor y sus propósitos
- *agradable*: un sacrificio grato que honra el carácter de Dios.

Pablo llama esta consagración de nuestro cuerpo «adoración espiritual». La palabra griega que se traduce «espiritual» es *lógikos*, un adjetivo que significa «de acuerdo con la naturaleza de una cosa». Debido a que Pablo llama obviamente a un sacrificio no literal, pero muy real de nuestros cuerpos, los traductores eligieron «espiritual», para ajustarse a una conducta devota, al traducir el término.

No obstante, hay otra forma de traducir *lógikos*. Antes, el apóstol afirmó el que los creyentes entregaran sus cuerpos al pecado no tenía sentido (6:1–3, 15–16). ¿Por qué los esclavos liberados van a seguir sirviendo a su antiguo dueño? Presentar nuestros cuerpos para servir los intereses de nuestro nuevo Dueño, por el otro lado, es completamente lógico, muy a tono con el buen sentido. Por lo tanto, algunos traductores vierten la última frase como «culto racional» (RVR-1960).

— 12:2 —

La segunda parte de la memorable declaración de Pablo penetra el mundo externo, físico, para confrontar el mundo interno de la mente. Los judíos centraban toda su atención en el comportamiento ético de una persona, lo cual es bueno de varias maneras. Se trata de una aproximación muy elemental al bien y al mal. No obstante, Jesús no estaba satisfecho con una simple obediencia externa, física. El Señor llamó a sus seguidores a tener primero un corazón limpio, y después manos limpias (Mateo 15:17–20; Marcos 7:14–15). Eso se debe a que el pecado y la justicia comienzan en la mente.

Tenemos que decidir entre dos alternativas:

- *syskematizo*: "ser modelados de acuerdo a un patrón». La palabra griega es un compuesto de la preposición «con» y el término del cual derivamos nuestra palabra «esquemático».
- *metamorfóo*: «ser cambiado de una cosa en otra». De esta palabra griega viene la palabra «metamorfosis» que se utiliza para describir la transformación de una oruga en mariposa.

«No se amolden al mundo actual [...]». El patrón que debemos rechazar es una grotescamente torcida versión de la creación original de Dios, que varias veces llamó «buena» en Génesis 1. Pablo no utiliza aquí la palabra griega que se traduce «mundo» ni «universo», sino un término que significa «época, era, o período». El mundo no era originalmente malo; está corrompido. Al decir Pablo «mundo actual», acentúa el hecho de que la presente condición de la creación es temporal. Antes de esta era, el universo se movía en perfecta armonía con la naturaleza de Dios, la cual es justicia y amor. Y cuando vuelva Cristo, el mundo será reconfigurado para reflejar el carácter de Dios.

Tristemente, nosotros —en nuestro estado natural— somos parte y parcela de esta creación caída y su sistema, el cual está regido por el mal, el egoísmo, la avaricia, el engaño, y la violencia. La economía de Dios es exactamente la opuesta; encuentra placer en el bien, la generosidad, la confianza, la amabilidad, y la verdad. No hay término medio entre ellas. El apóstol Juan describe los dos sistemas como «oscuridad» y «luz» (1 Juan 1:5–6); Pablo los llamó «carne» (o «naturaleza pecaminosa») y «Espíritu» (Romanos 7:4—8:11). Esta era y la era por venir responden de manera muy diferente las preguntas siguientes:

¿Cuál es el significado de la vida?
¿Qué hace grande a un hombre o una mujer?
¿Quién o qué determina el bien y el mal?
¿Cómo se debe responder a una ofensa?
¿Qué determina el valor de una persona?
¿Por qué la gente buena sufre mientras la gente cruel prospera?

«[...] sino sean transformados por la renovación de su mente». Si vamos a portarnos de modo diferente al sistema del mundo caído —en el cual nacimos y del cual nos hicieron— tenemos que cambiar. Por desdicha, no podemos cambiar por nosotros mismos, de manera que tenemos que «ser transformados». Esto se realizará a través de la «renovación de nuestra mente». Siglos antes de que viniera el Mesías para traer el nuevo pacto, el Señor prometió a través del profeta Jeremías: «Este es el pacto que después de aquel tiempo haré con el pueblo de Israel […] Pondré mi ley en su mente, y la escribiré en su corazón. Yo seré su Dios, y ellos serán mi pueblo» (Jeremías 31:33).

La exhortación a ser transformado es otro «mandato cooperativo». Mientras respondemos al llamado a través de la sumisión, el Señor hace la transformación. Aprendemos a mirar el mundo a través de la cuadrícula de la Escritura y aprendemos a responder como la Escritura prescribe. El Espíritu Santo, que Jesús prometió en vísperas de su crucifixión, utiliza la Escritura, nuestras experiencias, las pruebas y dificultades, así como el compañerismo con otros creyentes para renovarnos de dentro hacia fuera. De manera gradual y sobrenatural, comenzamos a pensar como Dios piensa, a desear lo que Dios desea, a amar como Dios ama, y a ver las cosas desde la misma perspectiva que él las ve. Cuando esto se convierte en realidad, somos capaces de discernir la voluntad de Dios y cooperar con él para lograrlo (Efesios 4:17–24; Colosenses 3:1–11).

— **12:3** —

Este programa de renovación del mundo a través de una transformación gradual de los creyentes tiene que comenzar con la manera en que se ven a sí mismos. Pablo quiere que sus lectores se cuiden del sutil desarrollo de la arrogancia. A la gente arrogante le encanta decir lo bien educados que son, se centran en lo mucho que han logrado o adquirido, y no pueden oír una historia sin querer sobrepasarla. Saben más, viajan más lejos, trabajan más duro, juegan mejor, y nunca, jamás, están equivocados. Pero, como un buen amigo me recordó una vez, los cementerios están llenos de gente indispensable.

Note cómo Pablo suaviza su confrontación con la frase: «Por la gracia que se me ha dado». Esto es como si Pablo se colocara sobre su autoridad apostólica para evitar cualquier acusación de hipocresía, pero aquí hay más. Veo en esto un atisbo de transparencia, al sugerir que una vez en su vida se consideró arrogante. En efecto, dice: «Como alguien que cultivó una vez un concepto exaltado de sí mismo, déjenme darle un humilde consejo».

Solo en este versículo, Pablo utiliza una forma de la palabra griega *fronéo*, «pensar», no menos de cuatro veces. Tenemos que evitar sobreestimarnos a nosotros mismos y, en su lugar, tener «moderación», que es como el traductor de la NIV traduce la palabra *sofronéo*. La raíz del término, que está aproximadamente basado en una combinación de *sos* «seguro» y *fren* («mente»), rara vez aparece en la Biblia pero gozaba de una elevada estimación en el griego secular como una virtud cívica. Se decía que una sociedad era «moderada» (de mente sana) cuando todas las clases que competían se ponían de acuerdo sobre la dirección o el liderazgo.

Al advertir a sus lectores que debían evitar sobrestimarse, Pablo no sugirió que debían subestimarse. Aunque la humanidad está depravada, así y todo somos el gran tesoro de Dios. Vamos a volvernos siervos en el mundo, no alfombras para limpiarse los pies, ni gusanos. Demasiado a menudo los grandes teólogos y artistas puritanos empujaron la doctrina de la depravación humana a los extremos. Mientras celebro su deseo de permanecer humildes delante de Dios y agradecidos por su salvación, se nos dan certificados de adopción que nos conceden el honor de ser llamados hijos de Dios (8:14–17). Este es un motivo de celebración no de autocondena.

Debemos tener un punto de vista balanceado, sensible, realista de nosotros mismos. En otras palabras, debemos vernos como Dios nos ve, no en comparación con otros. Nuestras relaciones con Dios, nuestra «paz con Dios», no están seguras debido a que ofrecemos algo; no hemos traído nada a estas relaciones al principio, y no tenemos nada que dar que no hayamos recibido de Dios primero. Dios no nos ama más ni menos debido a nuestro valor relativo para él en comparación con otros creyentes. Así operan el amor y las relaciones en esta era, pero no delante de nuestro Dios.

En términos de valor o valía delante de Dios, todos estamos al mismo nivel. Dios elige a todos los creyentes por su soberana voluntad; la elección es el resultado de su favor inmerecido; y su gracia se recibe por medio de la fe en Jesucristo. Cualquier noción de que un creyente es mejor que otro es una tontería.

— 12:4-5 —

El cuerpo humano como ilustración de la unidad en Cristo es una favorita de Pablo (vea 1 Corintios 6:15; 12:14–25; Efesios 4:16), y vuelve a ella para demostrar que la igualdad no es semejanza y la diferencia no es desigualdad. Cada cuerpo humano está conformado de muchas partes. Tenemos órganos vitales —ninguno de ellos visible— que nos mantienen vivos. Tenemos varios miembros que realizan diferentes, aunque cruciales, funciones, tales como caminar o sujetar. Tenemos órganos sensoriales que nos permiten percibir el mundo de diferentes maneras. Y cuando todo trabaja en armonía, la vida es buena. Pero cuando una parte está herida o paralizada, todo el cuerpo sufre.

Lo que es cierto del cuerpo humano es cierto del cuerpo de Cristo. No hay tal cosa como un creyente sin importancia o inútil, aun cuando algunas funciones son más públicas que otras.

La ilustración de Pablo ilumina tres importantes verdades sobre el cuerpo de Cristo:

- *la unidad*: Derivamos nuestra vida de la misma Fuente; ninguno de nosotros puede existir fuera del cuerpo. Y tenemos una cabeza, Cristo, que controla y coordina cada miembro para el bien del conjunto.
- *la diversidad*: ¡Dios *ama* la variedad! Un estudio cuidadoso de las plantas y la vida animal revela un espíritu maravillosamente creativo en el Creador; podemos ir aun más lejos y llamarlo festivo. Tengo pocas dudas de que Dios sonrió cuando creaba el ornitorrinco.
- *la mutualidad*: Nos necesitamos unos a otros. Cuando se hiere o agravia a una persona, todo el cuerpo siente ese dolor. Cuando una parte no puede mantenerse, las otras lo compensan. Cuando ataca la enfermedad, todo el cuerpo reacciona.

El concepto de vida corporal es casi ajeno a nuestro mundo secular. Mientras muchos libros de negocios enseñan y alientan el trabajo en equipo, la motivación casi siempre reaparece con la realización del individuo. En otras palabras, «uno piensa en términos de equipo porque esa es la mejor manera de lograr el éxito personal». Aun en las culturas orientales, donde se supone que el énfasis recae sobre el bien colectivo de la sociedad por encima del individual, ¡en la cima se sientan unos pocos líderes privilegiados a quienes el sistema les gusta mucho!

Pero en el organigrama de Dios, nuestra motivación es el servicio mutuo impulsado por el amor y la compasión dentro del cuerpo en obediencia a la Cabeza, Jesucristo.

— 12:6-8 —

Ahora que tenemos una visión sensible de nosotros mismos en relación con Dios y los hermanos creyentes, tenemos que considerar nuestros respectivos papeles dentro del cuerpo, específicamente, «los dones espirituales». Estos son capacidades sobrenaturales que el Señor dio a los individuos para que puedan realizar una función con eficiencia y facilidad.

Aquí Pablo menciona siete dones espirituales:

Profecía. Estrictamente hablando, antes que se completara la Biblia, los profetas hablaron impulsados por Dios y por la autoridad de Dios, y sus palabras debían ser tomadas como si llegaran directamente del Señor. Eran «voceros» de Dios. Hablaban sin cometer error y aun si se detectaba la más leve equivocación, debían arrastrarlos a las afueras del pueblo e inmediatamente matarlos por lapidación. Cuando se escribió la última carta de la Biblia y murió el último apóstol, no hubo más necesidad de un profeta divinamente inspirado. Ahora tenemos las inspiradas y completas Escrituras.

No obstante, en un sentido amplio, aun permanecen en el cuerpo «profetas» cuyo papel primario es la predicación. Estos individuos están dotados por el Espíritu Santo con una capacidad sobrenatural para proclamar la palabra escrita de Dios de manera penetrante y convincente. Hablan como «voceros» de Dios cuando permanecen fieles al mensaje de la Escritura. Los evangelistas, los predicadores y los escritores son buenos ejemplos en los tiempos modernos.

Servicio. Algunos llaman a esto el don de la ayuda. El verbo griego *diakoneo* es el origen de nuestra palabra «diácono». Encuentro interesante que en la lista de Pablo, el servicio está colocado inmediatamente después del más público y más aclamado don, la profecía. Es como si quisiera destacar el hecho de que servir, el menos deseado, menos público y menos honrado don en esta «era» es una posición sobresaliente en el sistema de Dios. Jesús dijo: «Pero entre ustedes no debe ser así. Al contrario, el que quiera hacerse grande entre ustedes deberá ser su servidor [*diákonos*], y el que quiera ser el primero deberá ser esclavo de todos. Porque ni aun el Hijo del hombre vino para que le sirvan [*diakonethenai*], sino para servir y para dar su vida en rescate por muchos [*diakonesai*] (Marcos 10:43-45).

A aquellos con este don rara vez se les tiene que decir lo que se necesita; ellos disciernen las necesidades, saben cómo ayudar, y lo hacen sin ninguna necesidad de que se les avise y sin la expectativa de un aplauso.

Enseñar. Los maestros tienen la capacidad de comunicar la verdad con sabiduría, desenvoltura y claridad. Están dotados para hacer que la Palabra escrita cobre vida. Ayudan a otros a conocer hechos precisos, descubrir principios, ver su relevancia práctica y aplicarlos.

Exhortación (RVR). Este es el don que remeda al Espíritu Santo. El término se deriva de la misma palabra griega que se traduce «ruego» en 12:1, *parakaleo*. Los que exhortan o animan tienen la capacidad de comunicar la verdad con pasión, confrontar el mal de manera constructiva, convertir la lectura de la Biblia en un plan de acción, unir a los creyentes tras un empeño común… y lo hacen casi siempre sin ofender. Su hablar enérgico está adornado con estímulo.

Socorrer (Dar). Si bien se instruye a que todos los creyentes sean generosos, esta gente busca oportunidades de dar, ofrendando lo que tienen más allá de lo normal. A veces son ricos; más a menudo, son gente de medios modestos que suelen dar tiempo, energía, y experiencia.

Los que tienen el don de dar no quieren placas de bronce ni edificios que lleven su nombre. No hay nada particularmente malo con ambas cosas, pero los dadores sobrenaturales no quieren toda esa atención. Prefieren el anonimato. Ven una necesidad y buscan satisfacerla.

Dirigir. El término griego se puede traducir también como «conducir» o «cuidar de», ¡que son idénticos en el ministerio cristiano! Pablo utiliza el término para describir a los que poseen la inusual habilidad de guiar y cuidar a un grupo.

Compasión. Los que tienen el don de la misericordia ejercitan una extraordinaria habilidad para percibir la necesidad de aquellos que están dolidos, de saber qué decir y cómo decirlo, y cuando guardar silencio. Son invaluables para los hospitales, donde los pacientes y las familias se enfrentan a la enfermedad y la muerte.

DONES ESPIRITUALES MENCIONADOS EN LAS ESCRITURAS

Pablo menciona siete dones espirituales en su carta a los creyentes en Roma, pero esta lista no está completa. Al menos tres otras listas parciales se hallan en 1 Corintios, Efesios y 1 Pedro.

Romanos 12:6-8	Profecía
	Servicio
	Enseñar
	Exhortar
	Socorrer (Dar)
	Dirigir
	Compasión
1 Corintios 12:4-11	Palabra de sabiduría
	Palabra de conocimiento
	Fe
	Sanar enfermos
	Poderes milagrosos
	Profecía
	Discernir espíritus
	Hablar en diversas lenguas
	Interpretar lenguas
Efesios 4:11	Apóstoles
	Profetas
	Evangelistas
	Pastores
	Maestros
1 Pedro 4:10-11	Hablar
	Servir

Las memorables palabras de Pablo no solo son verdades en las cuales descansar; como en 5:1 y 8:1–2, son un llamado que hay que responder. Mientras Dios ha prometido transformarnos y su Espíritu Santo no fallará en su misión, tenemos una decisión que tomar. Podemos decidir permanecer tercamente distantes y resistir la obra del Espíritu Santo, o podemos sintonizar con lo que él hace y participar en su proceso transformador. Y esta decisión comienza con cómo decidimos considerarnos, qué prioridad le damos a los hermanos creyentes, y cómo podemos convertir nuestros dones en dones que beneficien a otros.

Aplicación

Consagrar y transformar

Las palabras, «Por lo tanto […] les ruego» (12:1) indican una transición crítica en la carta de Pablo. La gracia de Dios para con nosotros tiene que tomar ahora una dimensión horizontal. Pero no podemos hacer esto por cuenta propia, no en nuestro estado actual. Nacimos como parte de esta creación caída, y padecemos su torcida manera de pensar y vivir hasta el tuétano de nuestros huesos y los motivos de nuestros corazones. Tienen que cambiarnos, remodelarnos desde dentro de acuerdo con un nuevo patrón. El Espíritu Santo será fiel para hacer la obra sobrenatural de transformación interior; sin embargo, el apóstol nos ruega participar en la obra. Nos llama a dos grandes empeños: consagrar nuestro cuerpo y transformar nuestra mente.

«Que cada uno de ustedes […] ofrezca su cuerpo como sacrificio vivo». Esto es *consagración*. Esta es una radical separación del punto de vista secular, la cual comienza con una decisión de entregar nuestros cuerpos a un propósito divino. Esto tiene implicaciones prácticas tangibles que no podemos ignorar. Ello afecta adónde vamos, con qué decidimos alimentar nuestra mente, cómo tratamos nuestro cuerpo, qué influencias recibimos o rechazamos, cómo gastamos el tiempo, cómo gastamos el dinero, y qué decidimos lograr día tras día (para nombrar solo unas cuantas cosas específicas).

«Sean transformados mediante la renovación de su mente». Esto es *transformación*. El objetivo supremo es un corazón transformado, una naturaleza fundamentalmente diferente de dentro hacia fuera. No obstante, no podemos transformar nuestro corazón; solo Dios puede hacerlo. Podemos alcanzar nuevos conocimientos y cambiar nuestras perspectivas. Esta transformación de la mente solo representa la participación del creyente en el programa de renovación de Dios.

Déjeme pasar de lo teórico a lo práctico formulando una pregunta penetrante. ¿A qué está usted dedicando el cuerpo? Tiene dos excelentes aunque dolorosas herramientas de análisis a su disposición: su agenda y sus récords financieros. Dedique un par de horas a revisar las dos.

Primero, tome una hoja de papel en blanco y cree una gráfica de su semana típica (Utilice el ejemplo que sigue como guía). Rotule los bloques de tiempo basado en su rutina, la cual incluye compromisos formales y sus hábitos típicos.

Reconociendo que la mayoría de nosotros tiene que dedicar no menos de cuarenta horas cada semana a comer y vivir, ¿a qué dedica el resto de su tiempo (128 horas)? ¿Matrimonio y familia? ¡Excelente! ¿A servir a otros? ¡Maravilloso! ¿Al enriquecimiento personal? ¡Magnífico! ¿Relajarse, descansar, dormir? ¡Muy encomiable!

O (sea sincero, ahora) ¿ve usted tiempo dedicado a actividades que no contribuyen en nada a su vida como un instrumento consagrado de la gracia de Dios? Escrutar así el alma puede servir para redargüirle.

A continuación, revise sus finanzas. Un buen lugar para empezar serían sus estados de cuenta bancarios y de tarjetas de crédito. Utilice una pluma de colores para marcar cada línea de acuerdo con un conjunto de categorías, tales como:

	LUN	MAR	MIE	JUE	VIE	SAB	DOM
5 am – 6 am							
6 am – 7 am							
7 am – 8 am							
8 am – 5 pm							
6 pm – 7 pm							
7 pm – 8 pm							
8 pm – 9 pm							
9 pm – 10 pm							
10 pm – 11 pm							
11 pm – 12 pm							

Prioridades: casa, alimentos, servicios, y otros gastos que no se pueden eliminar

Deudas: préstamo de auto, préstamos del consumidor, pagos de tarjetas de crédito, pagos por tardanza, y recargos bancarios

Discrecionales: entretenimientos, vacaciones, comidas fuera, ampliar el ropero u otros gustos

Donaciones: Ofrendas a su iglesia local, misiones, caridades, o familia y amigos necesitados

Dispendio: gastos que añaden poco o nada a la vida, o peor, que causan preocupaciones adicionales

Sus categorías pueden ser diferentes. Lo importante en este ejercicio es ser brutalmente honesto y tomar conciencia del lugar donde se gasta el dinero. Otra vez, un autoanálisis como ese puede herir profundamente.

Una vez que ha analizado su agenda y récords financieros, *conságrelos*. Hágalo así: Preséntoselos al Señor en una oración de dedicación y pídale que comience la obra de transformación de su corazón en beneficio suyo. Entonces, comience a hacer los ajustes necesarios. En lugar de permitir que su agenda se desenvuelva sin orden ni concierto, asuma una estrategia para orientar su tiempo y energía. En lugar de que sus finanzas fluyan sin regulación basadas en el impulso, permita que sus valores se hagan cargo de ellas. Aparte tiempo para alcanzar lo que usted llama su tesoro —crecimiento espiritual, matrimonio, hijos, obras caritativas, descanso— y *proteja esos bloque de tiempo*. Prepare un presupuesto, dedicando dinero para sostener y edificar lo que usted dice valorar —*comenzando con las donaciones*— y entonces disciplínese *para atenerse a su presupuesto*.

No se equivoque: consagración y transformación no son otra cosa que conceptos teóricos. Estas tienen una expresión tangible para el creyente. No estoy sugiriendo que los ejercicios que he bosquejado —o cualquier otra actividad humana— son suficientes para el crecimiento espiritual o que puedan sustituir la obra sobrenatural del Espíritu Santo. Así y todo, son un buen sitio para comenzar a participar en su programa de renovación del alma. Al consagrar su tiempo y dinero, ha dado un paso gigantesco hacia la consagración de su cuerpo. Mientras esto ocurre, le garantizo que su mente comenzará también un proceso de transformación.

Cristianismo 101 (12:9–16)

> ⁹ El amor debe ser sincero. Aborrezcan el mal; aférrense al bien. ¹⁰ Ámense los unos a los otros con amor fraternal, respetándose y honrándose mutuamente. ¹¹ Nunca dejen de ser diligentes; antes bien, sirvan al Señor con el fervor que da el Espíritu. ¹² Alégrense en la esperanza, muestren paciencia en el sufrimiento, perseveren en la oración. ¹³ Ayuden a los hermanos necesitados. Practiquen la hospitalidad.
> ¹⁴ Bendigan a quienes los persigan; bendigan y no maldigan. ¹⁵ Alégrense con los que están alegres; lloren con los que lloran. ¹⁶ Vivan en armonía los unos con los otros. No sean arrogantes, sino háganse solidarios con los humildes. No se crean los únicos que saben.

¿Qué legado está usted creando para la próxima generación? ¿Qué dejará en la mente de aquellos que le sobrevivan de manera que sus vidas sean más profundas, ricas, mejor que la suya? En 1999, el popular novelista americano Stephen King se enfrentó de manera frontal a esta pregunta mientras estaba tendido en una zanja tras haber sido golpeado por un chofer borracho. Aunque rico y exitoso según cualquier estándar, reconoció el fugaz valor de las cosas temporales y concluyó: «Lo único que subsiste es lo que entregas».

Tómese unos momentos ahora e imagínese parado junto a su ataúd, asistiendo invisible a su propio funeral. Su vida sobre la tierra ha terminado. Su familia está sentada cerca con la mirada en blanco, parpadeando a través de las lágrimas. Sus amigos están allí, recordando su vida y contando historias. ¿Qué recuerdan su familia y amigos? Es muy seguro que no están hablando de su portafolio. No están haciendo un inventario de sus posesiones… a menos, por supuesto, que sea todo lo que les haya dejado para recordarle.

Si usted deja a la siguiente generación algo de inestimable valor, esto no será tangible. Los tesoros que usted deja serán los recuerdos que sus seres queridos se lleven mientras se cierra la tapa del ataúd y hacen descender su cuerpo tres metros bajo tierra. Su más valioso legado será su ejemplo de una existencia bien vivida, el amor que usted les haya brindado fiel y constantemente cada día, su modelo de gracia. Esto permitirá a aquellos que lo conocieron a disfrutar la vida más plenamente que usted.

¿No sería útil si alguien pudiera reunir una guía sincera que nos ayudara a vivir bien y a dejar un verdadero legado valioso? Una simple lista para el chequeo cotidiano de actitudes y acciones sería muy útil. Me alegra decir que tal lista se ha preservado, y no es simplemente el escrito de un hombre brillante que tuvo un impacto mayor sobre el primer siglo. Se trata de una lista inspirada que preservó para nosotros el mismo Dios, y lleva su sello de aprobación.

Mientras 1 Corintios 13 es el más bello y elocuente de los tratados sobre el amor, Romanos 12:9–16 es el más sucinto. En menos de diez palabras griegas, Pablo nos enseña cómo amar a los demás de una manera práctica y tangible que llenará los recuerdos de aquellos que amamos y les enseñará a vivir bien.

— 12:9 Un amor que no es hipócrita —

El amor genuino tiene dos cualidades: sinceridad, lo opuesto de hipocresía, y discernimiento, lo opuesto de ingenuidad.

Una traducción literal de las primeras palabras griegas de este versículo es: «¡Amor, sin hipocresía!» Las traducciones castellanas tienen que añadir algo en aras de un estilo suave y legible, tal como:

El amor debe ser sincero (NVI).
El amor sea sin fingimiento (RVR1960).
Ámense sinceramente unos a otros (VP).

Yo prefiero mantenerlo sencillo: «El amor sea sin hipocresía». La palabra griega *anupókritos*, que está compuesta de *an*, «no» y *apókritos*, «pretensión» o «pretexto». Esta palabra ilustra mejor que cualquier otra la diferencia entre el sistema del mundo y el orden de Dios. El verbo *apokrinomai* significa simplemente «responder», usualmente en el contexto de un debate o una actuación. Por lo tanto, los escritores griegos seculares utilizaban el término tanto positiva como negativamente, en dependencia de la situación. Así, «La persona noble puede desempeñar cualquier parte asignada sin perder la estabilidad interior»[43]. Si fuéramos a aplicar esta mentalidad griega a un ejemplo moderno, esperaríamos que el Secretario de Prensa de la Casa Blanca presente y defienda la política del Presidente sobre una materia dada, aun si no está de acuerdo con ella. Su trabajo es proveer información y responder preguntas de parte del presidente. En un sentido positivo, este individuo está debidamente colocando su opinión personal en el trasfondo a fin de cumplir una función pública.

Cuando se usa negativamente, «el escenario es un mundo falso y los actores son engañadores»[44]. Los griegos y romanos despreciaban el engaño tanto como cualquier otro.

Los judíos utilizaron el término casi siempre de modo negativo, lo que no sorprende considerando su poca disposición a ver las motivaciones y acciones como cosas separadas. (En la mente hebrea, el conocimiento no era suficiente. Uno no podía considerarse sabio a menos que tradujera el conocimiento en conducta.) Los escritores del Nuevo Testamento siguieron a Jesús, quien usó *apókritos* para describir personas que se habían apartado de la verdad recibida de Dios, pero actuaban de otro modo. Por lo tanto, ser hipócrita era mentir a través de la conducta en lugar de las palabras.

Si la hipocresía se abre paso, el amor deja de ser amor y se vuelve algo grotesco —manipulación, *quid pro quo*, competencia, pretensión—. No hay lugar para las máscaras; no hay simulación; no hay espacio para pensar de una manera y actuar de otra. Porque el amor y la verdad van mano a mano.

El amor también tiene que discernir. Pablo manda: «Aborrezcan el mal», utilizando un verbo griego que significa: «retráiganse, detesten». Cuando el amor encuentra lo que es malo, rehúsa participar. El amor no acepta el mal, ni tampoco mira hacia otro lado. Al amor se atreve a confrontar a alguien que hace el mal, no a juzgar ni a constreñir sino a inspirar justicia.

Por contraste, el amor «se aferra a lo que es bueno». Jesús utilizó esta palabra en referencia al matrimonio, en el cual «dejará [...] a su padre y a su madre, *y se unirá* a su esposa, y los dos llegarán a ser un solo cuerpo» (Mateo 19:5, énfasis mío). A fin de repeler el mal y aferrarse al bien, el amor tiene que conocer la diferencia.

En una clase que asistí en el seminario, Charles Ryrie comparaba el amor con un río limitado a ambos lados por la verdad y el discernimiento. Si la frontera se rompe, el río se desborda sobre sus riberas y causa un daño horrible.

— 12:10-15: Ocho facetas adicionales del amor —

Tras declarar que la verdad y el discernimiento guían el amor, Pablo destaca otras ocho cualidades que ayudan a expresar el amor de forma que otros puedan experimentarlo.

Amor fraternal (12:10). Los términos de Pablo están empapados de ternura y bondad. Nuestro amor se debe caracterizar por un cálido afecto compartido en una familia. Pero, para decir la verdad, ¡los miembros de una familia pueden tener ciertas dificultades para amar! A pesar de todo, hacemos todo el esfuerzo porque tenemos lazos familiares que no se pueden romper.

Honor. Esta palabra se refiere a «respetar» o «valorar». Honrar a alguien con la disposición de permitir al otro tener sus preferencias en cuestiones no esenciales. Tenemos que escuchar cuando alguien habla y darle a sus palabras una cuidadosa consideración. Tenemos que permitir a los otros disentir, respetando sus opiniones aunque discrepemos. Debemos tratar los sentimientos de otra persona con cuidado y respeto, demostrando gratitud uno por el otro.

Es interesante que Pablo aliente a sus lectores a aventajarse unos a otros en esto. La frase griega «dense preferencia uno al otro en el honor» puede también traducirse «sobrepásense mutuamente al mostrarse amor». En otras palabras, si usted insiste en competir, vea si puede con sinceridad dar más valor al otro.

Entusiasmo / fervor (12:11). Las frases griegas tienen en mente la idea de hervir o hacer ebullición, como el agua que hierve en una olla. Amor de calidad es pasión por hacer el bien por los demás, hirviendo en el Espíritu, sirviendo al Señor. Este entusiasmo se caracteriza por un optimismo activo y un celo enérgico que no se puede contener; es lo opuesto al letargo y la indiferencia. Todo el mundo quiere que se le ame con entusiasmos y fervor, no pasivamente y por obligación.

Paciencia (12:12). Las tres frases comprendidas en 12:12 versan sobre la paciencia. Y si se fija bien, verá una progresión que no puede ser sino deliberada.

Esperanza ➔ Tribulación ➔ Oración

¿Cómo permanecemos pacientes en medio de la tribulación? Continuamos esperando, aguardando con ilusión lo que aun no ha sucedido y celebrando como si ya hubiera ocurrido. Continuamos cumpliendo nuestra obligaciones y disfrutando nuestras bendiciones aun cuando estemos descorazonados y queramos renunciar. Y al mismo tiempo, nos dedicamos a la oración.

Estas cualidades del amor son indispensables. Cuando las personas pueden esperar juntas, permanecer inexorablemente dedicadas una a la otra y a Cristo, y hablar al Padre cada una a favor de la otra, nada puede destrozar su comunidad.

Generosidad (12:13). El amor no es tacaño; el amor comparte cualquier cosa que tiene. La frase de Pablo «ayuden a los hermanos necesitados» usa la palabra griega *koinonéo*, término que describe la expresión por excelencia de la iglesia. Creo que esto tiene más en mente que compartir la abundancia propia con alguien en necesidad. Esto tiene en mente compartir el sufrimiento. El amor da aun cuando duele. Comparte el dinero con liberalidad aun cuando hay estrechez económica. Y cuando las contribuciones se han acabado, el amor continúa compartiendo la necesidad de otro.

Hospitalidad. El amor es hospitalario. El significado original del término es «amor de desconocidos». Encierra la idea de extender el amor a aquellos que son diferentes, visitantes temporales de otras culturas, otra raza, o de una creencia diferente. Aun más, el término traducido «practiquen» pudiera muy bien ser «procuren». El amor toma la iniciativa, busca activamente oportunidades de beneficiar al otro, especialmente a los que son diferentes.

Gracia (12:14). De todas las cualidades del amor, esta es sin duda la más difícil de poner en práctica. Los demás pueden caer por el camino porque estamos ocupados o cansados o ensimismados, pero por lo general no los resistimos. Devolver bien por mal, sin embargo, va contra todos los instintos naturales que poseemos, sobre todo cuando el que ofende es un compañero cristiano. La gracia como respuesta al pecado es una cualidad única de Dios, y esta capacidad solo puede venir de él y ser potenciada por él. Pablo extiende su enseñanza sobre el tema en 12:17–21.

Simpatía (12:15) El verdadero amor nunca está distante. Cuando el amor sabe que un hermano o hermana se regocija, no puede contener la emoción. Al contrario, celebra el gozo de esa persona. Y, con la misma pasión y empatía, se conduele de la pérdida que ha tenido otro como si fuera propia.

Un viejo proverbio sueco que colgaba en la casa de mi niñez viene con frecuencia a mi mente: «Gozo compartido, es un doble gozo; pena compartida, es una media pena».

— 12:16 Humildad y amor —

Pablo concluye su lista de cualidades del amor regresando a donde empezó, con la cualidad de la humildad. Cuatro frases enmarcan el cuadro de la humildad, y si mira detenidamente, se detectará la imagen de Jesús.

«Vivan en armonía los unos con los otros» no alienta el «pensamiento grupal». Pablo no sugiere que pensar diferente sobre un tópico u otro es necesariamente malo. Debemos buscar las mismas cosas, aun si nuestras perspectivas o métodos difieren. Esto significa que concordamos en lo esencial y aceptamos la amplitud de criterios siempre que sea posible. Aun más, la humildad busca compren-

De mi diario

¡Sea un cristiano vibrante!

Benjamin Zander escribió un gran libro que tituló The Art of Possibility [El arte de lo posible]. En ese tiempo, Zander era conductor de la Orquesta Filarmónica de Boston y profesor del Nuevo Conservatorio de Música de Inglaterra. Escribió como un músico, claro, pero al hacerlo, mezcló con maestría el mundo de la música con la vida diaria. En un capítulo sobre la pasión, incluyó la historia de un estudiante particular que interpretaba perfectamente a Chopin, pero sin la cualidad esencial que hace grande una ejecución.

Un joven pianista tocaba un preludio de Chopin en mi clase de maestría y aunque habíamos trabajado hasta casi lograr un sobresaliente concepto de la pieza, su ejecución permanecía a ras del suelo. Él la entendía intelectualmente, podía habérsela explicado a cualquiera, pero no podía comunicar la energía emocional que es el verdadero lenguaje de la música. Entonces noté algo que probó ser clave: Su cuerpo estaba firmemente centrado en la posición vertical. Dije abruptamente: «¡El problema es que eres un intérprete sin emoción!» Lo alenté para que dejara que todo el cuerpo se le balanceara, que captara la ola de la música con la forma de su cuerpo, y de pronto la música cobró bríos. Varios en la audiencia quedaron boquiabiertos, sintiendo que el dardo emocional había dado en el blanco, mientras nacía un nuevo rango: un intérprete vibrante. El presidente de una corporación en Ohio, que estaba presente como testigo, me escribió: «Estaba tan emocionado que fui a casa y transformé mi compañía entera en una compañía vibrante»[45].

Qué gran meta para los creyentes: ¡convertirse en cristianos vibrantes! La gente vendría de todas partes para conocer al Dios que servimos si vivimos la verdad que llevamos en nuestros corazones con pasión entusiasta y vibrante. Es tiempo que comencemos a vivir la verdad del evangelio con el tipo de pasión bullente y el celo descrito en las palabras: «Nunca dejen de ser diligentes; antes bien, sirvan al Señor con el fervor que da el Espíritu». Si suficiente cantidad de nosotros comienza a hacer eso, podríamos observar cómo el mundo que nos rodea se transforma.

der antes que nos comprendan. La humildad prefiere comunicar antes que batallar con palabras. La humildad trata de encontrar un denominador común con otros sin sacrificar la verdad. La humildad tiene en gran estima los pensamientos ajenos.

«No sean arrogantes» aconseja contra considerarse uno linajudo, de alto rango, de clase alta, distinciones que esperan el correspondiente trato. En su carta a los filipenses, Pablo les recuerda cómo Jesús descendió de los lugares celestiales para sufrir la humillante muerte de un criminal… por nosotros.

"Háganse solidarios con los humildes" significa literalmente: «Déjese arrastrar por los humildes». En la cultura secular griega y romana, ser visto con personas de poca monta podría ser fatal para las ambiciones de alguien. No solo los tenían por socialmente indeseables, sino que se pensaba que corrompían la moral de los ciudadanos decentes. Pero Pablo enseñó que la humildad busca personas marginadas y se arriesga a aceptarlas.

«No se crean los únicos que saben» repite el pensamiento del apóstol de 12:3. Las personas que piensan que son sabias e intentan hacer participar a los demás del secreto suelen ser las más ridículas de todos. Si alguien es sabio, los demás se dan cuenta.

Es justo decir que la mayoría de las personas aspiran al tipo de amor descrito por Pablo. No sé de alguien que no quisiera dejar un legado duradero de gratos recuerdos para la familia y los amigos. ¿Entonces por qué es el amor cristiano tan poco común? ¿Por qué la gente se esconde tras máscaras o se vuelve tan falta de sentido crítico? Por dos motivos: orgullo y temor.

El orgullo envenena el amor. Algunos hombres y mujeres poseen un increíble talento y un impresionante intelecto, pero no aman porque son demasiado orgullosos para inclinarse, demasiado orgullosos para extender la mano, demasiado orgullosos para pedir ayuda, demasiado orgullosos para ser vulnerables. De manera que se cubren el rostro con algo bonito, montan un buen espectáculo, fingen interesarse, y mantienen superficiales todas sus relaciones. De esa manera no hay riesgos de que los conozcan bien… o los hieran.

El temor no es menos mortal para el amor. Algunos temen dar genuino amor porque este viene con el terrible riesgo de una pérdida o quizá un rechazo. Así que se conforman con agradar a la gente, no importa a qué costo de su integridad personal. Demasiado tímidos para confrontar y demasiado frágiles para buscar el bien, aceptan a cualquiera con el que se tropiezan y se consuelan diciéndose: «Amo sin condiciones». Pero en realidad, su amor es una fruslería barata.

La ironía es que la gente sabe cuando el amor es hipócrita o carece de sentido crítico. Tarde o temprano, se dan cuenta de que el orgullo escenifica un espectáculo o cuando el miedo negocia seguridad. El amor motivado por el orgullo es egoísta y no sustituye en absoluto al amor real, el cual es sobre todo desinteresado. El amor, en sus más simples términos, busca el máximo bien para la otra persona.

A veces, el amor es duro, severo, adusto, no dispuesto a mirar hacia otro lado cuando está presente el mal. No hace que uno se sienta cómodo diciéndoles lo que quieren oír. Tristemente, a veces el amor tiene que ser duro, firme, y estricto. Más a menudo, sin embargo, el amor tiene que ser tierno, signado por la compasión, la comprensión, la tolerancia, la gracia y el perdón. En todo caso, ya sea duro o tierno, el amor auténtico busca el máximo y más elevado bien para el otro.

Aplicación

El amor auténtico y el cuerpo de Cristo

Pablo continúa su petición de gracia en la dimensión horizontal, llamando a un amor «no hipócrita». En tanto que el amor hipócrita no es sino urgencias impulsivas y sentimientos ociosos, el amor genuino requiere actuar en el mejor interés de la otra persona. No obstante, el amor genuino es también juicioso, no ingenuo (12:9). Llámeme poco romántico, pero no creo en un amor infinito ni en un amor sin límites. El amor genuino nunca se derrama por sobre los límites de la verdad por un lado y del discernimiento, por otro. Por ejemplo, un muchacho puede decirle a sus padres: «Si me aman, me darán lo que quiero». Un padre sabio responderá: «Porque te amo, te daré lo que sea mejor para ti».

Pablo sigue describiendo el amor como cariñoso, que honra, entusiasta, paciente, generoso, gracioso, simpático, y por último lleno de humildad, que busca el mayor bien del otro antes que el propio (12:10–16). De manera interesante, la exhortación de Pablo sobre el amor auténtico sigue inmediatamente a su descripción de los dones espirituales y el cuerpo de Cristo. Él hizo lo mismo en su carta a los corintios. Su famoso «capítulo del amor» (1 Corintios 13) sigue a su larga descripción de la vida del cuerpo (1 Corintios 12).

A la mayoría de nosotros no nos cuesta mucho comprender cómo estas verdades se aplican al amor dentro de una familia o entre los miembros de nuestra familia extendida. Aunque frecuentemente no aplicamos lo que sabemos, sabemos lo que *debemos* hacer. ¿Pero cómo se demuestra «el amor sin hipocresía» dentro del cuerpo de la iglesia local, especialmente si esta tiene cientos de creyentes que no nos es posible conocer personalmente?

La respuesta es «sirviendo». Dios le ha dado la capacidad sobrenatural de funcionar como un miembro vital dentro del cuerpo de Cristo. Usted tiene adentro un don que puede o no estar influido por su personalidad, su entrenamiento o su vocación. El Espíritu Santo lo provee de manera sobrenatural porque él lo ama y —de igual importancia— él ama a su iglesia. Él lo ha dispuesto específicamente a usted y al cuerpo para que se necesiten el uno al otro. En otras palabras, su iglesia está incompleta sin usted, como un cuerpo al que le falta un órgano vital, y cuando usted deja de suplir lo que Dios ha puesto dentro de usted, toda la iglesia sufre.

Déjeme ofrecer unas cuantas sugerencias prácticas para quienes quizá no han servido en la iglesia y no saben dónde comenzar.

1. *Conózcase a usted mismo*. No soy un gran fanático de los inventarios de dones espirituales. ¡La única manera de descubrir el don espiritual propio es ponerse a servir! Sin embargo, una prueba bien diseñada de los dones espirituales o perfil de personalidad específico a la iglesia puede ser un buen lugar para comenzar si usted no sabe aun cómo le gustaría

ayudar. El personal de su iglesia puede tener alguna encuesta preferida, o usted puede encontrarla en la Internet. No ignore los resultados. Al mismo tiempo, preste cuidadosa atención a los deseos de su corazón. Ambos son importantes. ¿Se siente atraído hacia algún ministerio o función particular?

2. *Pida ayuda*. Llame a la oficina de su iglesia y pregunte quién sería la persona indicada para ayudarle a encontrar un lugar para servir, y hable con ella. En la reunión, explique su deseo de servir y pida ayuda para encontrar la mejor correspondencia entre su deseo y la necesidad de la iglesia. ¡Esté preparado para revivir a un alma en pena! Esto será un trauma delicioso. Puedo contar con las dos manos (y me sobrarían dedos) las veces que he tenido feligreses que terminan de esa manera.

3. *Sirva fielmente*. La mayoría de las iglesias le pedirán que se comprometa a un término mínimo de servicio. Usted enfrentará sin duda retos por las demandas del papel a desempeñar y estará tentado, ya sea a escapar asustado… o a abandonarlo. Pero persevere. Comparta sus conflictos con su líder, pídale ayuda, y sirva fielmente lo mejor que pueda. Entonces, al final de su período de servicio, use su experiencia para encontrar un papel más adecuado. Eventualmente —y más pronto de lo que usted piensa— habrá encontrado su lugar. Un recordatorio: Este requerirá sacrificio. Pero con el transcurso de los años, las palabras del gran predicador John Henry resuenan verdaderas: «El ministerio que no cuesta nada, no logra nada».

4. *Descubra su don*. Cuando usted ofrende con fidelidad y sacrificio un amor sincero dentro de su congregación, descubrirá dónde y cómo sirve mejor. Cuando el trabajo se convierte en una labor de amor, cuando se siente estimulado por el cansancio, habrá descubierto su lugar en el cuerpo. ¡Entonces es que comienza de veras el gozo! ¡Extraño como puede parecer, el ministerio lo desempeñan personas cansadas!

Como la mayoría de las cosas en la vida, el amor auténtico no es súbito ni fácil. Pero cuando usted hace prioritario el servicio al cuerpo de Cristo, no será capaz de imaginar la vida sin él. Aun más, las recompensas que vienen a su encuentro serán notables.

Haga el bien cuando le han hecho mal (Romanos 12:17-21)

[17] No paguen a nadie mal por mal. Procuren hacer lo bueno delante de todos. [18] Si es posible, y en cuanto dependa de ustedes, vivan en paz con todos. [19] No tomen venganza, hermanos míos, sino dejen el castigo en las manos de Dios, porque está escrito: «Mía es la venganza; yo pagaré», dice el Señor. [20] Antes bien,

«Si tu enemigo tiene hambre, dale de comer;
si tiene sed, dale de beber.

Actuando así, harás que se avergüence de su conducta».

[21] No te dejes vencer por el mal; al contrario, vence el mal con el bien.

Will Rogers, el finado autor y humorista, una vez dijo: «Nunca he conocido un hombre que no me cayera bien». Se ve que Will Rogers nunca conoció a mi instructor de ejercicios en la Marina de Guerra. Este era tres cuartas partes tendón y el resto espina dorsal, y no estoy seguro que a su propia madre le gustara. Will Rogers no conocía al anciano de la iglesia que una vez comenzó una reunión privada conmigo esgrimiendo un arma y comprobando que estaba cargada! Y usted puede estar seguro que Will no conoció a la persona que le hizo a usted la vida insoportable.

Seamos sinceros: todos tenemos gente que no nos gusta y hay quizá más a las que nosotros no les gustamos. Queremos creer que ellos están ausentes de nuestros pensamientos, pero como un fantasma nos persiguen cuando estamos fatigados o solitarios o descorazonados. Esto es frustrante porque nos hemos ofrecido como sacrificio vivo, pero las acciones pecaminosas de otra persona nos tientan a descender del altar y aplicar una muy merecida justicia.

Para permanecer sacrificados, permanecer sometidos a los caminos de Dios en lugar de al sistema del mundo requiere algo mayor que fuerza natural. Por dicha, el Señor nos ha prometido capacidad sobrenatural para elevarnos sobre las maliciosas acciones de otro. Pero, como la gracia, esta viene por medio de la fe. Y la fe es una decisión de obedecer a Dios cuando los tiempos en que vivimos nos apremian a que no lo hagamos.

— 12:17 —

El consejo de Pablo es lo suficientemente directo: «No devuelvan a nadie mal por mal» (mi traducción literal). Al explicar las cualidades del amor genuino, Pablo hace eco de las palabras de Cristo: «Bendigan a quienes los persigan; bendigan y no maldigan» (12:14; Mateo 5:44; Lucas 6:28). ¿No es interesante que tanto Jesús como Pablo nos instruyan a cuidar nuestras palabras? El corazón es un pozo y la lengua es una cubeta. Los labios sólo pueden sacar lo que está en el corazón, y un corazón no transformado contiene un insaciable deseo de proteger sus propios derechos.

Los planes para vengarse comienzan con una maldición. Un diccionario teológico anota: «Las maldiciones, que se encuentran en casi toda la historia religiosa, son expresiones destinadas a causar mal por medio de una acción sobrenatural»[46]. Hoy en día no traficamos con magia blanca y encantamientos maliciosos, pero sí maldecimos, sí queremos que venga el mal sobre la persona que nos ha herido u ofendido. La forma en que decidimos responder verbalmente nos prepara para nuestra decisión siguiente. Si queremos obedecer el mandato de no devolver mal por mal, tenemos que controlar la lengua. Primero tenemos que obedecer el mandato de «bendigan y no maldigan».

La palabra «bendecir» significa «bien decir» o «hablar bien de». Es el mismo término que obtenemos de la palabra castellana «elogio». Debemos elogiar a la persona que nos ha ofendido… *antes que la vida de esta haya terminado*. No obstante, no podemos esperar hasta que lo sintamos; tenemos que decidirlo deliberadamente, contrario a nuestra naturaleza. De otra manera, el deseo de venganza se enconará.

Fíjese en la alternativa de devolver mal por mal: «Procuren hacer lo bueno». El verbo «procurar» en griego descansa sólidamente sobre el concepto de prever, percibir o ver. Esto tiene mucho sentido. Debemos mirar más allá de la ofensa para ver qué de bueno podemos hacer, de manera que nuestras acciones no sean simples reacciones. Nuestro comportamiento debe estar guiado por un carácter piadoso, no llevado de aquí para allá por este insulto o esa ofensa.

— 12:18-20 —

Así y todo, Pablo es realista. Él —quizá mejor que la mayoría de los hombres— comprende que algunas personas están decididas a ser enemigas nuestras independientemente de la manera en que decidamos comportarnos. Algunos individuos viven para pelear y no sabrán qué hacer si no tienen a quien molestar. En la medida que dependa de nosotros, debemos vivir en paz con todos. ¿Cómo? Pablo sugiere dos respuestas, una pasiva y una activa.

Primero, cuando un enemigo causa un daño intencional, debemos dejarlo pasar sin respuesta. Ahora bien, permítame aclarar. Esta no es una situación en la cual una persona causa daño a otra en sus relaciones y tiene que ser confrontada a fin de restaurar el vínculo. En ese caso, debemos seguir el procedimiento bosquejado por Jesús en Mateo 18:15-17. Aquí, Pablo se refiere a las acciones de un enemigo —quizá alguien fuera del cuerpo de Cristo, ¡aunque no necesariamente!— en las cuales intenta a todas luces dañar al otro. La confrontación no tendría objetivo. Pablo aconseja: Déjalo pasar.

Note el motivo por el que debemos dejar de lado nuestra venganza. Es que debemos dejar «el castigo en las manos de Dios». Al principio, lo tomé como que significaba algo como esto: «No busques dañar a tu enemigo para devolver una ofensa. Deja que Dios lo haga por ti, ¡pues él lo puede dañar mucho peor que tú!» Y es muy posible que usted haya escuchado ese tipo de enseñanza antes. Pero la ira de Dios siempre es redentora, nunca punitiva ni rencorosa. La ira de Dios durante esta era de gracia persigue al pecador, corta sus vías de escape, le muestra las consecuencias del pecado, lo castiga y hace miserable su continuo pecar. ¿Para qué? Para conducir al individuo al arrepentimiento. Para manifestarle gracia. Para redimir a nuestro enemigo como él ha redimido a todos los creyentes.

Cuando tomamos venganza, nos atrevemos a interponernos entre Dios y su amado, a quién él pueda decidir buscar. Aun más, presumimos tomar el lugar del Creador como juez en la vida de otra criatura. Un día la era de la gracia terminará y comenzará el tiempo del juicio. Si esa persona es en última instancia condenada a sufrir la ira eterna de Dios, es de las que nos dan lástima, no de aquellas con quienes soñamos ajustar cuentas.

La segunda respuesta que Pablo sugiere es más activa: extiéndale la misma hospitalidad que le extendería a un extranjero amigable. La referencia a comida y bebida se inspira en el deber del Medio Oriente de proveer a los viajeros una comida y un lugar seguro para dormir. No obstante, permítame aclarar unos cuantos malos entendidos.

Este texto no es una demostración de pacifismo. Pablo no escribía sobre la política exterior de una nación. Estas instrucciones son para individuos que se consideran blanco de los actos malignos de otro. Aun más, Pablo no intenta condenar el buen sentido de defenderse uno mismo o su familia de un ataque físico. Si alguien trata de introducirse en su casa en medio de la noche, usted no dice: «Oiga, no olvide mirar en la habitación de los medios, allí hay muchos aparatos electrónicos que disfrutaría». ¡No! ¡Luche! Llame a la policía, haga que arresten al intruso, y preséntele cargos.

Pablo no intenta que esto nos prohíba proteger la patria, la esposa o la familia de un intruso. Antes bien, esto va dirigido a argumentos acalorados, acusaciones maliciosas, calumnias deliberadas y manejos políticos sucios en el trabajo, la escuela, el vecindario o aun en la iglesia. Está bien protegerse usted y a su familia. No obstante, hay una fina línea entre protección y venganza. Puede ser difícil verla, sobre todo al calor del momento. Nuestra mejor política es buscar maneras de ser amable con un enemigo y pelear solo para sobrevivir a un peligro inmediato para la salud o la vida.

El propósito de pagar bien por mal es «amontonar ascuas de fuego sobre su cabeza». Nadie sabe con certeza el origen de esta ancestral metáfora. Algunos sugieren que apunta a una antigua práctica egipcia de llevar una bandeja de carbones sobre la cabeza como señal de contrición. Yo creo que la frase es solo un modismo que describe humildad, no muy diferente a nuestra expresión: «Se me acercó con el sombrero en la mano». Durante la Gran Depresión en Norteamérica, un hombre acaudalado a veces no tenía otra opción que acercarse a un grupo de amigos en busca de una donación. Era una experiencia humillante quitarse el sombrero en medio de la desesperación con la esperanza de que dejaran caer en él unas cuantas preciosas monedas. En la antigüedad, permitir que se apagara el fuego en una casa era visto como el epítome de la irresponsabilidad. La humillante experiencia de caminar a casa desde la casa de un vecino con una bandeja de carbones probablemente hizo surgir esta imagen universal de humildad.

Cualquiera que sea el origen de la frase, el significado está claro. El propósito de la amabilidad es permitir que la conciencia del enemigo haga su parte. Ojalá que nuestra buena conducta, nuestra humildad, logren como recompensa la humildad y el arrepentimiento.

— 12:21 —

El conciso resumen de Pablo sobre el tema de la venganza podría ser una declaración misionera para lo que podríamos llamar «el plan maestro de salvación». El propósito supremo de Dios es rescatar su creación del control del mal, transformarla de manera sobrenatural y hacerla regresar bajo el dominio de su justicia. En otras palabras, Dios vencerá al mal del mundo con su bien. Al seguir el mandato de Cristo de «bendecir y no maldecir» (12:4; Mateo 5:44; Lucas 6:28) y devolver bien por mal, hacemos como Dios hace y nos convertimos en participantes activos de su gran plan para el mundo.

Cuando vuelvo a examinar la enseñanza de Pablo sobre cómo responder a los enemigos, veo un gran monto de sabiduría madura y sensibilidad práctica. Su consejo es conciso sin volverse trivial. Es ásperamente realista. Note, sin embargo, que él nunca usa la palabra «fácil». Devolver bien por mal no es un concepto complicado; es muy simple. No obstante, también es una de las más difíciles tareas que emprendemos a lo largo de la vida.

Seamos sinceros. Perdonar una ofensa es mucho más fácil cuando la persona culpable está contrita y se ha disculpado. Cuando vemos nuestro dolor reflejado en su remordimiento, las maldiciones fácilmente se disuelven en bendiciones. Pero cuando el ofensor se deleita de nuestro sufrimiento o se beneficia de nuestro agravio, decidir tratarlo amablemente desafía todo lo que conocemos sobre la justicia y el juego limpio. La amabilidad sería una respuesta que va más allá de nuestras capacidades naturales. Requerirá una fuerza sobrenatural. Afortunadamente, eso es lo que Dios ha prometido.

Aquí es donde el consuelo de Pablo en 8:28–39 encuentra aplicación práctica. Cuando estoy golpeado por un enemigo, cuando me bamboleo a causa de su última mala acción, es fácil preguntarse: *Si no me ocupo de mi bienestar, ¿quién lo va a hacer?*

Tristemente, es raro encontrar otros creyentes que salten en nuestra ayuda cuando vuelan las flechas del enemigo. Muchos prefieren curar nuestras heridas después del ataque en lugar de arriesgarse a estar junto o frente a nosotros cuando necesitamos la mayor ayuda. ¡Los defensores no abundan! Y, para que las cosas sean peores, Dios parece distraído o desinteresado si no cruelmente distante mientras nuestros enemigos hacen de las suyas. (Pregúntele a Job). En tiempos como este, la anterior pregunta de Pablo demanda una respuesta. «Si Dios está de nuestra parte, quién puede estar en contra nuestra? (8:31). Es una pregunta de fe. ¿Creemos de veras que Dios tiene el control y que nos preservará del peligro, incluyendo los ataques del enemigo? Cómo respondamos determinará si de nuestros labios sale una maldición o una bendición, lo cual a su vez lleva a la amabilidad o a la venganza.

Antes dije que el corazón es un pozo y los labios solo pueden sacar de lo que hay en el corazón. Mucho antes que el enemigo cree una crisis, la respuesta a la pregunta de fe de Pablo tiene que llenar nuestros corazones. Si esperamos hasta que estemos esquivando misiles, nuestra respuesta será sombría. De manera que, preparémonos ahora. Resolvamos la cuestión antes de la crisis y dejemos que nuestros corazones estén completamente convencidos. Lea la respuesta a la pregunta de fe de Pablo en 8:32–39 y hágala confiadamente su actual objetivo espiritual. Vuelva a leerla… en voz alta. Pídale al Espíritu Santo que transforme su mente (cf. 12:2) de manera que usted acepte su verdad con tanta naturalidad como hace con la ley de la gravedad. Entonces, cuando un enemigo le dispare, usted tendrá la capacidad sobrenatural de responder con calma, resolución, compostura, y la confiada amabilidad de Dios.

Aplicación

Lo que debemos hacer cuando nos han hecho mal

Si alguien entendió el dolor de la ofensa personal, ese fue Pablo. Además de los peligros de la naturaleza, sobrevivió a numerosos y brutales asaltos mientras cruzaba de un lado al otro el imperio entre Jerusalén y Roma. Soportó numerosos azotes y hasta lapidaciones por hombres que querían silenciar el evangelio. Resistió ataques verbales llenos de desdeño de rivales religiosos, incluyendo paganos, judíos… y hasta compañeros cristianos. Ningún líder de la iglesia del primer siglo sufrió más a manos de otros que Pablo. De ahí que su mandato en 12:17: «No paguen a nadie mal por mal», vino a costa de un gran sacrificio personal.

La enseñanza del apóstol sobre los ataques personales se puede reducir a tres principios, cada uno de los cuales sugiere una respuesta devota.

1. *El mal provoca más mal; no obedezcas a tu reacción natural.* Todos tenemos instintos naturales muy arraigados. Cada célula de nuestro cuerpo está programada para la supervivencia. Cuando algo se aproxima demasiado a nuestro rostro, nos echamos para atrás. Cuando estamos a punto de caer, extendemos las manos. Estamos en nuestro auto y otro auto comienza a dar marcha atrás rápidamente, tocamos la bocina. Esas son respuestas naturales, instintivas. Pablo nos llama a responder de manera sobrenatural, lo cual significa que debemos frenar nuestra respuesta natural.

2. *Nuestro deseo de justicia está corrupto; rehúse buscar la suya.* La justicia honra a Dios. Por eso el Señor nos dio gobiernos, los cuales faculta para el bien común. Como portadores de la imagen de nuestro Creador, deseamos la justicia cuando alguien nos agravia; no obstante, a diferencia de nuestro Creador, nuestro deseo de justicia está alimentado por el orgullo, el miedo, el odio y el egoísmo. Por lo tanto, estamos descalificados. Pablo nos llama a rendir nuestro deseo de justicia y más bien buscar bendición para el ofensor.

3. *Nuestra venganza no deja lugar para la gracia; someta la cuestión a Dios.* Cada persona tiene una inevitable cita con la muerte, y en ese momento cada uno comparecerá delante de su Hacedor para ser juzgado. Si está pendiente el castigo, entonces —y ni un segundo antes— Dios se encargará de nuestra venganza de acuerdo con las acciones de la otra persona. Mientras tanto, el Señor extiende la oferta de gracia a todos los que hacen mal. Aun la justicia dispensada por los gobiernos es un instrumento de castigo de sus manos, el cual usa para traer a los incrédulos al arrepentimiento. ¿Se atreve a interferir? Pablo nos llama a permitir que Dios sea el juez de las almas, que dispense justicia o conceda misericordia de acuerdo con su infinita sabiduría.

Tras sufrir la acción pecaminosa de otro, necesitamos reponernos, y la venganza susurra una tentadora promesa, ¿no es así? «La venganza curará esa herida emocional y lo hará sentir del todo bien». Pero esa es una mentira. La venganza no puede curar las heridas. Sólo la gracia puede hacerlo. La gracia en la forma de un arrepentimiento de corazón y una disculpa sincera irán lejos, pero los que ofenden casi nunca se arriesgan a asumir ese tipo de humildad. Afortunadamente, la gracia de Dios está disponible en abundantes cantidades, pero solo para quien la pida. Así que, en lugar de buscar retribución, pida gracia. Entonces sofoque las persistentes mentiras de la venganza dando otro paso hacia la cura: «Bendigan a quienes los persigan; bendigan y no maldigan» (12:14, 21).

De mi diario

«Cariño… Olvídelo»

El ministerio no se vuelve más fácil después de cuarenta y seis años. Aun después de toda esa experiencia, todavía tengo un miembro de la iglesia ocasionalmente provocador de úlceras decidido a sacarme del púlpito. He aprendido a hacer trizas las cartas anónimas antes de leerlas y a ignorar a cualquiera que afirme hablar en nombre de una facción silenciosa, aunque poderosa —viejos trucos de la iglesia— pero este buscó herirme a través de mi familia. Eso puso a hervir mi sangre, y estuve a punto de decirle demasiado e ir demasiado lejos con mi respuesta.

Un día mi esposa, Cynthia, me oyó descargándome por teléfono con un amigo cercano acerca de la situación. Cuando terminó la conversación, colgué y me eché hacia atrás en la silla. Cynthia había estado abajo en nuestra habitación cuando me escuchó y vino hasta el pie de las escaleras. La escuché preguntar más bien quietamente: «¿Te puedo decir algo?»

Me levanté del escritorio, caminé hasta la escalera, me senté en el escalón superior, y dije: «Claro».

«Olvídate de eso». Se mantuvo allí de pie, mirándome. «¡Olvídate de eso!», repitió.

Sus palabras volaron escaleras arriba y me atravesaron el corazón.

«Oí tu voz, escuché tu tono, y oí tu volumen desde la habitación. Vamos, cariño… Olvídate de eso».

Sabias palabras de una esposa preocupada. No estaba preocupada porque yo estuviera haciendo algo malo, u ofendiendo a alguien, ni siquiera tomando una acción particular. Nada de eso importaba. Estaba preocupada por lo que mi resentimiento me estaba haciendo bien adentro.

Yo necesitaba olvidarlo. Lo hice.

Neil Anderson escribió: «Perdonar es aceptar vivir con las consecuencias del pecado de otra persona. Usted va a vivir con esas consecuencias, quiéralo o no; su única opción es si lo hará en la amargura de no perdonar o en la libertad del perdón»47.

Mientras se aferra a un mal que le han hecho, será vencido por ese mal y hecho víctima de lo que debe dejar. De modo que tiene una sola opción: no es tan complicado; sin embargo, es cualquier cosa menos fácil. Aprenda de la experiencia. Olvídelo.

Cómo ser un rebelde piadoso (Romanos 13:1-7)

¹ Todos deben someterse a las autoridades públicas, pues no hay autoridad que Dios no haya dispuesto, así que las que existen fueron establecidas por él. ² Por lo tanto, todo el que se opone a la autoridad se rebela contra lo que Dios ha instituido. Los que así proceden recibirán castigo. ³ Porque los gobernantes no están para infundir terror a los que hacen lo bueno sino a los que hacen lo malo. ¿Quieres librarte del miedo a la autoridad? Haz lo bueno, y tendrás su aprobación, ⁴ pues está al servicio de Dios para tu bien. Pero si haces lo malo, entonces debes tener miedo. No en vano lleva la espada, pues está al servicio de Dios para impartir justicia y castigar al malhechor. ⁵ Así que es necesario someterse a las autoridades, no solo para evitar el castigo sino también por razones de conciencia.
⁶ Por eso mismo pagan ustedes impuestos, pues las autoridades están al servicio de Dios, dedicadas precisamente a gobernar. ⁷ Paguen a cada uno lo que le corresponda: si deben impuestos, paguen los impuestos; si deben contribuciones, paguen las contribuciones; al que deban respeto, muéstrenle respeto; al que deban honor, ríndanle honor.

Por los siguientes breves momentos, viaje hacia atrás en el tiempo conmigo e imagínese luchando con un dilema moral particular. Usted tiene que seguir su conciencia cristiana u obedecer a su gobierno.

Comenzamos en 1760. Usted es un ciudadano inglés. Se crió y educó en Londres, donde su familia ha vivido por generaciones. Usted es leal a la corona, aunque no siempre concuerda con las políticas del rey Jorge. Inglaterra ha sido buena con usted; el negocio de su familia ha prosperado. A la hora debida, su padre siente su necesidad de aventura y propone que usted se establezca en las colonias al otro lado del Atlántico. A usted lo atraen el riesgo y las posibilidades de una vida en la Nueva Inglaterra. De manera que planea el viaje, parte para América, compra una propiedad y comienza a desarrollar su negocio.

Cuando usted arriba, se escucha hablar de una revolución, pero nada lo impulsa a prestarle oídos al rumor. No obstante, cuando pasan los años, comprende por qué los colonos están molestos. Por doquier aparecen impuestos y amenazan con drenar su nuevo negocio. Y no parece que devuelven el dinero bajo la forma de servicios gubernamentales. Usted ha compartido las injusticias que sus amigos americanos han soportado, pero sigue siendo un leal súbdito de la corona.

El tiempo pasa rápidamente. El asunto de la revolución no se puede obviar mucho más. Usted tiene que decidir su lealtad. ¿Qué hace? Su corazón está con su patria pero su conciencia ha echado raíces en suelo americano. ¿Se queda usted? ¿Se pone de parte de los ingleses o se opone a sus compatriotas? Pronto una coalición de revolucionarios lo invita tomar las armas junto a ellos. ¿Se convierte en un *Minuteman* [miliciano] o se distancia y ora para que aparezcan los soldados ingleses?

Viaje cien años hacia adelante hasta 1860. Posee una plantación al sur de Alabama, doce mil acres de algodón, maíz, duraznos... y muchos esclavos para hacer el trabajo. El sistema ha permitido que usted acreciente su riqueza año tras año, y las cosas no pueden ser mejores para usted o su estado.

Pero usted ha depositado recientemente su fe en Jesucristo, y ahora usted pugna porque su pastor, un hombre de valor poco común, está predicando contra la esclavitud. Sus iguales le dicen que la esclavitud es moral y mas aún que está justificada por la Escritura, pero en la tranquila profundidad de su alma, usted sabe qué es lo mejor.

Entonces, el asunto lo confronta hasta la médula cuando se elige un nuevo presidente para el cargo en noviembre de 1860, su estado abandona la Unión en febrero de 1861, y comienza una guerra abierta en abril. ¿Qué hace usted? ¿Libera usted a sus esclavos, abandona la heredad de su familia, se traslada al norte, y lucha a favor del ejército de la Unión? ¿O ignora su conciencia, se queda con sus esclavos y permanece en el Sur?

Adelante el tiempo hasta el año 1936. Usted es un cristiano alemán que vive en Berlín. A un dictador, enfermo de prejuicios, se le ha dado un inmenso poder por un número creciente de conciudadanos sin criterio y a veces violentos. Pero el futuro es brillante para Alemania. La prosperidad ha vuelto, la gente trabaja de nuevo, su negocio al fin proporciona ganancias, y las olimpiadas de verano en Berlín permitirán que Alemania se sienta orgullosa otra vez.

Mientras tanto, a algunos de sus amigos y vecinos judíos se les ha obligado a llevar puesta una ominosa Estrella de David y han estado desapareciendo sin razón. Con cada día que pasa, se le presiona para decidir su lealtad: apoyo al Führer y la mayoría de sus iguales o abogar por un trato justo a los judíos y otros «indeseables». ¿Se opondría abiertamente a su gobierno, o reconocería su soberanía y obedecería sus mandatos?

Los creyentes de Roma sin duda encontraron más fácil quedarse en la seguridad de sus propias comunidades que enfrentarse a sus magistrados paganos. De mantenerse distantes hacia todo lo que implicara al gobierno, hubieran encontrado menos dilemas morales. Por desdicha, veo que las mismas cosas suceden hoy. Los cristianos pueden volverse provocadoramente independientes, alimentando una animosidad rencorosa y aun una actitud antigubernamental. Casi ven como su deber debilitar el hocico del estado cada vez que pueden. Mi propio mentor, Ray Stedman, confesó haber tenido esta actitud cuando tuvo que pagar el impuesto sobre sus ingresos por primera vez.

> Mis ingresos habían sido tan pequeños durante mucho tiempo que no había tenido que pagar impuestos. Pero poco a poco aumentaron y por último tuve que pagar. Recuerdo lo resentido que estaba. De hecho, cuando envié mi planilla de impuestos la dirigí «Al Servicio de Rentas Infernales». Nunca contestaron, pero aceptaron mi dinero. Al año siguiente había mejorado un poco mi actitud. Me dirigí a ellos como «El Servicio de Rentas Eternas». Pero me he arrepentido de esos pecados, y ahora espero pagar mis impuestos alegremente[48].

También observo una actitud indiferente de no involucrarse, la cual es por igual insana. La persona con esta postura remisa piensa: «Somos ciudadanos del reino de Dios, así que cualquiera y toda participación en los asuntos civiles es una pérdida de tiempo en el mejor de los casos, y en el peor, una participación potencialmente pecadora. ¿Por qué preocuparme?

El apóstol Pablo piensa de modo diferente y explica por qué los cristianos deben evitar cualquiera de esos dos extremos.

— 13:1 —

Un aspecto importante de lo que he estado llamando «gracia horizontal» es la ciudadanía responsable. Pablo manda a los residentes de Roma —y aquellos que después leerían su carta— a sujetarse a las autoridades gubernamentales.

Si esto fuera todo por lo que tuviéramos que considerar, este requerimiento sería confuso. Las autoridades temporales están destinadas a caer cuando Jesús regrese a la tierra como rey. Aun más, estas autoridades son parte y parcela de un sistema mundial que recompensa el mal y se opone a la justicia de Dios. Entonces, ¿el obedecerlos no equivale a oponerse al orden de Dios?

No necesariamente. Pablo sigue explicando que aunque el mundo se ha rebelado y un maligno sistema mundial nos rige, Dios mantiene el control. A todas las autoridades terrenales se les ha concedido un monto limitado de autoridad, y aunque a menudo se comportan deficientemente, el Señor las usa para llevar a cabo sus propósitos (Isaías 45:1; Jeremías 25:9; Daniel 4:32). Por lo tanto, como una regla general, no debemos subvertirlas. Entonces Pablo da tres razones:

> Las autoridades terrenales son agentes de la ley y el orden (13:1).
> La obediencia civil nos permite temer a Dios, no a las personas (13:2–4).
> La obediencia civil nos permite vivir más allá de todo reproche (13:5–6).

Las autoridades terrenales son agentes de la ley y el orden. Después que Dios creó el mundo, lo llenó, lo organizó, y le dio propósito a cada cosa creada. Cuando los gobiernos establecieron leyes e hicieron justicia, honraron el orden creado por Dios, aun cuando no lo hicieron de manera perfecta. Así y todo, la anarquía es mala para todos. Por lo tanto, los gobiernos sirven los propósitos de Dios, ya sea que se lo propongan o no. Ellos se forman y prosperan con su permiso, y dejan de existir cuando ya no sirven a su plan.

— 13:2-4 —

La obediencia civil nos permite temer a Dios, no a las personas. Enemistarnos con un gobierno es oponernos al instrumento de justicia de Dios, hablando en términos generales. (Hay raras excepciones a esta regla). Todos los gobiernos, aun los crueles y totalitarios, quieren que sus ciudadanos vivan en paz, permanezcan productivos, y no ocasionen problemas. Las únicas personas que realmente necesitan temer son aquellas que están haciendo algo malo. Si usted quiere vivir sin temor, haga el bien. Obedezca las leyes, pague sus impuestos, pare en los semáforos en rojo, no se aproveche de la propiedad de su vecino, no invada su privacidad, no robe en los bancos. Además, si hacemos el bien, ganaremos una buena reputación ante aquellos que están en autoridad.

El beneficio de vivir sin temor del gobierno es doble. Primero, nos libera para temer a Dios —esto es, respetar su autoridad y hacer el bien porque esto le place—. En segundo lugar, nos libra para servir a Dios más libremente que si estuviéramos metidos en prisión innecesariamente.

— 13:5-6 —

La obediencia civil nos permite vivir por encima de todo reproche. La motivación para que los cristianos se comporten bien y obedezcan las leyes no es meramente para evitar ser capturados y castigados, sino para satisfacer sus propias conciencias. Presumiblemente, la conciencia cristiana es el producto de la trasformación del Espíritu Santo. Así que, de nuevo, obedecer la ley civil es someterse a Dios.

Los cristianos judíos habrían pugnado con este tema de pagar impuestos a un gobierno pagano, no a causa de un afán de lucro sino a partir de un deseo de permanecer santos. Los judíos consideraban los impuestos pagados al César como dinero quitado a Dios (Mateo 22:17-22; Marcos 12:14-17; Lucas 20:22-26). Pablo solo estimaba que el pago de impuestos era una contribución al bien común, lo cual Dios alentó aun durante el exilio: «Busquen el bienestar de la ciudad adonde los he deportado, y pidan al Señor por ella, porque el bienestar de ustedes depende del bienestar de la ciudad» (Jeremías 29:7). Aun más, debido a que los magistrados sirven con el permiso de Dios, pagar sus salarios sirve los intereses del Señor.

— 13:7 —

La declaración resumen de Pablo alienta a los cristianos a vivir respetuosa y honorablemente a los ojos del gobierno, cumpliendo todos los requerimientos y responsabilizándose con todas las obligaciones. Note que nuestra deuda con el gobierno incluye más que los meros impuestos y gravámenes (dinero); también debemos respeto, el cual Pablo describe como «temor» y «honor».

El apóstol simplemente aplica un principio anterior a nuestra relación con el gobierno: «En cuanto dependa de ustedes, vivan en paz con todos» (12:18). Cuando cumplimos todos los requerimientos de la buena ciudadanía, lanzamos una luz positiva sobre Jesucristo y, quizá, creamos oportunidades para proclamar las buenas nuevas con mayor libertad.

Pablo sabe que la cuestión de la obediencia a las autoridades mundanas puede ser espinosa para el cristiano. Después de todo, él escribe a creyentes de Roma cerca de mediados del reinado de Nerón, el cual se volvería horriblemente brutal dentro de unos pocos años. Comprende que obedecemos a un Rey celestial —el cual la mayoría de los gobiernos no reconocen y al que frecuentemente se oponen— pero tenemos que «vivir en paz con todos» (12:18), incluyendo a la autoridad. Es un equilibrio delicado que puede ser difícil de mantener. Tenemos que permanecer comprometidos significativamente con las autoridades mundanas sin perder lo que nos distingue en lo moral. Tenemos que cooperar con las demandas del gobierno mientras que tratamos pacíficamente de permearlo con las buenas nuevas. En otras palabras, ¡tenemos que aprender a volvernos rebeldes piadosos!

Sin embargo, en raras ocasiones, no nos queda otra opción sino desobedecer los mandatos del gobierno y, en ocasiones aun más raras, tenemos que buscar sacarlo del poder. Todos los gobiernos hacen cosas que son inmorales, pero por lo regular nuestra mejor respuesta es permanecer significativamente comprometidos de manera que nuestra influencia pueda cambiar las cosas para mejor. Pero cuando una autoridad gubernamental nos manda a hacer algo inmoral, esa es una cuestión completamente diferente.

Tenemos el deber de *desobedecer* ese mandato (cf. Hechos 5:29). Pacífica y respetuosamente, tenemos que hacer como Dios manda. Esto puede resultar en que tengamos que aceptar las consecuencias de nuestra decisión, la cual puede incluir castigo, persecución, o tener que refugiarnos en alguna otra parte.

Muy rara vez, es posible que nos llamen a tomar las armas y luchar para proteger al inocente de regímenes bien crueles. Pero cuando eso ocurre, lo único correcto es pelear.

Aplicación

Cuando lo correcto es pelear

Pablo estaba preocupado por los cristianos de Roma. El clima político se tornaba cada vez más hostil tanto hacia judíos como cristianos, quienes habían ganado reputación por «su odio y enemistad hacia el género humano», de acuerdo con un escrito romano de ese tiempo[49]. El apóstol sabía la verdad, por supuesto, pero las reputaciones —aun las injustas— pueden ser poderosas. La ausencia de cristianos en la vida pública creó un vacío, el cual se llenó de temor y maledicencia. Por lo tanto, en una radical desviación de la política judía del primer siglo, la cual alentaba a los judíos a permanecer separados y ajenos, Pablo urgió a los creyentes a participar de manera significativa en la vida pública y apoyar a su gobierno pagano como un involuntario instrumento de Dios.

El gobierno de Estados Unidos se está pareciendo a otras naciones al volverse hostil —no solo indiferente— hacia el cristianismo, inclusive viendo el teísmo como una amenaza contra el bien común. En consecuencia, los cristianos alrededor del mundo encuentran una creciente afinidad con los cristianos de la Roma del primer siglo. Nuestra respuesta ahora no debe ser diferente a la de la audiencia original de Pablo. Tenemos que permanecer bastante comprometidos en los asuntos públicos y dejar que nuestra influencia positiva cree oportunidades para la difusión del evangelio.

Por desgracia, en algunas ocasiones tenemos que oponernos a nuestros gobiernos. La mayoría de las democracias proveen medios de «desobediencia civil», por medio de la cual se puede disentir pacíficamente desde dentro del sistema. En gobiernos estables que están relativamente libres de corrupción, este es el medio más efectivo para corregir los errores oficiales. Los tribunales pueden ser útiles herramientas para el cambio.

En raras ocasiones hay que confrontar las políticas gubernamentales más dramáticamente. Cuando se aprueben leyes que requieren violar los claros mandatos de la Escritura, tenemos el deber de desobedecer pacíficamente. Cuando la política gubernamental comienza a abusar o victimar a personas indefensas, tenemos que iniciar una acción pacífica para oponernos a esa persecución. Un buen ejemplo de este tipo de acción es la campaña de desobediencia civil conducida contra las leyes racistas del Sur americano durante los años de la década de 1960. Los manifestantes, aunque a menudo sufrieron maltratos, nunca dispararon un tiro.

En circunstancias extremadamente raras, cuando todos los otros medios de cambio se han agotado, las injusticias se han convertido en cuestión de vida o muerte, y lo urgente de la situación no deja alternativa, los hombres buenos tienen que tomar las armas para confrontar el mal por la fuerza. Esto no es para condonar el terrorismo u otros salvajes actos de violencia, sino para reconocer que a veces la guerra es una imperiosa necesidad.

Cuando los gobiernos se comportan mal, la desobediencia y la oposición no deben saltar a la mente antes que se haya agotado todo esfuerzo de obedecer. Pablo mandó esto, no solo para enseñar a los creyentes a existir en embarazosa tensión con los gobiernos incrédulos, sino a alentar una relación de amor entre los cristianos y las autoridades civiles. Sí, usted leyó correctamente. Una relación de amor. Una creciente comprensión en la que los oficiales del gobierno se sientan aceptados, apoyados, alentados y aun apreciados. Cuán maravilloso sería para un asediado burócrata llegar a proferir un gran suspiro de alivio cuando descubra que usted es cristiano.

¡Despierte y vístase! (Romanos 13:8–14)

⁸ No tengan deudas pendientes con nadie, a no ser la de amarse unos a otros. De hecho, quien ama al prójimo ha cumplido la ley. ⁹ Porque los mandamientos que dicen: «No cometas adulterio», «No mates», «No robes», «No codicies», y todos los demás mandamientos, se resumen en este precepto: «Ama a tu prójimo como a ti mismo». ¹⁰ El amor no perjudica al prójimo. Así que el amor es el cumplimiento de la ley.
¹¹ Hagan todo esto estando conscientes del tiempo en que vivimos. Ya es hora de que despierten del sueño, pues nuestra salvación está ahora más cerca que cuando inicialmente creímos. ¹² La noche está muy avanzada y ya se acerca el día. Por eso, dejemos a un lado las obras de la oscuridad y pongámonos la armadura de la luz. ¹³ Vivamos decentemente, como a la luz del día, no en orgías y borracheras, ni en inmoralidad sexual y libertinaje, ni en disensiones y envidias. ¹⁴ Más bien, revístanse ustedes del Señor Jesucristo, y no se preocupen por satisfacer los deseos de la naturaleza pecaminosa.

Estoy asombrado por la habilidad de los hombres y mujeres modernos para aislarse de mucho de lo que sucede a su alrededor, especialmente cuando viven en ciudades grandes y superpobladas. Con todo el ruido, la actividad y el rápido movimiento de nuestros tiempos, la habilidad de permanecer imperturbable es una cuestión de supervivencia. Pero eso tiene su precio. Podemos pasar por alto demasiado fácilmente lo obvio, perdernos lo que es importante, y en consecuencia dejar de involucrarnos en lo que debíamos.

Sin duda, los lectores de Pablo sintieron la misma presión en la Roma del primer siglo, el centro de la civilización occidental. Su gran tentación debe haber sido retirarse de cualquier intervención en la política; después de todo, ¿por qué malgastar el tiempo con un gobierno condenado a caer cuando Cristo regresara? Estoy seguro de que apenas veían la necesidad de interactuar con sus vecinos, cuyos sentimientos antisemitas y anticristianos comenzaban a germinar justo bajo el insano dominio de Nerón. Aun más, probablemente sentían que su tiempo sobre la tierra era breve, pues Cristo había prometido regresar en cualquier momento y establecer su reino. Así que Pablo aborda de frente sus nociones equivocadas.

LA JUSTICIA DE DIOS (ROMANOS 12:1 — 15:13)

Habiendo examinado las relaciones del creyente con otros en el cuerpo de Cristo (12:2–16) y habiéndoles enseñado cómo responder a los enemigos destructores (12:17–21), el apóstol aborda otras cuestiones urgentes para el cristiano: nuestra interacción con el gobierno (13:1–7), nuestra relación con los vecinos no salvos (13:8–10), y nuestra responsabilidad como embajadores de la justicia de Dios en el mundo (13:11–14).

— 13:8 —

El mandato «no tengan deudas pendientes con nadie» es sorprendente por dos razones. Primero, esto parece estar en directa contradicción con lo que mandó en 13:7: «Paguen [o devuelvan] a cada uno lo que le corresponda». En ambos versículos aparecen las palabras que se traducen «deber» (el grupo de palabras de *ofeilo*). De manera que Pablo escribe declaraciones que parecen contradictorias:

Pagad a todos lo que debéis (13:7, RVR1960)
No debáis a nadie nada (13:8, RVR1960)

Segundo, esto parecería una prohibición contra el tomar dinero prestado o cargar con cualquier deuda, lo cual utilizan algunos comentaristas para desalentar el uso de tarjetas de crédito, préstamos de automóvil, hipotecas, y aun préstamos para edificios eclesiásticos.

Sería magnífico si todos pudiéramos vivir libres de deudas. Algunos lo logran y todos aplauden eso. La gente ha preguntado: «¿Está endeudada nuestra iglesia?» «Sí», contesto, «y es una deuda que podemos manejar». Algunos han adoptado un tono de superioridad y preguntado: «Pero, ¿por qué estamos endeudados?» A lo cual contesto con una mueca: «¡Porque preferimos no reunirnos bajo la lluvia!»

Antes, cuando alquilamos un espacio, pudimos haber continuado pagando esa mensualidad a otros (dinero tirado por el caño), o pudimos convertir ese mismo pago en una hipoteca y pagar ese dinero por algo permanente. A veces una hipoteca es la mejor manera de administrar el dinero que Dios nos confía. Aun más, con el tiempo pagar dinero nos permite tener adecuadas facilidades mientras servimos las necesidades de las personas que Dios pone en nuestro camino.

Así y todo, tenemos que ser disciplinados y sabios con la deuda. El verbo en 13:8 está en tiempo presente, lo que sugiere que debemos evitar endeudarnos de manera habitual, repetida o permanente. En otras palabras, no permita que la deuda se extienda indefinidamente. Páguela. No deje que siga vigente. No añada deuda sobre deuda. No permita que la deuda se convierta en una cómoda adición (trato de no escribir adicción) a su estilo de vida. Y de ninguna manera defraude un préstamo.

El crédito no es otra cosa que una herramienta, y se puede usar de manera adecuada o abusar de manera habitual. Por desgracia, hoy la mayoría de la gente abusa del crédito. Así que puedo entender a los que ven la deuda como un gran mal a derrotar.

Habiendo establecido mi posición sobre la deuda, déjeme dirigirlo al resto de la frase de Pablo. Note que el contexto es más amplio que el dinero. En 13:7, le debemos a los funcionarios del gobierno (impuestos y gravámenes) y respeto (temor y honor). El mandato de evitar deber cualquier cosa se extiende más allá del dinero para incluir cosas intangibles. La única excepción es el amor.

El argumento de Pablo es simple. Sea una persona de honor. Cumpla con sus obligaciones. No haga que los acreedores lo persigan; búsquelos a ellos, sea completamente sincero y franco, busque arreglos para pagar todo lo que debe. Si alguien está en una posición particular a la que debe respeto, entréguelo con libertad y entusiasmo. Si ha dedicado su tiempo o hecho alguna promesa, cúmplalo. La recompensa por vivir de esta manera es la libertad. Cuánto menos estemos obligados a hacer, más libres estaremos para dar con liberalidad. Mantener reducida nuestra lista de obligaciones nos permite más espacio para dar gracia.

El mandato de «ámense unos a otros» va más allá de amar a los hermanos en la fe. El término griego traducido como «prójimo» es *heteros*, «uno de un tipo diferente». El primero es otro como usted; el otro es alguien muy diferente a usted. Diferente en creencias y teología. Diferente en personalidad. Diferente en política. Diferente en maneras. Diferente en gustos y raza y valores e historia. En otras palabras, con amor, la diferencia no debe hacer una diferencia. Esta es una deuda perpetua que nunca se puede llevar a cero.

— 13:9-10 —

Pablo llamó al amor el cumplimiento de la Ley, lo cual recuerda la enseñanza de Jesús (Mateo 22:35–40; Marcos 12:28–31). La Ley no es solo una expresión del carácter de Dios, sino que apunta al orden original que Dios creó, a su visión de cómo debe funcionar el universo. Pero el pecado siempre tergiversa lo que Dios creó como bueno; este siempre causa daño. Por lo tanto, el pecado y el amor no pueden coexistir. El amor no comete ni condona el adulterio. El amor no puede asesinar. El amor no puede privar a otra persona de sus posesiones. Y el amor no puede codiciar las bendiciones de otro. Todas esas son cosas que sirven el interés de alguien a expensas de una víctima. Y esté seguro: no existe un pecado sin víctima.

Para Pablo, el amor encierra los más altos ideales del nuevo reino que Jesús establecerá e impondrá a su regreso a la tierra. En ese momento, el orden original que Dios creó será restaurado. Mientras tanto, el apóstol desea que todos los creyentes se conviertan en vivos ejemplos de su nuevo reino. Al igual que al principio, antes de la caída, la gente debe ser justa porque Dios es justo. Deben amarse unos a otros porque Dios es amor. Deben vivir de acuerdo a la verdad porque Dios es verdad. Mientras nos transforman para que seamos según la visión original de Dios para la creación, el mundo también se transforma —aunque sea un poco— a causa de nuestra influencia.

— 13:11 —

Note la urgencia de las palabras de Pablo. Es como si estuviéramos tocando una diana para sacar a los soldados de sus barracas y ponerlos en pie en la mañana. Debemos levantarnos y empezar a trabajar con entusiasmo debido al tiempo.

El apóstol pudo haber utilizado cualquiera de los dos términos para «tiempo». El primero es *kronos*, del cual derivamos cronología. Este se refiere al tiempo en un reloj de sol o un calendario. El otro es *kairós*, que es una estación fija o señalada. También hace referencia a la calidad de cierto período, de manera que Charles Dickens pudo haber comenzado su libro *A Tale of Two Cities* [Historia de dos ciudades] con las palabras: «Era lo mejor del *kairós*, era lo peor del *kairós*».

En efecto, Pablo escribe: «Hagan todo esto estando conscientes del tiempo en que vivimos». ¿Hagan qué? Debemos amar a los que nos rodean de las siguientes formas:

Pensar de nosotros mismos con moderación (12:3).
Utilizar los dones para el bien del cuerpo (12:4–8).
Sobrepasar a otros cristianos al honrarse mutuamente (12:9–14).
Devolver bien por mal y dejar lugar para que Dios condene y redima a otros (12:17–21).
Cumplir todas nuestras obligaciones hacia los oficiales de gobierno y concederles el respeto que se le debe (13:1–7)

Estas cosas crean un fundamento de amor sobre el cual podemos edificar relaciones y extender con optimismo el nuevo reino.

Pablo describe nuestro «tiempo» como un tiempo en el cual la «salvación» está más cercana que nunca antes. Por supuesto, esta no es nuestra salvación personal. Esto ya se ha cumplido. Pablo se refiere al regreso de Jesucristo y la restauración de la justicia de Dios, el plan maestro de la salvación. Debido a que está más cercano que antes y podría ocurrir en cualquier momento, no podemos permitirnos estar dormidos ahora. Necesitamos estar alertas, viviendo en una alegre expectativa de ese día.

— 13:12-13 —

Entonces Pablo da a su ilustración de la noche y el día un giro dramático. Mientras continúa la larga y oscura noche antes del amanecer del regreso de Cristo, algunos creyentes están dormidos, mientras otros se involucran en las obras de la oscuridad. El apóstol relaciona estos pecados en tres pares:

Orgías y borracheras. Estas palabras se refieren específicamente a los salvajes festivales nocturnos en honor a Baco, el dios griego del vino, lo cuales comenzaban con una parada de borrachos a través de las calles y terminaban con inmoralidades sexuales. Esta no es una prohibición a divertirse o aun contra el consumo moderado de alcohol. Esto tiene que ver con convertir el alcohol en un pasatiempo, aun en una adicción, y permitir que una sustancia controle a la persona en lugar del Espíritu Santo.

Promiscuidad sexual y sensualidad. La traducción literal del primer término es «camas», lo cual es un eufemismo de excesos sexuales. La «sensualidad» en el contexto del matrimonio es, por supuesto, perfectamente aceptable. La intención de Pablo no es restringir la espontánea y creadora intimidad entre las parejas casadas. Una mejor traducción sería «desenfreno» o «excesos lujuriosos». Se refiere a tratar las normas sexuales con menosprecio.

Disensiones y envidias. Estos términos se refieren a «luchas internas» y «celos». Antes, Pablo alabó el celo por Dios (10:2), pero cuando el celo está mal dirigido, destroza la comunidad.

— 13:14 —

El idioma griego ofrece una opción de dos contrastantes conjunciones que se pueden traducir «pero». Una es rutinaria y común. La otra, *alla*, está reservada para trazar fuertes y enfáticos contrastes. Y esta es la selección de Pablo aquí. En absoluto, inequívoco contraste con las obras de la oscuridad, se nos ha dado la armadura de la luz (1 Tesalonicenses 5:8). Debemos ponernos encima o revestirnos del Señor Jesucristo (Gálatas 3:27; Efesios 4:24).

La idea de «revestirse» de algo como Cristo (Gálatas 3:27), de la «nueva naturaleza» (Efesios 4:24; Colosenses 3:10), o la «armadura de Dios» (Efesios 6:10–17) me recuerda el viejo adagio: «El vestido hace al hombre». En el Oriente —aun hoy— las ropas son buena parte de la identidad de uno, lo que quiere decir que él o ella se ajustan a la sociedad. En Occidente, una dramática renovación del vestuario se puede convertir en fuente de confianza. No es solo la vanidad lo que nos hace sentir bien en un nuevo atuendo.

«Revestirse» de algo es creer de cierta manera y luego comportarse como corresponde. «Revestirse de Cristo» suena un poco artificial, como «darse aires». Sin embargo, no nos estamos revistiendo de algo para esconder lo que está adentro sino para mostrar nuestra verdadera identidad en Cristo. De lo que nos «revestimos» nos recuerda quiénes somos, lo cual nos permite comportarnos adecuadamente con mucha más facilidad. Los oficiales de policía, por ejemplo, se ponen un chaleco a prueba de balas que les recuerda ser cuidadosos. Se ponen un uniforme, lo cual los hace estar conscientes de su identidad y el ejemplo que dejan sentado. Se ponen una insignia, lo cual les recuerda su responsabilidad de representar a la ciudad y sus ciudadanos. Y se ciñen un arma, lo que les recuerda cuidar las vidas que encuentran con gran esmero y comedimiento.

El otro lado del mandato de Pablo es «no se preocupen por satisfacer los deseos de la naturaleza pecaminosa» [«la carne», RVR-1960]. Como aprendimos antes, «la carne» es un término especial que usa el apóstol. No se refiere a nuestro físico, sino a nuestra vieja servidumbre al pecado y el corrupto sistema del mundo. Aunque somos nuevas criaturas, nuestra transformación no está aun completa. No nos hemos librado del todo del viejo ser, de manera que este está presente y nos arrastra de vuelta al pecado si hacemos caso de sus súplicas de satisfacción.

La palabra «provisión» significa literalmente «previsión» o «planación». En otras palabras, «no hagan previsión o planación para la carne» es una advertencia de que el pecado a menudo comienza con un plan, o por lo menos una decisión de dejar abierta la opción para pecar. En su lugar, tenemos que tomar la iniciativa. Planee con anticipación hacer incómodo el pecado porque la carne es impulsiva.

A menudo oímos la palabra «amor» en los círculos cristianos. La cultura secular restringe el término a romance entre parejas y quizá afecto dentro de las familias, pero los cristianos prefieren una aplicación más amplia. Se nos enseña a cuidar entrañablemente a otros dentro de nuestras congregaciones y a mostrar amabilidad a los extraños. Esto es bueno; sin embargo, la aplicación de Pablo es más amplia todavía.

No pagamos nuestros impuestos como una demostración de amor, pero de acuerdo con Pablo, lo es. Cuando obedecemos el límite de velocidad, llevamos a inspeccionar nuestros automóviles a tiempo, servimos como jurados, y dejamos que se escuchen nuestras voces en las urnas electorales, expresamos amor. Cuando tratamos respetuosamente a otros conductores en el camino y permitimos que alguien tome el mejor parqueo, expresamos amor. Aun cuando dejamos una propina generosa en un restaurante, expresamos amor de una manera tangible y significativa que los demás pueden apreciar. Y créame, la gente se da cuenta.

Déjeme dejarlo con una carta recibida en Stonebriar Community Church.

> Envío este mensaje para dejarle saber cuántos miembros de su iglesia han tocado mi vida. Hace cuatro años, mi esposo y yo vivíamos en un pequeño apartamento de dos habitaciones con nuestros dos pequeños hijos cuando de pronto quedamos atónitos, bendecidos y retados por el nacimiento de un trío de muchachos idénticos.
>
> Todos nuestros familiares vivían a una distancia de 1.600 kilómetros y no teníamos ayuda. Tres semanas después de que nacieron y el día después que llegaron del hospital, tenía que conseguir un trabajo. Para pagar por los pañales y la leche, conseguí un empleo como mesera de un restaurante cerca de su iglesia. Todavía estaba con muchos dolores y me hallaba de veras asustada de que aquello era más de lo que mi familia podía manejar.
>
> Ese primer día de trabajo serví a un grupo de personas de su iglesia. Eran adultos solteros. Yo había sido camarera en la universidad y sabía que los cristianos o la gente que venía de la iglesia no solo daban propinas horribles, sino que eran muy rudos y difíciles. Pero me sorprendieron agradablemente. Notaron que era un poco lenta y en lugar de quejarse, perdonaron. Hasta me preguntaron sobre mi vida y se enteraron de mi situación con los trillizos.
>
> Aquel grupo continuó llegando los domingos y me sentí honrada de servirlos. Me preguntaban por mis niños y me alentaban de la manera que necesitaba. Levantaron mi espíritu de una forma que no puedo describir. Esto me hizo ver el servir las mesas como una manera de servir a la gente por Dios. Oraría al servirles un plato de comida o pensaría darles una bendición. Me había estado sintiendo tan confundida sobre Dios y sus planes, y de pronto este grupo de cristianos entró en mi vida de una manera extraña. Y me dieron aliento.
>
> Nuestra primera Navidad con los trillizos fue financieramente devastadora. Apenas pagábamos nuestras cuentas. El grupo no vino a comer (para mi desilusión), pero vinieron y me dejaron un sobre con un MONTÓN de dinero para mí. Esa noche fui de compras a Toys-R-Us [la tienda de juguetes] en mi camino a casa del trabajo y lloré todo el tiempo. Sé que me miraban de manera extraña, pero no me importaba.
>
> Han pasado años desde que vi a ese grupo de solteros de Stonebriar. Trasladaron a mi esposo de vuelta a Chicago y ahora gana lo suficiente por lo que puedo quedarme en casa con nuestros hijos los siete días de la semana. Las cosas están mucho, mucho mejor ahora. Toda esa experiencia me vino a la mente recientemente y quería dejarle saber que algo muy especial sucedió en mi vida que me hizo una cristiana. Doy gracias a Dios por haber servido a este grupo.

¡Despierte! ¡Revístase de Cristo! Y encuentre a alguien a quien amar... ¡incluyendo a los que nos sirven en los restaurantes!

Aplicación

Planee su viaje para evitar una caída

Al leer la exhortación de Pablo a ir tras el amor y evitar el mal, me impresiona la urgencia de su escrito y su insistencia de que tomemos una acción deliberada. Él se refiere a esta deliberada manera de vivir como «revestirse de Cristo». Debemos amar a otros para evitar el pecado (13:8–10) porque no hay pecado sin víctima. Y debemos buscar oportunidades para hacer el bien (13:11–14). El mundo no hará ni fácil ni automática la vida cristiana (13:13). Por el contrario, las tentaciones y las trampas están en el umbral de cada casa. Por lo tanto, no debemos sorprendernos cuando las encontramos. En lugar de lamentar cada tropiezo, convirtamos cada uno en una oportunidad de honrar a Cristo. Eso significa no dejar nada a la casualidad.

Por ejemplo, si encuentra ciertos canales de televisión aun mínimamente tentadores, llame a su proveedor y pídale que los bloquee. Cuando viaje, llame al hotel por anticipado y haga que bloqueen cualquier contenido orientado a los adultos de su habitación. Si lucha con otras tentaciones mientras está fuera de la ciudad, procure viajar con una compañía adecuada, tal como un amigo o un compañero de trabajo del mismo sexo, su esposa u otro miembro de la familia.

Si la Internet presenta la más mínima tentación de ir donde ninguna mente debe ir, coloque la computadora donde cualquiera que pase pueda ver su monitor. Permita que cualquiera de su familia tenga libre acceso a su computadora. Mejor que todo, instale un programa de rendición de cuentas en su computadora y haga que los informes de su navegación en la Internet se envíen automáticamente a alguien que pueda pedirle cuentas a usted. Debido a que la vergüenza es una poderosa motivación negativa, acepte que informen de toda violación a alguien cuyo respeto y admiración usted quiere conservar.

Además de tomar medidas para evitar la tentación, Pablo nos alienta a buscar maneras de fortalecer nuestro andar cristiano. Si usted lee este libro, es razonable asumir que ha decidido convertirse en un estudiante de las Escrituras. *¡Magnífico!* Déjeme alentarlo a continuar estudiando. Continúe llenando su reserva espiritual con la verdad divina. Un tiempo de gran desengaño o falla personal o profunda pena *no es* el momento adecuado para buscar sabiduría; es el momento de extraer la sabiduría que haya almacenado con fidelidad.

Desarrolle la sabiduría que obtenga a través de la Escritura logrando algo de valor práctico. Únase a otros en hacer algo bueno para su comunidad. Descubra lo que hace la gente que usted respeta y admira para mejorar el mundo y únase a ellos. No solo le dará usted la relevancia práctica del evangelio a un mundo que con desesperación necesita la verdad divina, sino que usted se beneficiará en gran medida de la influencia de otros hombres y mujeres de Dios.

Mientras adquiere sabiduría y madurez, ¡trasmítala a otros! Encuentre a un dispuesto e invítelo a unirse a usted en su caminar cristiano. Esto no tiene que ser un currículo planeado, aunque algunos se han publicado. Servir de tutor es algo más que permitir a otros observar su vida mientras usted hace lo correcto. Ellos aprenden de sus errores, encuentran sabiduría mientras usted se recupera, y ganan fuerza en sus victorias.

«Revestirse del Señor Jesucristo» es una decisión deliberada, no algo que sucederá automáticamente. Revestirse de Cristo es como colocar un emblema sobre nuestro pecho que le recuerda a todos —a nosotros mismos y a los que nos observan— que pertenecemos a él. Revestirnos de Cristo establece una norma de conducta, a la cual tiene que conformarse toda la vida. De esta manera, revestirse de Cristo es no «satisfacer los deseos de la naturaleza pecaminosa» (13:14).

Pongamos la gracia en acción (Romanos 14:1–12)

¹ Reciban al que es débil en la fe, pero no para entrar en discusiones. ² A algunos su fe les permite comer de todo, pero hay quienes son débiles en la fe, y solo comen verduras. ³ El que come de todo no debe menospreciar al que no come ciertas cosas, y el que no come de todo no debe condenar al que lo hace, pues Dios lo ha aceptado. ⁴ ¿Quién eres tú para juzgar al siervo de otro? Que se mantenga en pie, o que caiga, es asunto de su propio señor. Y se mantendrá en pie, porque el Señor tiene poder para sostenerlo.

⁵ Hay quien considera que un día tiene más importancia que otro, pero hay quien considera iguales todos los días. Cada uno debe estar firme en sus propias opiniones. ⁶ El que le da importancia especial a cierto día, lo hace para el Señor. El que come de todo, come para el Señor, y lo demuestra dándole gracias a Dios; y el que no come, para el Señor se abstiene, y también da gracias a Dios. ⁷ Porque ninguno de nosotros vive para sí mismo, ni tampoco muere para sí. ⁸ Si vivimos, para el Señor vivimos; y si morimos, para el Señor morimos. Así pues, sea que vivamos o que muramos, del Señor somos. ⁹ Para esto mismo murió Cristo, y volvió a vivir, para ser Señor tanto de los que han muerto como de los que aun viven. ¹⁰ Tú, entonces, ¿por qué juzgas a tu hermano? O tú, ¿por qué lo menosprecias? ¡Todos tendremos que comparecer ante el tribunal de Dios! ¹¹ Está escrito:

«Tan cierto como que yo vivo —dice el Señor—,
ante mí se doblará toda rodilla
y toda lengua confesará a Dios».

¹² Así que cada uno de nosotros tendrá que dar cuentas de sí a Dios.

En vísperas de su crucifixión, Jesús inclinó la cabeza y oró por sus seguidores. Oró por los Doce, oró por los nuevos discípulos que estos entrenarían, y oró por las generaciones de seguidores todavía por nacer. Después de orar por librarlo del mal y por nuestra preservación en medio del sufrimiento, añadió un pedido final:

Yo les he dado la gloria que me diste, para que sean uno, así como nosotros somos uno: yo en ellos y tú en mí. Permite que alcancen la perfección en la unidad, y así el mundo reconozca que tú me enviaste y que los has llamado a ellos tal como me has amado a mí (Juan 17:22–23).

Se ve que nuestra unidad estaba en la mente de Cristo mientras elevaba aquella oración. No obstante, «unidad» no significa «uniformidad». La gente las confunde a menudo. Se nos llama a ser uno, a trabajar juntos, a servir juntos, pero no podemos ignorar el hecho de que todos somos diferentes. Cada cual tiene un ADN único. Además, cada uno de nosotros ha sido moldeado por circunstancias únicas. Tenemos diferentes puntos de vista, diferentes opiniones, diferentes preferencias, diferentes maneras de resolver los problemas. Cada uno de nosotros viene a la comunidad de creyentes con su propio conjunto de convicciones y prejuicios, algunos de los cuales estamos dispuestos a defender hasta la muerte. Así y todo, Dios espera que coexistamos en unidad y armonía. Pero eso ha ocurrido rara vez.

Vaya a cualquier página de las crónicas de la iglesia y encontrará un conflicto. Los que sueñan con «los buenos días de antaño», allá por el primer siglo cuando todo el mundo estaba de acuerdo, se desengañará al escuchar la verdad. Los cristianos del primer siglo pugnaron por mantener la unidad igual que lo hacemos hoy. Pablo escribió a los creyentes de Corinto porque la congregación estaba a punto de desplomarse. El pecado abierto escandalizaba a la iglesia, mientras en otras asambleas el

Roma valoraba a Corinto porque controlaba una intersección estratégica de comercio. En lugar de aventurarse a la peligrosa navegación alrededor del cabo de Malea, los propietarios preferían arrastrar sus barcos, carga y todo, por tierra cruzando el estrecho istmo. Es más, este puente natural de tierra gobernaba el tráfico que iba y venía de Acaya (el sur de Grecia hoy).

legalismo ponía un collar de fuerza sobre el cuerpo de creyentes. Falsas acusaciones desde fuera de la congregación avivaban las falsas enseñanzas desde adentro. Algunas facciones favorecían a Pablo, mientras otras favorecían a Pedro o Apolo (1 Corintios 1:12), y los debates teológicos entre los grupos mantenían a la iglesia en continua agitación.

En otras iglesias, Alejandro el calderero se oponía tenazmente a Pablo (2 Timoteo 4:14), Diótrofes usurpó la autoridad apostólica de Juan (3 Juan 9–10), e Himeneo y Fileto socavaron la fe de los creyentes en gran cantidad de iglesias (1 Timoteo 1:20; 2 Timoteo 2:17). Pablo tuvo que oponerse a Pedro por su trato hipócrita a los cristianos gentiles en presencia de otros judíos (Gálatas 2:11–14). ¡El apóstol hasta se encontró en un serio conflicto con Bernabé, de manera que tuvieron que separarse, para nunca más volver a trabajar juntos! (Hechos 15:39).

Si los apóstoles enfrentaban conflictos, ciertamente nosotros también. Eso no significa que todos los conflictos sean malos. De hecho, las diferencias de opinión pueden convertirse en una gran ventaja para el cuerpo. Lo mismo puede decirse de la mayoría de las diferencias. La cuestión es cómo se manejan. Con paciencia, la perspectiva correcta, una buena comunicación y gran abundancia de gracia para mantener bien aceitadas todas las partes que se mueven, no es difícil alcanzar la unidad.

CORINTO

Corinto presidía sobre el istmo entre el golfo de Corinto y el golfo Sarónico, lo cual daba a la antigua ciudad griega una increíble importancia estratégica. En lugar de arrostrar el peligroso viaje alrededor del Cabo Malea, los propietarios de barcos preferían hacer que arrastraran sus embarcaciones a través de esta estrecha franja de tierra. Quienquiera que controlara Corinto controlaba el flujo del comercio en la región. A paso del tiempo, un general romano destruyó la ciudad, exterminó a los hombres, y vendió las mujeres y los niños como esclavos, después de lo cual permaneció en ruinas por casi un siglo. En el año 46 a.C. Julio César resucitó a Corinto como una colonia para libertos romanos y como medio de preservar el istmo para los intereses romanos.

En la época de Pablo, esta colonia romana de unas 80.000 almas latía con el corazón de Roma y se asemejaba bastante a la ciudad capital. Corinto rendía culto al emperador, apoyaba la ley romana, pulsaba con el comercio internacional, auspiciaba juegos atléticos, atraía adoradores paganos, prosperaba con la esclavitud, toleraba una fuerte presencia judía, y pugnaba por comprender una nueva secta de gente que se autotitulaban «pequeños Cristos». Las lecciones que Pablo aprendió en Corinto se convertirían en las enseñanzas que dio a Roma: «Manténgase alerta; permanezcan firmes en la fe; sean valientes y fuertes. Hagan todo con amor» (1 Corintios 16:13–14).

— 14:1 —

Pablo reconoce que las diferencias pueden llevar a la desunión si no se enfrentan. De manera que decide centrarse en dos cuestiones candentes en la iglesia romana: la dieta y los días festivos. Al principio nota que algunos temas tienen la capacidad de dividir a la gente en dos grupos. A algunos los llama «débiles en la fe». La idea que subyace tras el término «débil» es sin fuerzas o frágil. Piense en alguien cuyas piernas están mal heridas y, tras una prolongada recuperación, intenta caminar de nuevo. La debilidad cobra su tarifa.

Los «fuertes» (cf. 15:1) deben aceptar a aquellos que luchan por caminar sobre las piernas frágiles de la fe. No obstante, el propósito de recibirlos es darles la bienvenida, aceptarlos sin cambiarlos a ellos o sus opiniones. La frase que se traduce «condenar» es una forma dura del verbo «juzgar». Esta significa «distinguir entre personas» o «discernir el valor relativo de alguien» (Hechos 15:8–9). En otras palabras, hay que aceptar sin condiciones a los débiles en la fe, tal como son, sin ninguna expectativa de cambio.

— 14:2-3 —

Muchos cristianos de Roma se habían convertido del paganismo tras muchos años de idolatría, la cual solía implicar el sacrificio animal en honor al dios. La carne sobrante que no consumía el fuego ni se cocinaba para comerla durante el ritual podía venderse en el mercado público. Se repudiaba a los creyentes con un trasfondo de ideología pagana por la idea de comer carne ofrecida a los ídolos. Por lo general evitaban comer carne que no habían preparado personalmente.

Sin embargo, Pablo enseñó que los ídolos no eran reales; por lo tanto, cualquier significado adjudicado a la carne era imaginario. La carne del altar de un ídolo no es mejor ni peor que cualquier otra carne (1 Corintios 8:1–13). El apóstol considera esta la perspectiva de la «fe fuerte».

Puedo apreciar la perspectiva de la llamada gente de «fe débil». Déjeme ilustrar sus dificultades en términos de hoy. Piense en un hombre que desperdició su juventud tras el absurdo de la contracultura hippie, y las falsas enseñanzas de Timothy Leary, el que propuso el uso sicodélico del LSD. Más de una década de LSD, marihuana, «amor libre» y vagabundeo no le dejaron otra cosa que mostrar que un cuerpo frágil, enfermo y atestado de granos. Un día, como el hijo pródigo, recobró el sentido, se arrepintió, y encontró completa redención en Cristo. Una comunidad de creyentes genuinos lo ayudaron a hacer frente al daño hecho por el pasado y a encontrar un trabajo fijo. Entretanto, estudiaba la Palabra y se fortaleció en su fe.

Eso era historia pasada para este hombre. Hoy, sus viejos amigos apenas lo reconocerían. Sus ojos destellan con esperanza. Va dando saltos cuando camina. De veras resplandece con el amor de Cristo. Y es un sólido, muy querido y profundamente respetado líder en su iglesia.

Un día, el joven pastor encargado del ministerio de los adolescentes en la iglesia decide divertirse un poco con los chicos. (Admiro mucho a los pastores jóvenes. Se aparecen con los modos más creativos de enseñar a los adolescentes con la idea de divertirse). Organiza una fiesta de los años sesenta. Camisetas teñidas, collares, pelucas, carteles de luz negra, máquinas de humo… de todo.

No necesito ir más lejos, ¿no es así? Sospecho que usted ve el problema que fragua el ingenuo joven pastor. Para él, los CD no contienen otra cosa más que viejas canciones de «rock suave». Nada comparado con las vulgaridades que salen retumbando de los descomunales automóviles en las vías urbanas de hoy. Los disfraces no son otra cosa que una excusa para reírse unos de otros. ¿Y los decorados? Diversión inofensiva.

Para el ex hippie, sin embargo, los años sesenta no fueron inofensivos. Para él, las canciones son himnos al pecado del tipo más degradante y destructivo. Los disfraces reflejan equivocadas filosofías de personas que hace mucho murieron por sobredosis. ¿Y puede imaginarse usted la repugnante congoja en el fondo de su estómago al ver a su iglesia decorada a semejanza de lo que era su vida antes de Cristo?

Pablo describe a aquellos que evitaban la carne como «débiles en la fe»; sin embargo, nos equivocaríamos si viéramos el término como despectivo. Todos somos «débiles» —con poca fuerza, frágiles— de una u otra forma. La debilidad del ex hippie no lo hace inferior. De cierta manera, él puede ser más maduro y fuerte que sus iguales. No obstante, su fe siempre será débil alrededor de sus heridas más profundas.

Lo mismo es cierto para aquellos que aborrecían que los cristianos comieran carne que había sido ofrecida a los ídolos. Por lo tanto, Pablo manda cada lado que trate al otro con comprensión, compasión y ternura. Los «débiles» necesitan ser fortalecidos y los «fuertes» necesitan ser considerados en el ejercicio de su libertad. Lo mismo es cierto hoy en día.

— 14:4 —

Rápidamente Pablo apunta a la esencia del asunto: la responsabilidad. Para formular esta cuestión en el contexto del moderno mundo de los negocios: «¿Quién es usted para revisar la actuación de otro empleado?»

Es importante notar que la pregunta de Pablo se plantea en el contexto de cuestiones no esenciales. Pablo expresa su disgusto con los creyentes de Corinto porque toleraron el categórico pecado de un hombre que se había acostado con la esposa de su padre. Les ordenó: «Expulsen al malvado de entre ustedes» (1 Corintios 5:13). Las cuestiones sobre las cuales no hay una clara enseñanza en la Escritura son moralmente neutrales. Quizá no sean sabias, pero no son pecado.

La frase del apóstol «mantenerse en pie» es una de sus expresiones favoritas. Significa estar en una buena posición, haciendo de manera confiada y resuelta lo que se debe y recibiendo un favor como recompensa (1 Corintios 16:13; Filipenses 1:27; 1 Tesalonicenses 3:8; 2 Tesalonicenses 2:15). Por supuesto, «caer» es hacer lo opuesto. Esto no tiene nada que ver con el juicio final, sino con el favor de Dios y si alguien merece castigo.

Cuando se trata de asuntos moralmente neutros, solo Dios tiene el derecho de evaluar el alma y juzgar las acciones de otro creyente. Si no está complacido con la conducta de su siervo, se ocupará del asunto de tal manera que continúe la transformación del creyente.

— 14:5 —

Otra cuestión candente de la iglesia del primer siglo era la observación de las festividades, paganas o de otro tipo. Es muy probable que los creyentes judíos y gentiles estimaran la comida ofrecida a los ídolos como repulsiva, pero la veneración de ciertos días los habría dividido.

La identidad judía descansaba sobre tres pilares: el padre Abraham, la Tierra Prometida, y el día de reposo. Los gentiles apenas podían apreciar el significado del día de reposo en la vida de los judíos piadosos. El día de reposo no estaba limitado al séptimo día de la semana; el espíritu del día de reposo está presente en muchos festivales de Israel. La mayoría fueron instituidos por el propio Dios y fueron establecidos para ayudar a los hebreos a mantenerse atentos a su identidad como orden sacerdotal, su responsabilidad como agente de la evangelización, su futuro papel en el gobierno del mundo, y su continua necesidad de la gracia.

Los gentiles, por contraste, también tenían un calendario lleno días de asueto y fiestas. No todos se celebraban con juerga e inmoralidades sexuales. Pero esas fechas honraban dioses ficticios y trataban la tierra como si fuera una persona. Estas fiestas «cambiaron la verdad de Dios por la mentira, adorando y sirviendo a los seres creados antes que al Creador» (1:25). Para los gentiles conversos, observar días específicos como santos olía a idolatría.

Así que llega la Pascua. Imagine la tensión que se acumulaba en la iglesia mientras los judíos limpiaban alegremente sus casas de levadura y polvo. La celebración de la Pascua se instituyó para que fuera una costumbre perpetua para ellos (Éxodo 12:24), y no hay indicios de que el nuevo pacto debía necesariamente ponerle fin. Aunque liberados de la carga de obedecer la Ley, ¿por qué los cristianos judíos no iban a querer continuar celebrando que Dios los liberara de la esclavitud y los llevara a la Tierra Prometida?

De acuerdo con Pablo, la veneración de ciertos días, al igual que comer carne quizá ofrecida a los ídolos, es una cuestión de conciencia. Es un asunto moralmente neutral. ¿Es beneficiosa la observación de las fiestas? Si se hace en el espíritu correcto y por lo motivos correctos, ¡sin duda! ¿Debemos continuar apartando un día a la semana para el refrigerio espiritual y el descanso físico? Por supuesto, esto es sabio. Dios estableció el día de reposo para nuestro bien. No obstante, se nos ha librado del mandato a hacerlo. Bajo el nuevo pacto, observar el sábado, el domingo o cualquier día es una cuestión de conciencia.

Las cuestiones de conciencia son asuntos que no implican un claro mandato de la Biblia y en consecuencia no dan lugar a pecado. Se nos alienta a considerarnos responsables unos a otros y alentarnos unos a otros a ser puros en cuanto a moral. Sin embargo, nuestra conciencia debe guiarnos en las demás decisiones. Eso es lo que significa estar «firme en sus propias opiniones».

— 14:6 —

Ahora bien, déjeme aclarar que de ninguna manera esto sugiere que la verdad sea relativa o que la moralidad se defina por lo que pueda tolerar la conciencia de una persona. Pablo da por seguras dos cosas al suavizar las restricciones que los creyentes se imponen unos a otros.

Primero, algunas cuestiones son absoluta y categóricamente equivocadas y deben corregirse a través de la mutua rendición de cuentas. Sin embargo, la moralidad de algunas cuestiones es algo relativo al individuo. Para cuestiones de conciencia, la motivación del individuo determina su moralidad. Pablo destaca este hecho con las frases repetidas: «para el Señor» y «gracias a Dios».

Segundo, el Espíritu Santo va trasformando poco a poco la conciencia cristiana para que refleje la mentalidad de Cristo. Antes que el Espíritu Santo residiera en el corazón del creyente, la conciencia era como una brújula rota, llevada de aquí para allá por la opinión popular, los deseos personales, la moralidad invertida y la ignorancia. Ahora, sin embargo, esa brújula es capaz de encontrar el verdadero norte con creciente precisión mientras el Espíritu Santo sujeta y guía la aguja.

— 14:7-9 —

Pertenecemos a Dios, no a nadie más. Somos su preciada posesión. Él es el encargado de la renovación de nuestra mente, no nosotros. Por lo tanto, tenemos que darle la oportunidad de llevar a cabo su obra transformadora sin distraernos unos a otros con intentos de controlar o forzar el comportamiento basados en lo que nos agrada. Él es el único que murió y resucitó para lograr esta transformación. Somos «hechura de Dios» (Efesios 2:10).

En nuestra avidez por verlos crecer, los creyentes maduros muchas veces le roban el gozo a sus nuevos hermanos, depositando cargas sobre ellos enseguida. «Deje de fumar». «Comience a leer su Biblia». «Salga de deudas y dé dinero al necesitado». «Vístase más apropiadamente». «Coma menos grasa». Etcétera, etcétera, etcétera…

Todos esos cambios de vida son buenos. He dedicado mi vida a ayudar a las personas a ver la sabiduría de aplicar los principios de la Biblia y alentarlos a seguir el ejemplo de Cristo. Claro, es necio esperar que un nuevo creyente se comporte como un cristiano maduro de la noche a la mañana. Aun más, la motivación para actuar así tiene que venir de una conciencia transformada, un espíritu renovado que quiere agradar a Dios como una expresión de amor, no una equivocada necesidad de satisfacer las expectativas de sus iguales.

— 14:10-12 —

Pablo vuelve a tocar el tema en sus orígenes —la rendición de cuentas— formulando dos preguntas retóricas. Al colocarlas en paralelo, somos capaces de discernir muy bien qué quiere decir el apóstol con «juzgar». Esto es importante porque el significado preciso del verbo «juzgar» depende mucho del contexto en el cual se utilice (énfasis añadido abajo).

«¿Por qué *juzgas* a tu hermano?»

«¿Por qué *menosprecias* a tu hermano?»

La palabra griega de la segunda oración significa «despreciar a alguien o algo sobre la base de que es inútil o no tiene valor»[50]. Claro, debemos tener normas de conducta y se nos ha mandado a hacernos responsables los unos a los otros. Recuerde, Pablo aconsejó a los creyentes corintios que expulsaran a un pecador de la congregación hasta que se arrepintiera de su maldad (1 Corintios 5:1–5, 13). Esto no era «juzgar» como Pablo lo define aquí. Su propósito era proteger la integridad de la congregación hasta que el hombre se arrepintiera y fuera restaurado. Esta acción enérgica de amor también era beneficiosa para el hombre.

«Juzgar», en este sentido de la palabra, no tiene un elemento positivo. Solo puede ser negativo y cruel. Este tipo de juicio presupone sopesar el valor de otra persona basado en un estándar humano deficiente. Nuestra capacidad de juzgar tiene varias limitaciones:

No somos omniscientes, de manera que nuestro juicio no cuenta con todos los hechos.

No somos objetivos, así que nuestro juicio está teñido por el interés propio.

No somos perfectos, de manera que nuestro juicio es hipócrita.

No somos Dios, así que nuestro juicio no tiene jurisdicción.

Sólo Dios tiene el derecho de calcular el valor de las personas porque solo él las conoce. Él hizo a los seres humanos, los redimió, los conoce y cuida de ellos.

Pablo abre su argumento describiendo las cuestiones que dividían de manera tajante a los creyentes en su día, y cierra su argumento recordándoles lo que tienen en común. Pese a cualquier diferencia que impidiera unirse a los creyentes, todos vamos a comparecer delante del mismo Juez y seremos medidos por la misma norma. Para probar que este siempre ha sido el plan, Pablo parafrasea un versículo de la pluma del profeta del Antiguo Testamento, Isaías (45:23), quien describe el día cuando el Señor regirá visiblemente sobre su creación. Cuando veamos al Juez verdadero, asumiremos la misma postura y nos inclinaremos delante de él en humilde sumisión.

La enseñanza de Pablo sobre cómo poner en acción la gracia se puede resumir de esta manera: ¡Déjense tranquilos unos a otros! Los cristianos no necesitan que otros les den lecciones ni que se conviertan en sus auto nominados consejeros de por vida. La mayoría de los creyentes tiene una larga lista de cambios que les gustaría ver en su propia conducta. Así que, tener a alguien que añada unos cuantos más no ayuda. De hecho, los hiere. Los nuevos creyentes en su mayoría ya se sienten abrumados.

Si deseamos de veras ayudar a los hermanos creyentes en su transformación, tenemos que liberarlos de exigencias nuestras o de otros. En lugar de añadir a lo que ya tienen —obligaciones, castigos, dudas y negatividad— necesitamos suministrarles de lo que carecen. Podemos darles espacio para respirar, espacio para emprender cosas nuevas (¡y fracasar!), espacio para descubrir por sí mismos lo que a Dios le gustaría cambiar. Sin entrecejos fruncidos, sin exigencias, sin expectativas y sin la cháchara de otros creyentes que los distraiga, estarán liberados para sentir el tirón del Espíritu Santo y ¡experimentar un crecimiento genuino y duradero! Quizá al confiar en las bondades que inspira el Espíritu Santo que vive dentro de los hermanos creyentes, aun durante las adversidades, veremos congregaciones enteras florecer y convertirse en refugios de la gracia.

¡Si nos dejáramos tranquilos unos a otros!

Aplicación

Tres principios relacionados con la gracia

Pablo refleja el deseo de Jesús que las congregaciones se conviertan en refugios de la gracia, lugares donde las personas tengan la libertad de ser quienes son y de convertirse en lo que Dios desea, de acuerdo con su plan y a lo largo de su calendario. Encuentro en Romanos 14:1–12 por lo menos tres principios de la gracia que transformaría a toda iglesia si los miembros los hacen suyos.

1. *Una vida de gracia comienza con la aceptación mutua.* Aceptar a otra persona no requiere que estemos de acuerdo con ella. Podemos discrepar respetuosamente con ideas y opiniones sin rechazar la persona que las sostiene. La aceptación toma en serio a la otra persona y le da a su perspectiva el beneficio de la consideración. La aceptación deja bastante campo para las diferentes preferencias. El gusto de una persona en música, comida, arte y otras cuestiones de preferencia personal puede ser muy diferente de la suya o de otros. La aceptación se deleita en el deleite de otro. La aceptación le ofrece la oportunidad a otra persona de ser diferente sin juzgarla, se toma el tiempo para comprenderla, y es benévola ante la duda.

La aceptación permite que otros se sientan seguros de ser lo que son, aun cuando su pobre comportamiento deba ser reprobado o sus opiniones cuestionadas. Hay momentos en que tenemos que confrontar el error; la Biblia lo manda. Y a veces una confrontación piadosa lleva a la separación. No es agradable, pero está bien. Cuando en las Escrituras están claramente establecidas ciertas convicciones y mantener una relación requiere que se comprometa esas convicciones, algo tiene que ceder. En estas difíciles circunstancias, la Escritura tiene que permanecer y la relación ceder.

La aceptación no requiere que la verdad se ponga a un lado o se ignore el pecado. Aceptación simplemente requiere que la verdad y el amor guíen nuestras relaciones.

2. *Una actitud de gracia requiere eximir a otros para que sean quienes Dios quiere que sean.* Esto es perdonar a alguien quien me ha herido para que responda a Dios por sus acciones, dejando las cuestiones de la justicia y la misericordia en las manos del Señor, y confiando en que él hará con ellos lo mejor para todos los implicados. En otras palabras, ¡una actitud de gracia que rehúsa convertirse en el Espíritu Santo de los demás! Podemos confrontar con amable firmeza (Mateo 18:15–17), pero debemos dejar que Dios sea el que dirija al ofensor.

Cada uno de nosotros tiene que comparecer delante de Dios para responder por sus decisiones. No se nos pedirá que comentemos sobre el comportamiento de otro. Una actitud de gracia permite que esta verdad se convierta en el fundamento de nuestra relación con los demás, especialmente con los que nos hacen daño.

3. *Un compromiso con la gracia nos prohíbe convertirnos en el juez del otro.* No puedo convertirme en juez de los demás porque no poseo las cualidades requeridas para la posición. Vienen a la mente tres razones.

Primero, no soy omnisciente, de manera que no puedo conocer todos los datos. Tengo que tener *todos* los datos para juzgar correctamente, pero apenas conozco lo suficiente para tomar decisiones concernientes a mi propia vida, y mucho menos la vida de los demás.

Segundo, no puedo ser completamente objetivo. Estoy prejuiciado. Soy egoísta. Soy finito. Soy incapaz de ver el panorama completo. Cuando Dios toma decisiones, toma en cuenta todos los factores del universo. Yo no puedo hacer eso a causa de mi pecaminosidad y mi mente limitada.

Tercero, puedo condenar, pero no puedo redimir. Cuando Dios confronta el pecado, siempre ofrece un medio de redención. Cristo murió sobre la cruz y resucitó para hacer posible la redención. El Espíritu Santo puede condenar el pecado y transformar el alma. El padre ofrece esperanza después que alguien ha fallado. Sin embargo, mi condenación solo ofrece rechazo.

Imagine el oasis espiritual que estos tres principios pueden crear si les permitimos guiar nuestras relaciones. Cuán deliciosas y refrescantes se volverían nuestros hogares e iglesias si se aceptara libremente a la gente, se les permitiera vivir más allá de las exigentes expectativas de otros, y solo las juzgara Dios, ¡cuyo juicio está siempre envuelto en comprensión y amor! Cuánto más productiva sería la oficina si el jefe mantuviera elevados estándares de excelencia, pero manejados de acuerdo con los principios de la gracia.

Solo hay una manera de saberlo: Comience a aplicar los principios relacionados con la gracia dondequiera que viva y trabaje.

La libertad sobre una cuerda floja (Romanos 14:12–23)

[13] Por tanto, dejemos de juzgarnos unos a otros. Más bien, propónganse no poner tropiezos ni obstáculos al hermano. [14] Yo, de mi parte, estoy plenamente convencido en el Señor Jesús de que no hay nada impuro en sí mismo. Si algo es impuro, lo es solamente para quien así lo considera. [15] Ahora bien, si tu hermano se angustia por causa de lo que comes, ya no te comportas con amor. No destruyas, por causa de la comida, al hermano por quien Cristo murió. [16] En una palabra, no den lugar a que se hable mal del bien que ustedes practican, [17] porque el reino de Dios no es cuestión de comidas o bebidas sino de justicia, paz y alegría en el Espíritu Santo. [18] El que de esta manera sirve a Cristo, agrada a Dios y es aprobado por sus semejantes.
[19] Por lo tanto, esforcémonos por promover todo lo que conduzca a la paz y a la mutua edificación. [20] No destruyas la obra de Dios por causa de la comida. Todo alimento es puro; lo malo es hacer tropezar a otros por lo que uno come. [21] Más vale no comer carne ni beber vino, ni hacer nada que haga caer a tu hermano.

²² Así que la convicción que tengas tú al respecto, mantenla como algo entre Dios y tú. Dichoso aquel a quien su conciencia no lo acusa por lo que hace. ²³ Pero el que tiene dudas en cuanto a lo que come, se condena; porque no lo hace por convicción. Y todo lo que no se hace por convicción es pecado.

El 7 de agosto de 1974, los ciudadanos de Nueva York notaron algo extraño a 110 pisos sobre las calles. Mientras el sol se asomaba sobre el horizonte, vieron a un hombre que con facilidad caminaba entre las torres gemelas del Centro Mundial de Comercio, balanceándose sobre un tirante cable de acero que había extendido entre ellas la noche anterior. Philippe Petit, entonces un simple artista de la cuerda floja francés de veinticinco años, caminó, danzó, saltó y corrió a lo largo del tramo de casi 43 metros no menos de ocho veces. En un punto hasta se dejó caer sobre una rodilla para el tradicional saludo de los caminantes de cuerda floja. Tras cuarenta y cinco minutos, el aventurero salió de la cuerda hacia el agarre de desesperados oficiales de policía que lo esperaban.

Los amigos le advirtieron que el viento podía hacer que las torres se bambolearan y partieran en dos el cable, o quizá lo lanzara del alambre, pero él insistió en hacer la cabriola sin un arnés. No quería nada que restringiera su sentido de completa libertad ni disminuyera «el éxtasis de las alturas». El único aparato que utilizó fue un poste de balancearse de cincuenta y cinco libras. Philippe Petit creía que sentir la libertad ameritaba todos los riesgos.

Romanos 14:1–12 describe algo similar a un acróbata sobre un alambre que experimenta el éxtasis de las alturas y disfruta de completa libertad. Los siguientes once versículos explican el equilibrio que él o ella debe mantener mientras viaja a lo largo de la cuerda floja de la libertad. Para estabilizar ese delicado recorrido, el creyente tiene que sostener en sus manos un poste de balanceo. En un extremo, el dominio propio. En el otro, el amor por los demás, Ninguno debe subir más alto que el otro.

— 14:13 —

Pablo se dirige tanto a los «débiles en la fe», cuya excesiva precaución podría hacerlos temerosos y legalistas, y a los «fuertes», cuyo amor por la libertad podría hacerlos descuidados e insensibles. Exhorta a los creyentes de ambas convicciones a que eviten «juzgar», esto es, «menospreciarse uno al otro» basados en la forma de conducirnos en materias de conciencia.

El legalista podría cuestionar la fe genuina de algunos que no comparten sus convicciones sobre cierto asunto. El libertino podría cuestionar la fe genuina de alguien que no puede dejar de citar la Ley. Póngalos juntos en la misma congregación y el ambiente puede volverse tóxico para todo el mundo.

La primordial preocupación de Pablo es evitar dos peligros específicos. Primero, el legalista podría hacer que al cristiano de fuertes convicciones que vuela libremente se estrelle sobre la tierra. Segundo, el libertino podría hacer que al cristiano débil y cuidadoso caiga en pecado. Él les da nombres a estos dos peligros: *skándalon* («obstáculos») y *próskoma* «tropiezos»). Muchos autores intercambian los dos términos, pero yo creo que Pablo quiere jugar con la sutil diferencia entre ambos.

Un *próskoma* puede ser el resultado de una caída, tal como una rodilla magullada o un chichón en la frente, o se puede referir al mismo peligro de dar un traspié, tal como en un tropezón. Visualice a un cristiano corriendo con la cabeza echada hacia atrás y mostrando una enorme sonrisa, disfrutando de su libertad en Cristo sin preocuparse del mundo. Entonces imagine a un legalista que le pone un traspié.

Un *skándalon* es una trampa. En sentido literal, un *skándalon* es una caja con un cebo y una puerta con un resorte montado, no muy distinta a una trampa de conejo. En sentido figurado, se usaba para referirse a cualquier medio por el cual una persona era llevada a su fin. Visualice una cristiana recién convertida que trata de discernir qué es y qué no es apropiado para un cristiano, tomando quizá pistas del ejemplo de los cristianos maduros. Ahora imagine a un creyente descuidado que a menudo bebe hasta el punto de la intoxicación y defiende sus decisiones hablando de «su libertad en Cristo». Con su imprudente ejemplo le ha tendido una trampa a su nueva hermana en Cristo.

El balance entre disfrutar de la libertad propia y el ejercicio del dominio propio no se domina de la noche a la mañana. Para ayudar a todos a encontrar ese balance y mantenerlo, Pablo ofrece tres principios para vivir:

Nada es limpio o impuro por sí mismo (14:14–16).
La esencia del cristianismo no se encuentra en cuestiones externas (14:17–19).
Cuando la libertad dificulta la obra de Dios, esta debe ceder (14:20–23).

— 14:14-15 —

Nada es limpio o impuro en sí mismo. Los objetos inanimados no pueden ser ni buenos ni malos porque no tienen una mente ni una voluntad. Aun más, carecen de la capacidad de hacer nada por sí mismos. Los ídolos no son nada hasta que alguien les adscribe algún significado. Las piezas de madera pulida o piedra no son malas; el rendirles culto es malo. La carne ofrecida a los dioses falsos no es diferente de cualquier otra carne, excepto por el significado que la gente le adjudica.

No obstante, la percepción puede ser algo poderoso, especialmente para una mente no transformada. Las visiones, los sonidos y los símbolos asociados con el pasado pecaminoso de alguien pueden plantear un serio reto a su progreso espiritual. Por ejemplo, el alcohol no es un mal y los bares no son lugares malos. El *abuso* del alcohol es malo y *gente* mala puede frecuentar los bares. Pero nada de esto debe preocupar a un cristiano maduro cuya conducta no se modifica fácilmente por otras influencias. Sin embargo, un alcohólico que se recupera, a solo unos días de comenzar su rehabilitación, tiene buenos motivos para temer. Solo un cristiano insensible le criticaría el querer evitar la tentación. Para esa persona, el alcohol y los bares son malos.

Cuando alguien que está parado sobre una fe de piernas débiles se repliega ante la percepción de un peligro, el creyente maduro tiene una opción: amar el placer o amar al prójimo. La admonición de Pablo —«No destruyas por causa de la comida, al hermano por quien Cristo murió»— parece ser a primera vista demasiado dramática y se ha interpretado de distintas maneras.

«Destruirlo» puede referirse a destruir la fe de la otra persona. Sin embargo, el sujeto del verbo griego es «ella», o sea, la persona. Además, la fe de un creyente genuino no puede destruirse; por lo tanto, la persona es salva eternamente, no importa lo que otros hagan.

«Destruirlo» puede referirse a facilitar la destrucción física de alguien al sentar un pobre ejemplo. Esto es posible, pero poco probable. La primera parte del versículo 15 se refiere al hermano que se «hiere», y que ahora la NIV traduce «si tu hermano se angustia». La herida es emocional, no física; es relacional, no espiritual. Aun más, el contexto general de este pasaje es la unidad del cuerpo de Cristo y el sobrellevar las diferencias mutuas.

Una definición menos común del termino griego traducido «destruir» es «perder» o «sufrir la pérdida de»[51]. Deje de honrar la conciencia de otro creyente y es probable que usted pierda al individuo al comprometer su relación con él. Aun más, usted corre el riesgo de traer descrédito sobre lo que usted disfruta, haciendo más difícil que otros cristianos maduros disfruten su libertad.

¿Significa esto que el creyente maduro tiene que vivir siempre en una prisión construida por las endebles sensibilidades de los cristianos débiles? No, eso no tiene por qué suceder. Proteja su privacidad y escoja su medio. Nadie le dice que se tiene que rodear de personas de fe débil. Sin embargo, cuando se halle en su compañía, ponga a un lado su libertad voluntariamente por un tiempo. Es un error pensar que podrá desligarse de ellos haciendo ostentación de su libertad. Escuche el proverbio del Antiguo Testamento: «Más resiste el hermano ofendido que una ciudad amurallada» (Proverbios 18:19). Las personas encuentran difícil aprender cuando se les ofende. En su lugar, cree un momento propicio para enseñar cediendo a la preferencia del otro. Calme la crisis; entonces, quizá, unas preguntas bien elaboradas podrían ser adecuadas.

— 14:17-19 —

La esencia del cristianismo no se encuentra en cuestiones externas. Jesús dijo: «Lo que contamina a una persona no es lo que entra en la boca sino lo que sale de ella» (Mateo 15:11). Cuán fácil es quedar «colgados» con cosas tangibles, tales como comida, hábitos, vestidos, recreación, música, y aun decoraciones. El órgano de las mayores delicias de la vida no es el estómago, sino el corazón. Y al fin de cuentas no responderemos por lo que nos echamos en el estómago, sino por las actitudes con que hemos alimentado nuestro corazón.

¿En qué estamos enfocados? ¿Estamos más interesados en las preferencias de la gente que en el verdadero producto del crecimiento cristiano: justicia, paz y gozo? Cuando el mundo exterior se asoma a través de las ventanas de la iglesia, ¿que queremos que vean? ¿Gente que confecciona y arroja listas de reglas mientras otros las ignoran desafiantes? ¡Qué escena más caótica! ¿Quién quiere eso?

Más bien, sirvamos a Cristo dándonos mutuamente espacio para respirar y respetar las sensibilidades de los demás. Pablo lo dijo mejor cuando escribió: «Les habló así, hermanos, porque ustedes han sido llamados a ser libres; pero no se valgan de esa libertad para dar rienda suelta a sus pasiones. Más bien, sírvanse unos a otros con amor» (Gálatas 5:13).

— 14:20 —

Cuando la libertad dificulta la obra de Dios, esta debe ceder. Pablo escribió a los creyentes de Corinto: «Todo está permitido, pero no todo es constructivo. Que nadie busque sus propios intereses sino los del prójimo» (1 Corintios 10:23–24). Nada debe detener «la obra de Dios», lo cual no es diferente de traer salvación al mundo, restaurar la creación divina, y deslavar el mal en el diluvio de su justicia. Tenemos que mantenernos concentrados en lo que es importante. ¡Qué tonto es detenerse en nimiedades sobre pequeñas diferencias en cuestiones no esenciales!

— 14:21-23 —

Tenemos que recordar que algunos cristianos son más fuertes en su fe que otros, pero siempre hay algo más fuerte que nosotros. Mientras limitamos compasivamente nuestra libertad a causa de la debilidad de los demás, ¡otro cristiano hace lo mismo por nosotros! ¿O piensa usted que usted es la persona más madura en su comunidad? Espero que no. Ese es un signo seguro de debilidad espiritual.

Todos tienen espacio para crecer. Todos aprenden aun a mantener el equilibrio. Se requiere madurez espiritual para conocer la diferencia entre las cuestiones esenciales de moralidad y las cuestiones no esenciales de conciencia. Se requiere un amor maduro para poner las preferencias propias detrás del bien de los demás. Se requiere una previsión poco común para mirar más allá del sacrificio inmediato de la libertad a favor del gran plan de Dios para el mundo. Se requiere una gracia sobrenatural para dar a otros la libertad de ser diferentes sin sufrir nuestra condena. Se requiere amor para dejar a los otros ser lo que son. Así que si usted se sorprende pensando que otro creyente es inferior porque disfruta algo que a usted le desagrada, ¡usted es la persona de fe débil!

Pablo, siempre práctico en su enseñanza, ofrece tres simples recordatorios para ayudarnos a mantener el equilibrio sobre la cuerda floja de la libertad y ayudar a otros a lograr el suyo.

Primero, *sea considerado* (14:21). Lo que usted disfruta en la privacidad de su hogar está enteramente entre usted y el Señor. Todas las cosas son permitidas; no todas son constructivas. Conozca la diferencia y agradezca a Dios las cosas maravillosas que él creó para que usted las disfrutara. Cuando esté en público, no se restrinja innecesariamente, pero esté consciente del efecto potencial que tienen sus acciones sobre otros. Sea sensible a las reacciones y ajuste bondadosamente su comportamiento como corresponde.

Segundo, *esté convencido* (14:22). La verdad es que muchos cristianos no están claros en cuanto a lo que creen, y viven en perpetua frustración tratando de complacer a todos a su alrededor. Pero, como descubrimos antes, todos somos diferentes y nuestras convicciones son contradictorias. Agrade a uno y es probable que desagrade a otro.

En lugar de eso, examine bien sus cuestiones de conciencia para estar seguro de que no son de veras un claro asunto moral. Determine lo que tienen que decir las Escrituras. Discútalas con creyentes maduros y de confianza. Considere el impacto que tienen sobre otros y usted mismo, tanto positiva como negativamente. Una vez que haya resuelto el asunto, puede disfrutar de su libertad con absoluta confianza. No necesitará reaccionar a la defensiva, no tendrá que convencer a nadie más, ni siquiera tendrá que auto criticarse. Además, esa quieta confianza le permitirá dejar que otros sean como son.

Tercero, *sea congruente* (14:23). Haga que sus acciones siempre correspondan con su conciencia. Pero no se sorprenda al encontrar que su conciencia va cambiando con el tiempo. Algunas cosas que no le causaron un problema años atrás irritan hoy su conciencia. Esto es de esperarse. Su conciencia nunca debe dejar de crecer.

En mi experiencia, he encontrado que mi lista de normas universales se ha reducido a la medida que he envejecido. Cuando me gradué del seminario, me moría defendiendo cualquiera de cien colinas teológicas diferentes, y tenía una larga lista de cosas «absolutamente esenciales» que se podían y no se podían hacer. Hoy mi lista es mucho más breve. No obstante, hay varias cuestiones de conciencia que me sentía en completa libertad de disfrutar en el pasado que mi conciencia ya no permite. Así que, para mí en lo personal, esas cosas están fuera de límites. Estoy agradecido que todavía crezco.

USTED ES LO QUE COME

En 587 a.C., Nabucodonosor saqueó la antigua ciudad fortificada de Jerusalén y sacó a los habitantes de Judá de su templo. Vivir en una tierra extraña entre extranjeros, a los que se esperaba que se asimilaran, puso a prueba su pacto. Antes, las diez tribus norteñas de Israel habían sido superadas por los asirios, dispersadas a través de su imperio, mezclados a la fuerza, y con el tiempo privadas de su existencia. Ahora los judíos enfrentaban una amenaza similar. Y si no hay descendientes de Abraham, no hay pacto.

Afortunadamente, cuatro valientes jóvenes —Daniel, Ananías, Misael, y Azarías— sentaron un precedente para los judíos en la cautividad. Su templo estaba a cientos de millas, y pronto quedaría en ruinas, pero la Ley de Dios la llevaban escondida en el corazón. La obediencia preservaría su identidad y los mantendría aparte hasta que Dios los devolviera a la tierra. Cuando se les ofreció comer la carne del rey, la cual seguramente había sido ofrecida a los ídolos, Daniel y sus amigos rehusaron, y escogieron en su lugar una dieta de vegetales y agua. El Señor bendijo a los cuatro hombres y al final les dio posiciones de honor en el gobierno de Nabucodonosor, donde podrían proteger a sus compatriotas e influir sobre sus apresadores (Daniel 1:11–21).

Mientras estaban rodeados de gentiles, lejos de casa, los judíos solo tenían su linaje y su Torá para mantenerlos comprometidos con las promesas de Dios. En la estricta mente judía, comer carne pagana ofrecida a los dioses paganos era volverse pagano.

A medida que el Espíritu Santo transforma nuestra conciencia y esta se vuelve más madura, somos sabios en seguirla. Sin embargo, eso no es decir que nuestra conciencia en desarrollo tiene que convertirse en la conciencia de los demás.

Danzar en una cuerda floja es peligroso, y es una proeza reservada para los que han aprendido a equilibrar el dominio propio con el amor por los demás. Pero el éxtasis de las alturas, la euforia de la libertad no solo hace que valga la pena el riesgo, sino que fuimos configurados para que así fuera. Nunca, jamás olvide que se nos hizo nacer de nuevo para ser libres (Gálatas 5:1,13).

Aplicación

Una vida para que todos la vean

En un mundo ideal, las instrucciones de Pablo en 14:13–23 no serían necesarias. Todo el mundo disfrutaría plenamente su libertad en la gracia y les daría a otros la gracia con liberalidad para disfrutar las suyas sin condenación. Pero, ay, nada es ideal de este lado del cielo. El pecado y el egoísmo crecen como yerba mala entre las flores de la gracia en el jardín de Dios. Por eso, el Espíritu Santo dirigió a los apóstoles a instar al equilibrio. Si no, ¡las comunidades se pueden destrozar… y nada menos que por la gracia!

Pablo les recordó a los creyentes romanos que nada en sí es impuro (14:14–16). La gente le da propósito a las cosas, bueno o malo, según sus intenciones. También les recordó que la esencia del cristianismo no se encuentra en cuestiones externas, sino en cuestiones de consecuencias eternas, asuntos que envuelven el corazón (14:17–19). En lugar de concentrarse en lo que toca la mano o la boca de una persona, debemos preocuparnos por el alimento que le damos a nuestro corazón. Y el apóstol estableció una clara prioridad al decir que cuando la libertad dificulta la obra de Dios, la libertad debe ceder. Cuán trágico sería que un ministerio perdiera su efectividad o quedara paralizado porque la gente haya puesto sus deseos por delante de un bien mayor.

Naturalmente, los recordatorios de Pablo colocan al cristiano en un tipo de tensión que no es fácil de resolver. ¿En qué punto limitamos nuestra libertad innecesariamente? No podemos estar ten preocupados por vivir en una pecera que dejemos de disfrutar todo lo que Dios se propuso. A la inversa, ¿en qué punto permitimos que nuestra libertad dificulte la obra de Dios? Nunca queremos que un placer sacrificable obstaculice la fe de un inconverso o enajene a un hermano o hermana. Así que, ¿dónde trazamos la línea? Quizá una ilustración ayude.

Hace muchos años, después de una larga semana de viajar y predicar, me senté en un restaurante del norte de California para disfrutar de una agradable comida… un gran final para una maravillosa semana de ministerio. La comida olía deliciosa y un par de selecciones del menú habrían sido algo perfecto con un pequeño vaso de vino. Estaba completamente solo en un lugar donde nadie me conocía —por lo menos no en persona— y me dije: *¿Por qué no?*

Después de unos momentos, el camarero se acercó a la mesa y se me presentó. Intercambiamos halagos por unos momentos y me dijo: «Su voz me es conocida».

Inmediatamente pensé: ¡*Tonterías*! Y lo dejé pasar sin comentarios.

—¿Le gustaría tomar algo? —me preguntó.

—Te helado sería maravilloso —contesté.

Cuando terminé la comida y le di mi tarjeta de crédito, dijo inmediatamente:

—¡Ya sabía yo que lo conocía!

Hablamos unos momentos y él poco después me dijo:

—Sabe, no sabía quién era usted pero decidí observarlo porque sabía que algo relacionado con usted me era conocido.

—¿De veras? —dije sin pensar—. ¿A qué se refiere?

—Bien, vea usted, acabo de completar un programa de rehabilitación para alcohólicos.

—¡Qué bueno! Lo felicito. Eso es maravilloso.

Me comunicó unos cuantos detalles más que me reservo, pero puso en claro que mi selección de bebidas lo ayudó. Sus débiles primeras pisadas en sobriedad se hicieron más fuertes por mi limitación en el ejercicio de mi libertad.

Como tengo el privilegio de contar con una plataforma pública para el evangelio, considero esto un pequeño sacrificio. Pero si llevo esto demasiado lejos, nunca ordenaría otra cosa que agua y palillos en público. Alguien podría ofenderse porque me coma dos pedazos de pastel como postre, ¡o si ordeno carne roja! Hay que sopesar estas cosas, ¿no es así?

Así que, ¿dónde está la línea? ¡Quisiera poder trazar una para usted… o para mí, sobre la cuestión! Todo lo que sé es que mi conciencia me dijo que evitara un simple vaso de vino esa noche, y por dicha seguí ese impulso. No todas las decisiones se deben tomar de esta manera. A veces tenemos que decidir entre lo que está a todas luces bien y a todas luces mal. Más a menudo, sin embargo, tenemos que luchar con «cuestiones de conciencia», cuestiones sobre las cuales la Biblia guarda silencio y otras que son ambiguas. Entonces, tenemos que seguir la voz de una mente que está siendo transformada por el Espíritu Santo.

A veces nos equivocamos. Escuchamos a nuestra conciencia y alguien se hiere u ofende. En vez de justificarnos, o montar una defensa lógica, o pedir a la persona ofendida que «no se ofenda», tenemos que solidarizarnos con el genuino dolor que la persona siente y actuar con comprensión. Más adelante, descansaremos en la gracia, aprenderemos de la experiencia, y seremos más sabios.

Quisiera que las cuestiones de conciencia fueran menos ambiguas. Quisiera que fuera más fácil discernir el sendero más seguro a través de las múltiples sensibilidades de la gente. Quizá por eso las personas maduras disfrutan mejor la gracia. Recuerde este consejo: El don de la libertad siempre viene en la simple envoltura de la responsabilidad. Por fortuna, tenemos un Abogado que nunca condena, que solo instruye. Nunca abandona un proyecto; nunca se marcha disgustado. Mientras otros —especialmente los que matan la gracia— arrojan críticas y reparten culpas, el Espíritu Santo susurra palabras de aliento y nos enseña a verlo todo desde su perspectiva.

El don de la libertad es a veces pesado, pero cuando considero las alternativas, no lo quisiera de otra manera. Por añadidura, no estamos en esto solos. Nos tenemos unos a otros, y tenemos dentro el Espíritu de Cristo. Nadie lo ha dicho mejor que Pablo:

> Les hablo así, hermanos, porque ustedes han sido llamados a ser libres; pero no se valgan de esa libertad para dar rienda suelta a sus pasiones. Más bien, sírvanse unos a otros con amor; así es como crece la libertad. (Gálatas 5:13)

Somos uno... ¿o no lo somos? (Romanos 15:1–13)

¹ Los fuertes en la fe debemos apoyar a los débiles, en vez de hacer lo que nos agrada. ² Cada uno debe agradar al prójimo para su bien, con el fin de edificarlo. ³ Porque ni siquiera Cristo se agradó a sí mismo sino que, como está escrito: «Sobre mí han recaído los insultos de tus detractores». ⁴ De hecho, todo lo que se escribió en el pasado se escribió para enseñarnos, a fin de que, alentados por las Escrituras, perseveremos en mantener nuestra esperanza.
⁵ Que el Dios que infunde aliento y perseverancia les conceda vivir juntos en armonía, conforme al ejemplo de Cristo Jesús, ⁶ para que con un solo corazón y a una sola voz glorifiquen al Dios y Padre de nuestro Señor Jesucristo.
⁷ Por tanto, acéptense mutuamente, así como Cristo los aceptó a ustedes para gloria de Dios. ⁸ Les digo que Cristo se hizo servidor de los judíos para demostrar la fidelidad de Dios, a fin de confirmar las promesas hechas a los patriarcas, ⁹ y para que los gentiles glorifiquen a Dios por su compasión, como está escrito:

> «Por eso te alabaré entre las naciones;
> cantaré salmos a tu nombre».

¹⁰ En otro pasaje dice:

> «Alégrense, naciones, con el pueblo de Dios».

¹¹ Y en otra parte:

> «¡Alaben al Señor, naciones todas!
> ¡Pueblos todos, cántenle alabanzas!»

¹² A su vez, Isaías afirma:

> «Brotará la raíz de Isaí,
> el que se levantará para gobernar a las naciones;
> en él los pueblos pondrán su esperanza».

¹³ Que el Dios de la esperanza los llene de toda alegría y paz a ustedes que creen en él, para que rebosen de esperanza por el poder del Espíritu Santo.

La terminal del aeropuerto zumbaba con los conocidos sonidos de viaje. Fortuitos anuncios graznaban y reverberaban en el elevado techo y entonces se desvanecían en el constante tarareo de voces entremezcladas. Las ruedas del equipaje chasqueaban a intervalos y los motores de propulsión gimoteaban tras las enormes ventanas de cristal. Todo era muy ordinario hasta que un sonido que no había escuchado en más de cuatro décadas me dio un fuerte capirotazo en el oído. Era el ladrido del perro bulldog de un instructor de la Marina de Guerra.

Me volví en dirección del sonido y pronto relacioné el sonido conocido con una visión familiar. Un hombre en forma de V con un uniforme nítido color café y sombrero de ala ancha codeaba a nuevos reclutas para que formaran filas ordenadas y apretadas con su herramienta más eficaz: la intimidación.

No pude evitar una risa ahogada cuando vi lo diferente que se veían todos. Pelo corto, pelo rizado, pelo hirsuto, pelo nítidamente ribeteado, rojo, rubio, castaño y negro. Jeans y pantalones, camisetas y zapatos Oxford, zapatillas y mocasines. Hasta sus expresiones eran diferentes. Algunos temblaban de ansiedad, algunos estaban derechos como un escobillón, otros apenas contenían una risa nerviosa. Negros, blancos, asiáticos, latinos, y americanos nativos, todos se apretaban incómodamente cerca hasta que la nariz de uno tocaba la parte trasera de la cabeza de otro.

No tenían idea de lo que les deparaban las próximas doce semanas, pero yo lo recordaba todo demasiado bien. La primera prioridad del entrenamiento del recluta es despojar a cada hombre de su individualidad, comenzando con el corte de pelo. La fatiga y la presión hacían desaparecer todas las marcas distintivas, físicas y emocionales, y el ritmo implacable del entrenamiento no deja energía para la rebeldía. Con el tiempo, las duras pruebas que se comparten reduce a los hombres a sus elementos más básicos, los estruja unos con otros, y los remodela de acuerdo con el patrón del guerrero ideal.

Para los militares todo es crear la unidad purgando la individualidad e imponiendo la uniformidad. El proceso no es bello, pero después de más de doscientos años, es un método probado para convertir a individuos indisciplinados y no cooperadores en una única y cohesionada máquina guerrera. Ese es el imperativo de la guerra, la cual se gobierna por una única regla: mata o te matan.

A algunos les gustaría ver que la transformación de las mentes cristianas sigue un patrón similar, aunque se cuidan de no decirlo en voz alta. La uniformidad es de hecho una manera efectiva de crear unidad. Las iglesias estarían mucho menos expuestas a dividirse o experimentar luchas internas si todo el mundo pensara igual, se comportara igual, adorara igual, se vistiera igual y aun tuviera los mismos gustos. Pero la guerra —el arte de matar y destruir— no es nuestra misión como soldados de Cristo. En su lugar trabajamos para realizar la justicia de Dios, la cual es cualquier cosa menos opresiva. La justicia de Dios produce amor, paz, gozo y libertad.

La unidad en el nuevo reino es todo lo opuesto a la unidad en el sistema corrupto del mundo. En el nuevo reino, la unidad y la individualidad son amigos, no enemigos. Sin embargo, por ahora, antes del regreso de Cristo, tenemos que aceptar que las diferencias causan fricciones y a veces desencadenan conflictos. Por lo tanto, hasta que la justicia de Dios inunde el mundo, tenemos que aprender a manejar nuestras diferencias aplicando los principios del nuevo reino, independientemente de lo poco naturales que parezcan a las mentes no transformadas.

— 15:1-2 —

Excepto por uno o dos breves comentarios, Pablo ha dirigido toda su enseñanza a los «fuertes», entre los cuales él mismo se cuenta. Los «fuertes» incluyen a los que no son «débiles en la fe» (14:1) y tienen una «fe que les permite comer de todo» (14:2). En otras palabras, los fuertes son personas que han superado la resistencia de los obstáculos, de agradar a la gente, y de la justicia basada en el desempeño. Los fuertes saben en lo íntimo que son justos debido a la gracia del Padre, y a la presencia del Espíritu que mora en su interior. Descansan confiados en su eterna seguridad, sabiendo que nada tienen que probar y todo que dar.

Aquí él exhorta a estos creyentes maduros –los *dynatoi*, los «poderosos»— de Roma a «dar testimonio» a los débiles. El verbo que escoge es *bastazo*, el cual significa «llevar, tomar sobre sí mismo». La idea es atenuar la carga del otro llevándole algo a él o a ella. Piense en un equipo de mochileros subiendo una montaña. Hay que cargar todo el equipo y las provisiones hasta la cima; sin embargo, algunos pueden llevar más peso que otros. Los fuertes deben aligerar las cargas en las mochilas de los débiles y añadirlas a las suyas.

Entonces, ¿qué deben llevar los fuertes? La «debilidad» de los creyentes menos maduros, la cual Pablo ha definido como la inhabilidad (o renuencia) a vivir sin restricciones innecesarias y tolerar la libertad de los demás. En lugar de agradarse a sí mismos, los creyentes maduros tienen que alentar la unidad aceptando la carga del legalismo. Pablo ilustró «aceptar la carga del legalismo» al darle una aplicación específica en 14:14–15 y de nuevo en 14:21. Si comer carne compromete la unidad con otro creyente, pídala para llevar o métase en el bar de ensaladas. Es un regalo difícil y triste de ofrecer, pero nada superior a lo que Jesucristo nos dio a cada uno de nosotros. Pablo afirmó antes, en efecto: «Si Cristo consideró que valía la pena morir por un hermano creyente, tú puedes renunciar a comer carne» (14:15).

La frase de Pablo «agrade a su prójimo» no nos alienta a agradar a otros a costa de hacer lo correcto. Ni tampoco sugiere que nuestra motivación es ganar el favor de otros. Pablo no alentó «el agradar a la gente» tal como lo entendemos. El apóstol solo quiere que los creyentes valoren el bienestar y el consuelo de otros por encima del suyo.

— 15:3-4 —

Cuantas veces Pablo quiere ilustrar la cualidad del desinterés, apunta al ejemplo de Jesucristo:

> La actitud de ustedes debe ser como la de Cristo Jesús, quien, siendo por naturaleza Dios, no consideró el ser igual a Dios como algo a qué aferrarse. Por el contrario, se rebajó voluntariamente, tomando la naturaleza de siervo y haciéndose semejante a los seres humanos. Y al manifestarse como hombre, se humilló a sí mismo y se hizo obediente hasta la muerte, ¡y muerte de cruz! (Filipenses 2:5-8)

Qué ejemplo más perfecto de alguien que desciende de un lugar de elevado honor para cargar con la debilidad de la gente débil. Él condescendió del más elevado lugar de gloria en el universo para sufrir la más humillante de las muertes a fin de levantarnos.

Para destacar la renuncia de Cristo a su propio confort por el bien del débil, Pablo cita el Salmo 69:9: «Sobre mí han recaído los insultos de tus detractores», el cual es el lamento de un justo que sufre. Esto a su vez le recuerda el permanente valor de la Escritura como una fuente de esperanza. Note estos tres beneficios en que hace énfasis:

- *El valor comprehensivo de la Escritura*: Todo lo de la Palabra de Dios, de tapa a tapa, es igualmente beneficioso para instruir.
- *La relevancia contemporánea de la Biblia*: Aunque escrita hace mucho para culturas ahora extintas, la Palabra de Dios enseña principios eternos que se aplican a toda la humanidad a lo largo de todo el tiempo.
- *La aplicación práctica de la Escritura*: La diligencia para aplicar los principios que se enseñan en la Biblia nos ayuda a superar los retos y cultivar el espíritu de confiada seguridad.

— 15:5-6 —

La bendición de Pablo resume el poder de Dios para unir a los creyentes en una causa común. Sin embargo, esto no es «pensar igual que los demás». Ese tipo de pensamiento colectivo fue lo que Jesús vino a quebrar. Ya sufrimos demasiado la influencia de los demás. Aun más, toda una congregación puede «ser unánime en su manera de pensar» ¡y estar completamente equivocada!

Debemos ser de un mismo pensar «de acuerdo con Cristo Jesús», esto es, «a la manera» del Hijo de Dios. Esto no es lo mismo que tratar de imitarse unos a otros, lo cual es fútil. Una orquesta sinfónica es una perfecta ilustración de la diferencia.

Imagine cuán aburrida sería la *Novena Sinfonía* de Beethoven si la interpretaran cien violines. No me entienda mal. Yo amo el violín. Pero ese no es el sonido que imaginó el compositor cuando puso la pluma en el pergamino hace casi dos siglos. Pidió una variedad de instrumentos, cada uno con un sonido peculiar según su diseño. Pidió cuerdas, instrumentos de viento, metales, percusión, y hasta la voz humana para ejecutar su obra maestra. Cuidadosamente produjo una parte específica para cada instrumento. Estos comenzaban y se detenían en momentos distintos, y tocaban notas diferentes en diferentes patrones. No obstante, suenan armónicamente.

La iglesia es una orquesta. Somos los instrumentos tallados por el Artista. Tocamos una partitura escrita para nosotros por el Compositor, lo cual permite que las notas individuales creen armonías. Habiéndonos sintonizados con el Perfecto Tono que vive dentro de nosotros, tocamos como al unísono, interpretando la obra maestra del Compositor con pasión y precisión. Y el resultado es bellísimo: mostramos la gloria de Dios.

— 15:7-12 —

Pablo se vuelve de nuevo a Cristo como nuestro ejemplo y, otra vez, exhorta a «aceptar» (cf. 14:1, 3, 18). El término «aceptar» significa «tomarlo para sí mismo», lo cual hizo por supuesto el Hijo a causa de la gloria del Padre. Su ministerio de aceptación tomó dos formas, una para los judíos y otra para los gentiles.

Jesús nació judío y siguió los ritos y costumbres de los judíos. Fue circuncidado para identificarse con el pacto de Dios con Abraham (Génesis 12:1–3; 15:17–21), y luego cumplió los requisitos del plan de Dios con Israel (Deuteronomio 28) al vivir como ellos debían haber vivido. Reclamó las bendiciones de ese pacto como un representante libre de pecado. Y cumplió el pacto de David (2 Samuel 7:16) al tomar el trono de Israel como su descendiente.

Entonces Pablo cita cuatro pasajes del Antiguo Testamento (en una secuencia: Salmo 18:49; Deuteronomio 32:43; Salmo 117:1, e Isaías 11:10) para mostrar que los gentiles eran parte del plan redentor de Dios desde el principio. El señor originalmente planeó que su bendición a Abraham se convirtiera en el medio de extender la gracia a todo el mundo. Los israelitas se asentarían en la Tierra Prometida y se convertirían en vivo ejemplo del gobierno de Dios, uno tan impregnado de la gracia que los transeúntes nunca querrían salir. Y los reyes de Israel debían permanecer perfectamente obedientes a Dios, conduciendo a todos sus seguidores en la adoración y poniendo a los gentiles bajo su teocracia mundial.

Donde los descendientes de Abraham fallaron, los israelitas defraudaron y los reyes desobedecieron, Jesucristo triunfó.

La justicia de Dios se reveló al final en la persona de su Hijo, Jesucristo. Cuando este regrese, el mundo será rehecho hasta los átomos para reflejar esa justicia. De manera que, si queremos saber cómo será el nuevo reino, solo necesitamos mirar a su Rey. Y durante su ministerio terrenal, el Rey fue un siervo.

— 15:13 —

Pablo concluye la sección final de su enseñanza con una bendición. La «esperanza» es, de nuevo, no un deseo vacilante que puede o no realizarse. La esperanza cristiana es una perspectiva segura basada en una promesa de Dios (4:18; 5:1–5; 8:24–25; 15:4). Porque Dios siempre cumple sus promesas, tenemos un futuro garantizado. Por lo tanto, podemos soportar las pruebas con gozo y paz. Nuestra creencia nos mantendrá en movimiento cuando de otra forma podríamos desalentarnos y claudicar. «Para que» es una conjunción que indica una relación de causa-efecto. Note que Dios es quien nos llena de gozo y esperanza; nuestra única responsabilidad es creer. Pablo desea que este proceso de creer y recibir dé lugar a creyentes que rebosan de esperanza… quizá lo suficiente para inundar el mundo y producir un cambio, aunque sea pequeño.

Esta bendición marca el final de la enseñanza de Pablo a los romanos. El balance de su carta aborda diversas materias personales y bosqueja sus planes futuros.

LA JUSTICIA DE DIOS (ROMANOS 12:1 — 15:13)

Pablo ha reunido una gran cantidad de sabiduría práctica en esta sección final de su enseñanza. Si usted traza de nuevo sus pensamientos notará un patrón. Toda lección encierra un tipo particular de relación —gracia dentro de sí mismo (12:1–2), gracia dentro del cuerpo de Cristo (12:3–16; 14:1—15:13), gracia para el mundo exterior (12:17—13:14)— y específicamente cómo esas relaciones van a ser impactadas por los creyentes. Estas son lecciones sobre la gracia horizontal, el primer goteo del futuro diluvio. Pronto la justicia de Dios cortará la barrera entre el cielo y la tierra como un poderoso río que abre una brecha en una presa, pero por ahora, esa justicia viene a través de nosotros… o al menos así se espera.

Así que, buen creyente, ¿qué hace con la gracia que se le ha dado? ¿Permite que lo transforme desde adentro? ¿Permite que la gracia de Dios lo llene de gozo y paz de manera que otros puedan compartir su confiada seguridad? ¿Es usted presagio de la venidera justicia de Dios? Permítame dejarlo con la desafiante exhortación y la reconfortante bendición de Pablo:

> Por lo tanto, hermanos, tomando en cuenta la misericordia de Dios, les ruego que cada uno de ustedes, en adoración espiritual, ofrezca su cuerpo como sacrificio vivo, santo y agradable a Dios. No se amolden al mundo actual, sino sean transformados mediante la renovación de su mente. Así podrán comprobar cuál es la voluntad de Dios, buena, agradable y perfecta. (12:1–2)
>
> Que el Dios de la esperanza los llene de toda alegría y paz a ustedes que creen en él, para que rebosen de esperanza por el poder del Espíritu Santo (15:13).

NOTAS: La Justicia de Dios (Romanos 12:1—15:13)

43. Gerhard Kittel y Gerhard Friedrich, eds., *Theological Dictionary of the New Testament: Abridged in One Volume*, trad. Geoffrey W. Bromiley, Eerdmans, Grand Rapids, 1985, 1236.
44. Ibíd.
45. Rosamund Stone Zander y Benjamin Zander, *The Art of Possibility*, Harvard Business Press, Boston, 2000, 118–19.
46. Gerhard Kittel y Gerhard Friedrich, eds., *Theological Dictionary of the New Testament: Abridged in One Volume*, trad. Geoffrey W. Bromiley, Eerdmans, Grand Rapids, 1985, 75.
47. Neil T. Anderson, *The Bondage Breaker*, Harvest House, Eugene, OR, 1990, 194–96.
48. Ray Stedman, *From Guilt to Glory*, Word, Waco, TX 1979, 126–27.
49. Tácito, *The Works of Tacitus*, 2da ed., Woodward and Peele, Londres, 1737, 2:698.
50. Johannes P. Louw y Eugene Albert Nida, *Greek-English Lexicon of the New Testament: Based on Semantic Domains*, ed. electrónica de la 2da ed., United Bible Societies, Nueva York, 1996 [orig. 1989], 1:762.
51. De las 92 apariciones de este término griego, la RVR1960 opta por la palabra «perder» 41 veces.

LA COMUNIDAD DE DIOS (ROMANOS 15:14 – 16:27)

Mientras un bebé camello hundía la cabeza para beber de un charco de agua, él estudió el reflejo de su imagen. Después de unos breves momentos preguntó a su madre:

—¿Por qué tenemos pestañas tan largas, mamá?

—Porque tenemos que ser capaces de divisar nuestro camino en medio de las tormentas de arena —la madre le dijo con gran dignidad—. Podemos seguir adelante mientras otros ya no pueden encontrar su camino.

El bebé camello se miró los pies, los comparó con los de su madre, y después de otro sorbido de agua, preguntó:

—¿Por qué tenemos patas tan anchas?

—Para que podamos atravesar las móviles arenas del desierto sin hundirnos —le dijo la madre.

El camellito preguntó entonces:

—¿Por qué tenemos esas grandes jorobas en la espalda?

—Para que podamos viajar días enteros a través de los áridos desiertos sin una gota de agua para beber —la madre le respondió paciente—. Ningún otro animal puede ver con tanta claridad, caminar tan lejos ni vivir tanto tiempo en el desierto como el majestuoso camello.

Después de un largo silencio, el pequeño camello dijo:

—Pero, madre, si todo eso es verdad, ¿por qué vivimos en un zoológico?

Por lo general la gente no se siente bien en aislamiento. Los prisioneros, los enfermos hospitalizados, las personas demasiado enfermas para salir de su casa, las madres de tiempo completo de niños pequeños, y los jubilados solitarios a menudo luchan contra los mortales efectos del aislamiento. Un prolongado retraimiento de otros y del mundo exterior a la larga socava el sentido de identidad propia. Las personas aisladas suelen olvidar que el mundo es mucho mayor que sus ambientes inmediatos. Sufren una carencia de motivaciones porque su visión es limitada. Es común que caigan en una depresión alimentada por lástima propia e hipocondría debido a que sus mentes no tienen nada en lo cual centrarse más allá de sí mismas.

La gente necesita problemas que resolver y desafíos que superar. Prosperamos con oportunidades de participar en algo mayor que nosotros mismos. Aun más, fuimos creados para disfrutar las relaciones los unos con los otros, para crecer en una mayor intimidad con nuestro Creador, y para gobernar como virreyes suyos sobre la creación, de manera que todas las cosas existan en perfecta armonía con los propósitos divinos y reflejen su gloria (Génesis 1:26–28). Pero todo eso se puede perder o confundir cuando pasamos solos demasiado tiempo.

LA COMUNIDAD DE DIOS (ROMANOS 15:14 — 16:27)

Los efectos debilitantes y a veces mortales del aislamiento también pueden arruinar a las comunidades cristianas. Estas se preocupan por sus propios problemas. Comienzan a sospechar, dudar, culpar y a controlarse unos a otros. Se vuelven demasiado preocupadas por preservar su identidad y pronto olvidan las desesperadas necesidades de la gente en las comunidades que las rodean. El aislamiento amordaza la motivación, extingue el entusiasmo, y al final reduce la comunidad entera a una amnesia auto inducida y auto sostenida. Olvidan quienes son, el por qué Dios les dio ciertos dones, y cuál es su propósito en el mundo.

Este era un peligro particular para la iglesia de Roma. La brutal persecución de los cristianos que desató Nerón no ocurrió de la noche a la mañana. Varios años antes del incendio de Roma en 64 d.C., los cristianos se habían convertido en objeto de un creciente desdén. Los romanos consideraban el judaísmo la religión de una raza bárbara y atea y al cristianismo una mutación particularmente siniestra que pervertía la moral de los que aparte de eso eran ciudadanos íntegros. En consecuencia, los creyentes se agruparon para apoyarse y darse aliento mutuo. A menudo se reunían en secreto, veían a los recién llegados con sospecha, y en el proceso de auto preservación se iban aislando.

ROMANOS, RELIGIONES, RITUALES Y RELACIONES

En las culturas más antiguas, la religión era el pegamento que mantenía unidas las tribus y los rituales solidificaban la identidad tribal. Y en el primer siglo, Roma era la mayor tribu de todas. Pertenecer a ella era disfrutar de una poderosa camaradería; optar por abandonarla era invitar a la animosidad. Ser romano era llegar al pináculo de la sofisticación; los que no aspiraban a ser romanos eran, claro, subhumanos y merecían que los trataran como tales. Por lo tanto, «la separación de la iglesia y el estado» habría sido un espantoso pensamiento para cualquier ciudadano leal del imperio.

Los romanos eran notablemente inclusivos cuando se trataba de la religión. No solo toleraban las creencias religiosas de las culturas que conquistaban, sino que añadían esos dioses a su propio panteón, creyendo que era más seguro adorar una deidad falsa que arriesgarse a ofender una que podía existir. Aun más, reconocían el valor de un ritual compartido como un medio de expandir la tribu.

Los judíos y los cristianos planteaban un problema difícil para los romanos. Adoraban a un Dios que no se podía ver y cuyo nombre no se podía pronunciar. Para hacer las cosas peores, ese Dios demandaba una devoción *exclusiva*, algo absolutamente inimaginable para una cultura fundada sobre creencias religiosas en expansión. ¡Qué estrechos de mente! ¡Qué arrogantes! ¡Qué absurdamente distante! No se podía confiar nunca en que esas personas se convirtieran en miembros de la tribu. Rechazaban a las deidades romanas —incluyendo al emperador— y despreciaban los rituales romanos; por lo tanto, tenían que estar completamente desprovistos de toda virtud.

Irónicamente, no se odiaba a los judíos y los cristianos porque adoraran a otro Dios; los romanos despreciaban a los judíos y a los cristianos porque eran «ateos».

TÉRMINOS CLAVE

ὑπακοη [*jupakoe*] (5218) «obediencia, conformidad, prestar atención» (15:18)
Como lo opuesto a *jamartía*, «pecado» (Romanos 16:16), *hupakoé* es el comportamiento de alguien que escucha y sigue la voz de la autoridad divina. El ejemplo supremo es Cristo (Romanos 5:19), quien sentó la norma de la verdadera creencia. Por lo tanto, Pablo utiliza con frecuencia el término para describir el cristianismo genuino (Romanos 1:5; 15:18; 16:19; 2 Corintios 7:15; 10:6; vea también 1 Pedro 1:2, 22).

συνίστημι [*synístemi*] (4921) «mostrar, reunir, asociar»
Este verbo griego compuesto tiene una amplia gama de usos, pero Pablo apela casi exclusivamente al sentido clásico de «mostrar, recomendar que se acepte, presentar a la consideración». Por ejemplo, Dios «demuestra» su amor por nosotros a través de la muerte de su Hijo (Romanos 5:8). La palabra no conlleva una sugerencia pasiva, sino que urge a poner atención a los deseos de quien habla.

διχοστασία [*dikostasía*] (1370) «disensión, discordia, desunión»
El énfasis de este término no es tanto oponerse a la autoridad establecida como a la discordia entre iguales. «Disensión» es la dicotomía de un grupo en que una facción se aparta de otra mientras sostiene una actitud de «nosotros-contra-ellos». La gente puede disentir sin disensión.

σκάνδαλον [*skándalon*] (4625) «obstáculo, ocasión de tropezar, trampa»
El significado original y más literal es «saltar hacia atrás y hacia delante» o «cerrar de un golpe» como con una trampa animal equipada con un muelle. Por lo tanto, el vocablo por lo general representa «los medios de encerrar algo». El uso figurado de esta palabra es raro fuera de los escritos judíos y cristianos, pero no está ausente. Un dramaturgo griego describe a un acusador injusto arrastrando a un hombre inocente a un tribunal y «poniendo trampas» con sus preguntas[52]. En el Nuevo Testamento, Jesucristo es una piedra de tropiezo intelectual y moral para aquellos que se oponen a Dios y piensan que ellos mismos son sinceros (Romanos 9:33; 11:9; Gálatas 5:11; 1 Corintios 1:23). En relación con la iglesia, un *skándalon* es cualquier doctrina contraria a la verdad enseñada por Jesús y las personas que el instruyó personalmente.

Habiendo explicado el plan de salvación maestro de Dios —destacando las dimensiones vertical y horizontal de la gracia— y habiendo alentado a los creyentes de Roma a cumplir con sus responsabilidades como embajadores de esa gracia, Pablo vuelve su atención al futuro. El apóstol se vio a sí mismo como parte del gran plan de Dios y a los creyentes romanos como una parte vital de su éxito. Pensó mucho en que una asociación con la iglesia romana extendería el alcance del evangelio aun más lejos que antes.

La conclusión de Pablo para esta carta no es de ninguna manera una colección casual de pensamientos y saludos personales. Está cuidadosamente redactada para sacar a los creyentes romanos de su aislamiento, para recordarles su identidad en Cristo, para alabarlos por su fidelidad hasta ese momento, y para convocarlos a una acción específica para hacer avanzar el plan

LA COMUNIDAD DE DIOS (ROMANOS 15:14 — 16:27)

divino para la salvación. Y el apóstol tenía los ojos puestos en España —provincia fronteriza de Roma— y su desesperada necesidad del Dios de justicia.

Compañeros, planes, y oraciones (Romanos 15:14–33)

¹⁴ Por mi parte, hermanos míos, estoy seguro de que ustedes mismos rebosan de bondad, abundan en conocimiento y están capacitados para instruirse unos a otros. ¹⁵ Sin embargo, les he escrito con mucha franqueza sobre algunos asuntos, como para refrescarles la memoria. Me he atrevido a hacerlo por causa de la gracia que Dios me dio ¹⁶ para ser ministro de Cristo Jesús a los gentiles. Yo tengo el deber sacerdotal de proclamar el evangelio de Dios, a fin de que los gentiles lleguen a ser una ofrenda aceptable a Dios, santificada por el Espíritu Santo.
¹⁷ Por tanto, mi servicio a Dios es para mí motivo de orgullo en Cristo Jesús. ¹⁸ No me atreveré a hablar de nada sino de lo que Cristo ha hecho por medio de mí para que los gentiles lleguen a obedecer a Dios. Lo ha hecho con palabras y obras, ¹⁹ mediante poderosas señales y milagros, por el poder del Espíritu de Dios. Así que, habiendo comenzado en Jerusalén, he completado la proclamación del evangelio de Cristo por todas partes, hasta la región de Iliria. ²⁰ En efecto, mi propósito ha sido predicar el evangelio donde Cristo no sea conocido, para no edificar sobre fundamento ajeno. ²¹ Más bien, como está escrito:

«Los que nunca habían recibido noticia de él, lo verán;
y entenderán los que no habían oído hablar de él».

²² Este trabajo es lo que muchas veces me ha impedido ir a visitarlos.
²³ Pero ahora que ya no me queda un lugar dónde trabajar en estas regiones, y como desde hace muchos años anhelo verlos, ²⁴ tengo planes de visitarlos cuando vaya rumbo a España. Espero que, después de que haya disfrutado de la compañía de ustedes por algún tiempo, me ayuden a continuar el viaje. ²⁵ Por ahora, voy a Jerusalén para llevar ayuda a los hermanos, ²⁶ ya que Macedonia y Acaya tuvieron a bien hacer una colecta para los hermanos pobres de Jerusalén. ²⁷ Lo hicieron de buena voluntad, aunque en realidad era su obligación hacerlo. Porque si los gentiles han participado de las bendiciones espirituales de los judíos, están en deuda con ellos para servirles con las bendiciones materiales. ²⁸ Así que, una vez que yo haya cumplido esta tarea y entregado en sus manos este fruto, saldré para España y de paso los visitaré a ustedes. ²⁹ Sé que, cuando los visite, iré con la abundante bendición de Cristo.
³⁰ Les ruego, hermanos, por nuestro Señor Jesucristo y por el amor del Espíritu, que se unan conmigo en esta lucha y que oren a Dios por mí. ³¹ Pídanle que me libre de caer en manos de los incrédulos que están en Judea, y que los hermanos de Jerusalén reciban bien la ayuda que les llevo. ³² De este modo, por la voluntad de Dios, llegaré a ustedes con alegría y podré descansar entre ustedes por algún tiempo. ³³ El Dios de paz sea con todos ustedes. Amén.

Ben y Jerry. Wozniak y Jobs. Crick y Watson. Wilbur y Orville. Stanley y Livingstone. Lewis y Clark. Moody y Sankey. Lutero y Melancthon. Graham y Barrows. Las grandes asociaciones son raras porque dependen de una rara mezcla de por lo menos tres cualidades que son difíciles de igualar y entonces difíciles de mantener:

- *Competencia complementaria.* Los socios potenciales tienen que reconocer primero su necesidad de otro que supla lo que ellos mismos no poseen. Esto no se da con naturalidad a gente en extremo competente. Aun más, es increíblemente raro encontrar a dos humildes triunfadores que se complementen uno al otro.
- *Confianza mutua.* Los individuos tienen que ser confiables porque las asociaciones —como todas las buenas relaciones— crecen y se fortalecen cuando cada persona puede confiar de todo corazón en la integridad y la capacidad de la otra.
- *Visión compartida.* Las dos competentes y confiables personas tienen que desear alcanzar metas comunes; de otra manera, siempre se estarán decepcionando una a la otra.

Debido a que la conjunción de estas cualidades esenciales —competencia, confianza y visión— es tan rara de encontrar y tan difícil de mantener, las asociaciones por lo general se disuelven poco después de comenzar. Pero cuando se forma una gran asociación y se las arregla para prosperar, los resultados son siempre extraordinarios.

Pablo comprendió los peligros y el poder de la colaboración. Él y Bernabé lograron mucho juntos. Los dos eran competentes y confiables, pero ya no compartían la misma visión del ministerio y, específicamente, cómo debía ser llevado a cabo. Bernabé quería darle a Juan Marcos otra oportunidad después que el joven abandonó su primer viaje misionero; Pablo no quería. En consecuencia, su asociación terminó después de un acalorado desacuerdo (Hechos 15:36–40). Aunque ellos repararon su amistad y al final se apoyaron uno al otro teológicamente, nunca decidieron colaborar de nuevo.

Pablo trabajó con otros socios. En varias ocasiones, formó equipo con Silas, Timoteo, Tito y Lucas. Y cerca del final de su vida, el apóstol llamó a Juan Marcos para que se le uniera «porque me es de ayuda en mi ministerio» (2 Timoteo 4:11).

El trabajo pionero de Pablo demandaba asociación. Cuando ministraba en Corinto, su tercer viaje misionero estaba completo en más de la mitad. Se habían fundado nuevas iglesias y las existentes se habían fortalecido. Habían entrenado a líderes locales para desarrollar el evangelio donde vivían y equipado sus aprendices para continuar su ministerio itinerante a través del imperio al oeste de Roma. Para concluir la jornada, viajaría de regreso alrededor del mar Egeo a Mileto y entonces se embarcaría para Jerusalén a entregar los fondos de ayuda contra el hambre que había colectado a lo largo del camino.

La mayoría consideraría el dar tres vueltas alrededor del Imperio Romano un completo ministerio de toda la vida y un magnífico momento para retirarse. ¡Pablo no! Con el trabajo en el «mundo civilizado» puesto en manos capaces, la oportunidad para llevar el evangelio a donde nunca había sido proclamado era demasiado irresistible para el apóstol pionero. Comenzó a trazar una ruta desde Jerusalén a la frontera romana de España. No obstante, sabía que su mayor reto demandaría aun más de lo que podría ofrecer. Esto requeriría una asociación con la confiable y hábil iglesia de Roma.

El bosquejo de esta propuesta es simple: tú… yo… juntos. Para alistar su ayuda, Pablo identifica los bríos de los creyentes romanos y les recuerda su llamamiento (15:14–16), confirma su propio llamado y revela sus planes (15:17–29), y entonces los invita a acompañarlo, comenzando con la oración (15:30–33).

— 15:14 —

A lo largo de la carta, Pablo ha estado escribiendo «a» la iglesia de Roma. En este punto, comienza a escribir «sobre» ellos. Confirma a sus hermanos y hermanas de Roma utilizando tres frases de elogio, que apunta cada una a un rasgo específico que ha observado entre los pocos miembros que ha encontrado o identificado como resultado de su reputación.

"*Rebosan de bondad*". La palabra «rebosan» significa «llenos hasta derramarse» y la palabra «bondad» describe su pureza moral y ética. Esta incluye amabilidad y consideración y aun caridad hacia los que están en necesidad.

Everett F. Harrison escribe: «[La bondad] no es una disposición natural sino una excelencia moral forjada en la textura de la vida por el habitar del Espíritu dentro del corazón»[53]. Recuerde, estos son los mismos romanos que antes se nos dijo eran depravados. Los creyentes seguimos siendo individuos depravados en nuestra vieja naturaleza, pero recibimos una nueva naturaleza con la regeneración y la subsecuente plenitud del Espíritu Santo. Esta nueva naturaleza pone en evidencia actos de bondad.

«*Abundan en conocimiento*». En otras palabras, están «llenos hasta rebosar» de un conocimiento tal que están completamente informados y adecuadamente conscientes. Claro, solo Dios es omnisciente, pero los hombres y mujeres de Roma han demostrado un dominio maduro de la verdad cristiana y han comprendido las cuestiones que impactan su rincón del mundo. Cuando los creyentes están informados de manera plena y completa, cuando han llegado a ser adecuadamente conscientes, comprenden sus tiempos y se dan cuenta de lo que tienen que hacer. No suelen carecer de celo o visión.

«*Están capacitados para instruirse unos a otros*». La palabra traducida «capacitados viene del término griego *dúnamis*, el cual significa «poder». Se les da poder interior para aplicar su conocimiento de una manera constructiva. La palabra «instruirse» viene de un compuesto de dos palabras griegas, *nous* («mente») y *tithemmi* («colocar»). La idea de colocar algo en la mente de otro era como los griegos comprendían el proceso de la educación. Los cristianos romanos eran capaces de «impartir comprensión», «de corregir», «poner sobre el corazón» de tal manera que afectaría no solo el intelecto, sino también la voluntad y la disposición. «La palabra adquiere así cierto sentido de "amonestar", "de advertir", "recordar", y "corregir"»[54].

Estas tres cualidades en esencia describen a un cristiano maduro. Imagine el impacto que las iglesias tendrían sobre el mundo si estuvieran compuestas de personas que están limpias en cuanto a moral y puras en cuanto a ética, llenas de un conocimiento tal como para estar completamente informadas y adecuadamente conscientes, capaces de educarse y rendirse cuentas unas a otras. Los pastores dedican sus vidas a ver sus iglesias transformadas, persona por persona, para estar llenas de bondad, llenas de conocimiento y ser capaces de amonestar.

— 15:15-16 —

Después del largo discurso de Pablo sobre las cosas básicas del evangelio, se podría pensar que los creyentes romanos no son maduros en su fe o están en una terrible necesidad de instrucción. Pero el apóstol aclara que no ha escrito este enérgico manifiesto cristiano para ofrecer nueva información, sino para ayudarlos a volver sobre los pasos de su jornada espiritual, para ayudarlos a apreciar otra vez el inestimable valor de la gracia que han recibido, para confirmarlos en la seguridad de su salvación, e impulsarlos a la acción. Por otra parte, ve esto como su deber apostólico —su deuda (1:14; 1 Corintios 9:16)— para enseñar y fortalecer a todas las iglesias, incluyendo la de Roma.

Pablo no solo justifica su carta volviendo a plantear su deber como apóstol, y reiterando su misión particular entre los gentiles. Declaró al comienzo de esta carta que su intención era visitar la ciudad capital a fin de «recoger algún fruto entre ustedes, tal como lo he recogido entre otras naciones» (1:13). Esperaba unirse a ellos en la evangelización de Roma. Sin embargo, aquí, al final de la carta, lleva estas intenciones un paso más allá. Mientras examina el potencial para el ministerio en Roma, ve que hay aun más tras el horizonte occidental. Habiendo identificado como dignos asociados a los creyentes romanos, les habla de su visión y su plan para la siguiente fase de su ministerio.

— 15:17-21 —

Además de los eternos principios contenidos en esta sección de la Escritura, podemos disfrutar de un gran beneficio derivado. Tenemos la rara oportunidad de conocer algo sobre el apóstol que he descrito como un hombre de gracia y valor. Pese a su impresionante resumen de calificaciones y logros, se considera solo un esclavo de Jesucristo. Permanece reacio a tomar crédito por las obras de su Señor. Los milagros que ha llevado a cabo son genuinos porque el poder de Espíritu Santo dentro de él es real. Se han ganado gentiles y la obediencia de estos se ve en lo que dicen y hacen porque Dios ha decidido predicar a través de él. El evangelio prospera en las ciudades metropolitanas porque Pablo ha obedecido y perseverado. Nadie puede argumentar que este ministerio era inefectivo.

Note la palabra «completado» en 15:19. El apóstol declara que ha «completado la proclamación del evangelio» en el espacio entre Jerusalén e Ilírico, el cual comprende la mayor parte del territorio que Roma controlaba por completo. Está diciendo: «Mi trabajo en esta parte del mundo está completo y lo dejo en manos muy capaces». Entonces cita a Isaías 52:15 para subrayar su motivación primaria: ir donde el evangelio no se ha escuchado todavía.

La visión de Isaías del gobierno del Mesías sobre toda la tierra y de los gentiles de toda nación que caen postrados delante de él se convirtió en el mandato de Pablo. Sus primeros tres viajes misioneros apenas habían comenzado a cumplir el oráculo del profeta. Por lo tanto, la visión del apóstol excede siempre su horizonte, impulsándolo a dondequiera que no se conoce el evangelio. Y —me encanta esto de Pablo— *sus sueños son siempre mayores que sus recuerdos*.

Los recuerdos pueden atarlo al pasado o empujarlo hacia nuevos retos. Los recuerdos de Pablo de sucesos pasados no lo retardan; por el contrario, lo inspiran a lograr más para la gloria de Cristo.

De mi diario

Por qué nunca me retiraré

Hace varios años, una mujer llamó y me dijo: «Usted no me conoce, pero escucho su programa radial. Por cierto», continuó, «así fue cómo las cosas cambiaron para mí».

Entonces comenzó a llorar. «Yo había convertido mi vida en un completo desastre y estaba al final de mi cuerda. Había atravesado por dos abortos y había abandonado a mi familia, mi esposo y tres niños. Había destruido todo lo que tenía importancia para mí y cuando no tenía nada más que perder, compré un revólver y me alojé en un pequeño motel».

El estómago se me contrajo. Podía oír una desesperada angustia en su voz mientras recordaba entre lágrimas aquella noche horrible.

«Sentada al borde de la cama, me metí el arma en la boca... y, de improviso, se encendió la alarma del radio. Era su programa. Por todo lo que sé, algunos fanáticos religiosos habían puesto la alarma del radio para que comenzara a transmitir ese programa religioso. Escuché música y luego su voz».

Tuve que sentarme.

«Poco a poco me saqué el revólver de la boca y escuché... y me di cuenta que no tenía nada frente a mí sino tristeza, lo mismo si moría que si vivía. Puse el revólver a un lado, me dejé caer de rodillas junto a la cama, y le pedí a Jesucristo que me salvara. Hay momentos en los que puedo recordar el sabor del revólver en mi boca».

Frecuentemente me preguntan si pienso retirarme o cuándo.

Nunca. Tendré que atenuar o cortar mis actividades cuando disminuyan mis capacidades físicas, pero nunca dejaré de proclamar las buenas nuevas. ¡Nunca!

¿Cómo podría hacerlo?

Pablo recuerda su anterior éxito y perdurable visión, no para jactarse o atesorar admiración de sí mismo sino para sentar el fundamento de su propuesta. En efecto, dice: «Mi visión siempre ha sido proclamar el evangelio donde no se le ha escuchado nunca; por la gracia de Dios, este ministerio ha tenido éxito, y he hecho todo lo que puedo al este de Roma, así que...»

— 15:22-25 —

Pablo enseguida vuelve su perspectiva del pasado al futuro. En el pasado, su ministerio lo mantuvo ocupado con una labor necesaria en el este, «pero ahora» hay nuevos planes hacia el oeste, en Roma y mucho más allá. Habiendo asegurado a la iglesia de Roma como un valioso asociado y habiéndose presentado como alguien confiable para representarlos en el ministerio, Pablo con cortesía propone una aventura conjunta. Planea completar su actual misión, entregar una colecta de ayuda de emergencia para la iglesia de Jerusalén, y luego partir para España.

La típica estrategia de Pablo para evangelizar una región comenzaba con el establecimiento de una base de operaciones en una gran ciudad a lo largo de una importante ruta comercial. Por ejemplo, Éfeso le brindaba acceso a suministros por mar, la seguridad y estabilidad de un gobierno, y caminos bien guardados a través de la provincia romana de Asia. Lo mismo fue cierto de Corinto, desde donde saturó a Macedonia con el evangelio, y Misia, lo cual le habría dado acceso a Bitinia.

Utilizando a Roma como punto de partida, Pablo planea una de dos misiones potenciales. Podía abordar un barco en Roma y navegar directamente a la región que ahora llamamos España. Este territorio había sido conquistado por Roma pero se parecía mucho al oeste americano en los años de 1840: lleno de potencial, pero en gran medida indómito. No obstante, está más de acuerdo con la historia de Pablo ver a «España» como un símbolo de su deseo de evangelizar el oeste, atravesando el norte de Italia y la actual Francia y cruzando por último los Pirineos para reclamar a «Hispania» para Cristo.

¡Pablo no soñaba a pequeña escala! La masa terrestre que planeaba evangelizar excede el territorio cubierto por sus tres primeros viajes misioneros. Y el alcance de las dificultades en esos viajes era una buena muestra de lo que pudiera esperarle en el cuarto viaje.

> Cinco veces recibí de los judíos los treinta y nueve azotes. Tres veces me golpearon con varas, una vez me apedrearon, tres veces naufragué, y pasé un día y una noche como náufrago en alta mar. Mi vida ha sido un continuo ir y venir de un sitio a otro; en peligros de ríos, peligros de bandidos, peligros de parte de mis compatriotas, peligros a manos de los gentiles, peligros en la ciudad, peligros en el campo, peligros en el mar y peligros de parte de falsos hermanos. He pasado muchos trabajos y fatigas, y muchas veces me he quedado sin dormir; he sufrido hambre y sed, y muchas veces me he quedado en ayunas; he sufrido frío y desnudez. Y como si fuera poco, cada día pesa sobre mí la preocupación por todas las iglesias (2 Corintios 11:24–28).

¡Piense en ello! ¡Esta es su experiencia en la parte «civilizada« del imperio! Sus planes lo llevarían a los confines de la *Pax Romana* y más allá, donde estaría a merced de los «bárbaros», de gente que no respondía a nadie.

LA COMUNIDAD DE DIOS (ROMANOS 15:14 — 16:27)

— 15:26-29 —

Pablo utiliza el generoso ejemplo de las iglesias en Macedonia y Acaya —la actual Grecia— para inspirar a la iglesia de Roma. Los creyentes gentiles en Grecia veían el hecho de compartir su riqueza material solo como un muestra de la deuda que tenían con Jerusalén por el don del evangelio, un tesoro espiritual insuperable. Está claro, Pablo implica que también Roma tiene una deuda de gratitud, la cual se puede honrar ayudando a su misión para rescatar a otros gentiles.

Una ciudad romana grande le daba a Pablo tres ventajas esenciales al evangelizar una región: abundantes provisiones, transporte eficiente (barcos y caminos), y oportunidades casi ilimitadas de redes funcionales. Con probabilidad planeaba usar a Roma como base de operaciones, como lo había hecho con Éfeso y Corinto.

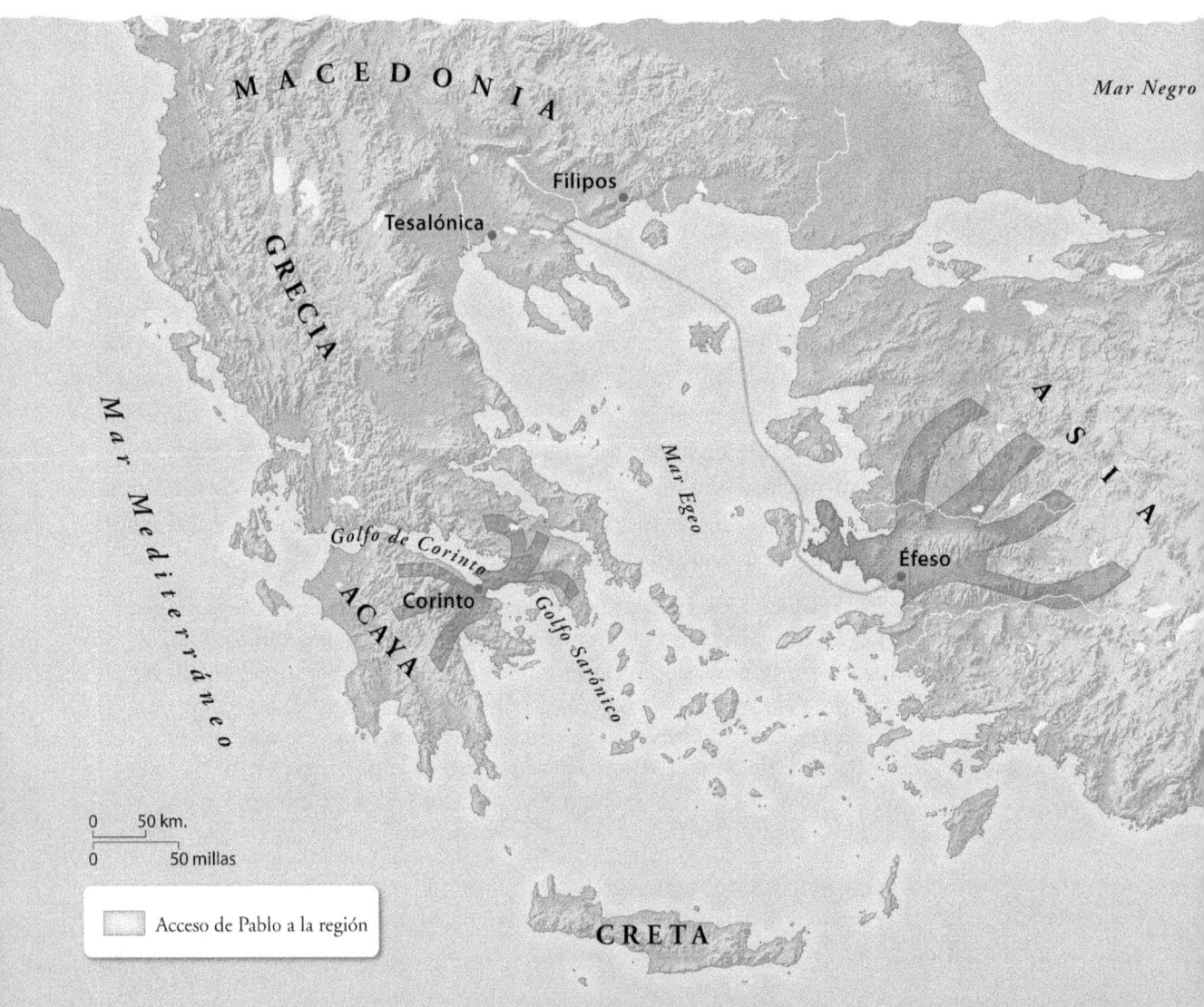

El apóstol está seguro de su visita a Roma; pero jamás se habría imaginado las circunstancias que lo llevarían allí. Después de entregar la ayuda de emergencia que había reunido en el tercer viaje, los líderes judíos acusan falsamente al apóstol en el templo —los mismos hombres a quienes él servía formalmente cuando perseguía a los cristianos— y lo arrestan. Tras varias comparecencias, una fallida trama de asesinato, meses de prisión preventiva y un largo juicio, Pablo ejercita su derecho como ciudadano romano para que su caso se escuche en Roma (Hechos 21—26). Así que alcanza su destino propuesto, pero después de lo que planeó y bajo la custodia de guardas romanos.

— 15:30-33 —

Pablo le ruega a la iglesia de Roma que comience su asociación con él orando «*por* nuestro Señor Jesucristo y *por* el amor del Espíritu». La preposición *por* tiene una amplia gama de usos que siempre dependen del contexto. En este caso, el sentido completo de la palabra es «por intermedio de» o «a través de». Ellos debían acercarse al Padre a través del Hijo y del Espíritu. Aun más, Pablo insta a sus hermanos y hermanas a «que se unan conmigo en esta lucha» utilizando un término comúnmente empleado en el atletismo que se aplica a un equipo que trabaja con vigor para alcanzar la victoria.

Pablo no exagera su deseo de que oren con fervor. Mientras se siente atado por el deber de entregar los fondos de ayuda a Jerusalén, tiene serias dudas sobre su seguridad al regresar allí. Más tarde, durante su viaje desde Corinto a Jerusalén, llama a los líderes de las iglesias de Éfeso a reunirse con él antes de que su barco vuelva al mar. Declara de plano:

> «Y ahora tengan en cuenta que voy a Jerusalén obligado por el Espíritu, sin saber lo que allí me espera. Lo único que sé es que en todas las ciudades el Espíritu Santo me asegura que me esperan prisiones y sufrimientos. Sin embargo, considero que mi vida carece de valor para mí mismo, con tal de que termine mi carrera y lleve a cabo el servicio que me ha encomendado el Señor Jesús, que es el de dar testimonio del evangelio de la gracia de Dios» (Hechos 20:22-24).

Este peligro real impulsa a Pablo a pedir tres respuestas específicas a la oración. Primero, ora que sus enemigos no tengan éxito en sus intentos de impedir que él continúe su ministerio. Segundo, ora para que los cristianos judíos de Jerusalén acepten los regalos monetarios ofrecidos por sus hermanos y hermanas gentiles de Grecia. Y tercero, ora para que sus planes de continuar el ministerio más allá de Roma no solo no enfrenten demoras sino que también encuentren ayuda en la iglesia romana.

Pablo es sin duda el más pionero de todos los apóstoles. El récord bíblico muestra que acumuló más kilómetros, plantó más iglesias, entrenó más líderes, y redactó más Escritura que ninguna otra persona de su generación. No obstante, rara vez lo encontramos solo. Se rodeaba de gente talentosa, y dispuesta a compartir su obligación de predicar el evangelio y fortalecer las iglesias. Buscaba socios en los que pudiera confiar de todo corazón, socios que no aceptarán nada que no fuera una completa devoción. Y cuando encuentra ayudantes confiables, los coloca enseguida donde han de tener el mayor impacto.

Si bien curtido por la lucha y las dificultades, aunque sin inmutarse ante el peligro, sabe que su visión para abrir nuevos caminos en regiones romanas fronterizas solo puede realizarse con la ayuda de socios de confianza. Solo podemos especular sobre cómo se habrían desarrollado sus planes. El libro de Hechos termina con Pablo bajo arresto domiciliario en Roma. No obstante, creo que llevó a cabo por lo menos parte de su visión antes de un segundo encarcelamiento en Roma y su eventual martirio allí.

Si los sueños de Pablo lo llevaron en realidad hasta España, no tengo dudas que la ayuda de sus hermanos romanos hinchó sus velas.

Aplicación

Cómo convertir los grandes sueños en realidades aun mayores

Los hombres y las mujeres grandes se vuelven grandes porque sueñan en gran escala y salen para convertir su visión en realidad. La visión de Pablo en cuanto al evangelio se extendía mucho más allá de lo que cualquiera de sus contemporáneos se atrevía a imaginar. Después de tres vueltas a la parte oriental del Imperio Romano, toda gran ciudad tenía una iglesia relativamente estable con un liderazgo muy capaz para dirigirla. Fue entonces cuando Pablo fijó la vista en la parte occidental del imperio. Seguiría edificando sobre los éxitos pasados empleando los mismos principios que lo habían guiado hasta entonces. Yo encuentro cuatro en Romanos 15:14–33.

1. *Los grandes logros de la vida se obtienen a través de esfuerzos conjuntos* (15:17–18). A menudo nos imaginamos a Pablo caminando pesadamente de pueblo en pueblo solo, excepto por uno o dos fieles compañeros. La realidad es que muchas veces viajó con un séquito bastante numeroso, por lo cual a menudo recibió ayuda de las iglesias para continuar su misión. Comprendió el poder de la colaboración, al reconocer que la participación de otros incrementaba su propia efectividad. Siempre estaba en busca de gente que él pudiera estimular para compartir su visión.

2. *Los grandes logros nunca se alcanzan sin obstáculos* (15:22). Un sabio autor escribió: «Si se me dice que el camino hacia mi glorioso destino está arruinado por lozas sueltas y baches, cada sacudida a lo largo del camino me recuerda que voy por la senda correcta». Evangelizar la mitad oriental del imperio no ocurrió ni rápido ni fácilmente. Pablo pasó frío, hambre, naufragios, asaltos, prisiones, palizas, pedradas, calumnias, y aun la oposición de sus cercanos amigos (vea 2 Corintios 11:23–33). Cualquiera de estas cosas podría haber desanimado al apóstol. Muchas habrían tomado esa oposición como señal de desaprobación de Dios. Pero Pablo permaneció decidido.

3. *Los obstáculos se superan con una sostenida esperanza* (15:23–25). Mientras languidecía en prisión, impedido de seguir tras su objetivo planeado, confiaba en que el Señor usaría las malas acciones de gente impía para avanzar las buenas nuevas de Cristo (Filipenses

1:12–14). Si usted corre con gente que quiebran sus esperanzas y sueños, está corriendo con quien no debe. Consiga nuevos amigos. Los amigos genuinos dan consejos sabios, consejos realistas, pero también nos alientan. Nos recuerdan que nada es imposible con Dios. La esperanza se sostiene confiando en el Señor mientras nos mantenemos centrados en una visión que honra a Dios.

4. *El ingrediente esencial de la esperanza sostenida es el entusiasmo* (15:29). Ralph Waldo Emerson escribió: «Nada grande se ha logrado jamás sin entusiasmo». Tenía razón. No obstante, no confunda el entusiasmo con la efervescencia. A menudo van unidos, pero la efervescencia pronto se desvanece, muchas veces después del primer par de fracasos. El entusiasmo es una actitud positiva sostenida y alimentada por la firme convicción de que la visión de uno tiene que convertirse en realidad.

Por cierto, Pablo sí fue a Roma... ¡y el gobierno pagó su pasaje! Mientras luchaba contra falsas acusaciones hechas contra él por sus antiguos colegas y capeaba intentos de asesinato, lo transportaban bajo arresto domiciliario a Roma con un soldado romano que lo cuidaba, lo cual vio como otra gran oportunidad. ¡Pablo tornó su circunstancia en una oportunidad de evangelizar a la guardia de palacio!

Si tiene una gran visión, usted es un líder. Se le ha dado también la responsabilidad de convertir ese valioso sueño en realidad. Hable con otros de su visión y no vacile en reclutar ayuda. Espere obstáculos y manténgase atento en la realización de su misión. Envuelva sus sueños en oración, pidiendo que la visión que honra a Dios que usted sostiene se realice por medio del poder de Dios, y escoja acompañantes que le recuerden la fidelidad divina. Y cuando lleguen las adversidades, rehúse desalentarse; manténgase entusiasta. Permita que sus convicciones lo lleven adelante y descubra maneras de convertir cada dificultad en una ventaja.

Si su visión honra a Dios y lleva la justicia de Dios al mundo, puede estar seguro que él convertirá sus mayores sueños en una realidad aun más grande. ¡Confíe en él!

Amor y un beso santo (Romanos 16:1-16)

¹ Les recomiendo a nuestra hermana Febe, diaconisa de la iglesia de Cencreas. ² Les pido que la reciban dignamente en el Señor, como conviene hacerlo entre hermanos en la fe; préstenle toda la ayuda que necesite, porque ella ha ayudado a muchas personas, entre las que me cuento yo. ³ Saluden a Priscila y a Aquila, mis compañeros de trabajo en Cristo Jesús. ⁴ Por salvarme la vida, ellos arriesgaron la suya. Tanto yo como todas las iglesias de los gentiles les estamos agradecidos. ⁵ Saluden igualmente a la iglesia que se reúne en la casa de ellos. Saluden a mi querido hermano Epeneto, el primer convertido a Cristo en la provincia de Asia. ⁶ Saluden a María, que tanto ha trabajado por ustedes. ⁷ Saluden a Andrónico y a Junías, mis parientes y compañeros de cárcel, destacados entre los apóstoles y convertidos a Cristo antes que yo. ⁸ Saluden a Amplias, mi querido hermano en el Señor. ⁹ Saluden a Urbano, nuestro compañero de trabajo en Cristo, y a mi querido hermano Estaquis. ¹⁰ Saluden a Apeles, que ha dado tantas

pruebas de su fe en Cristo. Saluden a los de la familia de Aristóbulo. ¹¹ Saluden a Herodión, mi pariente. Saluden a los de la familia de Narciso, fieles en el Señor. ¹² Saluden a Trifena y a Trifosa, las cuales se esfuerzan trabajando por el Señor. Saluden a mi querida hermana Pérsida, que ha trabajado muchísimo en el Señor. ¹³ Saluden a Rufo, distinguido creyente, y a su madre, que ha sido también como una madre para mí. ¹⁴ Saluden a Asíncrito, a Flegonte, a Hermes, a Patrobas, a Hermas y a los hermanos que están con ellos. ¹⁵ Saluden a Filólogo, a Julia, a Nereo y a su hermana, a Olimpas y a todos los hermanos que están con ellos. ¹⁶ Salúdense unos a otros con un beso santo. Todas las iglesias de Cristo les mandan saludos.

De todas las palabras utilizadas para describir nuestras más excelentes organizaciones, varias son inapropiadas cuando se aplican a un cuerpo de creyentes locales. Una iglesia puede ser grande, pero «mega» no es un elogio. Una iglesia debe siempre mantener los brazos abiertos para recibir a cualquiera que quiera aprender por primera vez sobre Cristo, pero nunca debe cambiar su identidad para convertirse en una entidad acomodadiza para ganar amigos. Una iglesia siempre debe hacer énfasis en la «bella historia» de Jesucristo (el «evangelio», según la frase tradicional) y debe siempre involucrar gente en la vanguardia de la sociedad y la cultura, pero ninguna iglesia debe negar su herencia apostólica ni dejar a un lado la teología a fin de «subir».

Aun más, una iglesia debe estar organizada y debía ser sabia para aplicar las mejores herramientas de administración y emplear la última tecnología, pero la iglesia local nunca tiene que convertirse en una corporación eficiente con una cruz plantada en el techo. Las primeras palabras que vienen a la mente no tienen que ser «eficiente», «dirigida», «centrada», o aun «en expansión», por lo menos no para las personas que cruzan el umbral. Se supone que una iglesia es como una familia, en la cual la gente mayor entrena y alienta a la más joven, donde todos son responsables y encuentran seguridad, aceptación, esperanza, gozo y ayuda. La iglesia tiene que ser un lugar donde las palabras inspiren confianza, la adoración tenga significado, la fe sea invencible, la gracia notable, y el amor tangible.

La iglesia tiene que ser un cuerpo cálido que da la bienvenida, no una máquina resbaladiza bien aceitada.

Hace varios años, viajé con un grupo de pastores y pastores interinos, visitando un número de iglesias para aprender cómo se habían iniciado, qué guiaba sus actividades en la comunidad, y cómo se proponían satisfacer las necesidades de una creciente y siempre cambiante cultura. Estábamos parados en el vestíbulo de una gran iglesia bien conocida, esperando por nuestra cita; habíamos llegado temprano y el equipo de la iglesia todavía se preparaba para nuestra visita. Durante nuestra espera, uno de los custodios salió y comenzó a conversar con nosotros. (Me encanta hablar con los custodios. Mientras otros ven la iglesia cómo esperan que sea o cómo se reporta que sería, los custodios usualmente la ven tal cual es). En poco tiempo, la conversación giró hacia el tamaño, y él nos dijo rápidamente cuán grande se habían vuelto. Pregunté: «¿Qué tamaño tienen ustedes?» Él dijo: «Bien, procesamos alrededor de 2.500 personas cada domingo».

¿Procesar? Supuse que su selección de las palabras reflejaba la cultura de su iglesia, pero retuve el juicio en ese momento. No escuché la palabra de nuevo ese día, pero se hizo obvio que los métodos y actitudes del equipo habían modelado el vocabulario del custodio. ¿Qué le sucede a una iglesia que empieza a «procesar» gente? Procesar es algo que usted hace en una planta empaquetadora de carne, ¡no en una iglesia!

El obvio intelecto de Pablo y su perspicacia teológica han sido celebrados por siglos, en gran medida debido a su carta a los creyentes de Roma. Pero él también estaba muy preocupado por las personas; las relaciones eran inmensamente importantes para el apóstol. Tejida a través del negro, blanco y gris de las cuestiones teológicas, podemos trazar una hebra escarlata de amor.

Dios «derramó» y «demostró» su amor por nosotros (5:5, 8). Nada puede separarnos del amor de Dios (8:28–39). El amor tiene que ser sin hipocresía mientras nos dedicamos a amarnos unos a otros (12:9–10). Tenemos que amar continuamente a los que están fuera de la iglesia al honrarlos y devolver bendición por un mal trato (13:8–10). Debemos amar a otros creyentes más de lo que hacemos con nuestro confort o placer (14:15). Entonces Pablo convoca el amor de sus hermanos y hermanas en Roma para unirse a él en un ministerio continuo (15:30).

Pablo considera crucial el amor porque valora a las personas por encima de todo lo demás. Así no sorprende ver una larga lista de nombres —algunos latinos, otros griegos, y todos personalmente queridos por el apóstol— que aparecen al final de su carta. Pablo pudo haber contado una historia sobre cada una de las personas que saluda, pero solo tiene suficiente espacio para reconocerlas brevemente, lo cual hace por dos razones. Primero, quiere saludarlas y asegurarles que ni el tiempo ni la distancia han disminuido su amor por cada individuo; segundo, quiere asegurar a la iglesia de Roma que su interés por ellos es personal, no utilitario. Aunque no ha conocido a la mayoría de los que están en la congregación, él ama a estos hermanos y hermanas.

— 16:1-2 —

Febe significa «pura, brillante, radiante». Pablo se refiere a ella como «nuestra hermana» y la llama diaconisa. No hay forma femenina del término *diákonos*; por lo tanto, asumo que era una sierva del Señor en la ciudad de Cencreas, que se hallaba unos once kilómetros al este de Corinto. Por otra parte, él la «recomienda», lo cual significa que la envía con su respaldo personal. Esta era una cortesía común dada a alguien que entregaba una carta, de manera que es probable que Pablo haya seleccionado a Febe para esta importante misión.

Pablo pide a la congregación que la ayuden, o más literalmente que «se mantengan junto» a Febe, tal como había hecho ella con Pablo y otras personas en el ministerio. Parece que pide algo más que hospitalidad rutinaria. Quizá ella planea reubicarse en Roma o necesita ayuda con delicadas cuestiones gubernamentales. No obstante, el apóstol la tiene en alta estima.

— 16:3-4 —

Saludar a alguien no tiene un significado complejo. El antiguo saludo es muy parecido al de hoy. En Europa Occidental y las Américas nos damos la mano. En Europa Oriental y el Medio Oriente, se besan unos a otros en la mejilla. En el Lejano Oriente, el saludo está acompañado por una reverencia. En los tiempos antiguos, un saludo no era menos diverso, especialmente en la cosmopolita capital del imperio. Pero todos los saludos expresan el mismo sentimiento: buenos deseos, aprecio y camaradería.

Pablo saluda primero a Priscila y a Aquila, a quienes conoció en Corinto durante su segundo viaje misionero. Estos habían escapado de su casa en la ciudad capital durante la persecución de los judíos bajo el emperador Claudio. El Señor utilizó providencialmente este evento para ponerlos en contacto con Pablo, quien compartió con ellos su comercio de manufactura de tiendas y es posible que los haya guiado a Cristo (Hechos 18:1–3). Es obvio que su influencia sobre ellos era profunda. Cuando llegó el momento de que el apóstol saliera de Corinto, ellos lo acompañaron hasta Éfeso, donde permanecieron cierto número de años (Hechos 18:18–19). Sin duda, él los animó a radicar allí.

La iglesia en Éfeso era su base de operaciones en Asia Menor y continuó sirviendo como una fuerza estabilizadora mayor para la región. No obstante, la iglesia era inestable y necesitaba cristianos maduros e informados (1 Timoteo 1:3). La casa de la pareja se convirtió en lugar de adoración e instrucción (1 Corintios 16:19), y la pareja instruyó fielmente a los que necesitaban guía, incluyendo a un dinámico evangelista judío llamado Apolos (Hechos 18:24–28).

Pablo le debía la vida a ambos, porque arriesgaron la vida por salvarlo. El apóstol no elabora aquí, pero sin duda «arriesgaron la cabeza» más de una vez. Corinto y Éfeso eran dos grandes centros de culto pagano que sufrieron en lo económico por el crecimiento del cristianismo. Por lo tanto, los funcionarios gentiles en ambas ciudades veían al cristianismo como un monstruo listo para devorar lo que más apreciaban y a Pablo como la cabeza que había que cortar. Si no hubiera sido por amigos influyentes como Priscila y Aquila, podrían haberlo logrado.

Con el tiempo, después que, al parecer, la mujer de Claudio lo asesinó para asegurar la sucesión de Nerón, la pareja regresó a Roma. Allí, como en Corinto y Éfeso, fueron una guía madura para el creciente cuerpo de creyentes e hicieron de su casa un lugar seguro para que los cristianos se reunieran, compartieran, aprendieran y crecieran.

¡Cuando los pastores oran, parejas como Priscila y Aquila están en el tope de su lista!

— 16:5 —

Aparentemente, Epeneto se unió a Priscila y Aquila cuando estos regresaron a Roma. Pablo lo llama (literalmente) «el primer convertido en Asia». Es posible que Pablo viniera a la región y se deleitara al encontrar un pequeño grupo de cristianos mal conectados que luchaban por sobrevivir. Pablo habría apreciado particularmente a Epeneto, como el primer converso entre ellos. Sin embargo, es también probable que fuera Epeneto justo el primer converso a Cristo a quien Pablo le hubiera dado testimonio personalmente.

Amor y un beso santo (Romanos 16:1–16)

— 16:6-7 —

María (una versión castellanizada del nombre hebreo Mariam) era una judía que había trabajado mucho a favor de la iglesia. Solo podemos especular lo que eso significa, pero parece que Pablo esperaba que los creyentes de Roma conocieran los detalles de su servicio.

Pablo saluda a Andrónico y a Junías, a quienes describe utilizando cuatro títulos significativos:

- «Parientes» quizá significa que eran judíos (9:3).
- «Compañeros de cárcel» debe referirse a un tiempo no registrado en que el apóstol estuvo prisionero junto a estos creyentes.
- «Destacados entre los apóstoles» (literalmente) podría significar que la iglesia primitiva los consideraba apóstoles, o simplemente que los apóstoles los tenían en gran estima. Algunos usan esta frase para sugerir que los dos eran considerados «apóstoles» en un sentido más amplio del término. Había, por supuesto, solo doce apóstoles designados por el mismo Cristo, pero la iglesia primitiva también llamaba «apóstol» a cualquiera enviado en un asunto oficial de la iglesia, tales como Pablo y Bernabé (Hechos 13:1-3). Por lo tanto, «apóstol» en un sentido más amplio del término significaba «evangelista» o «dirigente». La realidad es que no podemos utilizar la frase de Pablo para determinar qué papeles oficiales estos desempeñaban en la iglesia primitiva, si es que desempeñaban alguno.
- «Convertidos a Cristo antes que yo» se explica por sí solo. Se convirtieron antes que Pablo.

Andrónico y Junías pueden haber sido dos compañeros masculinos en el ministerio, como Pablo, Bernabé y Silas. Pero también puede ser que fueran creyentes casados, como Priscila y Aquila. «Andrónico» es un nombre masculino, pero la forma griega de «Junías» que utilizó Pablo puede ser masculina o femenina. Esto es importante para algunos que utilizan el versículo para mostrar un liderazgo femenino en la iglesia primitiva. Si los dos eran apóstoles y Junías era femenino, las implicaciones son obvias. No obstante, el debate sigue si Junías era masculino.

En realidad el pasaje no es suficientemente claro para ser útil en teología. Junías pudo haber sido femenino o masculino, y hay evidencia convincente en ambas direcciones. Aun más, «destacados entre los apóstoles» es también ambiguo. Sería mucho mejor que leamos esto según su intención: como un saludo de corazón de Pablo hacia dos personas que compartieron algunos de sus más difíciles pruebas y sus más gozosas victorias en el ministerio.

— 16:8-15 —

Los siguientes veinte nombres ofrecen poca información. Cada uno de los comentarios del apóstol es como la punta de un iceberg narrativo. Amado. Compañero de trabajo. Aprobado en Cristo. Pariente. Trabajadores en el Señor. Escogido en el Señor [RVR1960]. Hermanos. «Santos». Solo podemos imaginar qué historias podría introducir cada observación. Todo lo que sabemos con seguridad es que cada nombre evoca relaciones que el apóstol aprecia y tiene en común con la iglesia de Roma.

— 16:16 —

Tras recomendar a Febe y saludar a sus muchos amigos de Roma, Pablo los alienta a saludarse unos a otros con un «beso santo». Esta no es una solicitud poco común de Pablo; el concede gran valor a esta forma particular de saludo (1 Corintios 16:20; 2 Corintios 13:12; 1 Tesalonicenses 5:26). Pero parece enfatizar la importancia de esta costumbre en lugares donde otras formas de saludo —especialmente el apretón de manos romano— eran más comunes. Solo podemos especular por qué, pero yo creo que la razón es triple.

Pablo alienta a los creyentes a participar a plenitud en la cultura que los rodea. Deben respetar a las autoridades, honrar a sus vecinos, disfrutar de su libertad cristiana mientras ejercen influencia en sus comunidades. No obstante, no tienen que ser absorbidos por sus sociedades como para perder su identidad. El beso era la quintaesencia de una costumbre oriental, especialmente entre los judíos. Creo que Pablo quería preservar este simple acto de saludo —un breve contacto sobre la mejilla— como un símbolo público de unidad y aceptación. Cuando dos hombres o dos mujeres se tropezaban en un lugar público, otros serían testigos de su beso y andando el tiempo los identificarían como miembros de una curiosa unión que compartían en nombre de un hombre llamado «Jesús, el Cristo».

Segundo, creo que Pablo quiere que el beso oriental recordara sus orígenes a los creyentes en occidente. El «santo beso», como los apretones de manos en las sociedades secretas, reforzaría su identidad compartida.

Más que cualquier otra cosa, este saludo particular es difícil de hacer con personas que están disgustadas o cuya intimidad está muy tensa. Puedo estrechar las manos de casi cualquiera, pero no hay manera que pueda besar la mejilla de un hombre que apenas conozco. Y soy todavía menos propenso a besar a alguien que no respeto. El mandato de Pablo sería una poderosa motivación para que yo mantuviera mis relaciones claras y estrechas.

Por desgracia, los avances de la tecnología nos han permitido mantenernos en contacto unos con los otros como nunca antes. Con una cuenta gratuita de correo electrónico y acceso a una terminal pública, casi todo el mundo puede enviar una carta instantánea a casi cualquiera en cualquier parte del planeta. La mayoría en la América del Norte y Europa puede permitirse llevar consigo un teléfono personal, y puede usarlo para llamar o mandar mensajes de texto a otros a todas horas y a todo el mundo. Pero, más y más personas en estas sociedades tecnológicamente avanzadas se quejan de sentirse solos.

Vance Packard escribió en 1972 que los Estados Unidos se habían convertido en «una nación de extraños». Todavía lo somos, y más que nunca. La encuesta Gallup continúa reportando una creciente tendencia al aislamiento y la depresión entre gente que vive en áreas densamente pobladas. ¡Imagínese! Personas rodeadas de personas que se sienten completamente solas.

La gente tiene muchos deseos de conexiones significativas con otros tanto hoy como hace dos mil años. Esto no es para sugerir que revivamos una antigua costumbre o que urdamos una nueva. No obstante, tenemos que encontrar maneras de cumplir el propósito del «beso santo».

El versículo 16 está por entero dedicado a la conexión. Los individuos están unidos significativamente «en Cristo» y las congregaciones comparten ese mismo lazo.

Mientras reflexionaba sobre estos versículos —los cuales se desestiman con demasiada facilidad mientras nos acercamos al final de la carta de Pablo— encuentro varias verdades que ilustran el cuerpo de Cristo.

El cuerpo de Cristo posee variedad dentro de su unidad. Entre los íntimos colaboradores de Pablo había solteros, matrimonios, viudas y viudos. Él saluda a hombres y mujeres, esclavos y élites sociales, a cristianos nuevos y creyentes maduros, griegos, romanos y judíos. A algunos los ha conocido en las cárceles, muchos en las sinagogas, varios en las plazas de mercado, unos pocos en las iglesias, pero todos ellos en el curso de proclamar a Cristo. Llegaron de todas partes del imperio procedentes de una multitud de trasfondos y tradiciones, pero todos tenían una cosa en común: la salvación por la gracia sola, a través de la fe sola, en Jesucristo solo.

El cuerpo de Cristo permanece unido por aquellos que sirven en la oscuridad. Febe era una fuerza unificadora en la iglesia cerca de Corinto y fue alguien que el Señor llamó para llevar esta carta monumentalmente importante a Roma. Pero no sabemos nada más de ella. María, Urbano, Trifena y Trifosa (¿gemelas quizá?) y Pérsida se destacan por su esforzado trabajo. Nada más se sabe de ellos, ni por medio de la Escritura ni de ningún documento histórico confiable. Priscila y Aquila sirvieron con Pablo en Corinto, estabilizaron la iglesia de Éfeso, y sin dudas hicieron lo mismo en Roma. Pero, de nuevo, no sabemos nada de ellos más allá de estos pequeños reconocimientos en la Biblia. Los veintisiete nombres de esta lista representan a incontables otros que callada y profundamente enriquecen el cuerpo de Cristo.

El cuerpo de Cristo se caracteriza por un simple amor práctico. Los saludos de Pablo carecen bastante de adornos considerando el lazo que comparte con muchos de los individuos. Febe fue crucial para la iglesia de Cencreas. El apóstol compartió su vocación de hacer tiendas y su ministerio de hacer discípulos con Priscila y Aquila en Corinto, Éfeso y después en Roma. Compartió un calabozo con Andrónico y Junías, y trabajó con María, Urbano, Trifena, Trifosa y Pérsida. Ha compartido la historia con estos veintisiete hombres y mujeres, y su amor por ellos trasciende la necesidad de palabras floridas. En su lugar, se vale de palabras para *demostrar* el valor que les profesa en vez de limitarse a *expresar* sus sentimientos.

La lista de saludos de Pablo refleja su visión de la iglesia local. Una congregación no debe ser menos diversa que la comunidad que la rodea, aunque unificada por una singular devoción a su Salvador. Una congregación debe estar llena de personas que desean trabajar, servir, compartir y sufrir sin elogios. Una congregación debe estar ansiosa de expresar aprecio mutuo por razones específicas que pueden recordarse. Y una congregación debe estar tan unida en amor que un beso en la mejilla se sentiría con tanta naturalidad como un abrazo o un estrechón de manos.

Pero no me bese si no me ama.

Aplicación

El ABC del afecto auténtico

Pablo y sus acompañantes de Roma no compartían un amor tibio. Las dificultades y victorias del ministerio habían unido sus corazones en un profundo afecto duradero que ni el tiempo ni la distancia podía disminuir. Él esperaba que este mismo tipo de afecto atara a los creyentes de Roma dentro de una comunidad indivisible e íntimamente unida. De hecho, el querría lo mismo para nosotros.

Mientras reviso la lista de veintisiete personas saludadas o recomendadas y reflexiono sobre los vínculos de Pablo con cada individuo, encuentro que él aplicó con diligencia las lecciones que enseñó en 12:1—15:13. Para hacer que estas lecciones fueran más fáciles de recordar —y por lo tanto aplicar— las he reducido a cuatro simples mandatos. Tómelos como el ABC del amor dentro del cuerpo de Cristo.

A. *Acéptense unos a otros.* Acepte la variedad. Dios no solo creó personas con apariencias diversas, sino que nos dio una amplia gama de opiniones, valores, intereses, dones y habilidades. Algunos piensan, comen, respiran y sueñan con misiones. Muchos buscan oportunidades de enseñar. Otros no pueden imaginar dedicarse a otra cosa más que a las necesidades especiales de los niños. Los necesitamos a todos.

Por otra parte, somos una comunidad de cristianos en varios etapas de crecimiento y crecemos a diferentes ritmos. Tenemos cristianos completamente nuevos que todavía dicen malas palabras (y algunos cristianos mayores que las dicen y tratan de ocultarlo). Tenemos gente que ha estado en la iglesia toda su vida y muchos que todavía descubren cuál es el significado de la vida en la iglesia. Somos una familia diversa, no una colección de clones. Regocíjese en la variedad, y acepte a los que no son como usted.

B. *Conviértase en un siervo.* Las comunidades trabajan mejor cuando nos servimos unos a otros. ¡Encuentre algo que haya que hacer o alguien que necesite ayuda y no vacile! Si no está seguro dónde comenzar, encuentre a alguien que haya estado un rato a su alrededor y pregunte: «¿Qué puedo hacer para ayudar por aquí?» Si quiere ver a un pastor desmayarse, vaya y pregúntele a él. La mayoría de las personas solo quieren encontrar lo que mejor se acomode a sus dones o el lugar preciso para ejercitarlos sin tener en cuenta las necesidades más urgentes. Los siervos no son demasiado selectivos.

C. *Cultive el estimar a los demás.* Utilizo la palabra «estima» en el sentido de «considerar el valor o valía» de las personas. La mejor manera de apreciar el valor de otro es tratarlo como si fuera una persona muy importante.

Piense en alguien que usted admira mucho. Para mí, ese podría ser Abraham Lincoln. Si este gran presidente fuera a entrar a mi casa, me comportaría de una manera que expresara mi inmenso respeto por él. Debido a que nuestras actitudes tienden a seguir nuestras acciones, puedo cultivar estima por alguien que ni siquiera conozco al darle el mismo tratamiento de persona muy importante que le ofrecería a Lincoln.

Cultivar estima por algunas personas será más fácil que por otras. Déjeme alentarlo a concentrarse en darle tratamiento de persona muy importante a quienes usted de costumbre evitaría.

D. *Demuestre su amor.* El amor sin obras no es mejor que una fría indiferencia. Se siente lo mismo. Por lo tanto, busco maneras de demostrar amor a través de actos de amabilidad. Y si usted está de veras preparado para un cambio, trate de expresar su amor de una manera más tangible. Los hombres encuentran esto difícil, pero tenemos que superarlo.

Cierta vez estaba enseñando en una reunión a mediados de semana en una iglesia donde la puerta trasera se abrió de pronto y entraron dos tipos de aspecto tosco. Uno llevaba una camisa sin mangas, que revelaba una red de tatuajes que le descendía por el brazo. El otro vestía un abrigo de cuero Harley y sostenía bajo el brazo un casco nazi. Caminaron pesadamente hacia los asientos traseros y se sentaron con un batacazo sonoro. El tipo con la camisa sin mangas nunca se quitó las gafas de sol, y ambos se sentaron como estatuas con los brazos cruzados.

Después del culto, la multitud se levantó y comenzó a conversar entre sí. El par de pesos pesados se alinearon ante mí. El tipo con el casco dijo:

—¿Su nombre es Swindle?

—Así es, ese soy yo —tragué saliva.

—¿Es usted el tipo que habla por radio?

—Sí, probablemente soy el que usted ha escuchado.

En ese punto, dejó caer su casco y me dio un abrazo rompehuesos, y me levantó del piso. Mis pies quedaron colgados sin remedio mientras luchaba por respirar.

—Chuck, nunca deje de hacerlo. Usted me habló de Jesús y quiero darle las gracias. También quiero que sepa: ¡Lo amo, hombre!

Después que me dejó caer, su socio dio un paso y me dio otro doloroso abrazo. Y me encantó cada minuto con esos dos tipos rudos. Sus auténticas demostraciones de sorpresivo amor son como las que debiéramos darnos cada vez que unos con otros nos encontramos.

Tómese unos cuantos momentos para revisar el ABC del afecto auténtico. Luego cierre los ojos e imagine la gente de su iglesia que lleva a cabo fielmente estos cuatro mandatos: aceptarse uno al otro sin reservas, servirse uno al otro sin orgullo, tratarse uno al otro como personas muy importantes, y expresar con libertad un sentido aprecio mutuo. ¡Usted tendría que apagar las luces y cerrar las puertas para hacer que se fueran! ¿Quién no querría formar parte de algo tan contagioso?

Si este es el tipo de iglesia que usted quiere que sea la suya, asuma la responsabilidad; sea el primero. Conviértase en un ejemplo de afecto y alabanza auténticos a los que se unan a usted. Ignore las críticas ceñudas y sonría con sinceridad a cualquier persona poco amable. Entonces vea qué efectos esto tiene sobre la asistencia.

Jabalíes en la viña de Dios (Romanos 16:17-20)

> ¹⁷ Les ruego, hermanos, que se cuiden de los que causan divisiones y dificultades, y van en contra de lo que a ustedes se les ha enseñado. Apártense de ellos. ¹⁸ Tales individuos no sirven a Cristo nuestro Señor, sino a sus propios deseos. Con palabras suaves y lisonjeras engañan a los ingenuos. ¹⁹ Es cierto que ustedes viven en obediencia, lo que es bien conocido de todos y me alegra mucho; pero quiero que sean sagaces para el bien e inocentes para el mal. ²⁰ Muy pronto el Dios de paz aplastará a Satanás bajo los pies de ustedes.
> Que la gracia de nuestro Señor Jesús sea con ustedes.

El 15 de junio de 1520, el Papa León X emitió un decreto oficial excomulgando a Martín Lutero. En él, comparó al cristianismo con una viña, plantada por Dios y encomendada a Pedro y sus sucesores. También comparó a Lutero con un jabalí salvaje del bosque que buscaba destruir y devorar la viña. Era una ironía en boca de un hombre que consumió el tesoro papal en el lapso de dos años… no para apoyar obras de caridad, como algunos dicen, sino para rodearse de una fastuosa abundancia y escenificar extravagantes festivales. Después que León X se hubo engullido el último bocado de la penitencia de los fieles, vendió posiciones eclesiásticas al mejor postor. Cuando todas las vacantes se habían llenado, creó más posiciones y las vendió también. Mientras el tesoro se seguía reduciendo, el apetito del pontífice crecía. Con el tiempo, redujo el papel asumido por la iglesia católica de dispensar gracia a poco menos que una transacción comercial; lo más notable fue vender indulgencias tan rápido como las podía imprimir.

La corrupción de León X no era nueva. Siempre ha habido jabalíes que han devastado la viña de Dios. Jesús se enfrentó a fariseos hipócritas y orgullosos saduceos. Pablo advirtió a los ancianos de Éfeso que habría lobos en medio de ellos (Hechos 20:29) y rutinariamente confrontó a falsos maestros y embusteros a lo largo de su ministerio (Hechos 13:6-11; 2 Corintios 11:11-15, 26; Gálatas 2:4-5; Filipenses 3:2; 1 Timoteo 6:20; 2 Timoteo 1:14-15; 2:16-18; 4:14). Muchos de los escritos de Juan fueron una respuesta a un tipo de herejía u otra, y cerca del final de su vida él escribió cartas para alentar a las iglesias y rechazar falsos maestros (1 Juan 4:1; 2 Juan 7-8; 3 Juan 9-11). Pedro y Judas enfrentaron las mismas dificultades (2 Pedro 2:1-3; Judas 4). Así que no debe sorprendernos que la iglesia en Roma fuera susceptible a intrusos semejantes a jabalíes.

Para preparar a los creyentes romanos, Pablo les enseña a detectar la presencia de «jabalíes» (16:17) y revela lo más puro de sus rasgos de carácter (16:18). Por suerte, la congregación era fuerte, de manera que su instrucción sobre cómo defender la viña de Dios es breve y en su mayor parte toma la forma de una afirmación (16:19-20). Su consejo es sucinto, lo cual lo hace especialmente valioso.

— 16:17 —

Pablo «ruega» (*parakaleo*) a los romanos solo otras dos veces en su carta. Les ruega presentarse a sí mismos como sacrificios vivos (12:1) y les ruega a orar que sus planes para España no fueran obstaculizados (15:30). En este caso, el apóstol ruega a la congregación que se autoexamine en cuanto a ciertas conductas. El término es *skopéo*, como en microscopio o telescopio. Estos instrumentos se usan para observar detalles. El conjunto de la congregación —no solo sus líderes— debe «examinarse» para evitar dos peligros mortales: las «divisiones» y las «dificultades».

Algunas personas tienen la extraña habilidad de dividir un grupo en dos facciones y hacerlos discutir en cualquier momento. Ha sido mi experiencia observar que las personas divisivas son difíciles de identificar porque son maestras de la cautela. Susurrar en privado, reuniones de uno con otro son las herramientas que emplean. Y lo peor de todo es que no se dan cuenta que sus actividades dividen a las personas. Solo están «tratando de ayudar» al ofrecer un consejo cada vez que pueden.

La mejor manera de identificar al creador de una disensión es tomar nota del drama y entonces escuchar las conversaciones que lo rodean. En poco tiempo, un nombre surgirá en un incidente que es común a los demás. (Las personas que dividen rara vez se satisfacen con solo un cisma).

Otra indicación de un «jabalí en la viña» es el desarrollo de «dificultades». La palabra griega es *skándalon*, que en la exposición de 14:13 supimos que significa trampa. Esta gente coloca trampas teológicas que tientan a cristianos desprevenidos. Su enseñanza es atractiva, pero contraria a la verdad que enseñaron Jesús y las personas que entrenó. Hoy tenemos esta verdad preservada de manera infalible para nosotros en la Biblia. Por lo tanto, una «dificultad» es cualquier doctrina o práctica que la Escritura no apoya.

— 16:18 —

Habiendo identificado los signos delatores de que un intruso ha entrado en la iglesia, Pablo expone la verdadera naturaleza de esas personas. Esas personas no sirven a Cristo porque son esclavos de sus «apetitos» («vientres»). Su enseñanza —junto con cualquier otra actividad— los beneficia personalmente. La paga puede ser dinero, poder, prestigio, control, simpatía o cualquier cosa que la depravación desea. Y para ocultar sus verdaderas intenciones, proyectan una imagen notablemente admirable. Han dominado la jerga de la iglesia —un dialecto que llamo «cristianés»— y han perfeccionado el comportamiento de un cristiano maduro.

Las personas que dividen y los falsos maestros mantienen bien pulidas y con un gran brillo las habilidades de su gente. Encuentran por instinto gente confiable en posiciones de influencia y se aprovechan de sus debilidades. Si es el orgullo, adulan. Si es el temor, refuerzan su sentido de control. Si es inseguridad, las hacen sentir importantes. Si es desesperación, prometen lo imposible. Como la verdad con frecuencia es incómoda de escuchar, evitan decir cualquier cosa que se acerque a la verdad. Y de esa forma se extravía a los desprevenidos. Cuando al final las mentiras quedan al descubierto, la pérdida es incalculable.

— 16:19-20 —

Las cartas de Pablo a los líderes de la iglesia Timoteo y Tito contienen consejos específicos sobre cómo un pastor debe tratar con gente destructiva y falsos maestros. Enfatiza una actitud preventiva en la protección de la iglesia. A la persona culpable hay que hacerle ver su error y, si no se produce el arrepentimiento, tiene que ser disciplinado y, si es necesario, separado de la congregación.

En este caso, Pablo no está dirigiéndose a líderes de una iglesia sino a la congregación en su conjunto. En consecuencia su consejo es diferente. La responsabilidad primaria de toda congregación es obedecer las verdades de las Escrituras. Y a este respecto, los romanos se habían ganado una ejemplar reputación entre las demás iglesias.

Tome nota de este consejo específico. Deben ser «sagaces para el bien», lo cual significa que su conocimiento y su conducta deben ser congruentes. Si usted de veras cree que algo es verdad, sus decisiones deben ajustarse en concordancia con eso. De hecho, Pablo apunta a su colega Tito que una característica invariable de un falso maestro es que es incapaz de obedecer las verdades de las Escrituras (Tito 1:15–16).

Además, la congregación debe ser «inocentes para el mal». La palabra «inocente» en griego originalmente describía los muros de una ciudad que ha sobrevivido un asedio. «Intacto» o «indemne» serían sinónimos exactos. El mal atacará ciertamente y su asalto será intenso; no obstante, la integridad de los muros de la congregación debe mantenerse.

Mientras los lideres tienen la responsabilidad de enfrentar a las personas divisivas y los falsos maestros, la congregación no la tiene. Sabiduría y vigilancia es todo lo que la iglesia necesita. Una congregación sagaz y cautelosa nota cuando se ha dividido la gente y enseguida reconoce las tácticas de los que viven de la disensión. Entonces, los miembros pueden negarse a que los dividan o los confundan. La gente destructiva tiende a seguir de largo cuando pierden su audiencia.

Debido a que la iglesia de Roma a este respecto siempre ha sido fuerte, Pablo asegura a sus lectores que Dios pronto derrotará a Satanás, y sus medios serán los pies de sus fieles seguidores.

La viña de Dios siempre atraerá jabalíes. Esto ha sido cierto a lo largo de la historia de la iglesia y continuará siéndolo hoy. Por lo tanto no se sorprenda al descubrir una persona divisiva o un falso maestro en su medio. Esto no refleja necesariamente la pobreza de su congregación. Lo que importa es cómo responden los miembros. ¿Están ellos preparados para reconocer a un divisor? ¿Han aprendido a discernir el error de un mentiroso?

Aquí hay cuatro preguntas que cada miembro de la iglesia debe prepararse para formular. Tómelas como filtros de la verdad. Todo lo que escuchamos debe pasar sin dificultad a través de las cuatro.

«¿Concuerda con la Biblia lo que oigo?»
«¿Honra a mi Señor y Salvador Jesucristo lo que oigo?»
«¿Me ayuda lo que oigo a volverme más piadoso?»
«¿Me hace pensar mejor de mis hermanos creyentes lo que oigo?»

Imagine cuán inefectivo se volvería un divisor o un embustero si todos los que encuentra sometieran todo lo que oyen a estas cuatro pruebas. Si cada congregación es astuta y cautelosa, los jabalíes nunca podrían devorar la viña de Dios.

Aplicación

Cómo tratar con los jabalíes en la viña de Dios

Cualquier cosa mal protegida será atacada un día. Pero no espere que el asalto vendrá de los bárbaros que están a la entrada. Más a menudo, las iglesias son destruidas desde adentro por personas que dividen a la gente y difunden falsas enseñanzas casi siempre en sosegadas conversaciones con una persona a la vez. Lo irónico es que estos que destruyen piensan que están haciendo algo bueno. El filósofo y matemático francés Blaise Pascal escribió: «Los hombres nunca hacen el mal tan completa y alegremente como cuando lo hacen a partir de una convicción religiosa».

Cuando los jabalíes invaden la viña de Dios, los líderes no pueden quedarse pasivos. Tienen que actuar veloz, firme y decisivamente. Tres palabras describen los mejores medios para preservar una congregación de la destrucción de la gente divisiva y los falsos maestros: observación, confrontación, y separación.

1. *Observación* (16:17). Como un pastor que constantemente escudriña el rebaño en busca de depredadores, los líderes tienen que permanecer alertas, atentos a los cismas, observando a los embaucadores, y a la escucha de un error. No aconsejo un método totalitario de liderazgo, y la paranoia sería contraproducente. Así y todo, no se sorprenda al descubrir una persona divisiva susurrando en las sombras de su congregación. Toda iglesia las tiene... aun las iglesias sanas que crecen normalmente.
2. *Confrontación* (3 Juan 10). Confrontación se ha convertido en un término desagradable en nuestro vocabulario, quizá porque rara vez se usa bien. Confrontación no es otra cosa que sacar de las sombras la verdad de una situación y ponerla a la luz al decidir discutirla abiertamente. Esto se puede hacer con tacto evitando acusaciones, optando por formular una pregunta sincera a la persona responsable. Mientras se discuten los hechos y se buscan las explicaciones, la verdad saldrá a la superficie. Y, por dicha, a menudo eso es suficiente. Las personas divisivas y los falsos maestros medran en lo secreto, de manera que cuando se destapa su cubierta, suelen retroceder. En ocasiones, siguen adelante.
3. *Separación* (Tito 3:9–11). A veces la gente que divide y los falsos maestros se retiran por un tiempo y luego reanudan su actividad destructiva. Hay algunos que desafían abiertamente a los líderes espirituales, creyendo que tienen suficiente apoyo para usurpar la autoridad. Tristemente, los líderes tienen que remover a esas personas destructivas de la congregación a fin de preservar la integridad del cuerpo. Si a los jabalíes se les permite andar sueltos, traen desorden, promueven desconfianza y crean serios líos.

Los líderes rara vez confrontan a la gente divisiva y a los falsos maestros, y aun más rara vez siguen adelante y los remueven. A veces temen las críticas; por lo general esperan neciamente a que el problema se resuelva por sí mismo. También temen que la confrontación y la separación conducirán a la pérdida de algunos miembros de la iglesia. Los líderes no pueden prevenir la pérdida de miembros de ninguna manera. Sin embargo, actuar veloz y decisivamente puede limitar el daño. Cuánto más esperen, mayor será la grieta y mayor será la destrucción.

Si usted es un líder en la iglesia, alguien designado para pastorear el rebaño, no vacile cuando divise a una persona destructiva sembrando discordia o enseñando error. No espere que los problemas se resuelvan solos. No sucederá. Confronte veloz y firmemente, aunque con sabiduría. Y luego siga adelante, haciendo lo que se deba hacer para preservar la unidad.

Si usted es un miembro de la congregación, haga lo que pueda para apoyar a sus líderes cuando tengan que cumplir tan desagradable tarea, aun si no están enterados de todos los detalles. Ellos necesitan abogados: fieles y verdaderos amigos que los apoyen. Esto no es algo que disfrutan, y sin duda han agotado las demás opciones. Déjelos dirigir con integridad y luego celebre su coraje. El liderazgo en un ministerio es una tarea solitaria llena de incomprensiones. Los que dirigen bien merecen su leal respaldo.

Exaltar amigos y glorificar a Dios (Romanos 16:21–27)

[21] Saludos de parte de Timoteo, mi compañero de trabajo, como también de Lucio, Jasón y Sosípater, mis parientes.
[22] Yo, Tercio, que escribo esta carta, los saludo en el Señor.
[23] Saludos de parte de Gayo, de cuya hospitalidad disfrutamos yo y toda la iglesia de este lugar. También les mandan saludos Erasto, que es el tesorero de la ciudad, y nuestro hermano Cuarto.
[25-26] El Dios eterno ocultó su misterio durante largos siglos, pero ahora lo ha revelado por medio de los escritos proféticos, según su propio mandato, para que todas las naciones obedezcan a la fe. ¡Al que puede fortalecerlos a ustedes conforme a mi evangelio y a la predicación acerca de Jesucristo, [27] al único sabio Dios, sea la gloria para siempre por medio de Jesucristo! Amén.

Cuando la gente describe a Pablo como se lo imaginan, los adjetivos suelen ser valiente, robusto, decidido, apasionado, prolífico e independiente. Mi imaginación propia de la infancia tenía a Pablo vagando de pueblo en pueblo a lo largo de la línea punteada en la parte final de mi Biblia, viajando sin otra cosa que un bastón y una mochila. Imaginaba un compañero que iba tras él por el bien de la empresa; primero Bernabé, después Silas, y luego quizá el Dr. Lucas y Timoteo. Pero en su mayor parte, pensaba en un Pablo que avanzaba solo por la senda del ministerio.

Una rápida revisión de las cartas de Pablo traza un cuadro diferente. El apóstol muchas veces estaba solo en cuestiones teológicas, pero fue cualquier cosa menos independiente o distante. Solía viajar con un séquito que creció con el tiempo. En el momento en que escribió a los romanos hacia fines de su tercer viaje, Pablo tenía con él en Corinto no menos de cinco ministros formales en entrenamiento y varios otros fuera en asignaciones (Silas, Lucas, y Tito para nombrar algunos). Cuando estaba forzado a seguir el viaje, siempre esperaba por su grupo (p.ej. Hechos 17:16; 18:5), y cuando lo dejaron solo durante su segundo encarcelamiento, anhelaba compañía hasta el punto que le urgía (2 Timoteo 4:9–11). Pablo amaba a las personas que trabajan junto a él. De hecho, dependía de ellas. Habiendo crecido emocionalmente unido a sus amigos, su gozo disminuía cuando no estaban cerca.

Así es como debe ser. Dios no nos creó para estar solos ni distantes. Eso no quiere decir que no debemos ser capaces de soportar la soledad; cuando se quedaba solo, Pablo hacía buen uso de su tiempo (Hechos 17:10; 16–17; 18:1–4; 20:1–2). Pero la colaboración alimentaba su entusiasmo y extendía su ministerio. Él prefería claramente la compañía de otros.

— 16:21-22 —

Después de saludar una lista de personas de Roma que anhelaba ver (16:1–16) y después de elogiar su fuerza interna (16:17–20), el apóstol envía saludos de algunos de sus principales ayudantes y más cercanos amigos.

Pablo conoció a Timoteo en su primer viaje misionero cuando visitaba los pueblos de Listra y Derbe (Hechos 16:1–2), como a ciento sesenta kilómetros de Tarso, su ciudad natal. El joven impresionó tanto a Pablo que el apóstol lo invitó a unirse a su misión. En el momento en que él terminaba la carta a los creyentes romanos, Timoteo se había convertido en uno de los amigos más cercanos y estaba entre sus más capaces asistentes.

Pablo también menciona a tres otros hombres que se habían unido al creciente grupo de ministros. Lucio es probablemente uno de los «profetas y maestros» que ministraban en Antioquía que escuchó las instrucciones de Dios de enviar a Pablo y Bernabé (Hechos 13:1). Pablo conoció a Jasón en Tesalónica, donde fue testigo presencial de la valentía del hombre (Hechos 17:5–9). Y Sosípater se unió al grupo cuando Pablo ministraba en Berea (Hechos 20:4). Con razón, Pablo los llama «parientes», término reservado a los judíos (9:3; 16:7, 11).

Pablo permite que su amanuense, Tercio, incluya sus propios saludos. Era una práctica común de Pablo dictar a un amanuense sus pensamientos. Este había oído hablar a su mentor sobre un tema dado docenas de veces (quizá cientos en el caso de Timoteo) y podían preparar un fiel borrador con poca dirección. Entonces, tras una cuidadosa revisión del mismo apóstol, su amanuense prepararía el borrador final utilizando sus mejores destrezas con la pluma. No obstante, Pablo suele dar un toque personal al final de sus documentos inspirados por el Espíritu (1 Corintios 16:21; Gálatas 6:11; Colosenses 4:18; 2 Tesalonicenses 3:17: Filemón 19).

Sería un error decir que un «escritor fantasma» era el que redactaba las cartas. Los pensamientos son un ciento por ciento de Pablo. El apóstol supervisaba, revisaba y aprobaba la redacción, y firmaba el documento como propio. Como a través de los tiempos se ha hecho, le encargó a un amanuense de confianza la tarea de hacer un borrador y caligrafiar el producto final. En este caso, el amanuense se llamaba Tercio, lo cual significa «tercero». Primus, Secundus, Tertius. El suyo era el nombre común de un esclavo.

Podemos imaginar al esclavo liberto, «Tercero», sintiendo la emoción de escribir la obra magna de Pablo. Podemos imaginar a Tercio identificándose con la ilustración de Pablo sobre los esclavos emancipados que reciben los papeles de adopción de su Creador. Haga una pausa e imagínese a ese amanuense de confianza volviéndose del manuscrito para preguntar a Pablo: «¿Puedo añadir mis saludos también?» y el apóstol que responde. «¡Por supuesto!»

Yo, esclavo liberto, «Tercero», que escribo esta carta, los saluda en el Señor.

Por mi parte, ¡me encanta este toque personal!

— 16:23 —

Durante los tres meses de Pablo en Grecia (Hechos 20:2–3), muy probablemente utilizó Corinto como su base de operaciones. Su anfitrión no es otro que un converso llamado Gayo, a quien él mismo bautizó (1 Corintios 1:14). Como Priscila y Aquila en Roma (16:3–5), Gayo permite que su casa sea el lugar donde los cristianos se reúnan para el culto, la instrucción y la camaradería.

Erasto es «el tesorero de la ciudad», más probablemente de Corinto. Los administradores de ciudades eran a menudo esclavos libertos que habían adquirido cierta cantidad de riquezas. Su nombre significa «amado» y era una decisión común entre los libertos que ya no querían que los identificaran meramente como un número. Muy probablemente ni Erasto ni Gayo eran las mismas personas que aquellas que viajaron con Pablo cuando este ministró en Éfeso (Hechos 19:22, 29). No obstante, eran amigos cercanos y fieles defensores de Pablo.

Como Tercio, Cuarto debe haber sido un esclavo. Como se le agrupa con Gayo y Erasto, podemos asumir que vivía en Corinto y puede haber servido en la familia del anfitrión de Pablo. Tiene que haber rebosado de gozo cuando Pablo lo llamó «hermano».

— 16:24 —

Mientras una mayoría de manuscritos tardíos incluyen este versículo, en algunos lo relocalizan en 16:27 y falta por completo en las copias más antiguas de la carta a los romanos. Por lo tanto, probablemente es una adición tardía. No obstante, la breve bendición está de acuerdo con el estilo espontáneo de Pablo.

— 16:25-27 —

El capítulo final de la carta de Pablo se puede dividir en cuatro secciones. La primera (16:1–16) saluda a personas que viven en Roma. La segunda (16:17–20) los alienta a guardar la viña de jabalíes

De mi diario

Papá conoce el camino

En 1944, yo tenía diez años y disfrutaba unas vacaciones de verano con mi familia en la costa del golfo de México. Cada año, mi abuelo permitía que nos quedáramos en su pequeña choza de la bahía, un lugar que todavía conserva maravillosas memorias para mí. Y una de las actividades que más disfrutaba era pescar lenguados con mi padre.

Si usted nunca lo ha hecho, déjeme describirle el proceso. A la caída de la noche, los lenguados se acercan a la orilla y se quedan quietos sobre el suelo arenoso y suave, esperando que un camarón o un salmonete pase nadando. De manera que uno penetra en el agua hasta las rodillas, llevando una linterna Coleman y dos arpones largos. Cuando divisa un lenguado, hace una pausa y lo clava antes de que pueda alejarse nadando. A veces uno tiene que caminar kilómetro y medio o más en la oscuridad.

Una particular noche sin luna, Papá y yo caminábamos despacio a través del lodo y la arena lejos de la cabaña, hacia la punta de la bahía. Podía oír a mi mamá, mi hermano y mi hermana riendo y jugando en la choza de la bahía a kilómetro y medio o algo más detrás de mí mientras caminábamos más profundamente en la oscuridad. Después que le dimos la vuelta a la punta, no pude oír más sus risas ni ver la luz de la choza, y me estaba poniendo nervioso.

—¿Papá?
—¿Qué, hijo? ¿Estás buscando lenguados?
—Sí… sí Papá, pero… ¿sabes que no podemos ver la choza?
—Lo sé, hijo, pero vamos a estar bien. Sigue buscando lenguados, ¿de acuerdo?

A veces cuando clavas un lenguado, se mueven y salpican mientras los saca con la lanza, y a veces esa agua fría golpea la linterna caliente y la camisa se apaga.

—Vamos a agarrar uno grande aquí en un minuto —me dijo (¡Siempre el esperanzado pescador!).

—Papá, cuando levante la cola, va a apagar la camisa de la lámpara… y no tendremos luz.
—Hijo, tengo una linterna aquí.
—Papá, ¿están buenas las baterías de la linterna?

Él está observando el agua, buscando lenguados; yo estoy mirando hacia atrás alrededor de la punta para darle un vistazo a la choza.

—Las baterías está bien, hijo.
—¿Podemos probarlas?

¡Eso bastó! Mi normalmente muy paciente padre no soportó más.

—NO, NO VAMOS A PROBARLAS, ¡ESTAMOS BUSCANDO LENGUADOS!

Después de un prolongado silencio, pregunté tímidamente:

—Papá, ¿sabes dónde estás?
—Sí, sé donde estoy.

Le creí. Metí mis deditos de diez años en su gran mano. Una vez que hice eso, nunca volví a mirar para ver las luces de la choza. Él sabía dónde estaba y eso era lo único que importaba. Me sentí seguro con mis manos en las suyas.

voraces. La tercera (16:21–24) envía saludos de creyentes en Corinto. La sección final (16:25–27) ofrece una bendición que alaba la majestad de Dios.

Al disponerse a concluir su carta a los romanos, el apóstol Pablo deja de lado sus argumentos, empuja la doctrina hacia el trasfondo, y vuelve sus pensamientos lejos de la gente, da toda su atención a la gloria de Dios. Estos tres versículos forman una larga oración, compuesta de varias frases, parecidas a las de las primeras líneas de la carta (1:1–7). El sentido básico es: «Ahora al que es capaz de confirmarte [RVR] […] sea la gloria por siempre». Las palabras y frases que están en medio son fortuitas. Pablo ha escogido con cuidado cada una para reflejar el mensaje de la carta y adscribirlas a la autoría de Dios.

«Ahora al que es capaz de confirmarte […]» identifica a Dios como la única fuente de estabilidad y fuerza para el creyente. En tanto se nos alienta a involucrarnos en la obra transformadora del Espíritu Santo, no podemos transformarnos a nosotros mismos. Solo el Señor es capaz.

«[…] según mi evangelio y la predicación de Jesucristo […]». El Señor nos confirma de acuerdo con las promesas del evangelio. Pablo llama a las buenas nuevas «mi evangelio», no para declarar autoría sino para tomar posesión. El evangelio pertenece a él porque él ha apostado su alma sobre su verdad. Y el evangelio es suyo para administrarlo de acuerdo con el llamado de Dios (Romanos 2:16; 1 Timoteo 1:11; 2 Timoteo 2:8). Por otra parte, las buenas nuevas de la gracia de Dios y la salvación divina a través de la fe se centran en la persona de Jesucristo, y en nadie más.

«[…] según la revelación del misterio que se ha mantenido oculto desde tiempos eternos […]» Un misterio es una verdad divina no revelada previamente. El «misterio» no tiene nada que ver con una información secreta o conocimiento místico. La completa verdad de Jesucristo no fue plenamente conocida hasta que él resucitó y ascendió al cielo. Ahora, se ha revelado a plenitud, como se resume abajo:

> Cristo murió por nuestros pecados de acuerdo con las Escrituras y fue enterrado. Pagó la pena completa por nuestros pecados sobre la cruz y ninguna otra cosa se necesita para satisfacer los requerimientos de justicia de Dios. Cristo fue levantado milagrosa y corporalmente de entre los muertos a una nueva vida. Ahora ofrece esa misma vida eterna a todos que lo reciban por gracia a través de la fe en él. Los que reciban el don gratuito de Dios de la vida eterna serán levantados a una nueva vida después de la muerte para estar con él eternamente. Los que rechacen este don pasarán la eternidad en un tormento.

«[…] ahora lo ha revelado […]» Lo que es tan simple, claro, y está disponible ahora fue un misterio durante muchos siglos antes de que Cristo lo revelara. Para Pablo es un privilegio proclamar este misterio ahora revelado.

«[…] por medio de los escritos proféticos, según su propio mandato, para que todas las naciones obedezcan a la fe […]» El evangelio siempre ha sido parte del plan de Dios y puede trazarse a través de las Escrituras hasta los escritos de Moisés. Ahora, el mensaje parcial confiado a los judíos ha sido revelado plenamente y puesto a disposición de toda raza, cultura, credo, nación, lengua, y generación. ¡Cuán gracioso de parte de nuestro Dios!

«[…] para que obedezcan a la fe […]» Con esta frase [RVR1960], el apóstol cierra todo el círculo de su carta… y el evangelio. Ambos tienen la «justicia de Dios» como lo final. Cuando Pablo mencionó por primera vez el evangelio, declaró: «De hecho, en el evangelio se revela la justicia que proviene de Dios, la cual es por fe de principio a fin, tal como está escrito: El justo vivirá por la fe" (Romanos 1:17). El evangelio no ha alcanzado su propósito completo hasta que los que creen y toda la creación de nuevo, como lo hizo en el principio, exista en armonía con la bondad de Dios.

«[…] ¡al único sabio Dios, sea la gloria para siempre por medio de Jesucristo!» El Señor creó el mundo, lo llenó, lo organizó, y le dio a todas las cosas un propósito. Entonces creó la humanidad —hombre y mujer— a su semejanza y la colocó en el mundo para que viviera y disfrutara su abundancia. Y les dio un propósito singular, que el Catecismo Mayor de Westminster correctamente enuncia como «para glorificar a Dios, y disfrutar de él para siempre»[55]. Jesucristo hizo esto posible, y consumará la restauración de todas las cosas otra vez para reflejar la gloria de Dios.

Y para esto, me uno a Pablo al declarar un apasionado «¡Amén!»

NOTAS: La comunidad de Dios (Romanos 15:14—16:27)

52. Aristófanes, *Acharnenses*, 687
53. Everett F. Harrison, «Romans», *Expositor's Bible Commentary*, ed. Frank E. Gaebelein, Zondervan, Grand Rapids, 1976, 10:155.
54. Gerhard Kittel and Gerhard Friedrich, eds., *Theological Dictionary of the New Testament: Abridged in One Volume*, trans. Geoffrey W. Bromiley, Eerdmans, Grand Rapids, 1985, 645.
55. *The Westminster Standards,* Great Commission Publications, Philadelphia, 1986, 35

**Nos agradaría recibir noticias suyas.
Por favor, envíe sus comentarios sobre este libro
a la dirección que aparece a continuación.
Muchas gracias.**

*Vida@zondervan.com
www.editorialvida.com*

www.ingramcontent.com/pod-product-compliance
Lightning Source LLC
Chambersburg PA
CBHW081217170426
43198CB00017B/2634